La BOURSE
Investir avec succès
2ᵉ édition

Les Éditions TRANSCONTINENTAL inc.
1253, rue de Condé
Montréal (Québec) H3K 2E4
Tél. : (514) 925-4993
    (888) 933-9884
Internet : www.logique.com

Données de catalogage avant publication (Canada)
Bérubé, Gérard
    La Bourse : Investir avec succès
    2e éd. remise à jour.
    (Collection Affaires PLUS)
    Publ. à l'origine dans la coll. : Bibliothèque finance.
    Comprend des réf. bibliogr.
    ISBN 2-89472-052-1
    1. Bourse. 2. Bourse — Québec (Province). 3. Investissements.
4. Investissements — Québec (Province). I. Titre. II. Collection.

HG4551.B473 1997   332.64'2   C97-941076-2

Révision et correction : LOUISE DUFOUR, JACINTHE LESAGE
Photographie de l'auteur en page couverture : JACQUES GRENIER
Mise en pages et conception graphique de la couverture : ORANGETANGO

© Les Éditions TRANSCONTINENTAL inc., 1997
Dépôt légal — 4e trimestre 1997
Bibliothèque nationale du Québec
Bibliothèque nationale du Canada

Tous droits réservés. Toute reproduction en tout ou en partie, par quelque procédé que ce soit, graphique, électronique ou mécanique, est strictement interdite sans l'autorisation écrite préalable de l'éditeur.

ISBN 2-89472-052-1

Les Éditions TRANSCONTINENTAL remercient le ministère du Patrimoine canadien et la Société de développement des entreprises culturelles d'appuyer leur programme d'édition.

› Gérard Bérubé ‹

La BOURSE
Investir avec succès
2ᵉ édition

Les Éditions
TRANSCONTINENTAL inc.

BEACONSFIELD
BIBLIOTHEQUE • LIBRARY
303 Boul. Beaconsfield Blvd. Beaconsfield, PQ
H9W 4A7

NOTE DE L'ÉDITEUR

Indépendamment du genre grammatical, les appellations qui s'appliquent à des personnes visent autant les femmes que les hommes. L'emploi du masculin a donc pour seul but de faciliter la lecture de ce livre.

À Katheryne.

Pour que les traces de tes pas dans la neige ne se confondent pas avec les miennes. Pour que le soleil projetant l'ombre de ta main dans la mienne protège ces deux sentiers parallèles.

REMERCIEMENTS

Je tiens à remercier François Dupuis, économiste principal et stratégiste au Mouvement Desjardins, et Michel Tessier, analyste chez Tassé & Associés, pour leur très précieuse collaboration dans la préparation de différents éléments graphiques présentés dans ce livre.

Gérard Bérubé

AVANT-PROPOS

Je connais des gens intelligents qui ne jurent que par les certificats de dépôt. Les placements, c'est « trop risqué » pour eux. Voilà une approche risquée!

Trois professeurs de l'Université York, à Toronto, ont démontré qu'un régime de retraite composé d'actions dans une forte proportion accroît la sécurité du placement. Depuis 1950, les bons du Trésor ont rapporté un revenu annuel après inflation de 1,5 %, les obligations du gouvernement du Canada ont donné un rendement de 2,8 %, et l'indice TSE 300 de la bourse de Toronto, 7,7 %. Un homme de 65 ans qui a un portefeuille composé uniquement de bons du Trésor a presque une chance sur deux de manquer d'argent avant de mourir. Cette probabilité baisse à 19 % s'il investit 90 % ou plus de son portefeuille en actions.

Les Québécois sont les grands champions des petits bas de laine pépères. Selon Investors Economics Insight, ils n'ont investi que 14,4 % des actifs des fonds communs de placement au Canada, contre 47,4 % pour les Ontariens. Une récente enquête de Léger & Léger établit à 15 % le nombre de Québécois qui possèdent des actions cotées en bourse. Une autre étude, de l'Institut québécois de la planification financière cette fois, nous apprend que la part des valeurs mobilières détenues directement par les épargnants québécois est passée de 25,3 % en 1986 à 14,6 % à la fin de 1996. Bref, la situation ne s'améliore pas, malgré la vague des fonds communs.

Les Québécois ne détiennent que 20,1 % des actifs discrétionnaires appartenant aux Canadiens, comparativement à 43,8 % pour les Ontariens. Mais si cela prouve une chose, c'est que nous n'avons pas fini de nous appauvrir! Quelle sera la situation dans quelques années, quand ils auront récolté des rendements sur investissement deux ou trois fois plus élevés que les nôtres?

Je trouve ces chiffres terrifiants. Ils pèsent lourd sur l'avenir économique des Québécois. Moins de placements, cela veut dire moins de capitaux pour nos entreprises, moins d'enrichissement pour faire vivre nos commerces et nos entreprises, moins de taxes et d'impôts pour nos gouvernements. Et évidemment, moins d'argent pour nos retraites.

Voilà pourquoi le livre de Gérard Bérubé est si précieux. Il est complet et précis, sans jamais rien sacrifier à la clarté. Il s'impose comme le compagnon de route obligé de l'investisseur... et du futur investisseur. Il a aussi le grand mérite de montrer que la Bourse, ce n'est pas aussi difficile et aussi sorcier que nous pouvons quelquefois le penser. Non, je vous le dis, le plus grand risque pour vos épargnes, c'est de ne pas le lire...

Pierre Duhamel
Rédacteur en chef, Magazine *Affaires PLUS*

TABLE DES MATIÈRES

INTRODUCTION 19

CHAPITRE 1
Le krach : les leçons à tirer 25
    1.1 > Les grandes étapes du Dow Jones 29
    1.2 > Le krach de 1987 : les leçons à tirer 31
        1.2.1 > Le lundi 19 octobre 1987 32
    1.3 > La morale de cette histoire 38
    1.4 > Les transactions programmées : un désordre artificiel ... 38
        1.4.1 > La mise en place d'une soupape de sécurité ... 41

CHAPITRE 2
De l'épargne à la spéculation... en passant par l'investissement 43
    2.1 > Déterminez votre taux d'épargne 49
        2.1.1 > Le budget 50
        2.1.2 > Le bilan 55
    2.2 > Comptant ou emprunt? 58
        2.2.1 > Le facteur d'amplification 59
        2.2.2 > L'emprunt hypothécaire 68
        2.2.3 > Le coût d'opportunité 70
    2.3 > Les instruments financiers 74
        2.3.1 > Les titres de créance 76
            > Le compte de banque 76
            > Les obligations et les débentures 77
                — L'achat sur marge par rapport à l'achat comptant 81
                — Par quel moyen peut-ont investir sur le marché obligataire? 82
        2.3.2 > Les titres de propriété 83
            > Les actions 84
                — les actions ordinaires 86
                — Les actions privilégiées 87
                — Les droits de souscription et les bons de souscription 89

	› Les options	90
2.4 › La transaction boursière		91
2.4.1 › Les ordres au courtier		94
	› L'ordre au marché	94
	› L'ordre à cours limité	94
	› L'ordre ouvert	94
	› L'ordre «tout ou rien»	95
	› L'ordre conditionnel	95
	› L'ordre de vente stop	95
2.4.2 › Quatre grandes stratégies		96
	› L'achat	96
	› La vente	97
	› L'achat sur marge	98
	› La vente à découvert	98
2.4.3 › Les droits de l'actionnaire		98
2.4.4 › Le dividende		100
2.4.5 › Un mot sur les OPA		103
2.5 › Vos objectifs de placement et comment les atteindre		104
2.5.1 › Mon profil d'investisseur		113
2.5.2 › Comment aborder la Bourse		116
› Annexe 1 : L'intérêt composé... et ses composantes		123
	› L'équivalence et le temps	124
	› La valeur de l'argent	124
	› Les prévisions	125
	› Quelques définitions	125

CHAPITRE 3
Le marché boursier — 133

3.1 › L'efficience du marché		137
3.2 › Le marché boursier : une question de cycles?		140
3.2.1 › Quelle est la configuration d'un cycle économique?		144
	› La phase d'expansion	144
	› Le plateau	144
	› La phase de ralentissement	145
3.2.2 › L'inflation : un phénomène monétaire de long terme		145

	3.2.3	> Les instruments de la politique monétaire	148
	3.2.4	> Et le marché boursier?	151
	3.2.5	> Comment réagir face aux cycles	154
		> Les *blue chips*	156
		> Les titres de croissance	158
		> Les titres spéculatifs	160
		> Les titres cycliques contre les titres défensifs	162
3.3	> Les grandes données à surveiller de près		166
	3.3.1	> Le PIB	166
	3.3.2	> Les indicateurs du commerce extérieur	168
	3.3.3	> Les indicateurs précurseurs	169
	3.3.4	> Les indices boursiers	172
3.4	> Les intervenants sur la scène financière		178
	3.4.1	> Les banques	180
	3.4.2	> Les caisses populaires	181
	3.4.3	> Les sociétés de fiducie	181
	3.4.4	> Les compagnies d'assurances	182
	3.4.5	> Les firmes de courtage	183
	3.4.6	> Les sociétés d'investissement	183
	3.4.7	> Autres	184
	3.4.8	> La Bourse	186
	3.4.9	> La Commission des valeurs mobilières	189
3.5	> Faire des affaires avec un courtier		192
	3.5.1	> Deux grandes formes de courtage	194
		> Annexe 2	
		> Le rôle des marchés financiers dans l'allocation des ressources	198
		> Annexe 3	
		> La Bourse de Montréal : ses débuts et sa mission	204

CHAPITRE 4
L'analyse et le jugement en Bourse   215

4.1	> Les trois écoles de pensée		219
	4.1.1	> Les fondamentalistes	219
	4.1.2	> Les techniciens	219
	4.1.3	> Les tenants de l'aléatoire	220
4.2	> L'analyse fondamentale		221

	4.2.1	› La compagnie	223
	4.2.2	› La santé financière de l'entreprise	223
		› La Chimie des bpa	224
		› Les critères sur lesquels se basent les gestionnaires	228
4.3		› L'analyse technique	235
	4.3.1	› La grande question : Est-il temps d'acheter ou de vendre?	253
	4.3.2	› Comment quantifier le risque	269
		› Annexe 4 : Le rapport annuel : la bible de l'investisseur	276

CHAPITRE 5
La gestion de portefeuille — 295

5.1		› Le taux de rendement requis	297
	5.1.1	› Comment déterminer le taux de rendement requis	298
	5.1.2	› Quatre grandes méthodes de sélection	301
		› La période de recouvrement	302
		› La valeur actuelle nette	303
		› L'indice d'enrichissement	305
		› Le taux de rentabilité interne	305
	5.1.3	› Les méthodes d'évaluation appliquées aux instruments financiers	306
		› Les obligations	307
		› Les actions privilégiées	326
		› Les actions ordinaires	328
5.2		› La règle du 50-50	335
	5.2.1	› L'investisseur défensif	339
	5.2.2	› L'investisseur dynamique	339

CHAPITRE 6
La diversification à la portée de tous — 341

6.1		› Les fonds communs de placement	343
	6.1.1	› Les types de frais	347
6.2		› Les droits et bons de souscription	351
	6.2.1	› Les méthodes d'évaluation du droit de souscription	351

6.3	>	Les options	353
	6.3.1 >	Pourquoi acheter une option ?	358
	6.3.2 >	Pourquoi vendre une option ?	359
	6.3.3 >	Les autres avantages des options	359
	6.3.4 >	D'autres détails techniques sur les options	359
	6.3.5 >	Au moment de l'achat d'une option	360
	6.3.6 >	Au moment de la vente d'une option	360
6.4	>	Les contrats boursiers à terme	361
6.5	>	Un plan d'accumulation de la richesse	364
	6.5.1 >	L'exemple de BCE	365
6.6	>	Les grandes conclusions	366

CHAPITRE 7
La fiscalité et les abris fiscaux 369

7.1	>	Trois types de revenus de placement	371
	7.1.1 >	Les pertes en capital	373
7.2	>	Les abris fiscaux	374
	7.2.1 >	Le REER	374
7.3	>	Les abris fiscaux	383
	7.3.1 >	Le REA	383
	7.3.2 >	La SPEQ	385
	7.3.3 >	Le Régime d'investissement coopératif	386
	7.3.4 >	Les actions accréditives	386
	7.3.5 >	Le Fonds de solidarité et la Fondation	386
7.4	>	Les conseils d'usage de la CVMQ	387

CONCLUSION 393

ANNEXE 5 > Déterminez votre profil d'investisseur 397
La grille de Gestion financière Talvest

ANNEXE 6 > Quelques sites d'intérêt dans Internet 411

BIBLIOGRAPHIE 413

INTRODUCTION

Introduction

À la fin de la récession de 1990-1992, l'activité économique a été propulsée dans une «drôle» de phase de croissance. La lutte féroce à l'inflation menée par les autorités en matière de politique monétaire, à la fin des années 80, a eu pour résultats une croissance modérée (certains diront anémique) d'une durée passablement longue, accompagnée d'une inflation en définitive nulle, voire d'un risque de déflation. À ces paramètres est venu s'ajouter un combat de tous les instants contre les déficits publics, une lutte menée à bien par des compressions dans les dépenses de l'État, la réduction massive de la fonction publique et la refonte des programmes sociaux.

Le monde boursier a évidemment répondu à cette longue phase de croissance économique sans inflation en multipliant les sommets et les records. En revanche, les épargnants, ceux qui jettent leur dévolu sur les dépôts garantis et les titres à revenu fixe, ont eu à conjuguer avec une chute notoire du rendement de leurs placements, les taux d'intérêt se maintenant pendant une longue période à des niveaux jamais vus en 30 ans.

Déjà que la reprise économique avait ceci de rafraîchissant qu'elle engendrait une rentabilité accrue des entreprises, ce qui constitue la matière première, voire la finalité de tout investissement boursier, voilà que le recul du loyer de l'argent stimulait l'arrivée massive, en Bourse, de capitaux traditionnellement dirigés vers les placements à revenu fixe. La Bourse se nourrissait d'elle-même, par la progression des profits des entreprises, mais aussi et surtout par cette arrivée régulière de l'épargne, essentiellement par l'intermédiaire des fonds communs d'investissement, à la recherche d'un rendement digne de ce nom.

Le scénario est classique. Tout cycle haussier en Bourse peut se décortiquer en trois grandes phases. La première, celle des anticipations, va précéder la reprise économique. Après quelques années de disette, de rentabilité déficiente et de pertes, les entreprises commencent à engranger les bénéfices d'une restructuration ou d'un régime minceur qu'elles se sont imposés. Le coup d'envoi à cette première phase sera toutefois donné par les banques centrales, par l'orchestration d'un renversement de tendance, à la baisse, des taux d'intérêt.

La deuxième phase, celle dite d'accumulation, se caractérise par une confiance accrue des investisseurs en la solidité de la reprise économique et en la longévité du mouvement de recul des taux d'intérêt. Quant à la troisième et dernière phase du cycle haussier en Bourse, dite spéculative, elle est dominée par l'arrivée en grand nombre des épargnants, qui s'éloignent des placements garantis dont le rendement devient de plus en plus faible pour miser, à leur tour, sur les gains que laissent miroiter les marchés boursiers.

Cette dernière phase est dominée à la fois par la croyance erronée en une hausse perpétuelle des cours boursiers et par une nervosité extrême, sinon démesurée, face aux aléas des taux d'intérêt. Le moindre signe d'un renversement de tendance, d'un durcissement des conditions monétaires, est susceptible de provoquer une correction rapide des cours boursiers.

Cette dernière phase est aussi celle où l'on voit apparaître la « bulle financière » ou l'« inflation de l'actif ». L'épargne étant canalisée massivement vers les titres boursiers, les cours s'en trouvent engraissés par des investisseurs institutionnels et des fonds d'investissement qui, jugés par le rendement qu'ils doivent offrir, viennent alimenter la roue et atrophier le rapport entre l'offre et la demande. Avec toute cette épargne dirigée vers la Bourse, ces gestionnaires sont prêts à payer de plus en plus cher pour le même dollar de bénéfice par action réalisé par une entreprise.

Tout cela perdure jusqu'à ce que les taux d'intérêt se remettent à monter. Et plus les taux d'intérêt remontent, plus l'activité économique est freinée, diminuant alors la rentabilité des entreprises et alimentant un retour graduel de l'épargne vers les placements garantis traditionnels.

Voilà, résumée à sa plus simple expression, la façon dont fonctionne l'univers boursier. Évidemment, la mécanique quant au choix des titres et à leur évaluation est beaucoup plus complexe et c'est un exercice que nous tenterons de domestiquer dans ce livre. Mais on ne doit jamais perdre de vue cette simplification des aléas du marché boursier.

Cette mécanique, toute simple, s'articule autour de deux axes, de deux éléments qui constituent la base de l'investissement en Bourse. Il y a le bénéfice par action de l'entreprise et la progression anticipée de ce bénéfice; il y a le nombre de dollars qu'on est prêt à débourser pour chaque dollar de bénéfice par action réalisé mais, surtout, anticipé. C'est ce que l'on appelle le ratio cours/bénéfice ou le multiple. Ce ratio sera fonction de l'offre et de la demande. Il sera en hausse s'il y a plus d'acheteurs que de vendeurs, et en baisse si l'inverse se produit.

En d'autres termes, le cours boursier d'une action sera influencé par la rentabilité de l'entreprise et par l'intérêt que les investisseurs portent à cette entreprise. Supposons qu'une entreprise se dirige vers un bénéfice par action de 1 $ et que l'on est disposé à verser un multiple de 8. Cette action vaut donc 8 $. Si le bénéfice par action augmente à 1,50 $ l'année suivante, cette action vaudra 12 $. Mais si, entre-temps, cette action devient l'objet d'une plus forte visibilité et d'une plus grande convoitise, à un point tel que le multiple passe de 8 à 10, avec un même bénéfice par action de 1,50 $ l'action de l'entreprise ne vaut plus 12 $ mais bien 15 $.

C'est ce petit jeu des anticipations et de l'équilibre entre l'offre et la demande qui vient baliser l'investissement boursier. Finalement, l'offre et la demande (mesurées par le multiple ou le ratio cours-bénéfice) seront influencées par :
> La phase du cycle économique. Le multiple va en augmentant jusqu'au sommet de la phase expansionniste ;
> Le secteur industriel dans lequel l'entreprise évolue. Une industrie novatrice, en croissance et mieux adaptée aux nouvelles réalités économiques recevra plus d'attention qu'un secteur parvenu à maturité, à faible croissance. De même, les titres dits cycliques auront un plus grand pouvoir d'attraction en début de reprise économique, ce qui sera le cas en fin de reprise pour les titres dits défensifs ;
> La qualité du management, le positionnement de l'entreprise dans son industrie et son potentiel à long terme ;
> Les taux d'intérêt, le multiple variant en sens inverse du loyer de l'argent.

Nous allons aborder tout cela, et même davantage, dans les prochaines pages. Mais auparavant, on ne peut faire fi de cette grande leçon de l'histoire boursière contemporaine : le krach boursier d'octobre 1987. Il est bon de rappeler ces événements sombres et le contexte qui prévalait avant cet effondrement afin d'apprendre des erreurs du passé.

Bonne lecture !

>> Chapitre 1 <<
LE KRASH : *LES LEÇONS À TIRER*

1 >> Le krach : les leçons à tirer

Au moment d'écrire ces lignes (été 1997), l'indice baromètre de Wall Street, le Dow Jones, continuait à se moquer des plus sceptiques en franchissant la barre historique des 8 000 points. La progression se chiffrait à 22 % depuis le début de l'année, mais à plus de 215 % depuis le début de cette longue phase haussière amorcée en janvier 1991. Les gains sont faramineux, déjouant parfois tous les paramètres traditionnels. Par ailleurs, malgré les avertissements répétés depuis un an et les nombreuses mises en garde face à ce que l'on peut appeler une exubérance, voire une frénésie boursière, la confiance en une hausse perpétuelle des cours boursiers demeure profondément ancrée dans la croyance populaire.

Certains observateurs diront qu'il faut remonter aux années 20, à la période qui a précédé la Grande Dépression, pour observer une telle progression, quasi ininterrompue, de 215 % du Dow Jones en près de six ans et demi. Or, il n'est pas nécessaire de remonter aussi loin. Au cours de la période s'étendant d'août 1982 à août 1987, le Dow s'est permis une poussée moyenne de 202 %.

Qui plus est, aujourd'hui, le rendement en dividendes des actions américaines est, à 1,7 %, tombé à son plus bas niveau depuis le début du siècle. En outre, les analystes vous diront que la capitalisation de l'ensemble des entreprises inscrites à la cote de la Bourse de New York représente désormais plus de 100 % du PIB américain, du jamais vu depuis 1929. Quant au ratio cours-bénéfice du marché, il dépasse désormais 21 fois les résultats prévus pour 1997. Il n'est donc pas étonnant que le président de la Réserve fédérale américaine (l'équivalent, ici, de la Banque du Canada), Alan Greenspan, ait été le premier à s'inquiéter publiquement et ouvertement de «l'exubérance irrationnelle» des marchés boursiers.

Ce qui étonne dans tout cela, c'est qu'on ne voit toujours pas la fin de cette euphorie frôlant l'hystérie. Tout dans l'environnement actuel milite en faveur d'une continuité du mouvement : l'abondance des liquidités arrivant continuellement sur les marchés boursiers, les prévisions favorables de résultats des entreprises et les perspectives de croissance économique sans inflation deviennent le carburant à cette flambée. Nous l'avons vu précédemment : tant et aussi longtemps que les taux d'intérêt ne s'engageront pas dans une tendance haussière, tant et aussi longtemps donc qu'il n'y aura, en définitive, aucune autre voie de rechange aux rendements que laissent miroiter la Bourse...

Nous sommes entrés dans ce que l'on peut appeler une bulle financière. La bourse se nourrit d'elle-même, par l'arrivée constante de capitaux à la recherche d'un rendement digne de ce nom. Il en résulte des pressions provoquées par un déséquilibre entre l'offre et la demande qui poussent les multiples de marché à la hausse. L'investisseur paie toujours plus cher pour un dollar de bénéfice par action qui continue de croître.

Chaque cycle économique voit apparaître cette bulle financière. Cela survient normalement en fin de cycle ou lorsque la phase expansionniste s'étire un tant soit peu, comme c'est le cas actuellement. Si ce processus s'inscrit dans la normalité des choses, il y a une autre réalité, tout aussi crue : les investisseurs ont la mémoire courte. Il serait bon de rappeler un événement sombre, survenu il y a dix ans, car il y a de nombreuses similitudes entre les deux contextes. Nous parlons, ici, du krach boursier d'octobre 1987, un événement douloureux pour toute une génération d'investisseurs mais riche en information et très formateur.

Par ce retour en arrière, nous ne cherchons pas à brandir le spectre d'un krach boursier imminent. Nous verrons d'ailleurs que le krach de 1987 n'a

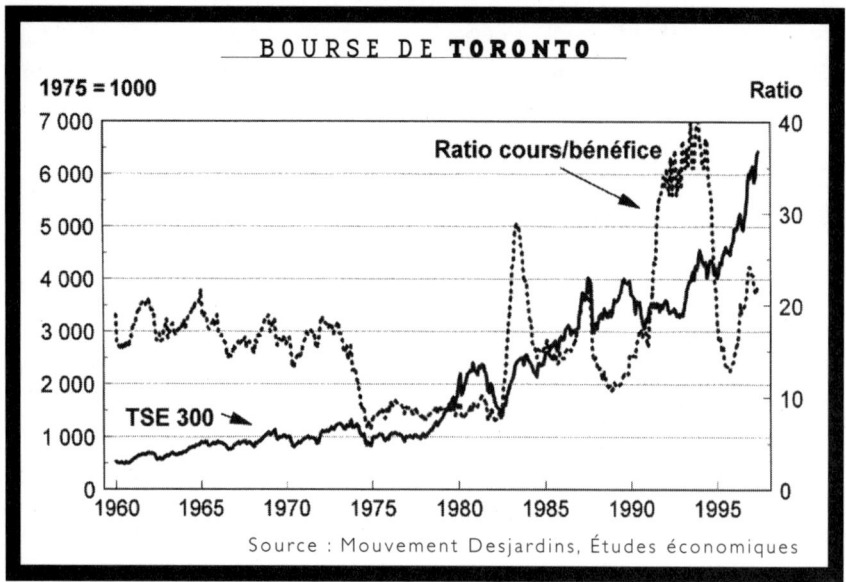

été, dans les faits, qu'une grosse correction de marché survenue, toutefois, dans un très court laps de temps, ce qui a eu pour effet d'empêcher nombre d'investisseurs de réagir afin de limiter les pertes et de se protéger. Nous verrons également que des signaux avant-coureurs, des indices précurseurs, avaient été émis avant l'effondrement du 19 octobre 1987, et que des mécanismes de protection, des adoucisseurs, ont été introduits depuis, afin d'éviter tout mouvement anarchique des cours et d'endiguer tout mouvement de panique. Nous verrons, enfin, que l'efficience du marché, sa liquidité et sa profondeur ont pour effet d'amoindrir les répercussions sur l'ensemble de l'économie d'une correction brusque et de forte ampleur des cours boursiers.

1.1 LES GRANDES ÉTAPES DU DOW JONES

L'indice Dow Jones des 30 valeurs vedettes de Wall Street, qui a clôturé le 16 juillet 1997 pour la première fois au-dessus des 8 000 points, a été créé en 1886 par le *Customer's Afternoon Letter*, ancêtre du *Wall Street Journal*.

- > 12 janvier 1906 : le Dow Jones franchit les 100 points.
- > 3 septembre 1929 : apogée des années 20, le Dow Jones clôture à 381,17. Le mois suivant, le 28 octobre, le Jeudi noir, il chute de 38,33 points (13 %).
- > 12 mars 1956 : le Dow Jones franchit la barre des 500 points.
- > 14 novembre 1972 : le Dow Jones dépasse 1 000 points, un niveau qu'il ne retrouvera de nouveau qu'en 1983.
- > 8 janvier 1987 : le Dow Jones franchit la barre des 2 000 points.
- > 16 octobre 1987 : pour la première fois, le Dow Jones perd plus de 100 points en une seule séance. Trois jours plus tard, le 19 octobre, le Lundi noir, il perd 508 points (22,6 %).
- > 24 janvier 1989 : le Dow Jones retrouve son niveau du 16 octobre 1987.
- > 13 octobre 1989 : mini-krach du Vendredi 13, le Dow Jones perd 190,58 points.
- > 17 janvier 1991 : le Dow Jones grimpe de 114,60 points après le bombardement allié sur l'Irak.
- > 17 avril 1991 : le Dow Jones clôture pour la première fois au-dessus des 3 000 points.

- 21 janvier 1994 : il franchit le seuil des 3 900 à 3 914,48 points.
- 4 février 1994 : le Dow Jones perd 96,24 points (-2,4 %), sa plus forte baisse journalière depuis le 15 novembre 1991, et retombe sous les 3 900 points, après un resserrement de la politique monétaire américaine.
- 23 février 1995 : l'indice dépasse le seuil psychologique des 4 000 points et clôture à 4 003,33, grâce aux commentaires d'Alan Greenspan, président de la Réserve fédérale américaine, interprétés comme une indication de pause dans les relèvements des taux directeurs amorcés le 4 février 1994.
- 21 novembre 1995 : le sommet des 5 000 points est conquis. L'indice clôture à 5 023,54.
- 8 mars 1996 : l'indice chute de 171,24 points, la plus forte baisse depuis le 15 novembre 1991, en raison de fortes tensions sur le marché obligataire après l'annonce de chiffres de l'emploi pour février nettement meilleurs que prévu.
- 20 mai 1996 : le Dow Jones dépasse les 5 700 points et clôture à 5 748,82, mené par l'envolée des valeurs pétrolières dans le sillage des prix du pétrole. Le Dow Jones retombe ensuite jusqu'à 5 349,51 le 15 juillet, en raison d'une correction modeste.
- 14 octobre 1996 : l'indice est propulsé au-dessus des 6 000 points, pour finir à 6 010, grâce à des conditions économiques favorables qui excluent un relèvement des taux directeurs dans l'immédiat, et à une bonne progression des titres pétroliers.
- 13 février 1997 : Wall Street affiche les 7 000 points grâce à un environnement économique toujours favorable et à l'envolée du dollar qui attire les investissements étrangers. Il clôture à 7 022,44. Les records se succèdent jusqu'au 11 mars (7 085,16 points), mais une correction de 10 % ramène l'indice à 6 391,69 points le 11 avril en clôture. Le Dow renoue avec les records et grimpe de 25 % entre le 11 avril et la mi-juillet grâce à la persistance d'un environnement économique très favorable. Une reprise du flux de liquidités dans les fonds d'investissements américains et les capitaux en provenance de l'étranger (Hong Kong et Europe) contribuent à l'envolée de l'indice.
- 16 juillet 1997 : l'indice brise pour la première fois la barre des 8 000 points et finit à 8 038,88 après la publication d'une progression modeste (+0,1 %) de l'indice des prix à la consommation pour juin, qui

fait chuter les rendements obligataires à long terme en dessous de 6,50 % pour la première fois depuis 7 mois.

1.2 LE KRACH DE 1987 : LES LEÇONS À TIRER

Le krach boursier d'octobre 1987 restera longtemps gravé dans la mémoire des investisseurs. Au Québec plus particulièrement, ce krach aura «brûlé» bien des investisseurs qui, pour la plupart, en étaient à leurs premières armes. Or, ce que l'on sait maintenant, après dix ans de recul, c'est que ces premiers pas, ces balbutiements, ont été effectués dans un contexte hautement spéculatif.

La nouvelle génération d'investisseurs a appris de la dure manière. Peu sont revenus à la Bourse depuis, du moins directement, préférant s'en remettre essentiellement aux fonds communs d'investissement.

Au Québec, c'est connu, les bas de laine ont toujours régné en maîtres. Pendant ce temps, rue Saint-Jacques ou Bay Street, les gains faramineux s'accumulaient. Les rendements de 20, 30 ou 50 % par année, alors à l'abri de l'impôt, étaient monnaie courante. Pourquoi donc se cantonner dans des certificats de dépôt ou dépôts à terme dont le rendement permettait à peine de protéger le pouvoir d'achat de son capital? Après impôt par surcroît! La décennie 1980 a été marquée par cette prise de conscience et a résulté en une course folle vers le rattrapage, le Régime d'épargne-actions aidant.

En l'espace d'à peine 9 ans, le taux d'actionnariat au Québec passait de 4 % à 16 %. Les entrepreneurs québécois se sont multipliés et quelque 250 entreprises québécoises ont travaillé à mieux se capitaliser en recourant au marché des émissions d'actions. La récession de 1980-1982, avec ses taux d'intérêt atteignant 20 %, avait fait mal. Le Québec faisait sien le slogan «Cessons d'être locataires, soyons propriétaires» si cher à la Caisse de dépôt et placement du Québec.

Puis, le krach boursier a provoqué un sévère retour en arrière. Depuis, les entreprises devenues publiques grâce au stimulant Régime d'épargne-actions sont tombées comme des mouches, les faillites se succédant à un rythme effréné. En règle générale, ces entreprises n'avaient ni la taille ni le

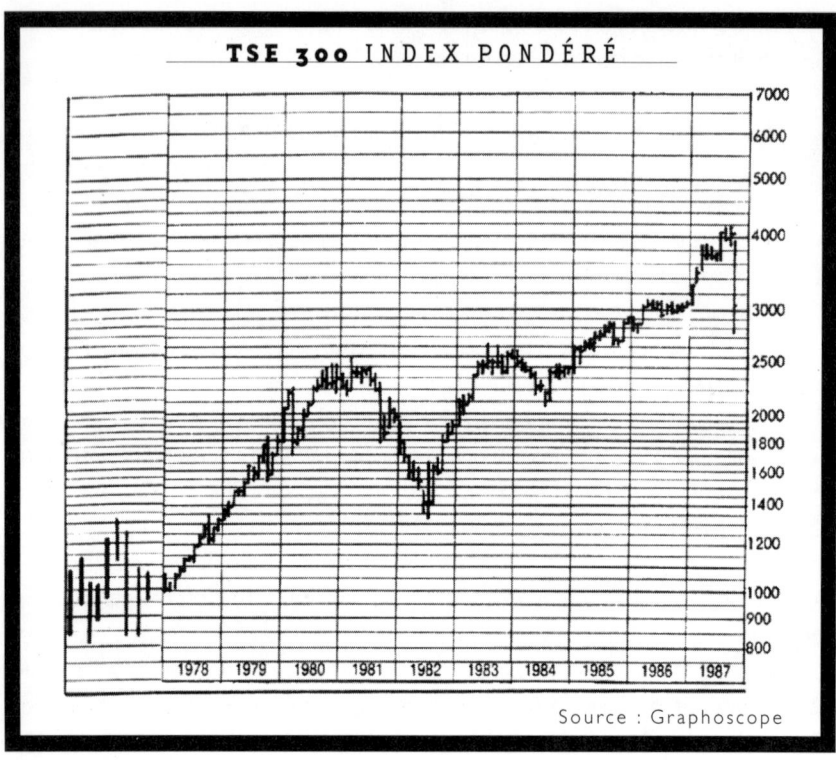

Source : Graphoscope

management requis pour accéder au marché public. Leurs émissions d'actions étaient, en fait, du capital de risque... hautement risqué. Le petit investisseur n'était tout simplement pas prêt ni préparé à absorber ce risque.

Au cours des années qui ont succédé au krach, nous avons découvert peu à peu que le petit investisseur, qui avait apprivoisé la Bourse dans la foulée des titres dits RÉA, s'était adonné, en fait, à de la spéculation pure et simple. Or, ne savons-nous pas que le monde spéculatif ne convient qu'à l'investisseur aguerri, expérimenté et qu'il ne devrait porter que sur une petite partie et non sur la totalité du capital dont dispose l'investisseur ?

1.2.1 Le lundi 19 octobre 1987

Cette journée restera longtemps gravée dans la mémoire des investisseurs. L'événement a été à ce point marquant dans l'histoire boursière que l'on dissocie dorénavant, dans nos références, l'avant-krach de l'après-krach. Cette démarcation historique n'est plus désormais le seul apanage de la Bible.

Lors de ce fameux lundi, les marchés boursiers du monde entier ont tremblé. La moyenne des 30 industrielles du Dow Jones, l'indice baromètre le plus suivi sur la scène boursière mondiale, s'est effondrée de 22,6 % au cours de cette seule séance. La panique était totale et les pertes financières, sur papier du moins, gigantesques.

> *La particularité première d'un marché haussier est d'être perpétuel... jusqu'à ce qu'un renversement à la fois rapide et brutal ne survienne. Avec du recul, il est maintenant possible d'affirmer que les signes prémonitoires du krach de lundi étaient bel et bien réels, mais personne ne voulait y croire ou y accorder foi. Bien malin celui qui a pu prévoir l'hécatombe du 19 octobre 1987, une date qui restera profondément ancrée dans notre mémoire d'investisseur.*

Ce passage est tiré de l'édition du 26 octobre 1987 du défunt hebdomadaire *Finance*. On parle ici de hausse perpétuelle, un semblant de myopie collective qui s'empare d'un marché lorsque son ascension, la hausse de sa valeur, perdure le moindrement longtemps. Le marché boursier haussier qui a conduit au krach aura duré cinq ans puisqu'il fut amorcé en août 1982, au terme de la sévère récession de 1980-1982. Pourtant, au début de 1987, les avertissements provenaient de toutes parts. Les pages financières des médias écrits regorgeaient de propos d'analystes et d'observateurs de la scène boursière qui incitaient les investisseurs à la prudence.

À 2 300, le Dow Jones entre en territoire inexploré.

Au début de 1987, la moyenne des 30 industrielles du Dow Jones, à 2 300 points, multipliait par 16 fois le bénéfice prévu des 30 entreprises formant ce populaire indice. Un ratio cours/bénéfice jamais vu, historique !

Or, les participants au marché faisaient fi de ces avertissements répétés. Le Dow Jones allait d'appréciation en appréciation, au point qu'il était

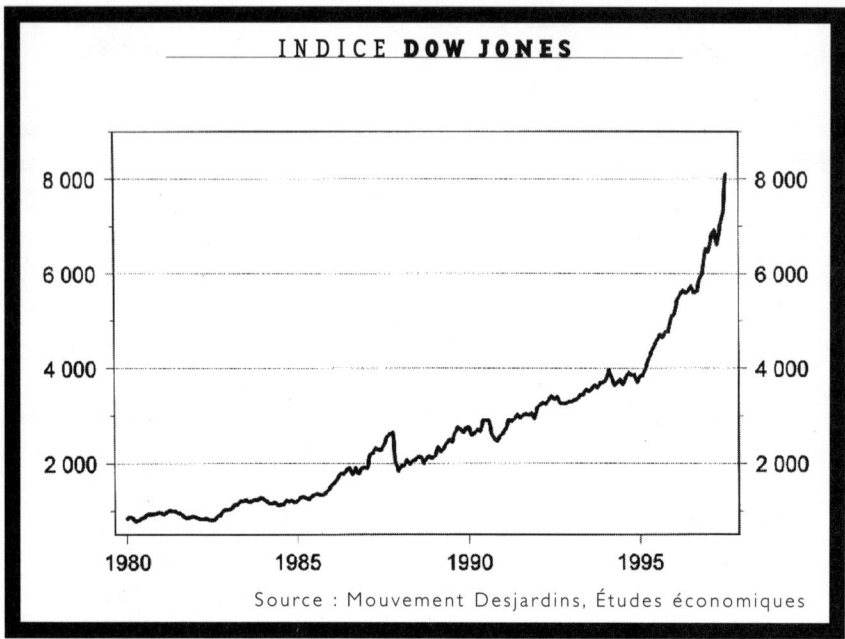
Source : Mouvement Desjardins, Études économiques

devenu gênant de répéter sans cesse ces avertissements de retour au calme et à la raison.

En fait, malgré ces préoccupations, les cours boursiers s'obstinaient dans leur marche ascendante. Le Dow traversait la barre des 2 400 puis des 2 500 points. Les investisseurs voulaient acheter et, surtout, voulaient se faire dire d'acheter, non de vendre. La grande majorité des représentants des firmes de courtage, quant à eux, ne cessaient de multiplier les recommandations d'achat. Les cours ne pouvaient que poursuivre leur hausse. Face à cette soif de gains rapides, les spécialistes n'ont eu d'autre choix que de délaisser leurs sombres propos et de s'activer à trouver les causes, à justifier la hausse pourtant disproportionnée des cours. Les investisseurs étrangers, d'importants acteurs sur les marchés boursiers nord-américains, leur paraissaient l'argument de taille. Ces investisseurs étrangers, habitués à vivre avec des ratios cours/bénéfice de 25 (Allemagne) et même de 50 (Japon) sur leur propre marché, pouvaient facilement succomber à l'attrait des titres américains, qui commandaient alors un multiple de 16 (somme toute élevé, selon nos normes nord-américaines).

1 >> Le krach : les leçons à tirer

L'argument était logique et allait servir de justification à la progression du ratio cours/bénéfice du marché de 16 à 20 fois. Partant de 2 300 au début de 1987, le Dow Jones a touché un sommet historique de 2 722,42 le 25 août 1987; un gain de 18,4 % en 6 mois seulement. Depuis août 1982, en 5 ans seulement, le marché venait de progresser, en moyenne, de 202,4 %; un rendement annuel moyen, gain en capital seulement, de 40,5 %.

C'était la hausse perpétuelle, sans fin. Après tout, le multiple japonais de 50 appliqué aux prévisions de bénéfice des entreprises nord-américaines pouvait très bien justifier un Dow Jones à... 7180!

Toutefois, à partir du 25 août 1987, les événements se sont succédé à un rythme effréné. La Bourse accumulait maintenant les replis des cours. On qualifiait même les deux premières semaines d'octobre de «massacre d'octobre».

> *Finance, 26 octobre 1987 — Prévisions inflationnistes galopantes, pressions à la hausse sur les taux d'intérêt (deux variables largement tributaires de l'érosion du dollar américain sur les marchés de change) et amélioration décevante de la balance commerciale américaine sont autant de facteurs qui ont été soulevés pour expliquer le repli des cours. Or, ces facteurs à eux seuls ne sauraient justifier le mouvement de panique de lundi, un véritable sauve-qui-peut collectif qui a pris l'allure d'une perte de confiance envers le billet vert à titre de valeur de référence sur la scène internationale. Pis encore, l'effondrement de lundi masquait une perte de confiance évidente des investisseurs dans la capacité de l'administration Reagan et du nouveau président de la Réserve fédérale, Allan Greenspan, à tenir les rênes de l'économie et des dépenses du gouvernement.*
>
> *La montée du taux de rendement baromètre de 30 ans aux États-Unis au-dessus du 10 %, un niveau jamais vu en deux ans, a été en quelque sorte le détonateur de cette frénésie, qui a été amplifiée par les appels de marge et les transactions programmées. Et le discours peu rassurant,*

tenu samedi, de James Baker, secrétaire du Trésor américain, selon lequel il allait laisser le dollar américain flotter librement face au mark en guise de protestation contre le durcissement de la politique monétaire en Allemagne, n'a fait qu'accélérer le mouvement de retrait des investisseurs étrangers et attiser les craintes inflationnistes. Il en a résulté la crainte d'un possible désaveu de l'accord du Louvre, signé en février dernier, allant dans le sens d'une action concertée des sept pays les plus industrialisés afin de contenir les fluctuations de la devise américaine à l'intérieur d'une bande étroite. Du même coup, le billet vert se voyait retirer tout support et l'attrait du vide devenait persistant.

Les investisseurs étrangers, qui voyaient ainsi l'espérance de gains sur leurs actions nord-américaines amputée par les pertes substantielles possibles sur taux de change, ne pouvaient se permettre de subir sans broncher la dégringolade attendue du dollar américain... L'âge avancé du cycle économique limitait le potentiel de croissance alors que les tribulations du billet vert sur la scène internationale ajoutaient au risque de pertes de change. Et ce qui devait arriver est arrivé. Le spectaculaire cycle haussier, vieux de cinq ans déjà, entrait de plein fouet dans un sévère marché baissier et il fallait sauver les meubles.

Le vendredi 16 octobre 1987, le Dow Jones perdait 126 points et fermait la séance légèrement en deçà de 2 250. Le marché venait ainsi de gonfler à 476 points (17,5 %) sa perte depuis le sommet historique du 25 août 1987, une perte que plusieurs qualifiaient alors de correction dans un marché haussier. Puis, le lendemain, le secrétaire du Trésor américain y allait de sa déclaration fracassante. À la reprise des cours du lundi 19 octobre, le Dow Jones affichait, dès la première heure, une perte de 100 points. Puis de 200, et enfin de 300 points. Il y a eu une remontée momentanée de 150 points mais les ordres de vente continuaient d'inonder le marché. À la clôture de cette séance, l'indice baromètre de Wall Street affichait une perte de

508,32 points, ou de 22,6 %, pour un volume record de 604,4 millions d'actions négociées à la Bourse de New York seulement. Un volume boursier quotidien normal sur ce parquet oscillait généralement autour de 150 millions d'actions à ce moment-là.

Du coup, le recul de 22,6 % du 19 octobre 1987 effaçait du revers de la main l'ancien repli quotidien historique, une marque peu enviable, de 12,9 % survenu le 28 octobre 1929, l'année qui a précédé la grande dépression des années 30. On n'hésitait plus à faire le parallèle entre 1987 et 1929.

Dans les faits, le marché s'est repris le lendemain du 19 octobre 1987, une reprise activée par les chasseurs d'aubaines. De plus, dans le but de calmer les esprits échauffés, les autorités ont injecté des liquidités dans le système en adoptant une politique monétaire subitement expansionniste. Cela a eu comme résultat que, dès le 20 octobre, les taux d'intérêt directeurs effectuaient une volte-face rapide, un déplacement vers le bas qui a été suivi par une réduction de plus de 1,5 % du taux d'escompte canadien et de 0,75 % du taux préférentiel au pays.

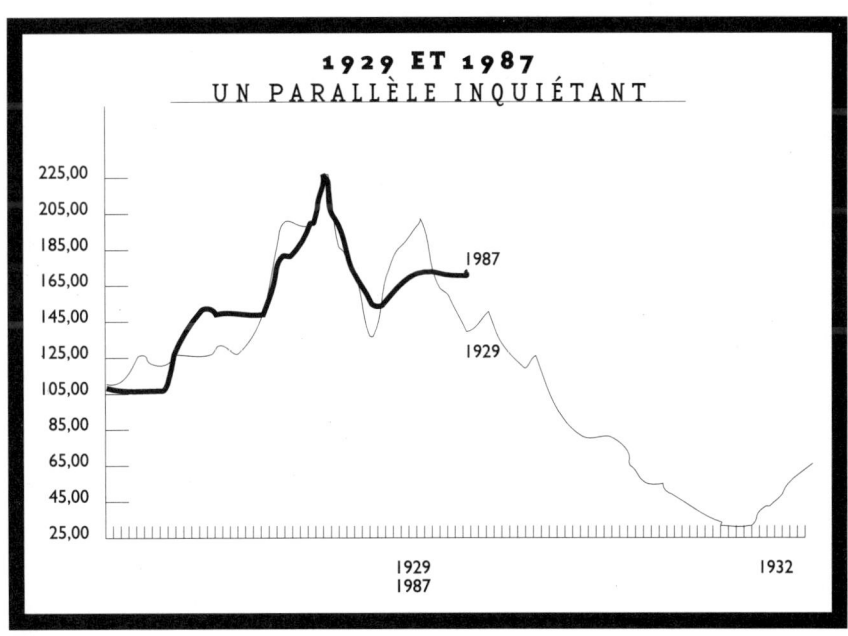

Le Dow Jones clôturait la semaine du krach aux alentours des 1 950, une remontée de 212 points par rapport à la clôture du 19 octobre. Ce creux n'aura jamais été retesté par la suite. Mieux, deux ans plus tard, le Dow Jones se permettait d'établir une nouvelle marque historique en touchant 2 791 au début d'octobre 1989. Et les records de fermeture ne cessent de se succéder depuis.

1.3 LA MORALE DE CETTE HISTOIRE

> Finance, 26 octobre 1987 – La totalité des analystes réitèrent leurs recommandations des derniers mois, c'est-à-dire : rechercher des valeurs fondamentales avant tout, ne pas acheter à des cours/bénéfice disproportionnés et s'attarder sur l'écart cours/valeur comptable. Surtout, restreindre les achats sur marge.

Ces recommandations demeurent aujourd'hui plus que jamais d'actualité.

1.4 LES TRANSACTIONS PROGRAMMÉES : UN DÉSORDRE ARTIFICIEL

Une autre explication vient également de cette prolifération des transactions programmées, qualifiées de fléau boursier par plusieurs des grands professionnels du placement. À défaut de pouvoir en réduire le poids, les différents organismes, Bourses en tête, tentent par tous les moyens d'endiguer la volatilité que suscitent ces transactions par ordinateur dans l'évolution au jour le jour des cours boursiers. Les transactions programmées peuvent, à elles seules, provoquer un krach boursier; elles peuvent en moins de temps qu'il n'en faut pour le dire transformer un léger repli en une correction de 10 %, et ce, en une seule séance. Par ailleurs, ces mouvements ne sont en aucune façon reliés à la conjoncture économique ou boursière qui prévaut mais plutôt à un simple jeu d'écarts entre les primes sur options et contrats boursiers à terme et le cours des actions sous-jacentes ou au déclenchement automatique d'ordres de vente (ou d'achat) lorsqu'un cours cible est atteint.

La séance du vendredi 13 octobre 1989 en est un bon exemple. En un peu plus d'une heure, l'indice Dow Jones perdait 190 points, sans raison apparente.

1 >> Le krach : les leçons à tirer

Plusieurs craignaient, le lundi suivant, une répétition du scénario survenu deux ans plus tôt. Rappelons-nous la journée du vendredi 16 octobre 1987, alors que le Dow Jones fermait la séance en baisse de 126 points par rapport à la veille. Puis, le lundi suivant, ce fut le krach, une hécatombe de quelque 508 points.

Le poids des transactions programmées est plus important que ce que l'on pourrait croire. Il n'est pas rare qu'il atteigne quelque 20 % du volume boursier quotidien sur le parquet de la Bourse de New York. On parle alors d'environ 100 millions d'actions, qui viennent s'ajouter aux 525 millions pouvant s'échanger quotidiennement sur le parquet de Wall Street par l'intermédiaire de systèmes électroniques hors Bourse. Ne passant pas par le système d'exécution normal des ordres, ces transactions électroniques hors Bourse n'apparaissent pas dans les statistiques quotidiennes de la Bourse de New York. Mais elles influent tout de même sur la cote.

Dans le moment, il existe deux systèmes électroniques du genre en activité aux États-Unis. L'un est exploité par la firme de courtage Jefferies & Co, de Los Angeles, et l'autre, par une filiale de Reuters Holdings Plc. Plus de 400 investisseurs institutionnels y ont recours et exécutent ainsi leurs transactions par la porte d'en arrière. Les avantages de ce système : le faible taux de commission, soit 0,01 $ ou 0,02 $ l'action, et la confidentialité entourant les transactions effectuées par ces investisseurs institutionnels.

Aux États-Unis, on qualifie ces systèmes électroniques de troisième marché. Certains observateurs croient que, si les autorités de réglementation réussissent à limiter et à contenir l'utilisation des transactions programmées dites officielles, il s'ensuivra un déplacement vers ce troisième marché, à la grande joie de ceux qui en tirent les ficelles. C'est un véritable cercle vicieux.

Certaines mesures ont été adoptées. Aux lendemains du krach d'octobre 1987, la Bourse de New York a annoncé une expansion de son système d'exécution des ordres en vue d'accorder la priorité aux investisseurs dits de détail. Le Congrès américain a ajouté un amendement au projet de réforme de la négociation des valeurs mobilières alors à l'étude. Cet amendement accordait à la Securities and Exchange Commission, l'équivalent d'une commission des valeurs mobilières nationale aux États-Unis, le pouvoir d'interrompre les transactions programmées lorsque la volatilité du marché le commandait.

Toutefois, on en voulait plus. Les intervenants exigeaient un encadrement encore plus rigoureux du marché. En voici les recommandations plus précises :

> Que les exigences de marge sur les contrats boursiers à terme reliés au marché des actions soient fixées et modifiées par la Réserve fédérale (en quelque sorte la banque centrale aux États-Unis et l'équivalent, ici, de la Banque du Canada) ;
> Que la réglementation du marché des actions, des options et des contrats sur indices boursiers soit regroupée sous l'autorité d'un seul organisme ;
> Que la soupape de sécurité mise de l'avant par la Bourse de New York, qui prévoit l'arrêt des transactions programmées lorsque l'indice des 30 industrielles du Dow Jones monte ou baisse de 50 points, soit réintroduite ;
> Que la possibilité de fixer un écart limite entre les contrats boursiers et les actions sous-jacentes soit étudiée.

Peu de choses concrètes se sont matérialisées. Pourtant, on souhaite le retour du petit investisseur. Aux États-Unis, on montre du doigt ces transactions programmées — surtout la volatilité des cours boursiers qu'elles provoquent — comme étant les grandes responsables du manque de confiance du petit investisseur. La déclaration du président d'une des plus grandes firmes de courtage américaines témoigne de cette conviction :

> *Il nous apparaît évident que les jeux d'arbitrage sur indices boursiers contribuent à la volatilité des cours et à la perte de confiance des investisseurs de détail. Ce type d'intervention est purement spéculatif, lié à des gains de très court terme, et engendre une volatilité excessive.*

Le commentaire d'un important gestionnaire de portefeuilles américain est tout aussi éloquent :

> *L'extrême volatilité du marché au cours des derniers mois (de 1987) a fait naître un sérieux doute chez les investisseurs. Un krach peut survenir en tout temps, sur la simple base d'un écart favorable ou défavorable. Nous sommes loin des variables fondamentales ! Pour plusieurs, la bourse est devenue un véritable jeu dominé par le très court terme. Le marché est distorsionné par le poids des intervenants et la spécificité des programmes d'ordinateur.*

Et que dire des propos tenus par un membre du Congrès américain :

> *Nous ne pouvons permettre à un irresponsable de crier « Au feu ! » dans une salle de cinéma bondée de monde. Voilà ce qu'un arrêt temporaire des transactions programmées pourrait prévenir.*

1.4.1 La mise en place d'une soupape de sécurité

À la suite du krach d'octobre 1987, les autorités américaines ont installé une soupape de sécurité afin d'empêcher les 30 industrielles du Dow Jones de chuter de plus de 400 points en une seule séance. Les mesures adoptées visent l'interruption momentanée des transactions programmées que l'on croit reponsables du tiers, au moins, de la baisse de 508 points enregistrée le 19 octobre 1987. Cette soupape de sécurité est entrée en fonction plus d'une fois depuis, tant lors de reculs prononcés que de fortes progressions des cours.

Essentiellement, selon le fonctionnement de cette soupape, les transactions sur les contrats boursiers de l'indice S & P 500 sont interrompues si l'indice Dow Jones monte ou baisse de 50 points ou plus. La Bourse de New York permet alors l'entrée des transactions programmées dans son propre système d'exécution mais les place dans un fichier spécial pendant cinq minutes afin d'endiguer certains déséquilibres, provoqués notamment par les ordres portant sur de gros blocs d'actions. Cette situation est maintenue jusqu'à ce que la variation du Dow Jones revienne à 25 points ou moins.

ÉTATS-UNIS : UN CYCLE BOURSIER INCROYABLE !

Période	Nombre de mois*
Sept. 1990 à mars 1997	79
Août 1975 à janvier 1978	32
Juin 1970 à novembre 1973	42
Septembre 1966 à juin 1969	34
Juillet 1962 à mai 1966	47
Septembre 1953 à août 1957	33
Juillet 1950 à août 1953	38

(*) Nombre de mois sans correction de plus de 5 % du S&P 500

Source : Mouvement Desjardins, Études économiques

À la reprise des négociations, une limite de 350 points est introduite. Si une baisse de 350 points du Dow Jones est enregistrée, les transactions sur les actions et sur les contrats boursiers sur indices sont interrompues pendant une demi-heure. Une fois ce laps de temps passé, une limite de 550 points pour le Dow Jones est fixée. Si cette limite est atteinte, les transactions sont interrompues pendant une heure, le temps de calmer les esprits et de remettre de l'ordre dans les transactions.

>> Chapitre 2 <<
DE L'ÉPARGNE
À LA *SPÉCULATION*... EN PASSANT
PAR L'INVESTISSEMENT

2

Le passage du stade d'épargnant à celui d'investisseur est plus qu'une simple redéfinition des choses. Il ne suffit plus de placer ses fonds en surplus dans un véhicule ou instrument financier pour ensuite retirer une rémunération ; l'investissement implique une canalisation de l'épargne vers des utilisations spécifiques, génératrices de richesse, de croissance.

En définissant l'effet de levier comme étant l'art de faire de l'argent avec celui des autres, il devient aisé de définir l'épargne : il s'agit de prêter un montant à un autre agent économique pour que celui-ci l'utilise à son profit. Le gain que ce deuxième agent retire de ses activités d'intermédiation est le résultat de l'écart entre la rémunération qu'il verse à l'épargnant et le rendement pouvant être retiré du projet financé. L'investisseur, contrairement à l'épargnant, cherche donc à réduire, voire à éliminer, cette étape d'intermédiation en dirigeant son avoir directement vers son utilisation finale pour ainsi maximiser le rendement espéré. En revanche, il doit partager les risques inhérents au projet.

Cette relation risque-rendement est sous-jacente à tout acte d'investissement. Alors que l'épargnant se contente de gérer son budget pour déceler des sources d'épargne, l'investisseur doit, en plus, composer avec l'incertitude, exercer un arbitrage entre le rendement (potentiel) qu'il entend réaliser sur son épargne, compte tenu du risque qu'il est prêt à assumer. En langage mathématique, on parle d'optimisation sous contraintes.

En termes plus concrets, vous devez vous livrer à un exercice d'introspection ; **vous devez apprendre à vous connaître, à définir votre personnalité d'investisseur et à maîtriser ou endiguer votre instinct de joueur.** Viendront ensuite l'indispensable connaissance (plus ou moins sommaire) des différents instruments financiers et véhicules de placement, la quête de renseignements sur les divers projets à financer, la collecte de données permettant d'assurer un suivi constant et la recherche du ou des intermédiaires qui sauront effectuer vos transactions au plus faible coût possible, au juste prix et dans le laps de temps minimum. Il en va ainsi de l'efficience même du marché.

Alors, comment vous définissez-vous ? Quel rôle entendez-vous exercer ? Êtes-vous un épargnant ou un investisseur ? Dans le second cas, vous sentez-vous l'âme d'un investisseur, d'un spéculateur ou d'un *gambler* ?

Enfin, vous définissez-vous comme un offreur de fonds actif, désireux de prendre en main vos propres décisions, ou plutôt comme un agent en surplus passif?

Il n'y a aucune honte à exercer l'une ou l'autre de ces fonctions qui, soit dit en passant, ne sont pas mutuellement exclusives. **La seule honte que vous pourriez éprouver serait de jouer un rôle qui ne vous convient pas ou qui n'est pas adapté à vos besoins.** D'autant plus que vous serez sûrement appelé, au cours d'un cycle économique, à passer d'un stade à un autre dans le simple but d'adapter votre portefeuille à la conjoncture. Sans compter qu'un portefeuille équilibré oblige à avoir recours à ces divers stades, le poids relatif de chacun étant défini par vous en fonction de vos objectifs de placement et de votre degré d'« endurance » au risque.

Pour un individu, aucun investissement et aucune façon d'utiliser les fonds en surplus ne sont mauvais en soi. Tout est fonction des préférences et de la capacité d'absorption du risque de chacun. Le fait de ramener le comportement de chaque agent en surplus à la simple relation risque-rendement consisterait donc à appliquer un filtre trop étanche puisque cette synthèse ferait fi du lien qui doit exister entre :

> votre situation personnelle (niveau d'épargne; capacité d'emprunt);
> vos besoins futurs ou ce que vous projetez;
> l'état de la conjoncture économique et du contexte global dans lequel s'inscrit le placement;

et vos objectifs de placement, soit :

> la sécurité du capital;
> le revenu désiré;
> la croissance du capital recherchée;
> la négociabilité (la facilité avec laquelle l'actif peut être transformé en argent, et vice versa);
> la liquidité (la rapidité avec laquelle l'actif peut être transformé en argent);
> la facilité de gestion.

Un arbitrage entre le risque et le rendement ne peut être obtenu que si, et seulement si, ce lien est établi. Rappelez-vous qu'en considérant les forces qui motivent votre placement (horizon temps, risque-rendement), vous pourrez juger dans quelle mesure votre instinct est celui d'un investisseur ou d'un spéculateur, alors que votre façon d'aborder le placement vous permettra de reconnaître si, et à quel degré, le goût du jeu sommeille en vous. Un même instrument financier peut donc être perçu comme un élément de spéculation ou d'investissement, et ce, selon les forces qui motivent votre achat.

Tout au long de votre lecture, vous avez été (et serez) à même de constater que rien n'est parfait en ce bas monde; le monde de l'investissement confirme à plein cette pénible maxime. L'infrastructure est là, avec toute son utilité et ses imperfections. Les rôles de chaque intervenant sont clairement définis, se chevauchant quelquefois, et tous travaillent pour le même but : faire fructifier l'épargne en canalisant ces fonds vers l'utilisation la plus rentable possible. Mais qui dit transfert de l'épargne dit transfert du risque.

Gérer votre budget est une chose. Gérer votre épargne pour finalement en arriver à gérer le risque constitue la seconde étape. Cette trilogie n'est pas constituée d'éléments mutuellement exclusifs. Elle prend davantage l'allure d'une série quasi chronologique, d'une succession d'événements et de prises de décisions tous plus importants les uns que les autres, et ce, vers la réalisation de l'objectif ultime : maximiser son rendement en minimisant le risque. Par ailleurs, seul vous et moi pouvons déterminer nos propres paramètres d'optimisation. Pourquoi se fier à la grille d'analyse d'un tiers?

C'est probablement ce désir et ce pouvoir d'autonomie qui vous ont animé au moment d'acheter ce livre. L'investissement est une décision personnelle réfléchie, prise conformément à nos forces et faiblesses, à notre situation financière et à nos besoins. Cette décision se nourrit également de craintes toutes plus légitimes les unes que les autres et de prévisions que seul le temps (et non tous les soi-disant experts) saura confirmer. Lorsque le combat prend la forme d'un pari sur l'avenir, il n'y a plus d'experts en la matière, mais seulement des individus qui ont, parfois, un certain flair, et qui sont forts de connaissances et d'une expérience accumulée au fil des ans... et de la pratique. On acquiert cette expérience non pas dans les manuels mais sur le tas, en se brûlant parfois les doigts et en y laissant une partie de son capital.

L'investissement est un art, non une science. Cette affirmation, galvaudée et employée à toutes les sauces, n'a plus véritablement de saveur. Tous et chacun, désireux de protéger leur métier ou profession ou maîtrisant certaines connaissances qu'ils ne veulent pas divulguer, entourent de mystère ce qu'ils font, pensant ainsi éliminer les intrus et conserver pour eux la vérité. Cette réaction est certes légitime mais masque un profond sentiment d'insécurité. On rencontre cet isolement volontaire un peu partout, et le monde de l'investissement n'y a pas échappé. Cela a donné naissance aux gourous, ces dieux boursiers capables des plus grands exploits, capables de recommencer à l'infini la multiplication des pains. Ces grands vizirs continuent à dominer la scène boursière par leur assurance et leurs affirmations fracassantes, donnant ainsi l'impression qu'ils sont en mesure d'apprivoiser l'avenir. Or, il n'en est rien. Et pourtant...

Nous sommes tous en mesure de faire office de gourou. Il n'est pas question ici de parler du marché boursier comme du seul moyen pour gagner des millions et de vous présenter cet ouvrage comme étant la façon d'atteindre ce but. Ce serait facile et prétentieux. Les boursiers millionnaires ne sont pas légion et ceux qui le sont y sont arrivés par chance, par opportunisme ou par persévérance, en ne craignant pas de mettre le temps et les efforts nécessaires. Ces derniers ont réussi à maîtriser leurs pulsions et à dominer leurs craintes. Ils se sont obstinés tout en étant conscients que les deux grands défauts de l'investisseur sont la **cupidité** et l'**impatience**. Ils ont cru en leurs convictions, basées sur des valeurs fondamentales, et ont dû à maintes occasions surmonter leur propre émotivité.

Il n'y a pas de recette miracle ni de solution toute faite. Il n'y a pas non plus de formule magique ni de règles absolues. Ce qui est valable pour l'un ne l'est pas nécessairement pour l'autre. Alors pourquoi laisser à d'autres le soin de prendre les décisions à notre place et de jongler avec nos économies, si durement gagnées, quand il suffit de comprendre les forces qui animent le marché et de maîtriser l'abc du placement ?

2 >> De l'épargne à la spéculation...

2.1 DÉTERMINEZ VOTRE TAUX D'ÉPARGNE

Au Québec, le réflexe a longtemps été de conserver les épargnes dans un bas de laine ou dans une boîte à pain pour ne pas risquer d'en perdre une partie ou le tout. Il en a été ainsi jusqu'à ce qu'apparaissent les notions d'inflation et d'érosion du capital que provoque une montée des prix. En thésaurisant ainsi l'épargne, le capital pouvait bénéficier d'une protection quasi totale, ce qui n'était pas le cas de son pouvoir d'achat qui, lui, subissait l'érosion du temps et de l'inflation. Une hausse des prix de 10 % par année, pendant 5 ans, ramenait la valeur réelle d'un capital de 1 000 $ à 590,50 $.

Cette myopie a tôt fait de disparaître avec la montée rapide de l'inflation des années 70. Les salaires étant ajustés, avec un certain retard, à la montée générale des prix dans l'économie, il devait en être de même de l'épargne dégagée, faisant ainsi germer la notion de rendement dans l'esprit des gens. Ce rendement ne devait pas strictement être calculé en fonction de la période au cours de laquelle les sommes investies ne pouvaient être retirées mais devait également tenir compte du laps de temps au cours duquel le taux d'intérêt demeurait fixe. Vint ensuite une analyse comparative des rendements réels ou potentiels offerts par les divers instruments financiers et le traitement fiscal rattaché à chacun.

Ce long processus explique en grande partie l'engouement des Québécois pour les parts de fonds communs de placement au cours des années 70 et, au milieu de la décennie suivante, pour les titres émis dans le cadre du Régime d'épargne-actions du Québec.

Or, avant de penser à faire fructifier votre épargne, encore vous faut-il en dégager! Au pays, le taux d'épargne des particuliers, selon les estimations les plus courantes, oscille entre 5 % et 10 %. Pour déterminer votre propre taux d'épargne, vous pouvez avoir recours à un budget. Ce budget vous permettra d'abord de mesurer l'écart entre vos revenus et vos besoins de fonds, puis de faire ressortir les principales sources de gaspillage pour apporter les corrections appropriées et enfin de planifier vos entrées et sorties de fonds.

Une fois ce premier exercice accompli, vous devez procéder à une budgétisation périodique qui permet d'analyser les écarts entre le prévu et le réalisé et, s'il y a lieu, d'apporter les rectifications nécessaires pour redresser la situation et enrayer les causes qui vous ont fait dévier du parcours original. Cette détermination du taux d'épargne devrait aboutir à l'établissement d'un programme d'épargne, une deuxième étape qui exige préalablement l'établissement d'un bilan.

2.1.1 Le budget

Nous vous proposons un document de travail visant à faciliter l'établissement de votre budget et à décrire les principaux postes à y inclure ainsi qu'un tableau préparé par Statistique Canada sur la ventilation des dépenses courantes des Canadiens. Faites la comparaison de votre situation personnelle avec celle de ce groupe échantillon. Enfin, une ventilation «normale» pourra servir de point de repère à votre propre ventilation et vous permettra de vous interroger sur votre propre répartition et de déterminer s'il y a gaspillage quelque part.

Quelques recommandations

> Vos revenus et vos dépenses ne sont pas nécessairement effectués au même moment. Il est conseillé de tout ramener au même dénominateur, la fréquence considérée étant celle de votre principale source de fonds. Ainsi, si votre principale source de fonds est votre salaire et que vous êtes rémunéré chaque semaine, les dépenses doivent être établies sur une base hebdomadaire.
> Une année compte 52 semaines. Pourquoi alors ne pas considérer les dépenses fixes sur la base d'un mois de quatre semaines (48 semaines par année), les semaines non considérées vous apportant un certain coussin dans le but de parer aux imprévus.
> Arrondissez vos chiffres à la hausse et non à la baisse, quelques dollars par-ci, par-là pouvant faire toute la différence.

En établissant votre budget mensuel et en effectuant une révision périodique, il vous sera possible de réagir plus rapidement aux imprévus et d'établir un programme d'épargne plus rigoureux.

RÉPARTITION **OPTIMALE** PROPOSÉE

Alimentation	15 %
Logement	20 %
Entretien	3 %
Ameublement et appareils	4,5 %
Vêtements	4,5 %
Soins personnels	1 %
Soins médicaux	2 %
Voyage et transport	7 %
Loisirs	7 %
Lecture	0,5 %
Éducation	1 %
Divers	2,5 %
Total, dépenses courantes	68 %
Taxes personnelles	20 %
Cadeaux et contributions	2 %
Réserves (et épargne)	10 %

DÉPENSES PERSONNELLES DES CANADIENS
(répartition par groupe de revenus familiaux)

	15 000 $ – 19 999 $	20 000 $ – 24 999 $	25 000 $ – 29 999 $	30 000 $ – 34 999 $	35 000 $
Alimentation	17,8 %	16,2 %	15,0 %	13,9 %	11,9 %
Logement	16,3	15,4	14,0	13,3	11,4
Location	5,9	4,3	2,9	2,2	1,2
Propriété	7,0	8,0	7,9	7,9	7,1
Autre maison	0,6	0,6	0,9	1,0	1,2
Eau et chauffage	2,7	2,5	2,3	2,2	1,9
Entretien ménager	4,0	3,7	3,5	3,3	3,4
Ameublement et appareils	5,1	4,6	4,7	4,8	5,1
Ameublement	1,7	1,6	1,6	1,6	1,7
Électroménagers	1,2	1,1	1,0	1,1	0,9
Autres	2,2	2,0	2,1	2,1	2,5
Vêtements	7,1	7,2	7,1	7,0	7,4
Soins personnels	1,4	1,4	1,4	1,3	1,2
Soins médicaux	2,1	2,0	1,9	1,7	1,6
Tabac et alcool	3,4	3,4	3,1	2,6	2,5
Voyage et transport	13,1	12,9	12,6	14,4	11,8
Automobile	10,7	10,3	10,1	11,9	8,5
Achat	4,3	4,1	4,5	6,1	4,1
Entretien et roulement	6,4	6,2	5,5	5,8	4,4
Autres	2,4	2,6	2,6	2,5	3,0
Loisirs	3,4	3,9	4,2	3,8	3,8
Lecture	0,6	0,5	0,5	0,4	0,5
Éducation	0,6	0,6	0,7	0,9	0,9
Dépenses diverses	2,4	2,3	2,3	1,9	2,0
Total, consommation courante	77,2 %	74,0 %	71,1 %	69,2 %	63,3 %
Taxes personnelles	16,6	18,6	20,9	22,5	27,4
Réserves	4,4	5,4	5,8	5,9	6,8
Cadeaux et contributions	1,7	2,0	2,2	2,4	2,5
Total des dépenses	100,0 %	100,0 %	100,0 %	100,0 %	100,0 %

Source : Statistique Canada.

VOTRE BUDGET

	Mois >>												
	1	2	3	4	5	6	7	8	9	10	11	12	Total
Liquidités au début (encaisse et compte de chèques du mois précédent)													
Entrées de fonds													
Salaire et revenus d'entreprise													
Dividende													
Intérêt													
Loyer et rente perçus													
Remboursements, prêts consentis													
Bonis, cadeaux													
Allocations gouvernementales													
Autres													
Total													
Total, encaisse disponible													
Utilisation des fonds													
Alimentation													
Vêtements													
Loyer ou hypothèque													
Services publics													
Police d'assurance-vie													
Assurance médicale													
Assurance dentaire													
Assurance voiture													
Autres													
Taxes et revenus													
Propriété													
Autres													
Emprunts													
Paiements													
Dette à demande													
Éducation des enfants													
Réserve pour imprévus													
Transport courant													
Loisirs													
Ameublement et appareils													
Argent de poche													
Divers (cadeaux, etc.)													
Total													
Fonds en surplus													
Fonds en surplus conservés													

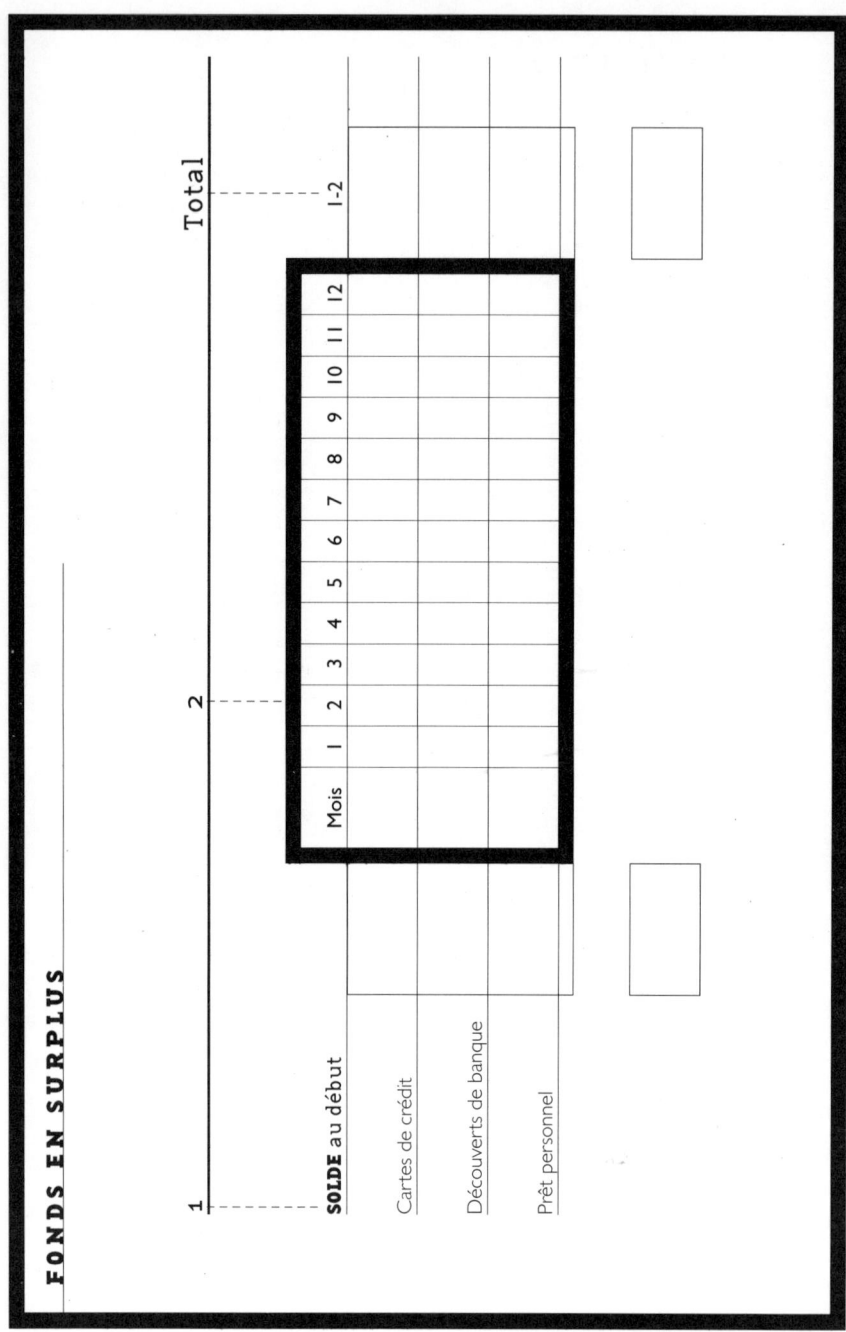

2.1.2 Le bilan

Le particulier, à l'instar de l'entreprise, a besoin de mesurer régulièrement sa situation financière, de déterminer la valeur de son avoir (actif) et de ses dettes (passif) à une date donnée. C'est par le bilan que l'on peut dresser ce portrait. Le bilan présente une image ponctuelle de vos avoirs et de vos dettes, la différence entre les deux représentant votre avoir net (ou votre insuffisance nette, si les dettes sont supérieures à l'actif).

Lorsqu'on fait son bilan, on inscrit généralement les éléments d'actif dans la colonne de gauche et les éléments de passif dans celle de droite. Chaque poste y est inscrit dans un ordre précis, du plus liquide au moins liquide et de l'échéance à court terme à celle à long terme. De plus, contrairement aux entreprises, vous devriez établir votre bilan à partir de la valeur marchande des différents postes au moment où vous contruisez votre bilan, et non à partir du coût d'acquisition. Ainsi, une automobile acquise il y a 3 ans au coût de 10 000 $ devrait avoir, au bilan, une valeur qui correspondra à sa dévaluation et à l'usure du temps ; dans ce cas, le prix de revente, au moment de l'établissement du bilan, pourrait être considéré.

Dans l'actif, on inclut tous les avoirs susceptibles de posséder une valeur de revente (automobile, chalet, résidence principale, bateau, valeur de rachat des polices d'assurance, ameublement, comptes de banque, placements, œuvres d'art, etc.). Au passif, les dettes règnent en maîtres (solde non payé sur carte de crédit, emprunt hypothécaire, prêt personnel, solde débiteur du compte sur marge auprès d'un courtier, etc.). Fait à signaler, un avoir net fortement positif ne signifie pas nécessairement une bonne santé financière lorsqu'on ne dispose pas des liquidités nécessaires pour respecter ses engagements contractuels envers ses créanciers. C'est ici qu'intervient le budget.

Il faut être conscient que les éléments d'actif ne sont pas nécessairement générateurs de revenus alors que le passif astreint à un remboursement périodique du capital et de l'intérêt. Par l'intermédiaire d'un budget, vous êtes en mesure de déterminer si vous vivez ou non au-dessus de vos moyens alors que le bilan permet d'évaluer votre richesse, de déterminer les principaux postes qui canalisent votre épargne et de mettre en relief l'effet de levier dont vous bénéficiez. Une lourdeur sur le plan du bilan ou un effet

VOTRE BILAN

Actif	
Encaisse :	
liquide	
comptes chèques	
À recevoir :	
prêts consentis	
Propriétés (valeur de revente) :	
voiture	
maison principale	
maison secondaire	
bijoux	
œuvres d'art	
ameublement	
Investissement :	
compte d'épargne	
immobilier (autre que ci-dessus)	
obligations	
actions	
fonds mutuels	
autres	
Pension et retraite :	
police d'assurance (valeur de rachat)	
fonds de pension de la compagnie	
REER	
REAQ	
autres	
Total – Actif	

VOTRE BILAN

Passif

Factures à payer :
- médecin
- dentiste
- services publics
- cartes de crédit
- autres

Dettes :
- découverts de banque
- prêt personnel
- emprunt voiture

Taxes à payer :
- impôt
- taxes foncières
- autres

Autres emprunts :
- compte-marge
- emprunt-assurance
- autres

Hypothèque :
- maison – principale
- – secondaire
- autres (bateau, etc.)

Total – Passif

Valeur nette (actif - passif)

Passif et valeur nette

de levier négatif exige que vous fassiez un grand ménage avant d'entreprendre un programme d'investissement, car rien ne sert d'ajouter constamment à votre actif si vous ne pouvez vous offrir le luxe du passif qui en découle.

Avant d'entreprendre un grand ménage et d'établir un plan d'épargne à votre mesure, il est indispensable de savoir où vous en êtes et de bien évaluer votre situation financière personnelle. Le bilan et le budget permettent de brosser ce portrait financier.

Une fois cela établi, l'étape suivante consiste à déterminer vos sources de gaspillage et à les enrayer, si possible. Les gouffres financiers les plus importants dans les ménages se trouvent du côté du crédit. Les emprunts contractés pour financer des biens ou autres éléments d'actif qui se déprécient avec le temps doivent être les premiers à disparaître. **Ainsi, les découverts de banque, vos soldes impayés sur vos cartes de crédit, vos emprunts personnels sont autant d'éléments du passif qui, lorsque effacés, constituent vos meilleurs placements.** Il ne faut pas oublier que tout solde impayé sur une carte de crédit commande un taux d'intérêt annuel de 15 % ou 20 %; que tout découvert de banque exige, de la part du détenteur, qu'il verse un intérêt annuel variant entre 12 % et 15 %, etc.

La prochaine phase consiste à vous attaquer à vos emprunts contractés afin d'acquérir des éléments d'actif dont la valeur croît avec le temps (hypothèque, emprunt utilisé à des fins d'investissement). Ici, les variables à considérer sont :

> Votre capacité de paiement;
> Le taux d'intérêt versé sur votre emprunt par rapport au taux de rendement sur vos fonds ainsi reçus.

2.2 COMPTANT OU EMPRUNT ?

À l'aide du budget et du bilan, il vous a été possible de déterminer votre taux d'épargne et, par ricochet, votre capacité d'emprunt. Les bases d'un programme d'investissement sont donc jetées. Pour aller de l'avant, il faut ensuite définir un « bilan idéal », un bilan modèle qui reflétera la flexibilité dont vous désirez vous doter et qui offrira l'équilibre, la diversification et la protection recherchés. À l'aide de ce bilan modèle et de votre taux d'épargne, il devient alors possible d'établir un ou plusieurs bilans-cibles (la valeur de l'actif et du passif que vous comptez atteindre dans un, deux ou cinq ans), une démarche qui devrait présider à vos objectifs de placement. Cet exercice sera complété par une liste énumérant les grandes dépenses à venir (rénovation du chalet, achat d'une nouvelle voiture, voyage, décoration intérieure, etc.) et les moyens qui seront mis en œuvre pour financer ces projets.

Le recours à l'emprunt n'a rien de catastrophique en soi dans la mesure où :

> Votre capacité d'emprunt n'est pas entièrement utilisée;
> Vous êtes en mesure de faire face aux paiements périodiques;
> Vous pouvez dégager un effet de levier positif.

Les avantages de la dette sont les suivants :

> C'est un facteur d'amplification;
> La diversification peut être accrue;
> L'intérêt versé sur un emprunt utilisé pour produire des revenus de placements est déductible d'impôt;
> La possibilité de disposer de fonds est accrue.

N'est-il pas reconnu que la richesse est mesurée par la capacité ou le pouvoir d'emprunt?

En revanche, ces avantages peuvent être neutralisés par les inconvénients suivants :

> Le facteur d'amplification joue dans les deux sens;
> Il y a des engagements fixes à respecter;
> Une perte de flexibilité financière est possible si les investissements (éléments d'actif) sont peu liquides.

2.2.1 Le facteur d'amplification

En matière d'investissement, c'est connu, le recours à l'emprunt se traduit par une amplification du gain réalisé ou de la perte encourue. Voyons l'exemple suivant :

Exemple 1

Vous disposez de 4 000 $, une somme que vous voulez consacrer à l'achat d'actions ordinaires BCE, celles-ci se négociant, disons, à 40 $ chacune. Vous détenez un compte-marge chez votre courtier, c'est-à-dire un compte qui permet d'emprunter de votre courtier jusqu'à 70 % (selon la qualité de l'action achetée) de la somme engagée en garantie des titres que vous vous procurez. Ainsi, la marge initiale requise peut être aussi faible que 30 %. Vous croyez à ce point au potentiel de croissance de l'action de BCE que vous utilisez la marge de crédit mise ainsi à votre disposition.

Achat au comptant de 100 actions BCE à 40 $	4 000 $
Crédit possible	9 333 $ (*)
Achat de 230 actions BCE à 40 $	9 200 $
Total	**13 200 $**

Six mois plus tard, le cours de l'action de BCE atteint 50 $ et vous décidez d'empocher vos profits.

Vente de 330 actions BCE à 50 $	16 500 $
Achat de 330 actions BCE à 40 $	13 200 $
Gain brut	3 300 $
Commissions versées au courtier à l'achat (environ 3,5 %)	463 $
Commissions versées au courtier à la vente (environ 3,5 %)	577 $
Intérêt versé sur l'emprunt (disons 9 % par année)	414 $
Gain net	1 846 $

(*) Selon cet exemple, la somme engagée s'élève à 13 333 $ (4 000 $ / 30 %) et puisque votre mise de fonds est de 4 000 $, votre crédit possible est de 9 333 $.

Rendement :
$$\frac{1\,846\ \$}{4\,000\ \$} \times 100 = 46\ \%$$

Si vous n'aviez pas eu recours à l'emprunt :

Vente de 100 actions BCE à 50 $	5 000 $
Achat de 100 actions BCE à 40 $	4 000 $
Gain brut	1 000 $
Commissions à l'achat	140 $
Commissions à la vente	175 $
Gain net	685 $

Rendement :
$$\frac{685\ \$}{4\,000\ \$} \times 100 = 17\ \%$$

Dans ce cas-ci, la différence entre l'achat au comptant et l'achat sur marge se chiffre à 29 %.

Cet exemple met en relief le facteur d'amplification que procure le recours à la dette. En fait, on voit clairement que l'effet de levier apparaît puisque vous ne remettez au courtier que le capital emprunté (plus intérêt) sur lequel vous avez réalisé un gain en capital brut de 25 %. En fait, **l'effet de levier est positif lorsque le rendement réalisé sur les fonds empruntés est supérieur aux coûts de ces fonds** (ici, l'intérêt versé et les commissions supplémentaires). Dans le cas inverse, on parle d'effet de levier négatif. Poursuivons notre exemple.

Six mois après l'achat de vos actions de BCE, celles-ci ne s'échangent plus qu'à 35 $. Vous décidez de les vendre.

Vente de 330 actions BCE à 35 $	11 550 $
Achat de 330 actions BCE à 40 $	13 200 $
Perte brute	1 650 $
Commissions versées à l'achat	462 $
Commissions versées à la vente	404 $
Intérêt versé sur l'emprunt	414 $
Perte nette	2 930 $

Perte en % du capital investi :
$$\frac{2930\ \$}{4000\ \$} \times 100 = 73\ \%$$

Si vous n'aviez pas eu recours à l'emprunt :

Vente de 100 actions BCE à 35 $	3 500 $
Achat de 100 actions BCE à 40 $	4 000 $
Perte brute	500 $
Commissions à l'achat	140 $
Commissions à la vente	112 $
Perte nette	762 $

Perte en % du capital investi :
$$\frac{726\ \$}{4000\ \$} \times 100 = 19\ \%$$

En réalité, vous auriez reçu un appel de marge à chaque recul du cours de votre action. En d'autres termes, la marge de crédit (dans l'exemple, 70 %) s'applique sur la valeur marchande de l'action. De 40 $ à 35 $, il vous aurait fallu déposer dans votre compte une somme supplémentaire totalisant 1 115 $, augmentant votre capital investi à 5 115 $ et réduisant la marge de crédit du courtier à 8 085 $.

En fait, un appel de marge est lancé lorsque la valeur marchande devient inférieure au rapport suivant :

$$\frac{\text{Somme empruntée}}{1 - \text{marge requise (\%)}}*$$

2 >> De l'épargne à la spéculation...

L'intérêt payé et les commissions versées sont déductibles d'impôt. En faisant abstraction des commissions à verser et de l'intérêt à payer, il est possible de mesurer le facteur d'amplification (du gain ou de la perte) en prenant l'inverse multiplicatif du taux de marge requis, soit :

$$\frac{1}{1 - \text{marge requise (\%)}^*}$$

* Commissions et intérêt sur emprunt non compris.

MARGE	FACTEUR D'AMPLIFICATION
100 %	1,00 fois
80	1,25
75	1,33
60	1,67
55	1,82
50	2,00
40	2,50
33	3,00
30	3,33
25	4,00

Dans notre exemple, le facteur d'amplification se situe à 3,33 (1/30 %); chaque variation de 10 % du cours de l'action (tant à la hausse qu'à la baisse) se traduit par une variation de 33,3 % de la perte ou du gain réalisé lorsque l'investisseur utilise la totalité du crédit auquel il a droit.

Voilà donc ce qu'on entend par l'art de faire de l'argent avec l'argent des autres. Dans l'exemple précédent, nous avons choisi d'appliquer l'effet de levier à l'investissement boursier, mais la vie quotidienne foisonne d'autres applications.

Exemple 2

Vous venez de recevoir 10 000 $ en héritage. Vous aimeriez investir cet argent dans des obligations d'épargne du Canada (OEC), mais vous avez encore une hypothèque de 10 000 $ sur votre maison. L'obligation d'épargne du Canada verse, la première année, un taux de 8,25 %. On suppose un taux marginal d'imposition de 30 %. Vous ne savez que faire : conserver votre hypothèque, puisque vous vous accommodez déjà des mensualités, et investir votre 10 000 $ en obligations d'épargne, ou rembourser votre hypothèque.

Scénario 1 : remboursement de l'hypothèque

Votre prêt hypothécaire prend fin dans un an et l'intérêt exigé s'élève à 12 % par année. En remboursant immédiatement, vous réalisez un gain de 12 %. Mais si vous réinvestissez les mensualités prévues dans l'achat d'OEC, le rendement total se chiffrera à 17,8 % [12 % + (8,25 % × 70 %)].

Scénario 2 : investissement du 10 000 $

En choisissant plutôt d'investir les 10 000 $, vous obtenez un rendement de 8,25 % mais devrez verser du 12 % sur votre hypothèque. Coût de votre hypothèque : 3,5 %. Le scénario 1 apparaît donc, ici, plus approprié.

Scénario 3 : emprunt de 10 000 $

Vous remboursez votre hypothèque et empruntez 10 000 $ qui seront investis en obligations d'épargne du Canada.

> Gain réalisé sur le paiement de l'hypothèque et réinvestissement des mensualités : 17,8 % (voir scénario 1)
> Gain réalisé sur OEC : 8,25 %
> Intérêt à payer sur emprunt (disons 13 %) : 9 %
> Gain 26,1 % - 9 % = 17,1 %

Encore une fois, le scénario 1 apparaît plus avantageux, et ce, pour la seule et bonne raison que l'effet de levier découlant de l'utilisation de l'emprunt est négatif (rendement de 8,25 % par rapport à un intérêt à verser après impôt de 9 %). Nonobstant ces considérations, le scénario 3 vous propose une avenue intéressante puisque le coût en intérêt de 13 % se transforme en un coût de 9 % du simple fait que l'intérêt versé sur des fonds empruntés utilisés pour produire des revenus de placement est déductible d'impôt, ce qui n'est pas le cas du prêt hypothécaire contracté à l'achat d'une résidence principale.

Supposons qu'au lieu des OEC vous choisissiez une part de fonds commun de placement dont le rendement espéré atteint 16,5 % par année. Le gain net du scénario 1 s'élèverait à 23,5 % alors que celui du scénario 3 s'établirait plutôt à 31 %, étant stimulé par un effet de levier positif.

Le recours à l'emprunt (ou le remboursement d'un emprunt) est une décision très personnelle. Il faudra la prendre en fonction de sa situation financière et en ne perdant jamais de vue que l'effet de levier peut jouer dans un sens positif comme dans un sens négatif.

Les exemples précédents ont servi à démontrer l'importance de l'effet de levier et également à mettre en relief le traitement fiscal différent accordé aux dépenses d'intérêt, selon que l'emprunt est contracté afin de produire des revenus de placement ou autres. Nous concentrons dans un seul chapitre le survol des principales caractéristiques reliées à la fiscalité. Mais déjà l'on voit que l'impôt devient une variable importante à considérer.

Le tableau suivant vous propose d'établir un mini-bilan regroupant tous les éléments d'actif dont la valeur est appelée à croître avec les emprunts engagés correspondants.

Une situation propice émerge de ce tableau de bord, premièrement, lorsque le rendement obtenu sur chaque élément d'actif surpasse le coût des emprunts correspondants et, deuxièmement, lorsque les revenus de placement annuels sont supérieurs aux dépenses engendrées par actif (partie intérêt sur les emprunts et postes diminuant le capital seulement, exemple : imprévus). Autrement, vous avez à gruger à même vos fonds en surplus, ce qui se traduit par une érosion, voire une élimination de votre taux d'épargne. Si tel est le cas, il faut que votre gain en capital espéré sur vos éléments d'actif appropriés puisse au minimum compenser votre sortie

La Bourse >> Investir avec succès

Actif	Valeur achat	Valeur marchande	Mise de fonds initiale	Rendement* (%)	Emprunt (coût annuel %*)
Maison principale					
Maison secondaire					
Autres biens immobiliers					
Œuvres d'art					
Valeurs mobilières					
Liquidités					
Autres placements					

Revenus de placement (annuel)*

Gain en capital **
Dividendes
Intérêts
Loyers perçus
Total

(**) Réalisé

Dépenses engendrées par actif (annuelles)

	Partie intérêt	Ajout au capital (diminution)

Hypothèque
Commission*
Intérêt sur emprunt
Frais d'administration*
Frais d'entretien
(propriété à revenus)
Assurance*
Taxes*

(*) Après impôts

de fonds supplémentaire. Il faut évidemment, au préalable, que vous soyez en mesure, à même votre budget, d'absorber cet excédent de fonds dans la mesure où votre gain en capital espéré peut ne pas se réaliser ou, au pire, se transformer en perte.

Vouloir accroître sa richesse personnelle en mettant à contribution l'argent des autres est très légitime; dans bien des cas, c'est souvent la seule façon d'accroître son pouvoir de richesse. Or, recourir à l'effet de levier peut devenir une arme à double tranchant si les pertes — toujours possibles — ne peuvent être absorbées ou amorties sans nuire à la satisfaction de vos besoins vitaux. De plus, il est possible de pousser à l'extrême sur le levier financier.

À titre d'exemple, imaginez qu'une institution financière vous accorde une marge de crédit personnelle de 10 000 $, que vous déposez dans votre compte-marge chez votre courtier en vue de l'investir sous forme d'actions ordinaires. En supposant que cette somme est utilisée à l'achat d'actions ordinaires de première qualité, le courtier est disposé à exiger une marge aussi faible que 30 %, ce qui élève votre pouvoir d'investissement à 33 333 $, et ce, sans même que vous ayez recours à vos propres fonds. Si vous réalisez un rendement de 20 % sur des fonds qui vous coûtent 10 % par année, vous accroissez votre richesse de 766,65 $ (déduction faite des commissions versées au courtier) sans avoir investi un seul sou de votre poche. En revanche, si ces actions avaient fléchi de 20 % à la fin de la première année de détention, vous vous seriez retrouvé avec une dette à rembourser de 12 099,91 $ comprenant les commissions à verser, la perte en capital et l'intérêt à verser sur votre marge de crédit personnelle et sur votre compte-marge. Tel est le risque à soutenir.

Dans l'exemple simplifié ci-dessus, votre espoir de gain se chiffrait à 766,65 $ et la possibilité de perte, à 12 099,91 $. Il va sans dire que cet exemple peut être qualifié d'extrême, quoique non impossible.

Des fortunes se sont bâties et se sont effondrées sur le crédit. L'expérience du krach boursier de 1987 devrait servir d'exemple. Plusieurs investisseurs, qui avaient investi en s'endettant trop lourdement, ont tout perdu lors de ce krach. Il n'en demeure pas moins que la plupart d'entre nous n'avons d'autre choix que de mettre à contribution l'argent des autres, afin d'accélérer le processus de création de la richesse. Le recours à l'emprunt est très fréquent dans le monde de l'investissement et il n'a rien de scandaleux lorsqu'il est effectué intelligemment, en toute connaissance de cause, et que la relation risque-rendement est on ne peut plus favorable. Car tout est là. Pour réussir dans le monde du crédit, nous devons miser sur un effet de levier positif. Et le jeu n'en vaut la chandelle que si l'espérance de gain est de beaucoup supérieure au risque de perte et si nous sommes en mesure, le cas échéant, d'absorber la perte possible. Si ces préalables ne peuvent être satisfaits, ne vous y frottez pas.

Toutes les institutions financières sont disposées à accorder du crédit sous une forme ou sous une autre. Même si votre cote de crédit n'est pas des plus attrayantes, il se trouvera toujours quelqu'un pour vous prêter, à un coût plus élevé toutefois.

Il est reconnu que le paiement mensuel (capital et intérêt) sur la dette globale ne doit pas excéder 40 % du revenu brut du couple. Dans le cas d'une hypothèque, le paiement mensuel du capital, des intérêts, des taxes et des frais de chauffage ne devrait pas excéder 32 % du revenu brut mensuel du couple. Connaissant ces barèmes, vous êtes en mesure de déterminer votre capacité d'emprunt.

2.2.2 L'emprunt hypothécaire

Outre le prêt personnel et le prêt à la consommation, l'emprunt hypothécaire est la forme de crédit la plus courante. On accorde ce type de prêt pour le très long terme, généralement 25 ans, et on exige, en garantie, l'actif réel, soit la propriété principale, la résidence secondaire, le terrain, etc., qui est financé par l'emprunt.

La valeur d'une hypothèque varie selon :

> La mise de fonds initiale;
> Le taux d'intérêt;
> La période d'amortissement, ou durée de l'hypothèque.

Ainsi, selon votre capacité d'emprunt, l'institution financière peut vous accorder jusqu'à 90 % de la valeur marchande de votre propriété (l'évaluation est faite par l'institution financière, aux frais du demandeur) si cette dernière est une résidence principale, ou jusqu'à 75 % de la propriété dans le cas d'une résidence secondaire. Cela détermine la mise de fonds initiale que vous êtes tenu d'injecter. Une fois cette mise de fonds déterminée, l'institution calcule le paiement mensuel (capital et intérêt) que vous devrez respecter. Ce paiement mensuel est fixé pour la période de temps (le terme) au cours de laquelle le taux d'intérêt est « gelé » ou « assuré ». Au moment du renouvellement après terme, le paiement mensuel est calculé de nouveau pour ainsi tenir compte des variations des taux d'intérêt. Il est donc important de bien choisir le terme, un choix qui sera fait en fonction des tendances prévues des taux d'intérêt et de l'écart entre les taux exigés pour les différents termes offerts (un an, deux ans, trois ans, cinq ans, etc.).

Quant à la période d'amortissement, il n'existe pas d'échéance optimale. Les institutions financières consentent généralement des hypothèques dites ouvertes (où un remboursement anticipé de la totalité ou d'une partie du capital est permis sans pénalité), ou fermées (le remboursement anticipé n'est permis qu'en échange d'une compensation, d'une pénalité). Une hypothèque ouverte est plus avantageuse puisque plus flexible. Toutefois, le taux d'intérêt exigé est légèrement supérieur à celui d'une hypothèque conventionnelle de même terme.

Cette flexibilité recherchée est importante et encore plus lorsque l'échéance est lointaine. Ainsi, une hypothèque ouverte permet à l'emprunteur de miser sur un paiement mensuel raisonnable tout en effectuant, à son gré et selon ses disponibilités, des remboursements anticipés et de réduire le capital emprunté, donc d'abaisser ses mensualités. Certaines hypothèques ouvertes présentent également la particularité d'appliquer les remboursements anticipés du capital à l'échéance de l'emprunt, les mensualités demeurant fixes. L'emprunt s'en trouve ainsi amorti plus rapidement. Enfin, l'emprunteur peut opter pour une échéance plus courte en acceptant de verser des mensualités plus élevées. Regardons l'exemple suivant :

HYPOTHÈQUE DE 100 000 $ À UN TAUX ANNUEL DE 9 %		
Échéance	Mensualités	Somme versée à l'échéance
10 ans	1258,00 $	150 960,00 $
15 ans	1005,00 $	180 900,00 $
20 ans	889,00 $	213 360,00 $
25 ans	828,00 $	248 400,00 $

Ces quelques chiffres mettent en relief le coût exorbitant qui résulte de « laisser traîner » son hypothèque. Cependant, le choix d'une échéance particulière doit être effectué en fonction de votre capacité de faire face à vos engagements et de la flexibilité financière dont vous entendez vous munir. Vous devez également tenir compte du coût d'opportunité associé à votre décision.

2.2.3 Le coût d'opportunité

Le coût d'opportunité peut être défini comme étant le coût de renonciation, le coût de la deuxième solution. Ainsi, on vous propose d'investir, pour une durée de un an, 1 000 $ dans l'achat d'une obligation de la compagnie XYZ à un taux d'intérêt annuel de 15 %. Vous déteniez ces 1 000 $ sous forme d'obligation d'épargne du Canada versant du 8,25 % la première année. En transférant vos fonds d'une obligation à une autre, vous renoncez à un taux d'intérêt annuel garanti de 8,25 % pour espérer obtenir 15 % en échange d'un risque plus élevé. Ici, le coût d'opportunité associé à l'achat de l'obligation versant 15 % de la compagnie XYZ est de 8,25 %.

Cette notion de coût d'opportunité revêt un certain intérêt puisqu'il devient une variable déterminante dans le choix de la période de l'amortissement de votre emprunt hypothécaire. Voyons un exemple :

Une institution financière est disposée à vous accorder un prêt hypothécaire de 25 ans à 11,5 %, pour un versement mensuel d'environ 500 $ ou un prêt hypothécaire de 10 ans, à 11,5 %, pour un versement mensuel d'environ 700 $. Votre budget est en mesure d'absorber un paiement mensuel de 700 $ et vous calculez que choisir une échéance de 10 ans plutôt que de 25 ans se traduira, en bout de piste, par une économie de 40 000 $.

Vous êtes évidemment tenté de choisir l'échéance de 10 ans. Toutefois, un calcul rapide vous permet d'établir à 36 000 $ le capital accumulé au bout de 10 ans du 200 $ par mois qui résulte de l'écart entre la mensualité de 700 $ et celle de 500 $. Et on ne parle pas du rendement réalisé sur cet écart.

Voilà donc qu'entre en jeu le coût d'opportunité. Votre hypothèque vous coûte 11,5 % l'an. S'il vous est possible de réaliser, après impôt, un rendement supérieur à ce taux sur la différence mensuelle de 200 $, il serait avantageux pour vous de choisir une hypothèque ouverte avec la plus longue échéance possible. De ce fait, vous ferez face à de plus petites mensualités et pourrez réinvestir la différence à un rendement, espérons-le, supérieur au taux d'intérêt sur votre hypothèque. Selon vos disponibilités, vous pourrez également rembourser une partie, ou la totalité du capital. Si, par contre, vous ne prévoyez pas réaliser un rendement supérieur à 11,5 % par année (après impôt) sur cette différence de 200 $ par mois, votre meilleur placement sera toujours de rembourser le plus rapidement possible votre hypothèque. Le paiement accéléré d'une hypothèque ne sera avantageux que si votre coût d'opportunité est inférieur au taux d'intérêt sur l'hypothèque.

Il est possible d'étendre cette notion de coût d'opportunité à toute sphère du monde du placement. Étant donné que nous évoluons en situation de contrainte budgétaire, un choix d'investissement implique la renonciation à un autre placement. Cette sélection sera fonction de la relation risque-rendement, de nos objectifs de placement et de notre situation financière personnelle.

Nous aurons l'occasion, au cours du chapitre consacré à la gestion de portefeuille, de mettre en pratique cette mesure du coût d'opportunité, notamment lorsque viendra le temps de déterminer notre taux de rendement requis. Il est toutefois bon de retenir que ce **coût d'opportunité, qui est propre à chacun de nous, doit demeurer omniprésent dans toutes nos décisions de placement**.

VOTRE PATRIMOINE : OÙ VOUS SITUEZ-VOUS ?

Âge	Épargne-placement Hors REER		Épargne-placement REER		Dette-consommation		Patrimoine net	
	Moyenne	Médiane	Moyenne	Médiane	Moyenne	Médiane	Moyenne	Médiane
25	990 $	1 240 $	2 590 $	3 240 $	8 250 $	8 250 $	1 100 $	7 230 $
26	3 600	4 500	3 050	3 820	6 500	18 500	3 175	6 180
27	4 800	6 050	3 550	4 435	12 000	12 000	9 575	13 485
28	7 750	9 700	4 080	5 100	8 500	8 500	10 830	14 300
29	1 825	2 280	4 625	5 780	4 250	4 250	17 200	24 800
30	4 150	5 200	4 625	5 780	6 500	6 500	22 275	34 500
31	3 450	4 300	4 625	5 780	8 000	12 000	20 075	42 450
32	9 280	11 600	4 625	5 780	8 500	8 500	25 400	56 480
33	12 080	15 100	4 625	5 780	5 000	5 000	31 700	62 000
34	11 840	14 800	4 625	5 780	3 500	1 500	34 965	76 900
35	13 280	16 600	5 540	6 920	9 250	13 250	33 575	92 975
36	16 640	20 800	5 540	6 920	8 500	8 500	39 680	104 200
37	25 000	31 300	5 540	6 920	5 150	5 150	53 400	122 000

2 >> De l'épargne à la spéculation...

38	29 675	37 100	5 540	6 920	3 750	1 250	66 465	141 375
39	30 600	38 250	5 540	6 920	12 500	17 500	58 650	141 375
40	40 640	50 800	5 540	6 920	12 500	12 500	68 680	164 520
41	47 000	58 800	5 540	6 920	6 500	6 500	83 000	193 920
42	49 000	61 300	5 540	6 920	4 500	2 500	89 040	216 575
43	51 100	63 900	5 540	6 920	7 500	7 500	90 140	230 920
44	61 600	77 000	5 540	6 920	5 250	5 250	104 890	268 775
45	69 450	86 800	7 750	9 675	8 600	8 600	113 600	296 225
46	57 700	72 150	7 750	9 675	7 700	7 700	115 750	301 775
47	78 000	97 500	7 750	9 675	4 500	3 500	120 250	335 325
48	86 800	108 500	7 750	9 675	6 600	6 600	148 950	363 275
49	94 500	118 175	7 750	9 675	10 900	10 900	154 350	389 750
50	102 720	128 400	7 750	9 675	13 400	13 400	162 070	419 625
55	125 000	156 750	14 600	18 250	9 500	9 500	205 000	564 000
60	134 850	179 800	13 690	18 250	8 500	8 500	225 000	633 050
65	144 375	206 250	12 090	17 270	6 000	6 000	235 500	876 020

* Y compris fonds de pension.
Données extrapolées des statistiques (moyennes) nationales et d'hypothèses généralement reconnues.
Source : *Finance*.

L'exemple précédent nous a fourni une preuve. Or, il est possible de multiplier les exemples à l'infini. Lorsque vous décidez de consacrer votre surplus de fonds de 1 000 $ à l'achat d'actions de Provigo ou de BCE, vous renoncez peut-être au rendement de 8,25 % par année que vous offriraient les obligations d'épargne du Canada pour vous « contenter » d'un revenu annuel en dividende de 3 ou 4 % et d'un espoir de gain en capital. En décidant de placer cette épargne dans un certificat de dépôt garanti qui porte un taux d'intérêt annuel de 9,75 %, vous espérez obtenir un rendement supérieur à celui qu'offre votre compte de banque à intérêt quotidien, mais vous déclinez l'invitation lancée par le marché boursier, une invitation qui vous permet d'espérer un rendement supérieur en contrepartie d'un risque accru.

Dans le monde du placement, vous avez constamment à évaluer ce coût d'opportunité. Tout coût d'opportunité supérieur au rendement offert sur l'investissement choisi doit être justifié par des considérations de risque, d'objectifs de placement ou de contraintes budgétaires. **N'oublions jamais qu'au départ il n'existe pas de mauvais placement ; le seul mauvais placement est celui qui ne nous convient pas.** Ainsi, cessons de nous laisser importuner par ceux qui répètent inlassablement qu'il faut sortir notre épargne des comptes de banque. Il est vrai que le rendement offert peut paraître ridicule, mais si ce véhicule nous convient parfaitement et qu'il est le seul à ne pas nous empêcher de dormir...

La sélection qui s'impose en matière d'investissement suggère qu'il est indispensable que nous soyons en mesure d'évaluer toutes les avenues possibles afin de reconnaître celles qui répondent le mieux à nos besoins. Les prochaines pages ont pour but d'effectuer un tour d'horizon des divers instruments financiers mis à notre disposition.

2.3 LES INSTRUMENTS FINANCIERS

Il existe toute une panoplie d'instruments financiers. Pour s'y retrouver, il serait peut-être bon de les regrouper en deux classes distinctes. Ce faisant, on retrouve :

1. Les actifs financiers

> Les titres de créance
> Les titres de propriété

2. Les actifs réels

La deuxième classe, celle des éléments d'actif réels, englobe les biens tangibles qui font l'objet d'un marché d'échanges. On y retrouve essentiellement :

> L'immobilier
> Les œuvres d'art
> Les métaux précieux

Généralement, les biens réels n'engendrent aucun revenu, mais un gain en capital (ou une perte) apparaît au moment de la revente. Nous n'aborderons pas cette classe d'actifs dans ce livre. Il suffit simplement de retenir que la principale distinction entre l'actif financier et l'actif réel est la liquidité de chacun, c'est-à-dire la facilité de convertir l'actif en argent, et ce, rapidement, au moment désiré et au plus faible coût possible.

Ces différents instruments financiers, regroupés en deux classes distinctes (actifs financiers et actifs réels), comportent chacun leurs propres caractéristiques et, par ricochet, leur propre facteur de risque. Cet élément de risque, vous le savez, découle du fait que **l'acte d'investir est, par définition, dynamique et qu'il prend la forme d'un pari sur l'avenir. Et nul ne peut prédire l'avenir.** Se procurer une obligation à échéance de 10 ans, à taux nominal de 6 % pour ensuite voir les taux d'intérêt dans l'économie atteindre 18 % ou 20 %, ou préférer son compte de banque plutôt qu'une obligation à taux nominal de 12 % et assister, par la suite, à une baisse des taux d'intérêt directeurs à 6 %, voilà autant d'impondérables qui menacent les fondements mêmes de notre capital. Malheureusement, aucun instrument financier ne peut, à lui seul, répondre à tous nos objectifs de placement. C'est pourquoi un portefeuille de titres équilibré doit contenir un ou plusieurs des instruments mentionnés précédemment.

2.3.1 Les titres de créance

- Les comptes de banque (émis par une institution financière)
- Le papier commercial (émis par une compagnie)
- L'acceptation bancaire (émise par une compagnie)
- Les certificats de dépôt (émis par une institution financière)
- La police d'assurance avec partie épargne (émise par une compagnie d'assurances)
- Les bons du Trésor (émis par les gouvernements)
- Les obligations (tous les émetteurs)
- Les débentures (tous les émetteurs)
- Etc.

Les titres de créance ont pour principales caractéristiques de verser un revenu sous forme d'intérêt par le biais de paiements périodiques fixes (ou, dans quelques cas, à l'échéance) et de rembourser le capital, généralement à l'échéance.

L'intérêt peut être versé périodiquement ou encore le titre de créance peut être émis à escompte (sous sa valeur nominale) et remboursé au pair (à sa valeur nominale), la rémunération provenant de l'écart entre le prix de vente et le prix de rachat (exemple : bons du Trésor). Dans le cas des bons du Trésor, même si cette rémunération prend la forme d'un gain en capital, elle demeure, aux yeux du fisc, une rémunération sous forme d'intérêt.

Le compte de banque

Un compte de banque est un titre de créance, car il représente un emprunt accordé à une institution financière. Par contre, cette institution verse un intérêt et emploie les fonds ainsi empruntés à dégager un revenu supérieur au taux d'intérêt qu'elle verse. N'est-ce pas là une application de l'effet de levier ? Un compte de banque est extrêmement liquide, c'est-à-dire que vous pouvez retirer l'argent de votre compte rapidement, à un coût minime. En revanche, l'intérêt versé sur ce type de compte est également minime.

Les diverses formes de dépôts à terme (par opposition au dépôt à demande), soit le dépôt à terme proprement dit et le certificat de dépôt, composent une variante des comptes de banque. Ils exigent généralement que les sommes investies soient « gelées » pendant une certaine période de temps (trois mois, six mois, un an, deux ans, cinq ans, etc.), et une pénalité est appliquée lorsque les fonds sont retirés avant l'échéance.

Les dépôts à terme versent un taux d'intérêt supérieur à celui des comptes de banque pour compenser cette perte de liquidité et attirer l'investisseur puisque l'institution financière est soucieuse d'exercer un appariement judicieux des échéances entre son actif (prêts hypothécaires, prêts personnels, placements à court terme, etc.) et son passif (comptes de banque, certificats de dépôt, dépôts à terme, etc.).

Les obligations et les débentures

Les obligations sont les éléments d'actifs financiers les plus négociés. Elles composent au moins la moitié des titres négociés sur le marché secondaire (ou marché de revente) et plus de 70 % des titres émis sur le marché primaire (lors de l'émission) au Canada. Il y en a pour tous les goûts, des obligations gouvernementales à celles d'entreprises minières, en passant par les obligations convertibles, à taux flottant, rétractables, etc. Il va sans dire que l'existence d'un marché secondaire n'est pas automatique et ne s'applique pas nécessairement à l'ensemble des obligations. Pour qu'il y ait marché secondaire, il faut qu'il y ait une demande en ce sens : il faut que l'existence même de ce marché soit justifiée.

Nous reproduisons ci-après un tableau des obligations déjà émises, publié régulièrement dans la presse financière.

Vous remarquerez que le prix est toujours affiché en centaine (102,37 ; 99,165 ; 105,937 ; etc.) mais qu'il correspond à une valeur nominale de 1 000 $. Ainsi, l'obligation 6,25 % 15 septembre 1998 du gouvernement du Canada était cotée à 102,37, correspondant à un prix de 1 023,70 $. Malgré ce prix d'achat (moyen), le détenteur recevra 1 000 $ à l'échéance et un taux d'intérêt correspondant au taux du coupon (ici de 6,25 %) représentant l'intérêt versé annuellement sur un capital de 1 000 $ investi ; et ce, même si le prix de l'achat est de 1 023,70 $. Au prix d'achat de 1 023,70 $, le rendement offert à l'échéance est de 4,195 %, malgré un taux de coupon de 6,25 %.

La Bourse >> Investir avec succès

OBLIGATIONS

GOUVERNEMENT DU CANADA

Émetteur	Coupon	Échéance	Prix	Rendement	Variation
Canada	6.25	15-Sep-98	102.370	4.195	+0.162
Canada	4.00	15-Mar-99	99.165	4.513	+0.230
Canada	7.75	1-Sep-99	105.937	4.818	+0.275
Canada	5.50	1-Feb-00	101.260	4.971	+0.317
Canada	8.50	1-Mar-00	108.543	5.024	+0.334
Canada	7.50	1-Sep-00	106.597	5.200	+0.380
Canada	7.50	1-Mar-01	107.040	5.349	+0.475
Canada	7.00	1-Sep-01	105.605	5.470	+0.540
Canada	9.50	1-Oct-01	114.857	5.514	+0.583
Canada	9.75	1-Dec-01	116.260	5.534	+0.586
Canada	8.50	1-Apr-02	111.991	5.580	+0.637
Canada	7.25	1-Jun-03	107.163	5.798	+0.703
Canada	7.50	1-Dec-03	108.578	5.871	+0.756
Canada	6.50	1-Jun-04	103.084	5.947	+0.749
Canada	9.00	1-Dec-04	117.712	6.000	+0.847
Canada	8.75	1-Dec-05	117.209	6.100	+0.933
Canada	7.00	1-Dec-06	105.880	6.165	+0.930
Canada	7.25	1-Jun-07	107.612	6.208	+0.939
Canada	9.50	1-Jun-10	126.139	6.478	+1.160
Canada	9.00	1-Mar-11	122.092	6.529	+1.157
Canada	10.25	15-Mar-14	136.080	6.639	+1.371
Canada	9.75	1-Jun-21	135.174	6.761	+1.593
Canada	8.00	1-Jun-23	114.950	6.768	+1.450
Canada	9.00	1-Jun-25	127.544	6.786	+1.620
Canada	8.00	1-Jun-27	115.577	6.777	+1.520
CMHC	6.25	2-Jan-02	102.590	5.589	+0.583
Real Returns	4.25	1-Dec-21	100.025	4.248	+0.550
Real Returns	4.25	1-Dec-26	99.782	4.263	+0.606

PROVINCES

Émetteur	Coupon	Échéance	Prix	Rendement	Variation
Alberta	8.00	1-Mar-00	107.164	5.074	+0.303
Alberta	6.25	1-Mar-01	103.061	5.314	+0.480
Alberta	7.50	1-Dec-05	108.900	6.126	+0.941
B C	9.00	9-Jan-02	113.505	5.569	+0.622
B C	8.00	23-Aug-05	111.517	6.175	+0.928
B C	8.50	23-Aug-13	117.080	6.745	+1.290
B C	8.00	8-Sep-23	112.535	6.952	+1.450
B C Mun Fin	7.75	1-Dec-05	109.526	6.273	+0.939
Hydro Quebec	10.88	25-Jul-01	118.920	5.588	+0.520
Hydro Quebec	7.00	1-Jun-04	104.495	6.188	+0.820
Hydro Quebec	8.50	15-Aug-05	113.450	6.350	+0.960
Hydro Quebec	11.00	15-Aug-20	143.550	7.127	+1.600
Manitoba	7.75	14-Sep-00	107.158	5.277	+0.364
Manitoba	7.75	5-Jun-06	110.208	6.238	+0.987
Manitoba	7.75	22-Dec-25	110.959	6.868	+1.492
New Brunswic	7.00	17-Mar-98	102.163	3.809	+0.057
New Brunswic	8.38	26-Aug-02	111.865	5.677	+0.696
New Brunswic	8.50	28-Jun-13	117.212	6.725	+1.230
Newfoundland	10.13	22-Nov-14	131.995	6.928	+1.392
Nova Scotia	9.60	30-Jan-22	129.356	7.023	+1.583
Ontario Hyd.	7.25	31-Mar-98	102.420	3.854	+0.059
Ontario Hyd.	10.00	19-Mar-01	115.137	5.426	+0.496
Ontario Hyd.	9.00	24-Jun-02	114.189	5.679	+0.680
Ontario Hyd.	7.75	3-Nov-05	109.930	6.202	+0.937
Ontario Hyd.	8.25	22-Jun-26	115.914	6.964	+1.544
Ontario	9.00	15-Sep-04	116.780	6.081	+0.865
Ontario	7.50	19-Jan-06	108.321	6.228	+0.947
Ontario	8.00	2-Jun-26	112.944	6.954	+1.513
P E I	9.75	30-Apr-02	116.542	5.763	+0.669
P E I	8.50	27-Oct-15	115.636	6.973	+1.295
Quebec	6.00	30-Mar-98	102.900	3.923	+0.050
Quebec	10.25	7-Apr-98	104.600	3.959	+0.050
Quebec	10.25	15-Oct-01	117.200	5.658	+0.550
Quebec	9.38	16-Jan-23	125.825	7.158	+1.500
Saskatchewan	9.88	8-Jul-99	109.660	4.748	+0.231
Saskatchewan	7.50	19-Dec-05	108.430	6.203	+0.940
Saskatchewan	8.75	30-May-25	122.125	6.944	+1.600
Toronto-Met	7.75	1-Dec-05	109.356	6.297	+0.937

CORPORATIONS

Émetteur	Coupon	Échéance	Prix	Rendement	Variation
AGT Limited	9.50	24-Aug-04	118.925	6.177	+0.820
Bell Canada	8.80	17-Aug-05	115.400	6.341	+0.891
Bell Canada	7.85	30-Dec-31	104.893	7.261	+1.386
Bombardier	6.40	22-Dec-06	99.482	6.473	+1.026
Bombardier	7.35	22-Dec-26	101.328	7.240	+1.295
BC Telephone	9.65	8-Apr-22	129.313	7.114	+1.515
Bank Of N S	6.00	4-Dec-06/01	101.057	5.724C	+0.558
Centra Gas	7.80	1-Dec-06	108.531	6.568	+0.925
Cdn Imp Bank	7.00	23-Oct-11/06	103.901	6.434C	+0.901
Cdn Util.	8.43	1-Jun-05	113.425	6.250	+0.865
Cdn Occ Pet	6.85	15-Nov-06	101.739	6.596	+0.888
Finning Ltd	6.90	8-Dec-06	100.089	6.588	+0.884
Hudson Bay C	6.25	1-Apr-02	100.580	6.104	+0.604
Ipsco Ltd	7.80	1-Dec-06	107.202	6.737	+0.912
Nav Canada	5.75	1-Apr-02	100.404	5.649	+0.611
Nav Canada	6.45	1-Jun-04	102.162	6.061	+0.742
Nav Canada	6.60	1-Dec-06	102.047	6.307	+0.973
Nav Canada	7.40	1-Jun-27	104.702	7.021	+1.365
Nova Gas	8.30	15-Jul-03	110.893	6.110	+0.720
Pancdn Pete.	8.75	9-Nov-05	115.610	6.312	+0.911
Power Fin	7.65	5-Jan-06	108.510	6.339	+0.892
Royal Bank	6.50	12-Sep-11/06	100.606	6.410C	+0.879
Royal Bank	6.75	4-Jun-12/07	102.037	6.467C	+0.899
Talisman	9.80	22-Dec-04	120.385	6.328	+0.852
Thomson Corp	7.15	23-Oct-06	104.278	6.527	+0.969
Union Gas	8.65	10-Nov-25	116.986	7.231	+1.455
Wstcoast Ene	6.45	18-Dec-06	99.395	6.536	+0.884
Wstcoast Ene	7.30	18-Dec-26	100.722	7.240	+1.289

Source : Journal de Montréal

Les cours (acheteur et vendeur, ou *bid* et *ask*) que l'on retrouve dans certaines cotes représentent le prix que vous devez verser par rapport au prix d'achat du courtier. Comme il n'y a pas à proprement parler de commission à verser à l'achat ou à la vente des obligations, le courtier intermédiaire reçoit sa rémunération de l'écart entre le prix qu'il verse pour acheter l'obligation et celui qu'il reçoit en vous la revendant. En d'autres mots, le *ask* est le prix auquel le courtier est disposé à vendre l'obligation alors que le *bid* est le prix auquel il est disposé à l'acheter. Ces prix (*bid* et *ask*) sont fonction de l'offre et de la demande, c'est-à-dire de la profondeur du marché secondaire, de l'attrait des titres considérés, de leur rareté et de toutes autres variables susceptibles d'influer sur l'offre ou la demande.

En se procurant une obligation, l'investisseur se concentre sur le rendement offert et sur le risque inhérent à l'émetteur, dans un contexte de variations des taux d'intérêt dans l'économie. Quant au rendement, il est déterminé par le taux sur l'obligation (appelé taux-coupon ou taux nominal), par le prix d'achat et par sa valeur de revente avant l'échéance (cette valeur étant inversement proportionnelle au mouvement des taux d'intérêt dans l'économie). À l'échéance, la valeur de revente correspondra à la valeur nominale, généralement 1 000 $. Quant au risque, le détenteur d'une obligation doit composer avec les aléas des taux d'intérêt et la possibilité de défaut de l'émetteur.

La différence entre l'obligation et la débenture est le collatéral, la garantie déposée par l'émetteur en échange de l'emprunt. Ainsi, une obligation est appuyée sur une garantie (immobilisations, actifs financiers ou autres), tandis qu'une débenture n'est, en fait, qu'une promesse de paiement. On confond souvent les deux termes. À titre d'exemple, on parle d'obligation du gouvernement du Canada quand il s'agit plutôt d'une débenture puisque le gouvernement n'offre aucune garantie en contrepartie de son émission d'obligations. La distinction est pourtant importante, car, si l'émetteur faisait faillite ou s'il devait déposer ses livres, les créanciers seraient les premiers à se servir et à puiser à même les éléments d'actif restants. Une obligation étant garantie, le détenteur pourra toujours saisir l'élément d'actif donné en collatéral, alors que le détenteur d'une débenture devra attendre que les détenteurs d'obligations aient saisi leur dû avant d'espérer récupérer une partie ou la totalité de ce qui lui revient.

Les obligations (et débentures) sont émises par les gouvernements, les institutions publiques et parapubliques, les municipalités et les entreprises. Elles comportent plusieurs échéances (court, moyen ou long terme) et la totalité du capital est remboursée, généralement à l'échéance. Entre-temps, le détenteur reçoit un taux d'intérêt généralement fixe au cours de la durée de vie de l'obligation (débenture).

Il existe plusieurs types d'obligations, classifiées en fonction de la garantie offerte par chacune ou des particularités de chacune. Il existe :

> Selon la garantie offerte
  - première hypothèque
  - deuxième hypothèque
  - fonds de rachat ou fonds d'amortissement
> Selon les particularités propres à chacune
  - rachetable (au gré de la compagnie)
  - encaissable par anticipation (au gré du détenteur)
> À taux flottant (ou à taux variable)
> Convertible (en actions ordinaires)

En ce qui a trait aux débentures, il existe :

> Selon le rang prioritaire
  - débenture
  - débenture subordonnée
  - fonds de rachat ou fonds d'amortissement
> Selon les particularités
  - rachetable (au gré de la compagnie)
  - encaissable par anticipation (au gré du détenteur)
  - à taux flottant (ou taux variable)
  - convertible (en actions ordinaires)

Quoique l'émetteur ne s'engage à rembourser le capital qu'à l'échéance (ou qu'aux dates déterminées préalablement), le détenteur d'une obligation (d'une débenture) peut s'en départir avant l'échéance. Le marché obligataire a en effet pour but de créer un marché secondaire ou de revente. Ce marché n'a pas pignon sur rue et n'est pas standardisé ; il prend plutôt la forme d'un système de communication qui, à l'instar du marché hors bourse, réunit les diverses institutions financières entre elles par l'intermédiaire du marché obligataire. Le détenteur d'une obligation (d'une débenture) peut donc se départir de son titre avant l'échéance pour combler ainsi ses besoins de fonds ou réagir aux aléas des taux d'intérêt.

Cette vente sur le marché secondaire se traduit par une perte en capital ou un gain en capital dans la mesure où l'évolution du prix des obligations est inversement proportionnelle au mouvement des taux d'intérêt qui prévalent dans l'économie.

Le rendement d'une obligation sera fonction :

> De l'émetteur;
> De la durée de vie;
> Des garanties offertes;
> Des particularités.

Nous comprenons maintenant pourquoi, pour un émetteur donné, une obligation première hypothèque offre un taux de rendement moindre qu'une obligation deuxième hypothèque ou qu'une débenture. De même, une obligation convertible verse un taux de rendement inférieur à une débenture.

L'achat sur marge par rapport à l'achat au comptant

Il est possible d'acheter une obligation au comptant, c'est-à-dire en versant la totalité du prix demandé, ou sur marge. Dans ce dernier cas, le courtier est disposé à prêter jusqu'à 90 % de la valeur de l'obligation et conserve cette dernière en garantie de son prêt. L'acheteur qui décide de faire appel à sa marge n'a à verser que 10 % de la valeur de l'obligation en contrepartie d'un intérêt à payer sur son emprunt et des frais de garde de valeurs à verser à son courtier.

En achetant sur marge, l'investisseur peut bénéficier de l'effet de levier. En revanche, il doit être conscient que l'effet de levier peut jouer dans les deux sens. De plus, il est soumis aux appels de marge si la valeur de l'obligation cédée en garantie vient à chuter (hausse des taux d'intérêt dans l'économie). En effet, en tout temps, la marge ne doit pas excéder, dans le cas des obligations, 90 % de la valeur marchande de l'obligation. Une baisse de cette valeur réduit la qualité de la garantie offerte au prêteur, et ce dernier est alors en droit d'exiger du propriétaire de l'obligation qu'il injecte des fonds supplémentaires pour ramener cette marge à au moins 90 %. Or, cet appel de marge peut survenir au moment où l'investisseur ne dispose pas de fonds suffisants. S'il n'est pas en mesure de répondre aux exigences de marge, le courtier n'aura d'autre choix que de revendre l'obligation et la perte sera absorbée par l'investisseur.

Par quel moyen peut-on investir sur le marché obligataire ?

Le marché obligataire est accessible à l'ensemble des investisseurs et cet accès peut prendre l'une des formes suivantes :

> L'achat de l'obligation sur le marché primaire (au moment de son émission) ;
> L'achat de l'obligation sur le marché secondaire (une fois émise) ;
> L'achat d'une part de fonds commun de placement spécialisé dans l'achat d'obligations ;
> L'achat d'une option sur obligations, ces options étant essentiellement un instrument permettant de spéculer ou de protéger l'investisseur contre une variation des taux d'intérêt dans l'économie.

Il existe, au Canada et aux États-Unis, deux firmes indépendantes spécialisées dans l'évaluation du crédit des émetteurs (entreprises, institutions et gouvernements). Cette évaluation touche les obligations, débentures et actions privilégiées, auxquelles est attachée une cote qui tente de mesurer la capacité de l'entreprise à faire face aux défis économiques et financiers. L'ensemble de leur évaluation se base sur deux critères précis : la situation financière de l'émetteur et le contexte économique. Pour mériter la cote la plus élevée, un gouvernement ou une compagnie doit démontrer une performance supérieure sur une période de plusieurs cycles économiques. Aux États-Unis, les firmes Standard & Poors et Moody's sont très actives ; au Canada, on retrouve Canadian Bond Rating Service et Dominion Bond

Rating Service. Leurs évaluations sont à la disposition du grand public par l'intermédiaire de votre courtier.

2.3.2 Les titres de propriété

> Les actions ordinaires (émises par les sociétés par actions)
> Les actions privilégiées (émises par les sociétés par actions)
> Les catégories spéciales, c'est-à-dire tous les instruments qui peuvent conduire à la détention de titres de propriété
> Les droits de souscription (émis par les sociétés par actions)
> Les bons de souscription (émis par les sociétés par actions)
> Les options (émises par les investisseurs)
> Les contrats à terme

Les titres de propriété ont la particularité d'être des titres perpétuels en ce sens qu'ils ne comportent aucune échéance. Ces titres confèrent ou peuvent conférer deux formes de revenu, soit un gain de capital ou une participation au bénéfice, sous forme de dividende.

Le revenu sur les titres de propriété n'est évidemment pas certain ou fixe comme l'intérêt versé sur les titres de créance puisqu'il est essentiellement fonction de la rentabilité future de l'émetteur. Au revenu aléatoire s'ajoute une sécurité moindre du capital investi puisque, en cas de dissolution de la compagnie, les exigences à l'égard des créanciers sont toujours satisfaites avant qu'une quelconque redistribution ne soit accordée aux détenteurs de titres de propriété.

Compte tenu de cette première grande distinction, une certaine hiérarchie de rendement prend forme. En effet, pour un émetteur, il est évident que les titres de créance commandent un rendement moindre que les titres de propriété du fait que ces derniers offrent un revenu aléatoire et une sécurité moindre du capital.

Gardons toujours en mémoire que le rendement exigé ou espéré dépend de ce qui suit :

> De l'émetteur ;
> De la qualité du titre (éléments de protection, garanties offertes) ;
> De l'aspect juridique du titre (et des privilèges qui y sont rattachés) ;
> De la durée (l'échéance) ;
> Du traitement fiscal.

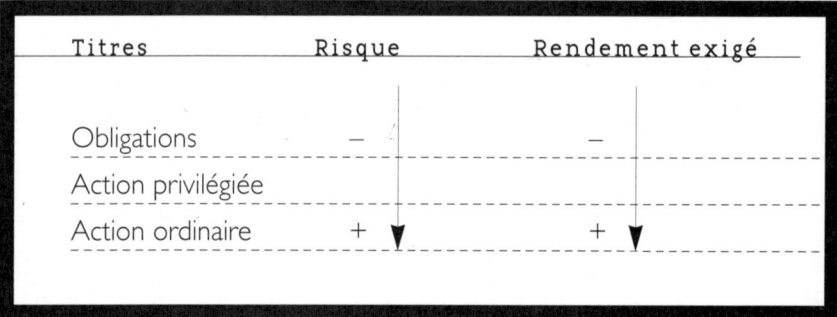

Les actions

L'exemple de cote donné à la page suivante donne un aperçu de la complexité de la lecture. D'une part, la première colonne donne le nom abrégé des entreprises inscrites à une bourse, suivi d'une brève description du titre. Ainsi, le symbole «wt» indique qu'il s'agit d'un *warrant*, ou droit de souscription, et la lettre précise la classe de l'action. AliCT.b, pour action ordinaire classe B d'Alimentation Couche-Tard, est un autre exemple. Enfin, le symbole «f» est apposé sur une action ordinaire non votante, à vote limité ou à droit de vote restreint. Dans la deuxième colonne, vous retrouvez le nombre d'actions négociées au cours de la journée, qu'on appelle aussi le volume. Les trois colonnes suivantes reproduisent les prix extrêmes auxquels l'action a été négociée au cours de la journée (haut et bas) et le prix de la dernière transaction de la journée (prix de fermeture). La dernière colonne indique la variation du prix de fermeture par rapport au prix de fermeture de la séance précédente.

Ainsi, dans l'exemple qui se trouve à la page suivante, l'action d'Alcan clôturé la séance à 46,25 $, en hausse de 0,25 $ par rapport à la fermeture de la séance précédente, après avoir touché un sommet de 46,65 $ et un creux de 46,00 $ durant la journée. Au cours de cette séance, 352 700

2 >> De l'épargne à la spéculation...

actions d'Alcan ont changé de mains à la Bourse de Montréal. Par contre, le bon de souscription du Groupe Transcontinental (GTC) a fermé la séance à 1,80 $, en hausse de 0,10 $ par rapport à la veille, et il y a eu une fluctuation de prix de 0,10 $ au cours de cette journée, le haut étant à 1,85 $ et le bas à 1,75 $. Quelque 35 500 bons de souscription de GTC ont été l'objet d'un échange à la Bourse de Montréal au cours de cette séance.

On remarque également que certaines pages financières vont compléter leur tableau de cotes par une colonne indiquant le ratio cours/bénéfice (C/B) de l'action et par la fourchette de fluctuations des cours durant les 52 dernières semaines (comme c'est le cas dans l'exemple ci-dessus). Il s'agit de renseignements additionnels, fort utiles, pour avoir un portrait plus précis.

Les actions ordinaires

Le détenteur d'actions ordinaires est le véritable propriétaire de l'entreprise et il exerce son pouvoir par le droit de vote que lui confère son action.

Contrairement au système coopératif où un membre égale un vote, et ce, indépendamment du capital investi, le système capitaliste implique le principe qu'une action égale un vote, associant ainsi le capital à la propriété de l'entreprise. Ce principe de base du capitalisme est toutefois battu en brèche par la nouvelle mode qui consiste à avoir recours aux actions subalternes.

L'action subalterne est, par définition, une action ordinaire qui confère à son détenteur un droit de vote restreint ou un nombre de droits de vote moindre que toute autre classe d'actions ordinaires. Ainsi, une compagnie peut, par exemple, émettre des actions ordinaires classe A comportant 10 droits de vote par action, contre 1 seul pour l'action ordinaire classe B. Fait à préciser, alors que l'actionnaire privilégié reçoit certains privilèges contre l'absence de droit de vote, le détenteur d'une action subalterne ne reçoit aucune compensation et doit payer, au moment de l'émission, le prix qui serait normalement exigé sur l'action ordinaire à droit de vote multiple.

Il est vrai que, pour vous et moi, le droit de vote peut paraître bien secondaire en ce sens qu'il n'a que très peu de poids. Toutefois, soyez conscient du fait qu'en cas d'offre d'achat, et sauf si cela est autrement précisé dans l'acte constitutif de la compagnie, l'entreprise désireuse de s'approprier le contrôle de l'entreprise de laquelle vous êtes actionnaire (subalterne) ne s'intéressera probablement qu'aux actions à droit de vote multiple. Cette menace est sous-jacente aux actions subalternes et peut même se refléter par une valeur marchande moindre. Sans compter que l'exagération peut pousser un actionnaire ou un petit groupe d'actionnaires à prendre le contrôle d'une compagnie en n'injectant qu'une fraction du capital investi par les détenteurs d'actions subalternes, transférant du même coup à ces derniers tout le risque qui découle de leurs propres décisions, et ce, sans compensation. C'est à considérer!

En tant que propriétaire véritable, l'actionnaire ordinaire absorbe tout le risque d'affaires de l'entreprise. Ce risque est cependant limité à la mise de fonds effectuée. En échange, il reçoit tout le mérite des succès de l'entreprise, une fois satisfaits les engagements envers les créanciers et les actionnaires privilégiés. Ces succès se mesurent par le versement d'un dividende, une augmentation de celui-ci ou une appréciation de la valeur marchande de l'action.

Pour l'entreprise, l'émission d'actions ordinaires en tant que source de fonds offre les avantages suivants :

> L'obtention de fonds permanents, sans échéance;
> Aucun engagement fixe à respecter;
> Augmentation du pouvoir d'emprunt;
> Bénéfice d'un marché boursier haussier.

En revanche, l'entreprise devra composer avec les désavantages suivants :

> Dilution de l'avoir des actionnaires;
> Frais de gestion, d'impression des documents requis et d'émission non négligeables.

Les actions privilégiées

Une action privilégiée est un titre de propriété qui se situe à mi-chemin entre le titre de créance et l'action ordinaire. Le terme de privilégiée fait référence à la priorité qu'a le détenteur sur l'actionnaire ordinaire quant au versement du dividende et quant à l'actif, au moment de la dissolution de l'entreprise. En contrepartie de ce rang prioritaire, l'actionnaire privilégié ne prend pas part aux décisions (ne comporte pas de droit de vote) et n'a plus droit aux profits une fois versé le dividende sur son action. Ce dividende, même s'il est prioritaire par rapport au dividende sur l'action ordinaire, ne peut être versé que si les engagements envers les créanciers de l'entreprise sont comblés. Toutefois, l'action privilégiée confère habituellement un droit de vote si un certain nombre de dividendes a été omis. Le dividende sur l'action privilégiée est généralement fixe et comme la partie restante du bénéfice de l'entreprise (une fois payé le dividende sur l'action privilégiée) appartient à l'actionnaire ordinaire, le cours boursier de l'action privilégiée (sa valeur marchande) est moins volatil et offre un potentiel de croissance moindre.

Il existe différentes classes d'actions privilégiées. En fait, il y en a une dizaine. Ces classes sont établies en fonction du rang prioritaire (sur l'actif) qui différencie les droits des actionnaires privilégiés entre eux :

> Prioritaire
> Premier rang
> Second rang
> Action privilégiée proprement dite
> À fonds d'amortissement ou fonds de rachat

des différents privilèges accordés :

> Rachetable (au gré de la compagnie)
> Encaissable par anticipation (au gré du détenteur)
> Participante
> À taux de dividende flottant (taux variable)
> Convertible (en actions ordinaires)

L'offre d'actions privilégiées représente, pour l'émetteur, une façon d'élargir sa base de capital et d'accroître sa capacité d'emprunt sans diluer pour autant l'avoir des actionnaires ordinaires et la répartition du contrôle (des droits de vote) entre les actionnaires ordinaires. Il est également attiré par l'aspect perpétuel des actions privilégiées qui, contrairement aux titres de créance, ne comportent généralement pas d'échéance. La flexibilité de la compagnie en est accrue mais aux dépens, parfois, d'un coût des fonds supérieur puisque l'intérêt sur un emprunt est versé à partir des bénéfices avant impôt alors que les exigences en matière de dividende sont satisfaites à même le bénéfice net. Pour l'entreprise, le dividende n'est pas déductible d'impôt. L'acheteur d'une action privilégiée recherche, quant à lui, un revenu régulier à un taux après impôt supérieur au revenu sous forme d'intérêt puisque le traitement fiscal du dividende bénéficie d'un dégrèvement particulier alors que l'intérêt est pleinement imposable. Nous aurons l'occasion de revenir sur ce point dans le chapitre consacré à la fiscalité liée à l'investissement.

Enfin, par son caractère hybride, l'action privilégiée est considérée, par les actionnaires ordinaires, comme une dette et, par les créanciers, comme faisant partie de l'avoir des actionnaires. Il faut tenir compte de ce chevauchement lorsque vient le temps de calculer des ratios.

Les droits de souscription et les bons de souscription

Le droit de souscription (en anglais *warrant*) est le privilège accordé au détenteur de se procurer une action ordinaire (parfois plus) de la compagnie, à un prix et dans un délai fixés d'avance. Le bon de souscription (en anglais *right*) est un privilège accordé à l'actionnaire de se procurer une action ordinaire (parfois plus) de la compagnie, à un prix et dans un délai fixés d'avance. Dans les deux cas, lors de l'émission, le prix d'exercice est généralement fixé à 10 % ou 20 % au-dessus de la valeur marchande de l'action.

Ce qui distingue le droit du bon de souscription, c'est la personne à qui il est émis et la durée de vie de chacun. Le droit est émis à l'ensemble du public investisseur et généralement rattaché à un autre titre, rendant l'achat de ce dernier plus attrayant. Par contre, le bon n'est émis qu'aux actionnaires de la compagnie. Il peut toutefois être revendu (en Bourse), se confondant ainsi au droit. Enfin, le bon de souscription a une durée de vie généralement courte (inférieure à une année) alors que la durée de vie d'un droit peut s'étendre sur plusieurs années. Le bon et le droit peuvent être exercés en tout temps au cours de leur durée de vie ou revendus sur le marché boursier. S'il est exercé, l'achat d'actions n'entraîne aucuns frais de commission puisque ces actions proviendront directement de la trésorerie de la compagnie (on parle alors de distribution primaire).

Les arguments en faveur de l'émission de *warrants* (*rights*) (*) sont les suivants :

> Faciliter l'émission ;
> Émettre à un prix supérieur ;
> S'assurer d'une certaine entrée de fonds dans l'avenir (ou ne pas devoir rembourser le capital, dans le cas des titres convertibles).

En revanche, parmi les inconvénients, on retrouve les suivantes (*) :

> Dilution de l'avoir des actionnaires ;
> Au cours de l'exercice (ou de la conversion), l'action peut être émise à un prix de beaucoup inférieur à ce que l'émetteur aurait pu recevoir par une émission d'actions.

(*) s'appliquent également à l'émission de titres convertibles.

Les options

Une option est le privilège accordé par un investisseur à un autre investisseur d'acheter (option d'achat) ou de vendre (option de vente) un certain nombre de titres faisant l'objet de l'option (il existe des options sur obligations, sur l'or, sur devise, sur indice boursier, etc.). Dans le cas d'une option sur actions, la quantité visée est de 100 actions, au prix stipulé sur l'option. Fait à signaler, l'option, contrairement au *warrant* ou *right*, n'est pas émise par la compagnie mais se négocie plutôt entre investisseurs. Lorsque l'option est levée, il s'ensuit une distribution secondaire des titres étant l'objet de l'option, cette option ne faisant appel qu'au marché de la revente.

Une option est donc davantage un «gadget», un joujou qui circule entre investisseurs mais dont l'échange est standardisé et réglementé par la Bourse. C'est elle qui désigne les compagnies sur lesquelles des options peuvent être négociées et qui encadre les différentes classes d'options. Pour l'investisseur, l'option est essentiellement un instrument de spéculation ou de protection.

Le tableau ci-dessous met en relation les différents instruments financiers et les grands objectifs de placement. Il est donc possible, dès maintenant, d'élargir notre hiérarchie de rendements (exigés ou potentiels). Ainsi :

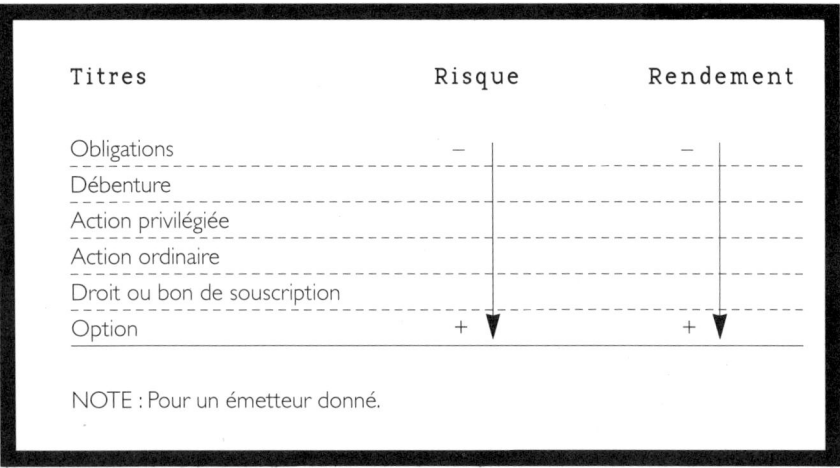

Titres	Risque	Rendement
Obligations	−	−
Débenture		
Action privilégiée		
Action ordinaire		
Droit ou bon de souscription		
Option	+ ▼	+ ▼

NOTE : Pour un émetteur donné.

2.4 LA TRANSACTION BOURSIÈRE

Vous pouvez négocier directement sur le parquet d'une Bourse. Vous devez avoir recours à un intermédiaire autorisé à le faire. Ces intermédiaires doivent détenir un permis de la Commission des valeurs mobilières de la province où ils sont actifs pour intervenir sur le marché secondaire. Ce permis peut prendre deux formes :

> Un permis de courtage de plein exercice, qui accorde le droit au courtier non seulement de négocier l'achat et la vente d'actions pour le compte de ses clients mais d'offrir l'ensemble des services généralement réservés à une firme de courtage (conseils financiers à la clientèle, opérations en nombre propre, gestion du compte au nom du client, etc.).

> Un permis de courtage à exercice restreint, qui accorde au détenteur uniquement le droit de négocier l'achat et la vente de titres pour le compte de ses clients. Étant donné que l'intervention du courtier à exercice restreint se limite à l'exécution des ordres, ce dernier ne s'engage pas à faire de suivi professionnel (service d'analyse, gestion

Placement en valeurs mobilières

Type	Liquidité	Rendement	Risque
Action ordinaire	variable	variable	variable
Action subalterne	variable	variable	variable
Action privilégiée	variable	fixe (dividendes)	faible
Action accréditive	variable	variable	élevé
Fonds commun de placement	élevée	variable	variable
Société en commandite	faible	variable	élevé
Immeuble	faible	variable	élevé
Exploration	faible	variable	élevé
Production cinématographique	faible	variable	élevé
Obligation	variable	fixe	faible
Débenture	modérée	fixe	variable
Option	variable	variable	variable
Bon de souscription	variable	variable	
Fonds FTQ	faible	variable	élevé
Contrat à terme	variable	variable	très élevé

Source : Commission des valeurs mobilières du Québec.

professionnelle des comptes clients, conseils de placement, etc.) et, de ce fait, peut offrir des taux de commission moindres. On parle alors de courtier à escompte. Les investisseurs faisant affaire avec un courtier à escompte versent des commissions moins élevées sur leurs transactions mais ne reçoivent qu'un service d'exécution des ordres. Au Québec, les services Ligne verte de la Banque Toronto Dominion et Valeurs mobilières Desjardins sont les courtiers à escompte les plus connus. La plupart des autres grandes banques à charte canadiennes et quelques sociétés de fiducie offrent des services similaires.

LES ÉLÉMENTS D'ACTIFS FINANCIERS

Catégories de titres	Titres à rendement			Titres de croissance			Titres spéculatifs		
Objectifs de placement	Exemple : action privilégiée (Banque Royale, par exemple)			Exemples : Biochem Pharma, Bombardier, Transat.AT			Exemples : Louvem, KWG		
	cycliques	non cycliques	défensifs	cycliques	non cycliques	défensifs	cycliques	non cycliques	défensifs
Revenu	très bon	excellent	excellent	nul	faible	faible	nul	nul	nul
Sécurité	moyenne	très bonne à passable	excellente	moyenne	moyenne à nulle	moyenne	passable	passable	passable
Liquidité	très bonne	excellente	excellente	très bonne	très bonne	très bonne	bonne	très bonne	très bonne
Croissance	bonne	moyenne	moyenne à bonne	très bonne à bonne	très bonne très forte	très bonne très forte	peut être très forte	peut être très forte	peut être très forte
Négociabilité	facile	facile	facile	facile	facile	facile	facile	facile	facile
Gestion facile	oui	oui un suivi plus constant	oui un suivi plus constant	Nécessite un suivi plus constant	Nécessite un suivi plus constant	Nécessite un suivi plus constant	Suivi constant	Suivi constant	Suivi constant

Pour négocier sur un parquet, le courtier doit en être membre, donc y détenir un siège. Par contre, il peut accéder au parquet sans en être membre, en confiant ses transactions à une autre firme qui, elle, aura accès au parquet.

2.4.1 Les ordres au courtier

Dans le monde du commerce des valeurs mobilières, le gros de l'activité se fait verbalement, d'où l'importance pour vous d'exprimer clairement ce que vous voulez. Vous devez exprimer vos intentions à votre représentant de façon claire et précise pour ainsi éviter certaines erreurs. Pour ce faire, vous devez utiliser un certain code, vous devez passer des « ordres » au courtier. Voyons les ordres les plus courants :

L'ordre au marché

En passant un ordre au marché, vous dites à votre représentant d'acheter au prix de la demande (*ask*) ou de vendre au prix de l'offre (*bid*). Votre représentant essaiera d'effectuer la transaction « au mieux », c'est-à-dire d'obtenir le meilleur prix pour vous. Cet ordre au marché peut donc comporter certains dangers, car il ne permet pas d'éviter les « humeurs » rattachées au titre convoité. Par contre, vous êtes assuré d'acheter ou de vendre le titre, si ce dernier fait l'objet d'une offre ou d'une demande.

L'ordre à cours limité

Cet ordre vise à fixer un prix à l'achat ou à la vente. Votre représentant tente d'obtenir ce prix ou un meilleur prix encore. L'ordre vous permet de déterminer d'avance le prix maximum auquel vous désirez acheter ou le prix minimum auquel vous êtes disposé à vendre. Cet ordre, s'il n'est pas exécuté, peut être déplacé ou renouvelé, à votre gré.

L'ordre ouvert

Tout ordre est réputé valable pour la journée seulement, à moins que vous ne précisiez autre chose. Si vous désirez que votre ordre couvre plus d'une séance boursière, vous devez le spécifier à votre représentant en disant que l'ordre est ouvert (l'ordre demeure valable jusqu'à ce qu'il soit exécuté par votre courtier ou annulé par vous) ou à temps limité (pour une durée de temps dont le maximum est trois mois).

L'ordre « tout ou rien »

Par cet ordre, vous indiquez à votre représentant que vous n'êtes pas intéressé à ce qu'une partie seulement de votre ordre d'achat ou de vente soit exécutée. Vous évitez, entre autres, de vous retrouver avec des lots irréguliers (inférieurs à 100 actions).

L'ordre conditionnel

On parle d'ordre conditionnel lorsque l'exécution de votre transaction dépend de l'exécution d'une autre transaction. Par exemple, vous voulez vendre 100 actions de la compagnie ABC et engager les fonds ainsi libérés à l'achat de 200 actions de la compagnie XYZ. Vous pouvez donc signifier à votre représentant que l'achat des 200 actions XYZ est conditionnelle à la vente, au préalable, des 100 actions ABC.

L'ordre de vente stop

L'ordre de vente stop est utilisé par l'investisseur désireux de protéger une partie de ses gains ou d'éviter une perte trop sévère. Le prix stop prend la forme d'un signal de vente; si le cours de votre action baisse pour atteindre ce prix fixé d'avance, votre courtier reçoit immédiatement un signal lui indiquant de vendre. Précisons que cet ordre est valable pour une durée limitée (généralement trois mois) et ne peut en aucune façon garantir votre prix de vente. Cet ordre apporte uniquement un signal de vente qui, une fois atteint, indique au courtier de vendre au meilleur prix possible.

2.4.2 Quatre grandes stratégies

Dans la négociation des actions, quatre grandes stratégies s'offrent à vous :

L'achat

On achète une action pour bénéficier du potentiel de croissance de l'action, pour le dividende ou pour injecter des fonds dans un régime à incidence fiscale. Cet achat peut être effectué comptant ou sur marge. Dans le dernier cas, le courtier est disposé à prêter jusqu'à 70 % de la valeur des actions, selon leur qualité. Toutefois, les titres dont le cours est inférieur à 2,00 $ ne sont généralement pas admissibles à une marge.

À l'achat comme à la vente, vous devez rémunérer, sous forme de commissions, le courtier qui exécute votre transaction. Ces commissions, quoique négociables, oscillent en moyenne autour de 3,5 % de la valeur de chaque transaction, pour un minimum de 40 $ (parfois 35 $ dans le cas de certains courtiers à escompte, ou 50 $; cela vaut la peine de magasiner). Si l'action achetée est revendue à l'intérieur d'un laps de temps de 45 jours, le courtier peut n'exiger que la moitié des commissions généralement requises (minimum non compris). Cette même réduction s'applique également dans le cas où l'investisseur s'adonne à la « méthode de la moyenne d'achat » dans la mesure où il le spécifie au préalable à son courtier.

La méthode de la moyenne d'achat consiste à établir un programme d'achat sur les actions de même classe et d'une même compagnie. Ce faisant, vous répartissez votre achat sur une certaine période afin, espérez-vous, d'obtenir un prix moyen d'achat inférieur. Cette façon de faire répond à la règle qui stipule qu'il est difficile, voire impossible d'acheter une action à son creux et de la revendre à son sommet. En répartissant votre achat sur une certaine période de temps, vous augmentez le nombre de présences au marbre, espérant ainsi accroître votre moyenne au bâton.

Exemple

Vous voulez investir 5 000 $ dans l'achat d'actions de la compagnie ABC. Étant donné que vous êtes incertain de l'évolution du cours de cette action durant les prochains mois, vous décidez d'étaler vos achats sur cinq mois, à raison de 1 000 $ par mois.

Mois	Somme investie	Prix de l'action	Nombre d'actions
Janvier	1 000 $	10 $	100
Février	1 000 $	8 $	125
Mars	1 000 $	11 $	90
Avril	1 000 $	10 $	100
Mai	1 000 $	12 $	83
Total	5 000 $		498

Prix d'achat moyen : 9,96 $

Au cours de cette période, le prix moyen s'est chiffré à 10,20 $ alors que votre prix d'achat se situe à 9,96 $, soit un écart en votre faveur de 2,4 %.

La vente

On vend des actions pour empocher les profits, limiter la perte ou libérer des fonds qui seront ensuite utilisés autrement. Lorsque vous vendez, vous avez cinq jours ouvrables pour acquitter votre part de la transaction qui consiste à livrer les actions. Si ces dernières sont immatriculées au nom de votre courtier, ce dernier veillera à la livraison en bonne et due forme. Par contre, si les certificats d'actions sont immatriculés à votre nom, vous devez les remettre, dûment remplis (signés au verso) à votre courtier dans ce délai de cinq jours. Quant à l'acheteur, il aura également cinq jours ouvrables pour acquitter le montant de la facture et verser la somme nécessaire dans son compte. Dans les deux cas, le courtier doit veiller à effectuer les transferts nécessaires, par voie de compensation.

L'achat sur marge

Voici un exemple de marges requises selon la valeur des actions :

Pour les titres se traitant	marge requise
à 2,00 $ ou plus	50 %
entre 1,75 $ et 1,99 $	60 %
entre 1,50 $ et 1,74 $	80 %
à moins de 1,50 $	100 %

La vente à découvert	marge requise
à 2,00 $ et plus	150 %
entre 1,50 $ et 1,99 $	3,00 $/action
entre 0,25 $ et 1,49 $	200 %
à moins de 0,25 $	prix au marché + 0,25 $

La marge sur des actions de qualité supérieure peut être abaissée à 30 %. Certaines firmes de courtage exigent une marge de 100 % sur les actions se négociant à 2,00 $ ou moins.

La vente à découvert

La vente à découvert consiste à vendre des actions non détenues. Ainsi, vous vendez des titres que vous empruntez auprès de votre courtier en espérant les racheter ultérieurement à moindre coût. La vente à découvert est donc, en soi, très spéculative et l'investisseur qui s'adonne à ce petit jeu doit préalablement le déclarer à son courtier. Il faut savoir que le propriétaire véritable des titres (ou le courtier) peut à tout moment les réclamer. Si tel est le cas, le vendeur à découvert doit couvrir sa position soit en empruntant d'autres titres pour les remplacer, soit en les rachetant sur le marché, à un prix qui n'est pas nécessairement avantageux pour lui.

2.4.3 Les droits de l'actionnaire

L'actionnaire étant, en quelque sorte, propriétaire de l'entreprise, son action lui permet de participer à la rentabilité de l'entreprise (sous forme de dividende) et de voter aux assemblées annuelles (ou spéciales) des actionnaires.

Il va sans dire que le dividende n'est pas obligatoire et qu'il peut être omis par décision du conseil d'administration.

Il revient également au conseil d'administration, formé de membres élus par les actionnaires, d'adopter les grandes lignes directrices qui encadreront l'évolution de la compagnie. C'est également ce même conseil d'administration qui voit à ce que les intérêts des actionnaires se marient à ceux de la compagnie. Ainsi, le rôle du conseil d'administration est d'adopter les mesures qui détermineront et modifieront la mission et l'orientation de la compagnie. Toutefois, le conseil soumettra à l'approbation des actionnaires, lors d'une assemblée régulière ou spéciale, tous changements susceptibles de modifier la valeur des actions ordinaires (une nouvelle émission d'actions, un fractionnement ou regroupement des actions, une fusion et toutes modifications au capital-actions de la compagnie).

Une société à capital-actions est régie par le principe selon lequel une action égale un vote, contrairement à une coopérative où l'on procède plutôt selon la méthode un membre égale un vote. Ce principe, qui tend idéalement à associer l'injection de capital à la propriété d'une entreprise, est cependant durement bafoué avec l'émergence des actions subalternes ou à droit de vote restreint.

En tant que propriétaire, l'actionnaire est responsable des engagements pris par la compagnie et des décisions des dirigeants. Toutefois, sa responsabilité est limitée à sa mise de fonds. Cette responsabilité limitée s'applique aussi bien aux actionnaires privilégiés qu'aux actionnaires ordinaires mais précisons qu'en cas de dissolution de la compagnie, les engagements contractés avec des créanciers doivent prioritairement être satisfaits avant qu'une quelconque compensation ne soit accordée aux actionnaires. Dans ce dernier groupe, les actionnaires privilégiés, en échange de l'absence de droit de vote sur leurs actions, conservent un rang prioritaire au moment de tout paiement de dividendes et, en cas de dissolution de la compagnie, sont servis avant l'actionnaire ordinaire.

Parmi les autres droits de l'actionnaire ordinaire il y a, bien sûr, celui de disposer librement de ses actions. L'actionnaire a le droit de disposer de ses actions comme bon lui semble, à moins qu'il ne soit lié par une convention d'actionnaires. Cette convention prend la forme d'une entente signée de bonne foi entre deux actionnaires ou un groupe d'actionnaires (généralement les principaux actionnaires de la compagnie) visant à restreindre leur droit quant à la disposition de leurs actions ou à l'exercice de leur droit de vote.

La «vente forcée» est également une autre entrave au droit de disposer librement des actions. Elle s'applique lorsque seulement 10 % ou moins des actions d'une même classe demeurent en circulation. Si tel est le cas, les propriétaires de 90 % des actions peuvent appeler au rachat les 10 % des actions de même classe restants et forcer ainsi les détenteurs à vendre. Les conditions à une vente forcée sont étroitement surveillées et réglementées.

2.4.4 Le dividende

Le dividende n'est pas obligatoire et peut être omis à la suite d'une décision du conseil d'administration. Il peut également être omis sur les actions privilégiées; un actionnaire privilégié qui voit le paiement du dividende arrêté sur son action ne peut exiger d'être éventuellement remboursé à moins qu'il ne s'agisse d'une action à dividende cumulatif. En revanche, lorsqu'un certain nombre de dividendes ont été omis, on accorde à l'actionnaire privilégié un droit de vote. De plus, aucun actionnaire ordinaire ne peut recevoir de dividende tant que celui sur les actions privilégiées n'a pas été versé (et les arrérages, s'il y a lieu, remboursés).

Un dividende peut être versé en argent ou sous forme d'actions supplémentaires. Certaines compagnies offrent également un dividende sous une autre forme (certificats de métaux précieux, en or-métal, etc.). Une politique de dividende ne doit pas entraver la bonne marche des activités de la compagnie. L'omission de donner un dividende n'est pas catastrophique en soi lorsque l'argent ainsi retenu est utilisé à des fins qui se révéleront bénéfiques pour l'actionnaire. Certes, il y a lieu de s'interroger lorsqu'une compagnie cesse soudain de verser son dividende après l'avoir fait de façon régulière dans le passé. Toutefois, le fait de maintenir sa politique de dividende même si elle n'en a pas les moyens peut, à moyen et à long terme, être encore plus désastreux.

Dans ce cas, le dividende en actions peut représenter une solution de rechange de choix. En le recevant sous forme d'actions (ou de fractions d'actions) supplémentaires, l'investisseur peut revendre celles-ci s'il désire l'argent ou les conserver et espérer voir son dividende fructifier avec le temps. Pour la compagnie, un dividende en actions correspond en quelque sorte à un ajout à son capital ; le dividende est réinjecté dans la compagnie et permet ainsi d'ajouter à sa capacité d'emprunt. En résumé, le dividende en actions permet à la compagnie de conserver ses bénéfices et offre à l'actionnaire un élément de croissance. Le tout, sans dilution.

Une date à surveiller : entre la date où le conseil d'administration entend verser le dividende et la date limite où seuls les actionnaires inscrits au registre des actionnaires ont droit au dividende s'écoule la période dite ex-dividende, ou sans dividende. Cette période ex-dividende, qui débute quatre jours ouvrables avant la date limite d'inscription au registre, signifie que les actions peuvent s'échanger sur le marché secondaire. Cependant, le nouveau propriétaire n'aura pas droit au dividende qui a été déclaré, celui-ci revenant au détenteur précédent.

Vous trouverez à la page suivante un tableau de déclarations de dividendes, publié par le journal *Les Affaires*.

La Bourse >> Investir avec succès

Déclarations de dividendes

- AEC Pipeline : reçu de dépôt trim. initial de 0,22 $ payable le 31 juillet aux actionnaires inscrits le 30 juin.
- ARC Energy : div. trim. de 0,32 $ payable le 15 juillet aux actionnaires inscrits le 30 juin.
- Associated Freezers : div. mensuel de 0,112 $ payable le 15 juillet aux actionnaires inscrits le 30 juin.
- Canada Trust Income Investment : div. mensuel de 0,055 $ payable le 20 août aux actionnaires inscrits le 31 juillet.
- Canadian REIT : div. mensuel de 0,08375 $ payable le 7 juillet aux actionnaires inscrits le 30 juin.
- CPL Long Term : div. mensuel de 0,06 $ payable le 2 juillet aux actionnaires inscrits le 30 juin.
- Diversified Monthly : div. mensuel de 0,0719 $ payable le 30 juin aux actionnaires inscrits le 23 juin.
- Enerplus Resources : div. mensuel de 0,0325 $ payable le 15 juillet aux actionnaires inscrits le 1er juillet.
- Facs Records Storage : div. trim. initial de 0,2265 $ payable le 15 juillet aux actionnaires inscrits le 30 juin.
- Fidelity Partnership 1993 : div. trim. estimé de 0,87 $ payable le 15 juillet aux actionnaires inscrits le 30 juin.
- Fidelity Partnership 1994 : div. trim. estimé de 0,90 $ payable le 15 juillet aux actionnaires inscrits le 30 juin.
- First Premium Income : div. trim. de 0,50 $ et div. spécial de 0,50 $ payables le 30 juin aux actionnaires inscrits le 30 juin.
- First Premium Oil & Gas : div. trim. initial de 0,2265 $ payable le 30 juin aux actionnaires inscrits le 30 juin.
- First Premium US : div. trim. initial de 0,83 $ payable le 30 juin aux actionnaires inscrits le 30 juin.
- Gas Management : div. trim. de 0,326 $ payable le 31 juillet aux actionnaires inscrits le 30 juin.
- Global Strategy 3 : div. trim. estimé de 0,58 $ payable le 24 juillet aux actionnaires inscrits le 30 juin.
- Global Strategy 5 : div. trim. estimé de 0,64 $ payable le 24 juillet aux actionnaires inscrits le 30 juin.
- Global Strategy 6 : div. trim. estimé de 0,65 $ payable le 24 juillet aux actionnaires inscrits le 30 juin.
- Greyvest Capital : div. semestriel de 0,07 $ payable le 7 juillet aux actionnaires inscrits le 27 juin.
- Halterm Income : reçu de dépôt trimestriel initial de 0,1282 $ payable le 15 juillet aux actionnaires inscrits le 30 juin.
- HIPS (TSE 100) : div. trim. estimé de 0,18336 $ payable le 17 juillet aux actionnaires inscrits le 30 juin.
- Mackenzie Financial : div. semestriel de 0,08 $ payable le 3 juillet aux actionnaires inscrits le 25 juin.
- MTC Management Trust 2 : div. trim. de 0,02 $ payable le 30 juin aux actionnaires inscrits le 20 juin.
- NAL Oil & Gas Trust : div. trim. de 0,37 $ payable le 15 juillet aux actionnaires inscrits le 30 juin.
- NCE Diversified Income Trust : div. mensuel de 0,04 $ payable le 8 juillet aux actionnaires inscrits le 30 juin.
- Northland Power : div. trim. initial de 0,21 $ payable le 15 juillet aux actionnaires inscrits le 30 juin.
- Polar Hedge : reçu de dépôt initial de 0,0667 $ payable le 15 juillet aux actionnaires inscrits le 30 juin.
- Primewest Energy : div. trim. de 0,30 $ payable le 15 juillet aux actionnaires inscrits le 30 juin.
- RioCan Real Estate : div. mensuel de 0,165 $ payable le 7 juillet aux actionnaires inscrits le 30 juin.
- Sceptre Investment : hausse du div. trim. de 0,19 $ à 0,20 $ payable le 15 juillet aux actionnaires inscrits le 27 juin.
- Shiningbank : reçu de dépôt de 0,40 $ payable le 15 juillet aux actionnaires inscrits le 30 juin.
- Summit REIT : div. trim. estimé de 0,33 $ payable le 8 juillet aux actionnaires inscrits le 26 juin.
- TEL NT (capital) : div. trim. de 0,005 $ payable le 31 juillet aux actionnaires inscrits le 15 juillet.
- TEL NT (equity) : div. trim. de 0,20016 $ payable le 31 juillet aux actionnaires inscrits le 15 juillet.
- TIPS (TSE 35) : div. trim. estimé de 0,17410 $ payable le 17 juillet aux actionnaires inscrits le 30 juin.
- TransCanada Pipeline : div. trim. 0,29 $ payable le 31 juillet aux actionnaires inscrits le 30 juin.
- Triax Diversified High-Yield Trust : div. trim. initial de 0,209502 $ payable le 15 juillet aux actionnaires inscrits le 30 juin.
- Westcastle Energy : div. trim. initial de 0,31 $ payable le 15 juillet aux actionnaires inscrits le 30 juin.
- Westshore Terminals : div. trim. de 0,225 $ payable le 15 juillet aux actionnaires inscrits le 30 juin.

Source : *Journal Les Affaires*

2.4.5 Un mot sur les OPA

On ne peut mettre un terme à cette discussion sans glisser quelques mots sur les OPA, ou offres publiques d'achat, ce sujet étant d'actualité. Une OPA est déposée sur une classe spécifique d'actions lorsqu'un acheteur éventuel veut s'approprier une participation ou la totalité des actions visées. Généralement, elle est effectuée lorsqu'un individu, un groupe d'individus ou une compagnie veut prendre le contrôle d'une autre compagnie dont les actions votantes sont largement répandues dans le public. Lorsqu'une OPA est lancée, l'acheteur éventuel doit déposer son offre à la fois au conseil d'administration de l'entreprise convoitée et à la Commission des valeurs mobilières de la province concernée. Le conseil d'administration doit, à son tour, aviser l'ensemble des détenteurs d'actions des détails de l'offre. Enfin, les actionnaires majoritaires de l'entreprise convoitée donnent ou non leur approbation à l'offre publique et il revient à chacun des autres détenteurs d'actions d'emboîter le pas s'ils la considèrent avantageuse pour eux. Généralement, une OPA est conditionnelle à l'obtention d'au moins 90 % des actions visées. Si cette condition est respectée, les actionnaires «récalcitrants» risquent d'être victimes d'une vente forcée.

Voici les principaux points à retenir en cas d'OPA :

> - Si l'offre ne vise que le bloc de contrôle des principaux actionnaires mais que ce bloc de contrôle représente 20 % ou plus des droits de vote, l'offre est réputée publique ;
> - Si le prix offert sur le bloc de contrôle est égal ou supérieur à 15 % de la valeur marchande des autres actions votantes en circulation, l'OPA doit être étendue à l'ensemble des détenteurs et non strictement aux actionnaires en position de contrôle.

Le fait de détenir des actions subalternes (à droit de vote restreint) peut être néfaste en ce sens qu'un acheteur n'est intéressé qu'à déposer une offre sur les actions ordinaires à droits de vote multiples. Il a ainsi à verser un montant moindre pour le même droit de vote. Or, les statuts de la plupart des émetteurs d'actions subalternes comportent des mesures de protection en cas d'offre publique. De plus, les Bourses de Montréal, de Toronto, d'Alberta et de Vancouver ont adopté une nouvelle politique accordant aux détenteurs d'actions subalternes un droit de conversion lorsqu'une OPA est déposée sur les actions ordinaires (à droits de vote multiples) de la même compagnie. Cette mesure de protection ne s'applique cependant qu'aux actions ordinaires — et non aux actions votantes dans leur ensemble (actions privilégiées à droit de vote, par exemple) — faisant l'objet d'un marché organisé et inscrites à la cote de ces Bourses. Dans tous les autres cas, l'investisseur devrait, avant d'injecter ses fonds dans une compagnie publique, s'enquérir du nombre de droits de vote de l'action, de l'existence d'autres catégories d'actions votantes, des particularités de ces droits de vote et des mesures de protection (indiquées dans les statuts de la compagnie) en cas d'offre d'achat sur ces dernières.

2.5 VOS OBJECTIFS DE PLACEMENT ET COMMENT LES ATTEINDRE

Quelle est votre personnalité d'investisseur et qu'attendez-vous d'un placement? Quels sont vos besoins financiers immédiats et à quel degré d'autonomie aspirez-vous? Quelle richesse entendez-vous accumuler? Voilà autant de questions qui, lorsqu'on arrive à y répondre, déterminent les paramètres de nos décisions en matière de placement.

Bien sûr, nous rêvons tous de devenir millionnaire. D'ailleurs, le leitmotiv de Kropp, le père des restaurants McDonald's, n'était-il pas «Pensez grand, vous serez grand»? Ce rêve est on ne peut plus légitime mais il importe, à ce stade-ci, de se fixer des objectifs plus réalistes ou réalisables, car la marge est parfois mince entre la source de motivation profonde d'un Kropp et celle d'un Don Quichotte. En se fixant des objectifs qui sont à notre portée, on évite de sombrer dans la cupidité et l'impatience, deux des sources d'erreur les plus fréquentes de l'investisseur. Quant aux millions, ils seront «la cerise sur le sundae» s'ils se matérialisent.

Le tableau suivant résume les différentes étapes généralement reconnues dans la vie financière d'un individu. Ce tableau général vise à en dresser les grands paramètres. Il vous permet de comparer votre situation financière personnelle à celle de la moyenne et vous propose un guide dont vous pouvez vous servir pour la période actuelle et celle à venir.

La première grande étape dans l'atteinte de vos objectifs de placement consiste à dresser un bilan de votre situation financière personnelle, ce que nous avons vu au début de ce chapitre. À partir de votre bilan et de votre budget, pourquoi ne pas établir ensuite un ou des bilans prévisionnels qui feront état de ce à quoi vous aspirez dans un an, deux ans, cinq ans. Ces buts devront, par la suite, être sans cesse révisés afin de déceler les écarts entre les prévisions et la réalité et d'apporter les correctifs nécessaires, le cas échéant.

Ce manque à gagner de même que les revenus de placement nécessaires et les remboursements d'impôt orienteront vos choix de placement. Il ne faut toutefois jamais perdre de vue que vos choix devront en tout temps refléter l'état de la conjoncture économique et les grandes tendances qui se dessinent dans le monde de l'investissement.

En étant conscient de ce que vous détenez et de ce vers quoi vous voulez vous diriger, il sera ainsi plus aisé d'établir un plan d'épargne et d'investissement pour atteindre vos objectifs de placement et combler votre manque à gagner. Si ce dernier ne peut être comblé de source interne, c'est-à-dire à l'aide de vos revenus de travail et de placement, il faudra alors recourir à des sources externes et, de ce fait, appliquer les notions de l'effet de levier et de coût d'opportunité vues précédemment.

La Bourse >> Investir avec succès

**SELON VOTRE ÂGE ET VOTRE SITUATION, LES GESTES À FAIRE POUR RÉALISER VOS OBJECTIFS ÉVOLUENT.
VOICI UN GUIDE PRATIQUE DES ACTIONS QUI S'IMPOSENT POUR CHAQUE ÉTAPE, À CONSULTER RÉGULIÈREMENT.**

Situation	Objectifs	Actions
Avant 21 ans Célibataire, étudiant ou jeune travailleur	Se sensibiliser aux questions d'argent.	Commencer à faire un budget. Ouvrir un compte d'épargne.
De 21 à 34 ans Célibataire ou marié sans personnes à charge	Établir sa réputation de crédit.	Payer promptement ses factures, son loyer, le solde de ses cartes de crédit et tout prêt personnel.
	Concevoir un plan d'épargne, créer un fonds d'urgence pour parer aux imprévus, planifier l'achat d'une propriété et commencer à investir.	Mettre de côté au moins 10 % de son salaire brut et faire fructifier ce montant en achetant des titres liquides comme les bons du Trésor, les dépôts à court terme, les obligations d'épargne du Canada ou du Québec. Investir aussi dans les fonds communs de placement ou encore acheter des valeurs vedettes *(blue chips)* ou des actions admissibles au Régime d'épargne-actions du Québec (RÉA).
	Penser à ses vieux jours.	Contribuer à un Régime enregistré d'épargne-retraite (RÉER).
	Évaluer ses besoins en assurances.	Consulter des courtiers et choisir les polices (habitation, automobile, invalidité, etc.) offrant la meilleure protection au moindre coût.
	Faire son testament.	Communiquer avec un notaire ou un conseiller juridique.
Avec personnes à charge	Mêmes objectifs que ci-dessus et aussi :	

2 >> De l'épargne à la spéculation...

De 35 à 44 ans Célibataire ou marié sans personnes à charge	Réviser ses besoins en assurance-vie.	Mettre à jour son bilan. Tenir compte de l'existence d'une assurance collective à son travail dans l'évaluation de ses besoins. Songer à augmenter la couverture à l'anniversaire de chacun de ses enfants.
	Commencer à épargner pour assurer l'éducation de ses enfants.	Envisager la possibilité de contribuer à un Régime enregistré d'épargne-études (REEE).
	Réviser son testament.	Consulter un spécialiste pour tout changement.
	Établir une marge de crédit personnelle.	Discuter de cette possibilité avec son directeur de banque.
	Réviser ses objectifs et sa stratégie de placement.	Tenir compte de sa situation financière et fiscale, de sa connaissance du placement et de sa tolérance au risque dans le choix des titres.
	Poursuivre sa planification en vue de la retraite, afin de s'assurer une éventuelle indépendance financière.	Verser le maximum dans son REER. Évaluer et comparer le rendement de son régime actuel, et en choisir un autre plus performant, le cas échéant.
	Réévaluer la couverture de son assurance-vie et de son assurance-habitation.	Mettre à jour son bilan et l'inventaire de ses biens. Rajuster les protections en conséquence.
	Modifier son testament si nécessaire.	Consulter un spécialiste pour toute modification.
Avec personnes à charge	Mêmes objectifs que ci-dessus et aussi :	
	Commencer à planifier sa succession.	Discuter avec un conseiller juridique des conséquences fiscales de la distribution de ses avoirs à sa mort, et modifier son testament en conséquence.

La Bourse >> Investir avec succès

**SELON VOTRE ÂGE ET VOTRE SITUATION, LES GESTES À FAIRE POUR RÉALISER VOS OBJECTIFS ÉVOLUENT.
VOICI UN GUIDE PRATIQUE DES ACTIONS QUI S'IMPOSENT POUR CHAQUE ÉTAPE, À CONSULTER RÉGULIÈREMENT (SUITE).**

Situation	Objectifs	Actions
De 45 à 54 ans Célibataire ou marié sans personnes à charge	Réviser ses objectifs et sa stratégie de placement.	Continuer à investir dans les valeurs vedettes tout en profitant du traitement fiscal privilégié sur les dividendes et les gains en capital.
	Poursuivre sa planification en vue de la retraite.	Continuer à verser le maximum dans son REER. Envisager la possibilité d'avoir un REER autogéré ou de continuer à contribuer au REER de son conjoint.
	Réviser ses besoins en assurance-vie et en assurance-habitation	Consulter son courtier.
Avec personnes à charge	Mêmes objectifs que ci-dessus, et aussi :	
	Prévoir des fonds supplémentaires pour l'éducation de ses enfants, si nécessaire.	Si les enfants sont âgés de 15 ans et plus, envisager la possibilité de créer une fiducie d'éducation en vue de financer leur éducation tout en réduisant son fardeau fiscal.
De 55 à 64 ans Célibataire ou marié au travail, avec ou sans personnes à charge	Préciser ses objectifs à la retraite.	Déterminer les revenus nécessaires pour concrétiser ces objectifs et pour vivre une retraite confortable.
	Réviser sa stratégie de placement.	Concentrer ses investissements dans des titres assurant des revenus réguliers. Envisager de se départir de sa résidence principale et d'investir le produit de la vente.
	Poursuivre la planification de sa succession.	Mettre à jour son testament et rédiger une lettre d'instructions.

2 >> De l'épargne à la spéculation...

De 65 à 69 ans Célibataire ou marié, à la retraite, sans personnes à charge	Faire une évaluation annuelle de ses besoins en liquidités.	Selon les résultats de son évaluation, utiliser les revenus du Régime de pension de son employeur, du Régime des rentes du Québec ou du Régime de pensions du Canada, ou inclure ces montants dans son REER. Si les besoins en revenus sont élevés et les taux des rentes favorables, envisager de retirer une partie des fonds accumulés dans son REER (avant la fin de son 69e anniversaire) afin d'acheter un FERR, une rente certaine ou une rente viagère «conjoint survivant».
	Planifier en fonction de ses besoins futurs en revenus.	Consolider ses investissements dans des titres à faible risque produisant des revenus réguliers.
	Poursuivre la planification de sa succession.	Mettre à jour son testament et sa lettre d'instructions.
69 ans et plus Célibataire ou marié à la retraite, sans personnes à charge	Réviser son assurance-vie.	Une assurance de base est suffisante pour faire face aux dépenses reliées au décès.
	Poursuivre la planification de sa succession.	Réviser ses dernières volontés. Envisager un programme de donation entre vifs.

BILAN PRÉVISIONNEL année : _____

Actif	Prévu	Réalisé	Écart
Encaisse			
Investissement :			
compte d'épargne			
actif financier			
actif réel			
autres			
Propriétés :			
maisons – principale			
– secondaire			
Pension et retraite :			
police d'assurance (valeur de rachat)			
fonds de pension de la compagnie			
REER			
REAQ			
autres			
Total – Actif			

Passif	Prévu	Réalisé	Écart
Factures à payer			
Dettes à court terme			
Découverts de banque			
Prêt personnel			
Emprunt voiture			
Autres emprunts			
Compte-marge			
Emprunt-assurance			
Autres			
Hypothèque			
maison – principale			
– secondaire			
Total – Passif			
Valeur nette (actif - passif)			
Passif et valeur nette			

Dépenses importantes à prévoir
Année :

Voiture			
Mobilier			
Rénovation et décoration			
Voyage			
Biens de luxe			
Total			

La Bourse >> Investir avec succès

MOYENS MIS EN ŒUVRE POUR ATTEINDRE VOS OBJECTIFS PERSONNELS

	1	2	3	4	5	6	7	8	9	10	11	12	Total
Épargne													
Augmentation de salaire													
Revenus de placement													
Retour d'impôts													
Autres revenus													
Coupures dans les dépenses													
Réduction emprunts													
À court terme													
Réserves pour imprévus													
Sommes non utilisées													

Économies totales à prévoir _____

Besoins selon projections _____

Manque à gagner (surplus à prévoir) _____

2.5.1 Mon profil d'investisseur

L'Institut des fonds d'investissement du Canada (IFIC) a élaboré un petit questionnaire fort utile qui vous aidera à dresser votre profil d'investisseur. Répondez-y le plus honnêtement possible. Nous produisons, en annexe à ce livre, une grille plus détaillée conçue par Gestion financière Talvest.

Quel est votre profil d'investisseur ?

1. Votre placement s'avère décevant : après 3 mois, il a connu une baisse de 20 %. Comment réagissez-vous ? Vous :

    a) ne faites rien pendant six mois et attendez un rétablissement ;
    b) vendez pour sauver les meubles ;
    c) achetez rapidement davantage parce que vous êtes convaincu que le placement rebondira dans quelques mois et que vous pourrez alors réaliser un bon profit.

2. Votre placement dans un fonds mutuel composé d'actions, fait il y a 6 mois, a déjà augmenté de 15 %. Vous :

    a) vendez immédiatement ;
    b) attendez que la valeur double avant de vendre ;
    c) faites comme tout le monde, vous achetez davantage.

3. Est-ce que vous préféreriez avoir :

    a) investi dans un fonds de valeurs d'avenir qui n'a pas évolué depuis six mois ?
    b) placé votre argent dans un CPG (certificat de placement garanti) pour vous apercevoir ensuite que le fonds de valeurs d'avenir dans lequel vous aviez songé à investir a augmenté de 80 % en 5 mois ?

4. Laquelle des situations suivantes vous procurerait la plus grande satisfaction ?

    a) Vous réalisez un profit de 70 000 $ sur la vente de votre maison après l'avoir occupée pendant 6 ans.

b) Un lointain cousin, très riche, vous laisse un héritage de 70 000 $.
(c) Un pari de 3 000 $ sur le marché à terme (bourse des marchandises) se transforme en un profit de 70 000 $.

5. La petite entreprise pour laquelle vous travaillez depuis cinq ans rassemble des fonds en vendant des actions à ses employés. L'entreprise est florissante et il s'agit d'un bon placement à long terme. Par contre, il faudra peut-être attendre trois ans avant de recevoir des dividendes. Vous êtes prêt à investir :

   a) rien du tout;
   b) un mois de salaire;
   c) trois mois de salaire;
   (d) six mois de salaire.

6. Une personne bien placée vous donne un tuyau au sujet d'une société d'exploration minière qui serait sur le point d'être achetée par une société beaucoup plus importante et très rentable. Les chances que l'achat ait effectivement lieu sont de 50-50. Si l'achat n'a pas lieu, votre placement a peu de chances de prendre de la valeur. De plus, vous ne connaissez presque rien de l'exploration minière ou de l'acheteur en puissance. Vous investissez dans l'achat d'actions de cette société d'exploration :

   a) 0 $
   b) 2 500 $
   (c) 5 000 $
   d) 10 000 $

7. Vous participez à une émission-quiz à la télévision. Vous choisissez :

   a) 500 $ en espèces;
   b) une possibilité de 50 % de gagner 5 000 $;
   (c) une possibilité de 20 % de gagner 10 000 $.

8. Vers la fin du mandat du gouvernement fédéral, l'inflation revient hanter l'économie. Les experts doutent que son successeur puisse y faire grand-chose puisqu'ils prévoient un taux d'inflation supérieur à 10 %

pour tout le monde occidental. Les déficits canadien et américain sont moins grands qu'ils ne l'étaient auparavant mais demeurent importants. Vous :

a) n'investissez que dans des fonds à long terme;
b) investissez dans des fonds immobiliers et d'effets du marché monétaire;
c) achetez de l'or;
d) achetez des obligations d'épargne du Canada et vous vous en remettez à la grâce de Dieu.

Grille-réponses

Points accordés pour chaque réponse				Vos points
1 (a) 2	(b) 1	(c) 4		4
2 (a) 1	(b) 3	(c) 4		3
3 (a) 3	(b) 1			3
4 (a) 2	(b) 1	(c) 4		4
5 (a) 0	(b) 1	(c) 2	(d) 3	3
6 (a) 0	(b) 1	(c) 3	(d) 4	3
7 (a) 0	(b) 3	(c) 4		4
8 (a) 1	(b) 3	(c) 4	(d) 0	4
			Votre total	28

Votre tempérament investisseur

De 4 à 7 points – Pantouflard

Vous n'aimez pas risquer. Toutefois, vous devriez peut-être songer à suivre un cours en placement qui vous donnerait confiance pour prendre certains risques modérés dans le cadre d'une stratégie bien équilibrée.

De 8 à 22 points – Sportif du dimanche

Tous vos risques sont bien pesés et vous vous constituez un portefeuille offrant des perspectives de gains substantiels en quelques années seulement.

De 23 à 30 points – Casse-cou

C'est à votre genre que l'on doit les progrès du monde occidental… et le succès des compagnies de finance et des agences de collection. Même les joueurs les plus chanceux perdent parfois très gros. Ne faites vos choix (vos paris?) qu'après une étude complète des possibilités, après avoir obtenu les conseils des meilleurs experts en placements.

En faisant ainsi l'inventaire de vos placements, il est possible de mesurer la répartition totale de vos avoirs financiers selon les divers objectifs de placement et de déterminer le revenu annuel (dividende et intérêt) et espéré (gain en capital). L'effort suivant consiste à déterminer une répartition et une pondération optimales qui répondront à votre profil d'investisseur. Enfin, vous devrez apporter les correctifs nécessaires, s'il y a lieu.

2.5.2 Comment aborder la Bourse

Après tout ce que nous venons de dire, il est tentant d'aborder la Bourse comme on entre dans un casino, c'est-à-dire en voulant faire sauter la banque. L'argent est si difficile à gagner que ce serait une grave erreur de l'investir aveuglément. Par ailleurs, n'oubliez jamais qu'il s'agit de votre argent. Vous seul êtes responsable de vos choix d'investissement.

À la Bourse, il vous est possible de répondre à tous les objectifs de placement énumérés précédemment. Cependant, étant donné le caractère aléatoire du placement boursier et des menaces qu'il crée sur la sécurité du capital, une diversification même globale est recommandable. C'est ainsi qu'un portefeuille équilibré doit doser la répartition de votre capital selon les différents véhicules de placement (actif financier et actif réel) et selon les aléas de la conjoncture économique. Voici une feuille de route qui vise à faciliter votre accès à la Bourse.

Étape 1 > L'assainissement du bilan personnel et la détermination d'un plan d'épargne

Dressez un portrait de votre situation personnelle et déterminez votre taux d'épargne. Faites un tour d'horizon de vos dépenses et tentez d'éliminer le gaspillage. Enfin, évaluez attentivement les divers éléments de votre passif et éliminez le plus vite possible toutes les dettes coûteuses et tout ce qui entrave votre flexibilité financière. Ici, mettez en application les notions d'effet de levier et de coût d'opportunité que nous avons vues précédemment.

Étape 2 > La détermination d'un objectif à atteindre

Établissez un bilan personnel et énumérez les divers moyens mis à votre portée pour vous permettre d'atteindre cette cible. Révisez périodiquement votre situation et analysez les écarts entre le réalisé et le prévu afin d'apporter les correctifs nécessaires, s'il y a lieu.

Étape 3 > La découverte des moyens à mettre en œuvre pour atteindre votre objectif

Cette étape consiste à calculer votre manque à gagner et, par ricochet, vos besoins financiers qui devront être comblés de sources externes. Ces revenus supplémentaires dont vous avez besoin détermineront vos objectifs de placement en termes de revenu, de sécurité, de liquidité, de croissance, de négociabilité et de gestion facile. Ils détermineront également votre plan d'épargne et le recours à l'emprunt afin de dégager des revenus de placement.

Étape 4 > Le calcul de la répartition des fonds à votre disposition selon les divers instruments financiers

À partir de vos objectifs de placement et compte tenu des fonds dont vous disposez (par rapport à ceux dont vous avez besoin), répartissez l'utilisation des fonds que vous possédez selon les critères recherchés (revenu, sécurité, liquidité, croissance, négociabilité, gestion facile) et procédez à la ventilation de vos fonds selon les instruments financiers qui pourraient répondre à ces critères (obligations, actions privilégiées, actions ordinaires, etc.). Cette ventilation doit tenir compte du rendement après impôt et de l'âge du cycle

La Bourse >> Investir avec succès

INVENTAIRE DE MES TITRES

RÉER	RÉAQ		Nombre	Prix achat $	Date	Total $	Valeur marchande $	Total $	Prix-cible $	Dividende annuel (intérêt)	Rendement (%)	Objectif placement (1)	Dates à retenir (2)
		Actions (actions privilégiées – cie, classe, dividende)											
		Total $ ___ %											
		Actions ordinaires (cie) (classe)											
		Total $ ___ %											
		Obligations – obligations convertibles (émetteur) (taux d'intérêt) (échéance)											
		Obligations gouvernements											
		Obligations compagnies											
		Total $ ___ %											

2 >> De l'épargne à la spéculation...

Autres				
Bons de souscription				
(cie) (prix de conversion)				
(ratio)				
Total	$			%
Options				
(cie) (prix de conversion)				
(ratio)				
Total	$			%
Total	$			%
Marché à terme				
Total	$			%
Total				

(1) Les raisons qui ont conduit à l'achat
- Revenu
- Sécurité
- Liquidité
- Croissance
- Négociabilité
- Gestion facile

(2) Dates à retenir
Exemples
- Date ex-dividende
- Date limite de conversion
- Expiration (bons de souscription, option, marché à court terme)

économique. N'oubliez pas que cette répartition n'est pas immuable et qu'elle doit évoluer selon les changements de la conjoncture économique et les nouvelles tendances qui se dessinent.

Étape 5 > Le choix du courtier

Le choix du courtier doit se faire en fonction de l'aide recherchée. Si vous vous sentez en mesure de prendre vous-même vos décisions et si vous disposez de toute l'information nécessaire, un courtier à escompte, qui ne veillera qu'à l'exécution de vos transactions, est le choix approprié et le moins coûteux. Par contre, si vous misez sur l'apport d'un représentant d'expérience, disposé à vous renseigner de façon pertinente, un courtier traditionnel s'avérera un choix plus judicieux. N'ayez pas peur de magasiner et d'établir un premier contact avec les représentants proposés. De plus, la sélection de la firme de courtage doit se faire en fonction des services qu'elle offre (service de recherche de qualité, couverture des principaux marchés et parquets, commissions et frais exigés, participation aux distributions primaires d'actions, etc.). Enfin, il n'est pas interdit d'ouvrir un compte dans plusieurs firmes de courtage et, si seulement certains types de placement vous intéressent (options, marché à terme ou actions accréditives, par exemple), pourquoi ne pas avoir recours aux spécialistes en la matière ou aux firmes reconnues pour leur habileté dans ces domaines.

Étape 6 > La première transaction

Une fois le choix de la firme de courtage et du représentant fait, vous devez opter pour un compte au comptant ou sur marge. Nous avons déjà vu l'aspect pratique du compte sur marge. Ensuite, vous devez effectuer vos premières transactions. N'oubliez pas que tout solde créditeur dans votre compte reçoit un intérêt correspondant généralement à celui d'un compte de banque. Il est donc préférable d'utiliser le plus rapidement possible ce solde créditeur, à moins que vous ne préfériez patienter et attendre un moment plus propice pour constituer vos positions.

Avant d'effectuer vos premières transactions, vous devez recueillir l'information nécessaire à l'évaluation du potentiel des compagnies qui vous apparaissent intéressantes et déterminer la portion des fonds à consacrer à chacune des catégories de titre. Si vous avez décidé de faire affaire avec un courtier traditionnel (de plein exercice), n'hésitez pas à lui demander conseil. Toutefois, n'oubliez jamais que le représentant n'est pas à l'abri des erreurs de jugement et que c'est votre argent qu'il manipule. Les conseils qu'il vous donne devraient vous permettre de concentrer votre recherche sur quelques titres et de réduire le temps consacré à cette activité. N'hésitez pas non plus à demander de la documentation (rapports financiers, rapports de recherche) sur les titres et lisez celle qui vous est recommandée par votre représentant.

Votre première transaction ayant été faite, vous pouvez opter pour un certificat (d'actions, d'obligations, etc.) immatriculé à votre nom ou au nom du courtier. Dans le dernier cas, c'est le nom du courtier qui apparaît au registre des actionnaires de la compagnie et non le vôtre. Assurez-vous alors qu'il vous acheminera les documents expédiés par la compagnie à ses actionnaires.

Étape 7 > Le suivi

Lorsque vous aurez constitué vos positions, prenez l'habitude de suivre régulièrement les événements financiers et économiques susceptibles d'influer sur la valeur de vos investissements. La lecture régulière d'un bon quotidien et d'un hebdomadaire spécialisé est un minimum. Révisez périodiquement les positions détenues en analysant tout événement susceptible de modifier vos placements ou de modifier le cours normal des affaires de la compagnie dans laquelle vous avez investi.

Parallèlement, demeurez à l'affût des occasions d'investissement qui se présentent. Pour vous aider à les saisir en temps opportun, votre représentant et les lectures que vous faites peuvent se révéler précieux. Pour profiter de ces occasions, vous aurez au préalable veillé à conserver des liquidités; si ce n'est pas le cas, la marge dégagée peut alors être mise à contribution.

Voilà une façon intelligente de faire usage de sa marge. Comme on le fait avec une carte de crédit, pourquoi ne pas utiliser les facilités de crédit accordées par la firme de courtage pour combler un besoin temporaire de liquidités et de bénéfices et ainsi être en mesure de profiter des occasions pouvant se présenter. Ne perdez jamais de vue toutefois que le levier peut avoir un effet pervers et que, si les titres achetés ne progressent pas comme prévu, vous pouvez être soumis à un appel de marge.

ANNEXE 1

L'intérêt composé... et ses composantes

Dans les pages qui suivent, nous aborderons la notion d'intérêt composé. L'information contenue dans cette annexe trouve une application non pas strictement dans le monde du placement boursier mais bien dans toutes les sphères de la finance et de l'économie.

L'aspect qu'il importe de retenir est le principe d'équivalence. Ainsi, la somme de 15 428,58 $ (ce montant provient d'une table d'intérêt composé) équivaut à un capital de 1 500 $ placé pendant 20 ans au taux de 12 %, capitalisé semestriellement ; 5 000 $ reçus dans trois ans sont l'équivalent, aujourd'hui, à une somme de 3 820,74 $ sur laquelle un intérêt de 9 %, capitalisé mensuellement, est versé ; etc.

Étant donné que nous devons composer avec un taux d'épargne limité et

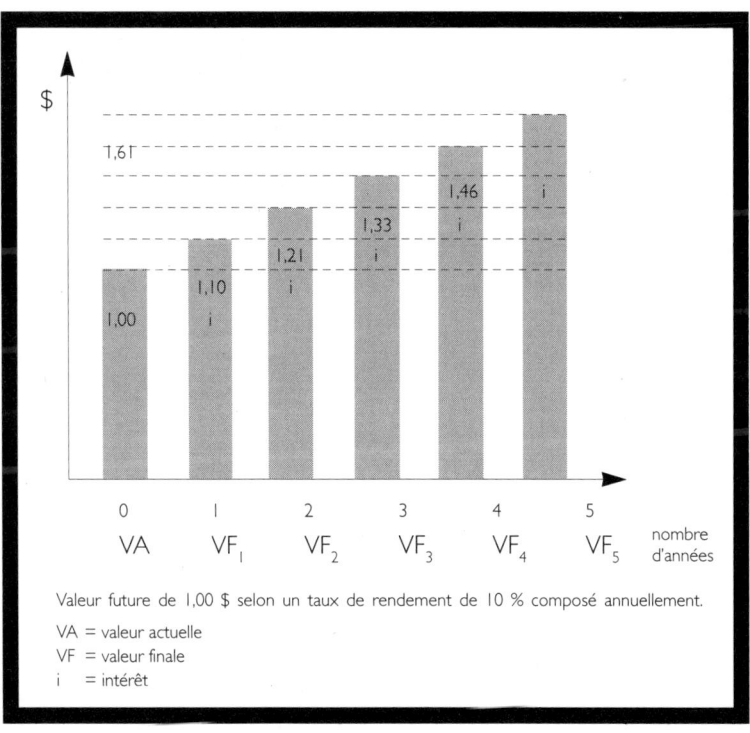

Valeur future de 1,00 $ selon un taux de rendement de 10 % composé annuellement.
VA = valeur actuelle
VF = valeur finale
i = intérêt

que nous sommes confiné à un budget précis et à des économies relativement restreintes, nous aurons donc constamment à faire un choix entre les diverses formes d'investissement. Après tout, on ne peut pas tout acheter! C'est dans un tel contexte de limitation du capital qu'il devient judicieux de faire un bon choix. Et qui dit choix dit forcément élimination. Le principe d'équivalence vise à faciliter cette élimination et, surtout, à proposer un critère de présélection qui ne fait pas appel aux sentiments mais qui repose sur une approche purement mathématique. Il reste par la suite à l'investisseur à effectuer la sélection finale en mettant à contribution sa propre grille d'analyse, faisant de ce fait appel à ses besoins, à ses objectifs de placement et à sa personnalité d'investisseur. Enfin, ce processus ne doit jamais être détaché du contexte économique, politique et social dans lequel est effectué l'investissement et des tendances qui se dessinent à l'horizon.

L'équivalence et le temps

En règle générale, le principe d'équivalence fait obligatoirement intervenir le temps dans le processus décisionnel. À quelle somme suis-je prêt à renoncer aujourd'hui pour recevoir tel montant dans un, deux ou cinq ans? Recevoir 10 000 $ dans 5 ans équivaut à recevoir combien aujourd'hui? Nous voyons tout de suite que plusieurs distorsions peuvent apparaître :

La valeur de l'argent

> 10 000 $ n'ont pas la même valeur pour un millionnaire que pour un individu qui gagne 20 000 $ par année.
> Lorsque le besoin de liquidités se fait pressant, voire vital, l'agent en déficit est enclin à offrir un taux de rendement supérieur pour attirer les fonds dont il a un urgent besoin ; il est exigeant quant au taux de rendement s'il doit se priver quelque temps des économies dont il aurait pourtant fortement besoin aujourd'hui.
> La rareté des fonds en surplus ou, au contraire, leur abondance modifiera les paramètres de la loi fondamentale de l'offre et de la demande.

En résumé, la valeur de l'argent peut être liée au pouvoir de négociation de chacun. Si vous êtes fortement endetté, que vous n'arrivez plus à jongler avec vos paiements et que seul le recours à un nouvel emprunt peut vous éviter la faillite, vous êtes alors en position de faiblesse face à vos créanciers, qui vous dicteront leurs propres règles.

Les prévisions

Investir, c'est renoncer à la jouissance d'un bien aujourd'hui pour accroître son avoir ; c'est se priver aujourd'hui d'un montant X pour espérer retirer, plus tard, un montant Y, celui-ci étant plus important que X. De ce fait, l'investissement prend la forme d'un pari sur l'avenir et s'inscrit dans un contexte d'incertitude. En investissant, vous et moi posons comme postulat de base qu'il nous sera possible de récupérer notre capital et de bénéficier d'un certain taux de rendement au cours de notre vie ou à la fin de notre investissement. Or, nous savons pertinemment que nos espoirs peuvent ne pas se concrétiser et que plusieurs variables peuvent jouer contre nous. Nous investissons en fonction de prévisions bien précises qui peuvent ne pas trouver confirmation dans la réalité, d'où l'existence d'un risque.

Ces mêmes prévisions vont dicter l'utilisation que nous entendons faire de notre épargne. Si je prévois une forte baisse du prix du pétrole, je vais éviter ce secteur ; si les taux d'intérêt s'engagent dans une tendance haussière, il serait sage de ne pas geler mes fonds dans des titres à revenu fixe de longue échéance, à moins que le rendement que m'offrent ces titres me convienne déjà parfaitement ou que ce rendement soit rajusté périodiquement. Ainsi, dans le cas de hausses des taux d'intérêt, l'agent en déficit de fonds désireux d'émettre des titres de créance à longue échéance devra m'offrir, pour attirer mon épargne, un taux de rendement correspondant à mes prévisions à l'égard de l'évolution future de ces taux, sinon il devra chercher un autre investisseur moins exigeant.

À la lumière de ce qui précède, nous constatons que ces quelques distorsions (valeur de l'argent et prévisions) ne renient pas le principe d'équivalence et, ici, les termes de l'équivalence prendront la forme de taux de rendement exigé.

Quelques définitions
L'intérêt simple contre l'intérêt composé

L'intérêt simple et composé ont trait à la capitalisation de l'intérêt versé au cours d'un laps de temps donné. En d'autres mots, l'intérêt simple signifie que l'intérêt versé n'est pas réinvesti ou qu'il n'est pas considéré comme tel alors que l'intérêt composé signifie que l'intérêt versé est réinvesti, devenant ainsi un ajout de capital qui sera également rémunéré.

Exemple : L'obligation d'épargne du Canada (OEC)

Le gouvernement offre deux options : intérêt simple ou intérêt composé. Dans le premier cas, l'intérêt est versé au détenteur à la date d'anniversaire de l'obligation. Dans le second cas, il n'est pas versé mais conservé par le gouvernement en contrepartie d'un taux d'intérêt sur cet intérêt.

Le taux nominal contre le taux effectif

Le taux nominal est le taux précisé sur le contrat ou annoncé officiellement. En revanche, le taux effectif est celui qui est réellement reçu.

Exemple : Obligation 9 1/2 %, 2001

Une obligation 9 1/2 %, 2001 implique que cette obligation qui arrivera à échéance en 2001 verse chaque année un taux d'intérêt de 9,5 % sur tout 1 000 $ de capital injecté. Si vous achetez cette obligation à 110 (soit 1 100 $), vous recevrez tout de même 95 $ par 1 000 $ d'obligation (taux nominal de 9 1/2 %) la première année, ce qui correspond à un taux effectif de 8,6 %, compte tenu du fait que vous avez investi 1 100 $ et non 1 000 $.

Ainsi, la distinction entre le taux nominal et le taux effectif repose sur la capitalisation et non sur l'intérêt (intérêt simple contre intérêt composé) et sur le capital injecté par rapport au capital initialement requis.

Le taux périodique

Les distinctions précédentes nous permettent d'introduire ce qu'on appelle le taux périodique. Le taux périodique fait référence à la période de versement (ou encore période de capitalisation) au cours de laquelle l'intérêt (nominal) est simple.

Exemples

> Un certificat de dépôt verse un taux d'intérêt de 6 % par année, capitalisé semestriellement :
>
> taux nominal :   6 %
> taux périodique :   3 %
> taux effectif :   6,1 %, soit $(1,03)^2$

> Un placement à terme quelconque verse un taux de 5 % par an, capitalisé trimestriellement :
>
> taux nominal :   5 %
> taux périodique :   1,25 %
> taux effectif :   5,1 %, soit $(1,0125)^4$

> Un dépôt à terme offre un taux de 4 % par an, versé annuellement :
>
> taux nominal :   4 %
> taux périodique :   4 %
> taux effectif :   4 %

La valeur actuelle et la valeur finale

Dans le calcul de la valeur actuelle et de la valeur finale, on fait intervenir :
> le capital investi ;
> le taux d'intérêt périodique ;
> le nombre de périodes de capitalisation, c'est-à-dire le nombre de périodes où l'intérêt est considéré comme simple au cours de la durée de vie du placement. Ainsi, un dépôt à terme de 5 ans, 12 % par année, intérêt capitalisé semestriellement, comportera 10 périodes de capitalisation, au taux périodique de 6 %.

Il est dès lors possible, à partir de ces trois paramètres, de déterminer la valeur finale d'une somme investie aujourd'hui en procédant ainsi :

Exemple

Dépôt à terme de deux ans, intérêt de 10 % capitalisé semestriellement
Capital investi : 1 000 $

Année 1	Intérêt après 6 mois (5 %)	Capital total après 6 mois
1 000 $	50 $	1 050 $
1 050 $	52,50 $	Capital total après 12 mois
		1 102,50 $
Année 2	Intérêt après 6 mois (5 %)	Capital total après 18 mois
1 102,50 $	55,125 $	1 157,625 $
1 157,625 $	57,88 $	Capital total après 24 mois
		1 215,51 $

Ainsi, placer 1 000 $ aujourd'hui, dans un dépôt à terme de 2 ans versant un taux d'intérêt annuel de 10 % capitalisé semestriellement équivaut à recevoir 1 215,51 $ dans 2 ans.

Il est possible de représenter le calcul de cet exemple de la manière suivante :

Capital initial : 1 000 $

Taux périodique : 5 %

Période de capitalisation : 2 fois par année, pendant 2 ans : 4

$$1\ 000\ \$ \times (1,05)^4 = 1\ 000\ \$ \times 1,2155 = 1\ 215,51\ \$$$

En généralisant :

VF = valeur finale

C = capital investi

i = taux périodique

n = nombre de périodes de capitalisation

$$VF = C \times (1 + i)^n$$

Note : La composante $(1 + i)^n$ est fournie par les tables.

De cette formule, il est possible de dériver une équation servant à calculer la valeur actuelle d'un montant devant être versé à un moment donné dans le temps. On parle alors d'actualisation.

Exemple

Que vaut aujourd'hui une somme de 1 215,51 $ versée dans 2 ans résultant d'un intérêt de 10 % capitalisé semestriellement? La réponse est évidemment 1 000 $. Nous connaissons déjà la valeur finale, le taux périodique et le nombre de périodes de capitalisation, soit:

$$1\ 215,51\ \$ = C \times (1,05)^4$$

Pour trouver C (ou valeur actuelle), il suffit de diviser à gauche et à droite du signe égal par $(1,05)^4$.

$$\frac{1\ 215,51\ \$}{(1,05)^4} = \frac{C \times (1,05)^4}{(1,05)^4} = \frac{1\ 215,51\ \$}{(1,05)^4} = C$$

En généralisant :

C = valeur actuelle

VF = valeur finale

i = taux périodique

n = nombre de périodes de capitalisation

$C = \dfrac{VF}{(1+i)^{-n}}$ ou $C = VF \times (1+i)^{-n}$

Note : La composante $(1+i)^{-n}$ est fournie par les tables.

1 %

n	$(1+i)^n$	$(1+i)^{-n}$	s	a	n
1	1,0100 0000	0,9900 9901	1,0000 0000	0,9900 9901	1
2	1,0201 0000	0,9802 9605	2,0100 0000	1,9703 9506	2
3	1,0303 0100	0,9705 9015	3,0301 0000	2,9409 8521	3
4	1,0406 0401	0,9609 8034	4,0604 0100	3,9019 6555	4
5	1,0510 1005	0,9514 6569	5,1010 0501	4,8534 3124	5
6	1,0615 2015	0,9420 4524	6,1520 1506	5,7954 7647	6
7	1,0721 3535	0,9327 1805	7,2135 3521	6,7281 9453	7
8	1,0828 5671	0,9234 8322	8,2856 7056	7,6516 7775	8
9	1,0936 8527	0,9143 3982	9,3685 2727	8,5660 1758	9
10	1,1046 2213	0,9052 8695	10,4622 1254	9,4713 0453	10
11	1,1156 6835	0,8963 2372	11,5668 3467	10,3676 2825	11
12	1,1268 2503	0,8874 4923	12,6825 0301	11,2550 7747	12
13	1,1380 9328	0,8786 6260	13,8093 2804	12,1337 4007	13
14	1,1494 7421	0,8699 6297	14,9474 2132	13,0037 0304	14
15	1,1609 6896	0,8613 4947	16,0968 9554	13,8650 5252	15
16	1,1725 7864	0,8528 2126	17,2578 6449	14,7178 7378	16
17	1,1843 0443	0,8443 7749	18,4304 4314	15,5622 5127	17
18	1,1961 4748	0,8360 1731	19,6147 4757	16,3982 6858	18
19	1,2081 0895	0,8277 3992	20,8108 9504	17,2260 0850	19
20	1,2201 9004	0,8195 4447	22,0190 0399	18,0455 5297	20
21	1,2323 9194	0,8114 3017	23,2391 9403	18,8569 8313	21
22	1,2447 1586	0,8033 9621	24,4715 8598	19,6603 7934	22
23	1,2571 6302	0,7954 4179	25,7163 0183	20,4558 2113	23
24	1,2697 3465	0,7875 6613	26,9734 6485	21,2433 8726	24
25	1,2824 3200	0,7797 6844	28,2431 9950	22,0231 5570	25
26	1,2952 5631	0,7720 4796	29,5256 3150	22,7952 0366	26
27	1,3082 0888	0,7644 0392	30,8208 8781	23,5596 0759	27
28	1,3212 9097	0,7568 3557	32,1290 9669	24,3164 4316	28
29	1,3345 0388	0,7493 4215	33,4503 8766	25,0657 8530	29
30	1,3478 4892	0,7419 2292	34,7848 9153	25,8077 0822	30
31	1,3613 2740	0,7345 7715	36,1327 4045	26,5422 8537	31
32	1,3749 4068	0,7273 0411	37,4940 6785	27,2695 8947	32
33	1,3886 9009	0,7201 0307	38,8690 0853	27,9896 9255	33
34	1,4025 7699	0,7129 7334	40,2576 9862	28,7026 6589	34
35	1,4166 0276	0,7059 1420	41,6602 7560	29,4085 8009	35
36	1,4307 6878	0,6989 2495	43,0768 7836	30,1075 0504	36
37	1,4450 7647	0,6920 0490	44,5076 4714	30,7995 0994	37
38	1,4595 2724	0,6851 5337	45,9527 2361	31,4846 6330	38
39	1,4741 2251	0,6783 6967	47,4122 5085	32,1630 3298	39
40	1,4888 6373	0,6716 5314	48,8863 7336	32,8346 8611	40
41	1,5037 5237	0,6650 0311	50,3752 3709	33,4996 8922	41
42	1,5187 8989	0,6584 1892	51,8789 8946	34,1581 0814	42
43	1,5339 7779	0,6518 9992	53,3977 7936	34,8100 0806	43
44	1,5493 1757	0,6454 4546	54,9317 5715	35,4554 5352	44
45	1,5648 1075	0,6390 5492	56,4810 7472	36,0945 0844	45
46	1,5804 5885	0,6327 2764	58,0458 8547	36,7272 3608	46
47	1,5962 6344	0,6264 6301	59,6263 4432	37,3536 9909	47
48	1,6122 2608	0,6202 6041	61,2226 0777	37,9739 5949	48
49	1,6283 4834	0,6141 1921	62,8348 3385	38,5880 7871	49
50	1,6446 3182	0,6080 3882	64,4631 8218	39,1961 1753	50

1 %

n	$(1+i)^n$	$(1+i)^{-n}$	s	a	n
51	1,6610 7814	0,6020 1864	66,1078 1401	39,7981 3617	51
52	1,6776 8892	0,5960 5806	67,7688 9215	40,3941 9423	52
53	1,6944 6581	0,5901 5649	69,4465 8107	40,9843 5072	53
54	1,7114 1047	0,5843 1336	71,1410 4688	41,5686 6408	54
55	1,7285 2457	0,5785 2808	72,8524 5735	42,1471 9216	55
56	1,7458 0982	0,5728 0008	74,5809 8192	42,7199 9224	56
57	1,7632 6792	0,5671 2879	76,3267 9174	43,2871 2102	57
58	1,7809 0060	0,5615 1365	78,0900 5966	43,8486 3468	58
59	1,7987 0960	0,5559 5411	79,8709 6025	44,4045 8879	59
60	1,8166 9670	0,5504 4962	81,6696 6986	44,9550 3841	60
61	1,8348 6367	0,5449 9962	83,4863 6655	45,5000 3803	61
62	1,8532 1230	0,5396 0358	85,3212 3022	46,0396 4161	62
63	1,8717 4443	0,5342 6097	87,1744 4252	46,5739 0258	63
64	1,8904 6187	0,5289 7126	89,0461 8695	47,1028 7385	64
65	1,9093 6649	0,5237 3392	90,9366 4882	47,6266 0777	65
66	1,9284 6015	0,5185 4844	92,8460 1531	48,1451 5621	66
67	1,9477 4475	0,5134 1429	94,7744 7546	48,6585 7050	67
68	1,9672 2220	0,5083 3099	96,7222 2021	49,1669 0149	68
69	1,9868 9442	0,5032 9801	98,6894 4242	49,6701 9949	69
70	2,0067 6337	0,4983 1486	100,6763 3684	50,1685 1435	70
71	2,0268 3100	0,4933 8105	102,6831 0021	50,6618 9539	71
72	2,0470 9931	0,4884 9609	104,7099 3121	51,1503 9148	72
73	2,0675 7031	0,4836 5949	106,7570 3052	51,6340 5097	73
74	2,0882 4601	0,4788 7078	108,8246 0083	52,1129 2175	74
75	2,1091 2847	0,4741 2949	110,9128 4684	52,5870 5124	75
76	2,1302 1975	0,4694 3514	113,0219 7530	53,0564 8638	76
77	2,1515 2195	0,4647 8726	115,1521 9506	53,5212 7364	77
78	2,1730 3717	0,4601 8541	117,3037 1701	53,9814 5905	78
79	2,1947 6754	0,4556 2912	119,4767 5418	54,4370 8817	79
80	2,2167 1522	0,4511 1794	121,6715 2172	54,8882 0611	80
81	2,2388 8237	0,4466 5142	123,8882 3694	55,3348 5753	81
82	2,2612 7119	0,4422 2913	126,1271 1931	55,7770 8666	82
83	2,2838 8390	0,4378 5063	128,3883 9050	56,2149 3729	83
84	2,3067 2274	0,4335 1547	130,6722 7440	56,6484 5276	84
85	2,3297 8997	0,4292 2324	132,9789 9715	57,0776 7600	85
86	2,3530 8787	0,4249 7350	135,3087 8712	57,5026 4951	86
87	2,3766 1875	0,4207 6585	137,6618 7499	57,9234 1535	87
88	2,4003 8494	0,4165 9985	140,0384 9374	58,3400 1520	88
89	2,4243 8879	0,4124 7510	142,4388 7868	58,7524 9030	89
90	2,4486 3267	0,4083 9119	144,8632 6746	59,1608 8148	90
91	2,4731 1900	0,4043 4771	147,3119 0014	59,5652 2919	91
92	2,4978 5019	0,4003 4427	149,7850 1914	59,9655 7346	92
93	2,5228 2869	0,3963 8046	152,2828 6933	60,3619 5392	93
94	2,5480 5698	0,3924 5590	154,8056 9803	60,7544 0982	94
95	2,5735 3755	0,3885 7020	157,3537 5501	61,1429 8002	95
96	2,5992 7293	0,3847 2297	159,9272 9256	61,5277 0299	96
97	2,6252 6565	0,3809 1383	162,5265 6548	61,9086 1682	97
98	2,6515 1831	0,3771 4241	165,1518 3114	62,2857 5923	98
99	2,6780 3349	0,3734 0832	167,8033 4945	62,6591 6755	99
100	2,7048 1383	0,3697 1121	170,4813 8294	63,0288 7877	100

>> Chapitre 3 <<
LE MARCHÉ BOURSIER

3 >> Le marché boursier

Un marché est un lieu organisé pour favoriser et faciliter les échanges. Acheteurs et vendeurs se rencontrent dans ce lieu et, par le biais d'une négociation plus ou moins formelle, s'entendent sur un prix à partir duquel ils fixeront une transaction.

Dans cet ordre d'idées, tous les intervenants dans le marché boursier et, plus largement, dans le marché financier travaillent dans le but de structurer ce marché pour :

> Faciliter les échanges ;
> Accroître la rapidité des échanges ;
> Réduire les frais de transactions au minimum pour ne pas entraver la bonne marche des échanges.

De ces trois facteurs dépend l'efficience du marché, une notion que nous aurons l'occasion d'approfondir au cours des prochaines pages.

À la base, le marché financier est composé d'agents économiques qui sont en possession d'un surplus de fonds et, de l'autre côté, d'agents qui sont en déficit. Les institutions financières, par leur rôle d'intermédiation, voient à faire le pont entre ces offreurs et ces demandeurs pour que chaque projet trouve son financement et que chaque sou épargné trouve son utilisation finale. Ce petit commerce de valeurs dites mobilières fait évidemment l'objet d'une surveillance étroite de la part des gouvernements provinciaux, qui mandatent dans leur province respective une Commission des valeurs mobilières pour qu'elle veille au bon déroulement des échanges et à la protection de l'investisseur.

Pour que le marché fonctionne de manière efficiente, il faut que l'épargne soit dirigée facilement vers les projets les plus rentables, à un coût minimum. C'est là qu'entrent en jeu les institutions financières, auxquelles la responsabilité du degré d'efficience (ou d'inefficience) du marché financier incombe.

Auparavant, chaque intermédiaire avait un rôle précis à jouer et s'y confinait. On distinguait quatre piliers, soit les banques, les compagnies d'assurances, les sociétés de fiducie et les firmes de courtage en valeurs mobilières. Aujourd'hui, avec le vent de déréglementation et de décloisonnement

La Bourse >> Investir avec succès

qui souffle sur l'industrie des services financiers, ces mêmes intermédiaires sont autorisés à élargir leur champ d'intervention et à percer des domaines jusqu'alors réservés à d'autres. Ils soulèvent ainsi le débat de la viabilité des supermarchés financiers et du concept du guichet unique ou offrant «tous les services sous un même toit». Le débat est lancé, certains proclamant qu'il y a incompatibilité entre les quatre grands piliers, d'autres soulevant le spectre d'une recrudescence des conflits d'intérêts. Mais quoi qu'il en soit, le processus de décloisonnement suit son cours.

3.1 L'EFFICIENCE DU MARCHÉ

Cette notion fait référence à la structure de concurrence pure et parfaite si galvaudée dans les cours d'économie. La définition de l'efficience tourne essentiellement autour de l'établissement d'un juste prix, au plus bas coût possible, en favorisant la libre circulation de l'information.

En d'autres termes, le rôle et la responsabilité du marché financier sont d'assurer l'allocation des fonds aux projets les plus rentables, dans un souci de minimiser le coût des services offerts. « Un marché efficient se définit généralement comme un marché où un grand nombre d'investisseurs rationnels se font une concurrence active pour maximiser leurs profits et où ils ont libre accès à peu près gratuitement à l'information disponible », affirmait M. Robert Demers à l'époque où il était président de la Commission des valeurs mobilières du Québec (*Le Devoir*, édition du 10 janvier 1974).

Tout ceci est fort louable, mais malheureusement il ne s'agit en fait que de vœux pieux. La concentration grandissante des éléments d'actifs financiers au sein d'importantes institutions, le recours de plus en plus répandu aux transactions programmées et le peu de profondeur du marché secondaire (peu d'acheteurs) pour plusieurs titres sont autant de freins à cette absence d'efficience. Ainsi en va-t-il de cette qualité du marché si recherchée puisque les échanges deviennent de plus en plus fragmentés et influencés par de gros intervenants, l'internationalisation des marchés et leur ouverture aux investisseurs étrangers réussissant à peine à offrir un contrepoids.

Il est possible d'obtenir de l'efficience : pour qu'elle existe, il faut qu'un marché réunisse certaines conditions qui lui permettent de diriger l'épargne vers les demandeurs au coût le plus bas possible. Deux grands principes commandent donc la fonction d'un tel marché : ce sont l'allocation des ressources et le coût des opérations.

> Les ressources doivent être allouées de manière à ce qu'une différence de rendement entre deux valeurs soit attribuable uniquement au facteur du risque. En d'autres termes, une bonne allocation consistera à maintenir des taux de rendement équivalents sur des investissements comparables.

> Le coût des opérations à effectuer doit essentiellement porter sur l'ensemble des services offerts.

Pour que ces principes soient pleinement respectés, quatre conditions sont nécessaires :

> Les frais de transaction doivent être le plus bas possible.
> L'information doit être accessible à tous, au plus bas coût possible.
> Tous les participants au marché doivent pouvoir payer le même prix pour un titre.
> Aucun participant ne doit exercer un pouvoir tel qu'il pourra, par son action, influer sur le prix d'un titre.

Une fois que ces conditions sont réunies, un marché efficient doit aboutir à l'établissement d'un prix qui correspondra à tout moment à une bonne estimation de la valeur du titre, ce prix devenant l'élément de base de la décision d'investissement. De plus, toute l'information devra converger vers un seul objectif : permettre de déterminer si la valeur marchande du titre reflète à sa juste valeur le potentiel de croissance de l'entreprise.

Au cours de votre vie d'investisseur, vous avez sûrement été confronté à certaines entraves à l'efficience telles que les suivantes :

> Des frais de commission assez importants pour restreindre le nombre de transactions;
> Un déséquilibre entre l'offre et la demande au cours d'une distribution primaire, qui peut provenir d'un nombre restreint d'émetteurs par rapport à une demande donnée, d'une demande restreinte par rapport à une offre donnée ou du peu de profondeur du marché secondaire pour un titre donné;
> Un marché peu liquide qui ne permet pas à l'investisseur d'échanger ses titres dans un court laps de temps, sans modifier le prix.

Les titres du REA (Régime d'épargne-actions) pris dans leur ensemble et les entreprises de taille petite ou moyenne, faiblement ou moyennement capitalisées, pour ne nommer que ces quelques exemples, ont pour effet de perpétuer des lacunes. Cependant, le déséquilibre des forces entre investisseurs et les frais de transaction (et d'émission) élevés mènent à la conclusion que l'efficience du marché n'est, dans la majorité des cas, qu'un mythe. Il faut alors parler de tendance vers l'efficience, un objectif partagé par les organismes en place (la Bourse, la Commission des valeurs mobilières, l'Association des firmes de courtage) qui exercent des fonctions importantes de contrôle, de sauvegarde des intérêts des intervenants et de surveillance des pratiques. Or, ces organismes n'ont aucun pouvoir sur les prix ; ils ne peuvent intervenir en ce qui a trait à l'évaluation des titres ni porter de jugements de valeur. Cette tâche vous est réservée.

Ces organismes veilleront cependant à ce que tout soit en place pour que vous puissiez faire un choix éclairé, sans pressions extérieures ni publicité trompeuse, pour que vous puissiez prendre des décisions en toute connaissance de cause et en tenant compte de toute l'information dont vous disposez. La responsabilité finale de l'investissement comme tel vous incombera toujours. **C'est à vous que le dernier mot revient, car, après tout, c'est de votre argent qu'il s'agit.**

C'est en ayant conscience de ces lacunes que vous devrez aborder le monde du placement. Vous serez tôt ou tard confronté au déséquilibre que provoque l'absence d'une efficience totale du marché. L'exemple parfait de cette distorsion naturelle peut certes être puisé à même le compartiment des titres émis par des entreprises faiblement capitalisées ou restreintes à une dimension régionale.

Au moment d'écrire ces lignes (deuxième trimestre de 1997), les titres d'entreprises à moyenne ou faible capitalisation (moins de 10 millions d'actions ordinaires en circulation) s'échangeaient à un ratio cours/bénéfice de 14 (14 fois le bénéfice par action prévu) comparativement à environ 22 pour l'indice TSE 300 de la Bourse de Toronto. Il était alors on ne peut plus judicieux de se demander pourquoi des titres à croissance «normale» (les titres formant l'indice TSE 300) commandaient un multiple de 22 alors qu'un nombre important de titres à fort potentiel arrivaient à peine à justifier un ratio de 14. En tant qu'investisseur, ne seriez-vous pas prêt à payer un peu plus cher pour un pouvoir de gain supérieur ?

Une explication de cet écart réside dans le peu de profondeur du marché secondaire des titres à moyenne ou faible capitalisation, pourtant l'une des conditions premières de l'efficience. Parce que peu d'investisseurs institutionnels s'intéressent à ce compartiment, une certaine transformation en vase clos s'ensuit. Les propriétaires de ces titres trouvent difficilement preneurs et parce que la profondeur du marché de revente est déficiente, toute transaction effectuée, aussi petite soit-elle, est susceptible d'entraîner de fortes variations du cours.

Cela est un exemple des effets possibles d'un marché non efficient. Ce bref énoncé n'a pas pour but de vous suggérer d'éviter les titres ne jouissant pas d'un marché secondaire libre d'entraves. Il vise plutôt à vous présenter une image simplifiée du contexte dans lequel s'inscrit l'investissement dans ce type d'instruments financiers et à vous faire la démonstration d'un marché non efficient. Le fait d'être conscient de la situation et de comprendre les règles du jeu pourra vous aider à vous adapter et à modifier votre stratégie si nécessaire.

3.2 LE MARCHÉ BOURSIER : UNE QUESTION DE CYCLES ?

Dans le folklore boursier, on identifie un marché boursier ascendant à un taureau ; il s'agit d'une période où la tendance fondamentale de base du cours des actions est à la hausse. On parle alors de marché *bullish*. En revanche, un marché fondamentalement baissier est identifié à l'ours et qualifié de marché *bearish*. On donne aux éternels pessimistes le nom de *bear*.

Nous évoluons actuellement dans un marché *bullish*, qui a pris naissance en août 1982, au terme d'une sévère récession, puis a été relancé en août 1984. Au cours de la récession de 1980-1982, les taux d'intérêt ont culminé pour atteindre des niveaux sans précédent. Tous les espoirs des entrepreneurs étaient alors étouffés par un taux d'escompte de 20 %. Les entreprises devaient délaisser leurs projets d'expansion pour ne veiller qu'à leur survie et s'occuper du paiement de leurs engagements envers leurs créanciers. Les particuliers, pour leur part, étaient incités à conserver leur épargne et devaient éviter tout emprunt pour financer l'achat de biens importants, ne pouvant se permettre d'absorber un loyer de l'argent trop élevé (c'est-à-dire un taux d'intérêt usuraire). La santé même de notre économie est

basée sur le crédit et toute élévation du coût de celui-ci représente un brusque frein à l'expansion économique.

Cette hausse vertigineuse des taux d'intérêt, qui a atteint son point culminant en juillet 1982, est la conséquence directe d'une réalité tout aussi importante, l'inflation. L'inflation est l'aboutissement logique de toute phase économique expansionniste et elle est naturelle en soi. Toute récession ou, dans sa forme moins sévère, tout ralentissement économique est provoqué par une quelconque intervention des grands manitous de la politique monétaire (Banque du Canada) et fiscale (gouvernement du Canada) afin d'endiguer ces pressions inflationnistes.

C'est le gouvernement fédéral et la banque centrale qui jouent le rôle de soupape de sécurité lorsque l'économie surchauffe. Ces acteurs, qui figurent au premier plan de la scène financière, ont pour objectif d'assurer le développement et la croissance ordonnés de l'économie. Lorsque cette croissance s'accélère au point de devenir incontrôlable, le gouvernement réduit ses dépenses ou durcit sa politique de taxation dans le but de restreindre la capacité à dépenser des consommateurs et des entreprises alors que la Banque du Canada travaille à entraver la libre circulation des liquidités dans le système, par l'intermédiaire d'une contraction de la masse monétaire ou d'une réduction de la vélocité de la monnaie (une réduction de la vitesse de la circulation de la monnaie dans l'économie).

PÉRIODES D'EXPANSION AU CANADA

Creux	Sommet	Durée en mois
Mars 1958	Mars 1960	24
Mars 1961	Décembre 1969	105
Juin 1970	Mars 1980	117
Septembre 1980	Juin 1981	9
Décembre 1982	Mars 1990	87
Mars 1991	Décembre 2001(p)	123

(p) = prévision

PÉRIODES D'EXPANSION AUX ÉTATS-UNIS

Creux	Sommet	Durée en mois
Avril 1958	Avril 1960	24
Février 1961	Décembre 1969	106
Novembre 1970	Novembre 1973	36
Mars 1975	Janvier 1980	58
Juillet 1980	Juillet 1981	12
Novembre 1982	Juillet 1990	92
Mars 1991	Décembre 1999(p)	105

(p) = prévision

3 >> Le marché boursier

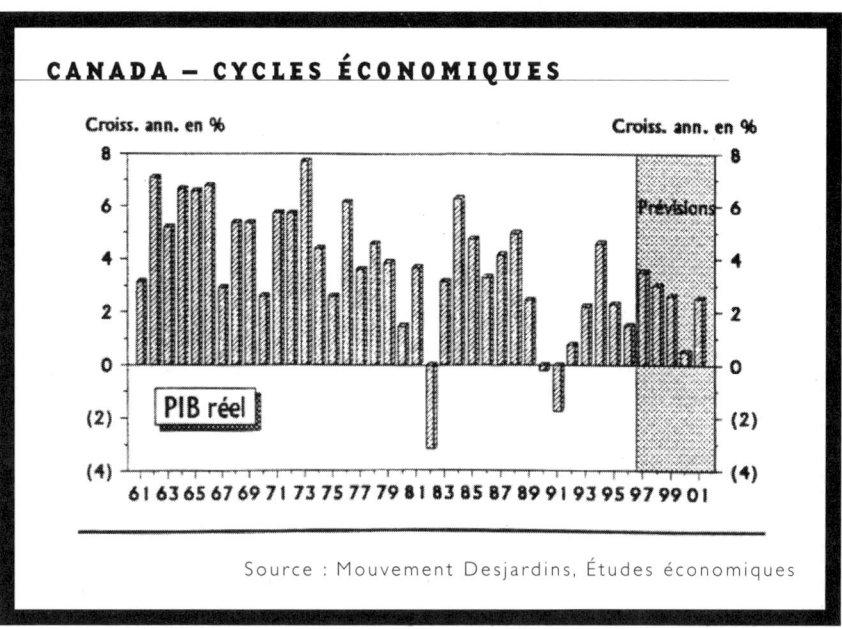

Source : Mouvement Desjardins, Études économiques

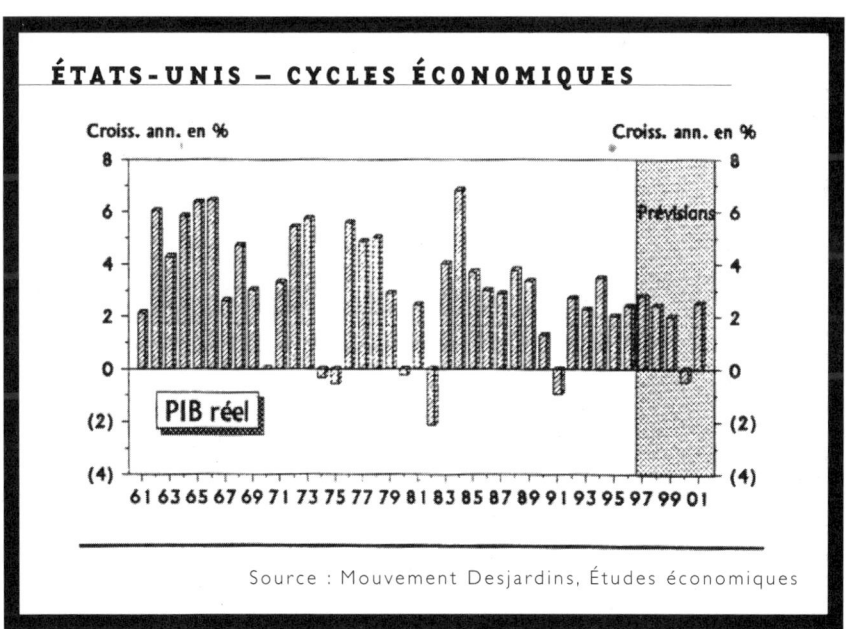

Source : Mouvement Desjardins, Études économiques

3.2.1 Quelle est la configuration d'un cycle économique ?

Un cycle économique comporte quatre étapes : une phase d'expansion suivie d'un plateau puis d'une période de ralentissement ou, dans sa forme la plus aiguë, d'une récession. Vient enfin un creux qui précède une reprise économique. Et ainsi va la vie, de creux en sommet et de sommet en creux.

La phase d'expansion

Les taux d'intérêt sont à la baisse et la croissance de l'inflation est contrôlée. On encourage les entreprises à augmenter leur production dans le but d'accommoder une demande sans cesse croissante, attisée par le coût du crédit qui est plus abordable. De plus, la baisse des taux d'intérêt encourage la canalisation de l'épargne vers la consommation et les entreprises, pour leur part, sont encouragées à emprunter pour financer leurs dépenses en immobilisation.

La consommation reprend son erre d'aller, des biens non durables aux biens durables, et l'insuffisance de la capacité de production des entreprises se comble peu à peu, au départ par l'amélioration de la productivité des facteurs de production, ensuite par l'embauche d'un personnel supplémentaire. Les profits des entreprises reprennent leur ascension, une situation amplifiée par l'augmentation de la richesse collective.

Le plateau

Une période d'expansion accélérée de la masse monétaire est d'abord accompagnée de l'accroissement de l'activité puis, avec un certain retard, de l'accélération du taux d'inflation. La demande de biens et services étant sans cesse à la hausse, bientôt les entreprises ne suffisent plus et se voient approcher de leur rendement maximal. Les dirigeants, selon leur degré d'optimisme, procèdent alors à l'amélioration du potentiel de production mais il s'écoule un certain temps avant que le nouvel équipement ne devienne opérationnel. Dans l'intervalle, les prix augmentent sous l'effet d'un déséquilibre croissant entre l'offre et la demande.

La phase de ralentissement

Cette phase se produit lorsque la spirale inflationniste s'accélère à tel point que la poussée des prix devient difficilement contrôlable. Le pouvoir d'achat des particuliers est grugé et les hausses salariales — devant tenir compte de la montée des prix — surviennent avec un certain retard, aidant toutefois à nourrir l'inflation. La plupart des coûts de l'entreprise étant rigides à la baisse, celle-ci n'a d'autre choix que de réduire sa force de travail, en réaction à la baisse des dépenses de consommation.

Entre-temps, la Banque du Canada y va de sa contribution au ralentissement en pratiquant une politique monétaire de plus en plus restrictive, afin de combattre les pressions inflationnistes. La décélération du taux de croissance de la masse monétaire entraîne d'abord une baisse du degré d'activité économique puis, toujours après un certain délai, une diminution du taux d'inflation.

En résumé, une phase d'expansion est caractérisée par une montée, d'abord lente puis accélérée de l'inflation. Les prévisions inflationnistes des agents et intervenants provoquent des pressions à la hausse sur les taux d'intérêt, et ce, jusqu'à ce que la montée continue des taux d'intérêt vienne mettre un frein à la croissance. Il s'ensuit une période d'ajustement plus ou moins longue et un ralentissement juste assez important de la consommation pour que les autorités financières relâchent les conditions de crédit et régénèrent l'expansion monétaire. Pendant ce temps, les investissements à long terme effectués par les entreprises lors de la phase expansionniste précédente commencent à donner les résultats attendus.

3.2.2 L'inflation : un phénomène monétaire de long terme

L'inflation est l'ennemi numéro un des années 80. Depuis l'explosion des cours pétroliers de 1973-1974, la hausse généralisée des prix a pris des proportions parfois démesurées qui, lorsque non contrôlées, ont provoqué des réactions radicales. La période de 1980-1982 démontre jusqu'où les autorités financières peuvent aller pour contrer une montée des prix dans les deux chiffres. L'inflation étant un phénomène monétaire de long terme, il n'est pas surprenant que la Banque du Canada soit la première à intervenir, par l'intermédiaire d'une hausse du loyer du crédit ou d'un ralentissement de l'expansion monétaire.

Il faut comprendre que l'inflation n'est pas un mal en soi puisqu'elle est la résultante directe d'une expansion économique. En règle générale, tous bénéficient d'une montée modérée des prix dans l'économie, et ce, jusqu'à ce que cette inflation se traduise par une perte de compétitivité sur les marchés extérieurs. Les entreprises dégagent des revenus supérieurs et leurs coûts, accaparés principalement par les salaires versés, ne sont réajustés qu'avec un certain retard ; les gouvernements retirent des revenus supplémentaires des « taxes sur l'inflation » et des impôts sur des revenus ajustés pour tenir compte de la hausse des prix dans l'économie ; l'épargnant-investisseur peut au moins espérer protéger son pouvoir d'achat ou revendre ses éléments d'actif acquis à des fins d'investissement à un prix supérieur. En fait, seuls les consommateurs à faible taux d'épargne subissent les contrecoups d'une inflation, même modérée. Or, ces victimes de l'inflation, qui voient leur revenu personnel fondre comme neige au soleil composent la majorité des salariés.

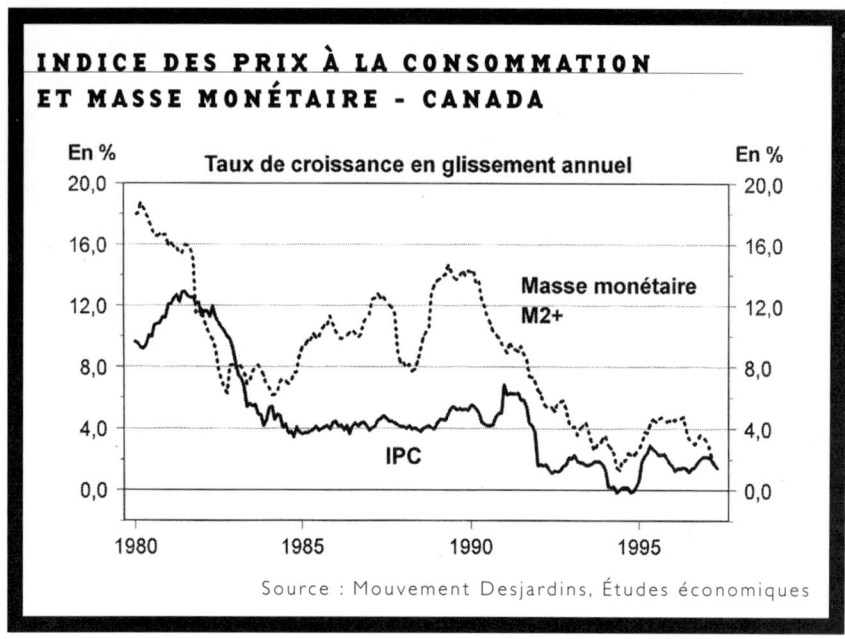

Encore ne parle-t-on que d'une inflation modérée (4 % ou moins). Plus la montée générale des prix s'éloigne du «modéré», plus le nombre d'agents économiques touchés augmente. La chute de la consommation qui s'ensuit agit sur le revenu des entreprises et, par la suite, sur l'enveloppe budgétaire des gouvernements. La boucle est bouclée lorsque le chômage se met de la partie et commence à augmenter.

Cette description sommaire d'un cycle économique met en relief le fait que l'inflation est toujours liée à une croissance excessive de la masse monétaire comparativement au niveau de la production. Ainsi, le ralentissement du taux d'inflation passe par une décélération du taux de croissance de la masse monétaire. L'exemple le plus éloquent de cette affirmation est certes le quadruplement du prix du pétrole survenu en 1973-1974. Quatre ans plus tard, le taux d'inflation japonais a pu être redescendu à 3,8 % alors qu'il se situait à 9 % au Canada. Pourtant, le Japon importe la totalité du pétrole qu'il consomme au prix mondial. La méthode graduelle appliquée au Canada aura donc eu pour effet de répartir le choc pétrolier sur plusieurs années et, de ce fait, de perpétuer le climat inflationniste.

L'inflation est essentiellement un phénomène monétaire dans la mesure où tout accroissement de la masse monétaire, s'il excède l'augmentation de la production, résulte en une poussée des prix. Aussi, le processus inflationniste ne peut-il perdurer sans une politique monétaire souple, sans la complicité des autorités monétaires. En d'autres termes, il est possible de réduire substantiellement l'inflation en limitant la croissance de la masse monétaire à un rythme n'excédant pas la progression du PIB. On comprendra que le financement des déficits gouvernementaux, parce qu'il nécessite une injection de capitaux dans le système, ne peut que contribuer à alimenter les pressions inflationnistes.

De faibles taux d'intérêt incitent les individus à emprunter. En revanche, l'accroissement des emprunts stimule la demande de biens et, dans la mesure où la Banque du Canada fournit des réserves au système bancaire afin d'éviter que le taux d'intérêt n'augmente sous le coup de la montée de la demande d'emprunts, cela provoque une accélération de la croissance de la masse monétaire.

Il va sans dire qu'une perturbation d'ordre réel (hausse soudaine du prix du pétrole, des prix céréaliers durement touchés par des conditions climatiques difficiles, etc.) peut attiser l'inflation, mais cette pression ne pourrait persister sans accroissement de la masse monétaire. La hausse d'un prix quelconque, et ce, même si le bien est une denrée vitale, n'est pas un phénomène inflationniste à proprement parler, mais plutôt le reflet de la rareté temporaire d'une ressource particulière ou la conséquence d'une intervention délibérée. À long terme, l'effet de cette hausse ne saurait se perpétuer dans la mesure où il est impossible d'acheter la même quantité de biens à un prix moyen sans cesse plus élevé si la masse monétaire (ou la vitesse de la circulation de la monnaie) n'alimente pas le déséquilibre ; une masse monétaire donnée ne peut permettre d'effectuer de transactions ayant une valeur accrue. En effet, si la masse monétaire n'est pas accrue, la hausse du niveau général des prix ne peut que se traduire par une réduction du volume de la production.

3.2.3 Les instruments de la politique monétaire

En théorie, une politique de retour à la stabilité capable de réviser à la baisse les prévisions inflationnistes nécessiterait la combinaison d'une politique monétaire restrictive (resserrement des conditions de crédit) et d'une politique fiscale axée sur le retour à un budget équilibré des gouvernements au cours d'un cycle économique. Or, les déficits budgétaires monstrueux conjugués au fait que les gouvernements veulent se faire réélire et que les économies des pays s'internationalisent rendent cette théorie utopique. Vu ces contradictions et compte tenu du fait qu'un des rôles de la Banque du Canada est d'agir à titre d'agent financier pour le gouvernement fédéral, l'autorité suprême en matière de politique monétaire voit sa marge de manœuvre fortement réduite. Elle doit sans cesse jongler avec trois impératifs (taux d'intérêt, taux de change et taux d'inflation) interreliés et dont l'évolution est parfois opposée, dans un objectif visant à favoriser la croissance économique.

Le gouvernement dispose de quatre instruments :

> La politique monétaire
> La politique fiscale

> La gestion de la dette publique
> La politique de taux de change

Pour contrôler l'évolution :

> du niveau des revenus ;
> du niveau de l'emploi ;
> des prix ;
> de la croissance économique.

Or, la gestion de la dette publique devenant lourde à soutenir, il en découle une distorsion cruciale. D'une part, le gouvernement ne peut se permettre une hausse marquée des taux d'intérêt sans engager ses revenus futurs. D'autre part, il entre en concurrence dans la quête de capitaux avec les autres agents économiques manquant de fonds et doit ainsi drainer une partie importante de l'épargne existante, ce qui fait dévier d'une utilisation plus productive une quantité importante de fonds. C'est avec cette situation quelque peu paradoxale que la Banque du Canada doit composer.

Les tâches assignées à la Banque du Canada sont multiples :

1. L'ajustement (au besoin) du crédit et de la masse monétaire dans le meilleur intérêt de l'économie du pays ;
2. La préservation du pouvoir d'achat de la monnaie nationale à l'intérieur du pays (contrôle de l'inflation) ;
3. La protection du pouvoir d'achat de la monnaie nationale sur les marchés étrangers (maintien du taux de change) ;
4. La recherche d'une croissance ordonnée de l'activité économique ;
5. La gestion de la dette publique du gouvernement fédéral ;
6. La gestion des fonds de changes étrangers et de réserves en devises.

Quant aux instruments mis à la disposition de la Banque du Canada pour exercer sa politique monétaire, on retrouve :

1. L'*open market*

La Banque du Canada a le droit d'effectuer des transactions sur le marché monétaire en faisant l'achat ou la vente de titres du gouvernement fédéral. Ce faisant, une telle intervention peut provoquer soit une expansion, soit une contraction de la masse monétaire, entraînant ainsi un ajout ou un retrait aux liquidités du système.

2. La modification du coefficient de réserves légales secondaires

Le coefficient de réserves légales primaires est, quant à lui, déterminé par la Loi sur les banques. Ici, la Banque du Canada intervient directement dans le processus de création monétaire[1].

3. La modification du taux d'escompte

Le taux d'escompte, désormais fixé de temps à autre, est le taux exigé par la Banque du Canada sur les prêts octroyés aux banques à charte. Ces emprunts visent essentiellement à renflouer les réserves légales des banques à charte. En influant sur le taux d'escompte, la Banque du Canada agit directement sur la structure des taux d'intérêt au pays et, de ce fait, incite les banques à charte à suivre la voie tracée en modifiant leurs propres taux dans le même sens. Une hausse du taux d'escompte, dans la mesure où elle n'est pas isolée, est l'indication d'une politique monétaire plus restrictive ; une baisse traduit plutôt la volonté de la banque centrale de pratiquer une politique monétaire plus expansionniste, plus souple.

Ce poids du taux d'escompte a toutefois été dilué au fil des ans, prenant de plus en plus une valeur symbolique. L'instrument désormais privilégié par la banque centrale est le taux sur les prêts au jour le jour, qui joue le même

---

(1) **Coefficients de réserves légales primaires**
La Loi sur les banques exige que les banques à charte conservent sous forme d'encaisses (billets dans leurs coffres ou dépôts à la Banque du Canada) 12 % des dépôts à vue et 4 % des dépôts à terme.
Coefficients de réserves secondaires
Les réserves secondaires sont constituées des encaisses excédant des réserves légales primaires fixées par la loi, des bons du Trésor à échéance de un an ou moins et des prêts au jour le jour accordés aux courtiers en valeurs mobilières agréés à négocier avec la Banque du Canada. Le taux des réserves secondaires peut varier entre 0 % et 12 % mais ne peut changer de plus de 1 % par mois. À l'heure actuelle, ce taux s'établit à 5 %. Ce sont ces coefficients qui influent sur le processus de création monétaire. Des coefficients élevés indiquent une politique monétaire restrictive. L'inverse est aussi vrai.

rôle auprès des institutions bancaires et qui subit l'influence des conditions et des pressions qui prévalent sur le marché. La Banque du Canada maintient un intervalle de taux sur les prêts au jour le jour, qu'elle modifie de manière à infléchir la courbe des rendements à court terme au Canada et la grille de taux des institutions financières.

4. La gestion des fonds du gouvernement canadien déposés dans les banques à charte.

5. La persuasion morale.

Exemple simplifié de la création monétaire

Vous déposez 1 000 $ dans votre compte-chèques. Une fois le dépôt effectué, votre banque doit conserver 12 % sous forme d'encaisses et peut prêter la différence, soit 800 $ à un autre agent. Ce dernier conserve son prêt à la banque sous forme de dépôt à vue dans le but d'y puiser au besoin. La banque doit donc conserver 12 % de ce dépôt à vue et peut prêter la différence, soit 774,40 $. Et ainsi de suite.

Nous pouvons voir, par cet exemple simplifié, qu'un premier dépôt de 1 000 $ peut se traduire par l'ajout de 8 333,33 $ (1 000 $ × 1/0,12) aux liquidités du système.

En haussant les coefficients de réserves, la Banque du Canada ralentit donc le processus de création monétaire. Dans l'exemple précédent, si le coefficient passait de 12 % à 15 %, le 1 000 $ déposé initialement n'ajouterait plus que 6 666,67 $ au système.

Les coefficients de réserves mentionnés ici peuvent différer dans la réalité. Ils ne sont présentés qu'à titre d'exemple.

3.2.4 Et le marché boursier ?

Le bénéfice des entreprises est l'élément catalyseur d'un élan boursier. Ainsi, tout ce qui est susceptible d'altérer la progression de ces bénéfices peut en tout temps freiner ou à tout le moins ralentir cette appréciation des cours boursiers. Le graphique suivant donne une image de l'évolution des bénéfices des entreprises composant l'indice général de la Bourse de Toronto, le TSE 300.

On peut y remarquer la forte poussée des bénéfices entre 1975 et 1980, une période qui a coïncidé avec une montée continue de l'inflation, celle-ci ayant été attisée par le choc pétrolier et la politique de gradualisme (politique monétaire échelonnée sur plusieurs années) pratiquée au Canada. Vint ensuite la récession de 1980-1982 puis le retour à une ère de prospérité. Fait à noter, l'arrêt brusque de l'évolution des bénéfices au milieu de l'année 1987 est la répercussion de l'augmentation des provisions pour pertes sur prêts consentis par les banques aux pays en voie de développement.

Quels sont les signes qui laissent présager la fin d'un cycle?

> Les marchés boursiers et obligataires évoluent à contresens (pressions à la hausse sur les taux d'intérêt).

3 >> Le marché boursier

> Le prix au comptant des marchandises est supérieur, et ce, dans presque tous les compartiments (pression à la hausse sur le taux d'inflation).
> L'optimisme des participants au marché est généralisé (la spéculation atteint son paroxysme).

Nous avons retrouvé ces trois éléments au cours de la période s'étalant de mars à août 1987. Quelque deux mois plus tard, le marché boursier mettait temporairement fin à sa phase ascendante par un krach qui, nous l'avons vu au premier chapitre, a plutôt pris la forme d'une correction rapide, d'un *bear market* de quelques semaines.

Aujourd'hui (fin 1997), nous traversons plutôt des moments d'euphorie, marqués par des revirements des cours boursiers parfois brusques et de forte ampleur. L'économie nord-américaine achève sa cinquième année de reprise. L'on s'attend à une accélération de cette reprise au Canada, accompagnée d'un ralentissement aux États-Unis. Dans ce dernier pays, tous les yeux sont rivés sur une réapparition des pressions inflationnistes, que l'on croit imminente, et sur la menace de voir la Réserve fédérale américaine commander une hausse des taux d'intérêt par mesure défensive. La

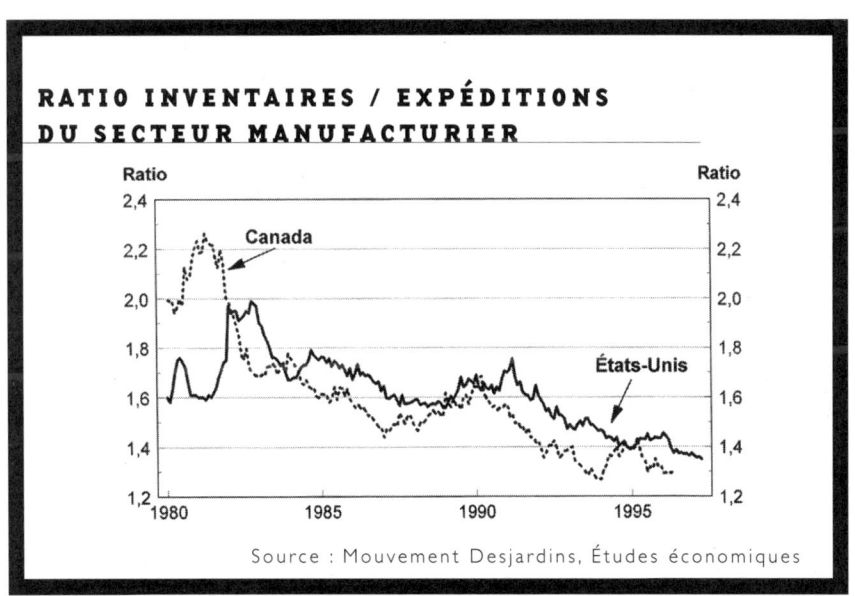

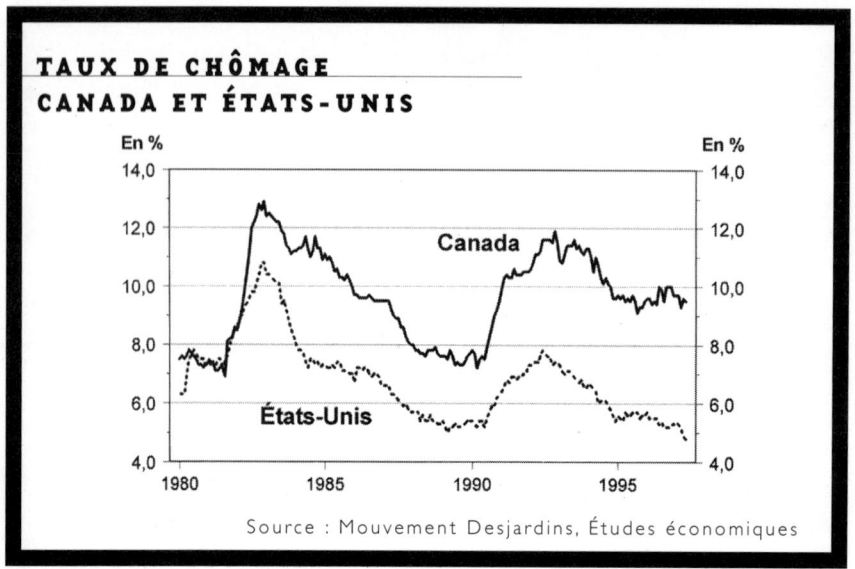

progression des bénéfices des entreprises se poursuit, à un rythme légèrement inférieur cependant, et les taux d'intérêt dans l'économie demeurent à des niveaux jamais vus en 30 ans.

Nous évoluons actuellement dans un contexte d'inflation que la Banque du Canada considère comme acceptable et de pressions à la hausse sur les taux d'intérêt en provenance des États-Unis. En cette période, les particuliers ont tendance à accroître la part des éléments d'actif tangibles (ou biens réels) et des titres à revenu variable (actions ordinaires et privilégiées) dans leur portefeuille.

3.2.5 Comment réagir face aux cycles

Un portefeuille de titres, ce n'est pas immuable. Il doit plutôt évoluer, à long terme, selon vos besoins et, à court et moyen termes, selon les conditions du marché et les tendances des grandes variables économiques. Ainsi, vous êtes constamment invité à exercer un certain arbitrage sur une partie de vos fonds, un arbitrage entre les différents véhicules de placement ou entre les différentes qualités des titres. En ce qui concerne ce dernier cas, voyons les quelques définitions suivantes :

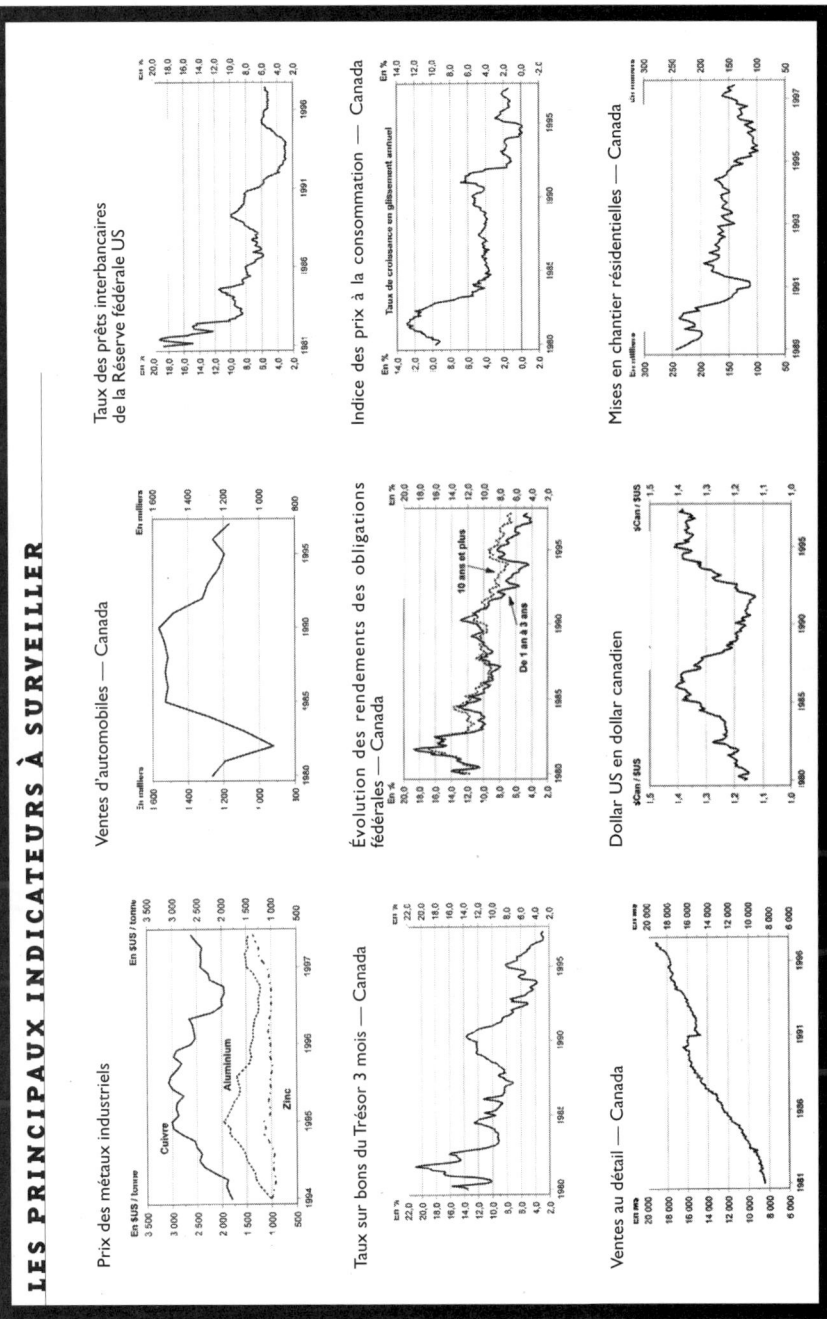

3 >> Le marché boursier

Source : Mouvement Desjardins, Études économiques

Les blue chips

On appelle *blue chips* les titres de première qualité, c'est-à-dire les actions d'entreprises de forte taille, bien établies, ayant versé régulièrement un dividende dans le passé. Les *blue chips* sont généralement des entreprises qui ont atteint leur maturité et qui sont bien souvent leaders dans leur industrie. Ces actions sont davantage recherchées pour la sécurité et la régularité du dividende, le gain en capital s'inscrivant dans un horizon de long terme.

Les entreprises comme Imasco, BCE, Provigo, Bombardier et Seagram font partie de cette famille. Voyons le comportement de l'action de quelques-unes d'entre elles.

Les *blue chips* ont ceci de particulier que leur achat s'inscrit dans un horizon de long terme. Cela ne veut pas dire qu'elles ne peuvent pas s'apprécier dans un court laps de temps mais plutôt qu'elles sont recherchées d'abord et avant tout pour leur sécurité et leur progression quasi constante au fil des ans. Votre portefeuille de titres devrait reposer sur un certain panier de *blue chips*.

3 >> Le marché boursier

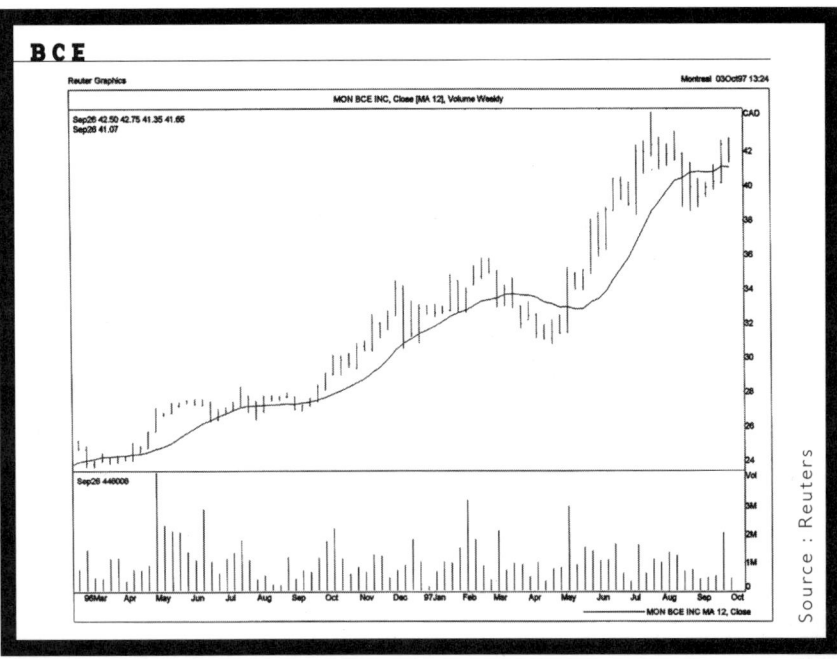

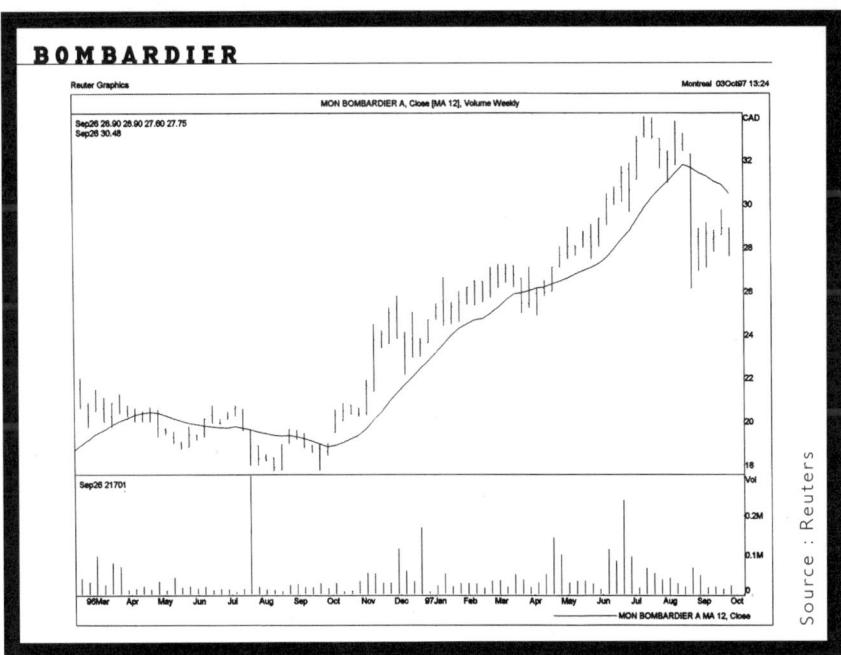

Les titres de croissance

Par définition, les titres de croissance sont des actions ordinaires d'entreprises de taille moyenne en pleine expansion. Ces entreprises traversent leur adolescence, avec toutes les crises que cela signifie. Elles occupent une position de force dans un certain créneau de marché et pratiquent un style de gestion ou emploient une technologie innovatrice. Les entreprises en croissance versent rarement des dividendes, préférant réinvestir tous leurs bénéfices.

3 >> Le marché boursier

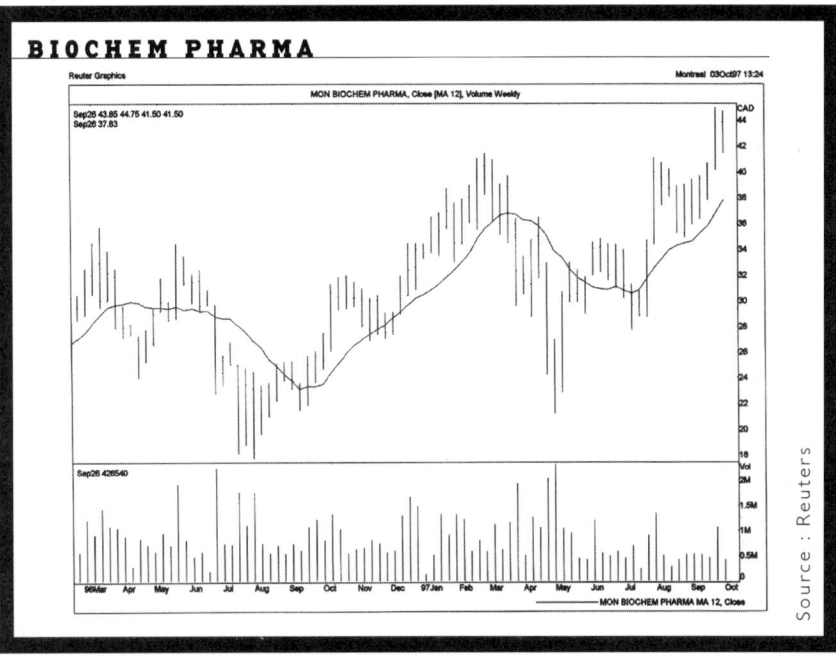

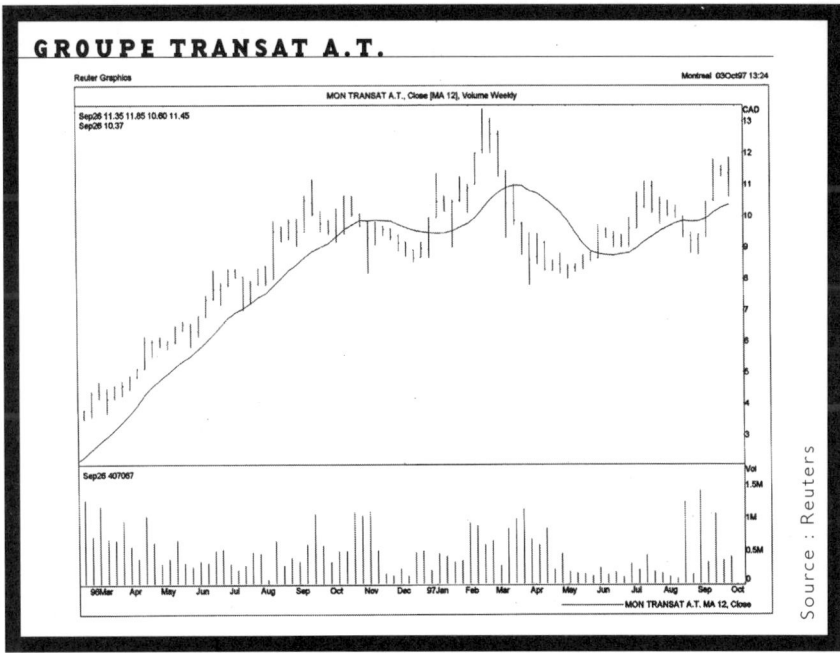

Les titres spéculatifs

L'étiquette de titre spéculatif est souvent attachée aux actions d'entreprises nouvellement constituées, fortes d'une idée ou d'un projet qui se veut original. L'espoir de gain peut à la fois être attrayant et rapide, mais l'élément de risque est important.

Cette famille regroupe principalement de petites entreprises d'exploration minière et pétrolière, des « juniors » qui consacrent des sommes d'argent parfois importantes à l'exploration d'un site, au risque de ne rien y trouver. Ce compartiment comprend les petites entreprises de haute technologie et celles qui sont nouvellement constituées, qui ont peu ou pas d'historique et qui reposent, très souvent, sur un projet original. Enfin, on inclut les *penny stocks* dans la catégorie des titres spéculatifs. Il s'agit d'entreprises dont les actions se négocient à moins de 1 $ et qui peuvent aisément voir leur cours doubler ou chuter de moitié, et ce, sans crier gare.

Pour être équilibré, votre portefeuille de titres doit contenir chacune de ces catégories d'actions dans une proportion variant selon vos besoins et objectifs et selon l'âge d'un cycle économique. À titre d'exemple, le début d'une phase d'expansion est dominé par une prépondérance accordée aux titres de croissance ; l'intérêt marqué pour les *blue chips* s'intensifie au fur et à mesure que la phase d'expansion approche d'un plateau. Quant aux titres spéculatifs, leur achat est plutôt dicté par l'humeur du moment, par le jeu des rumeurs et par les attentes et espoirs rattachés au projet de l'entreprise.

3 >> Le marché boursier

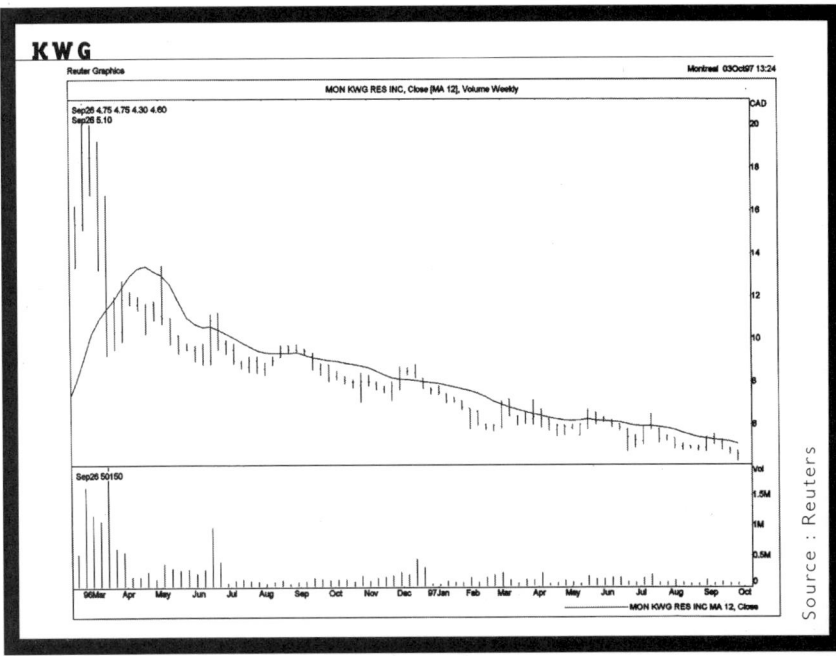

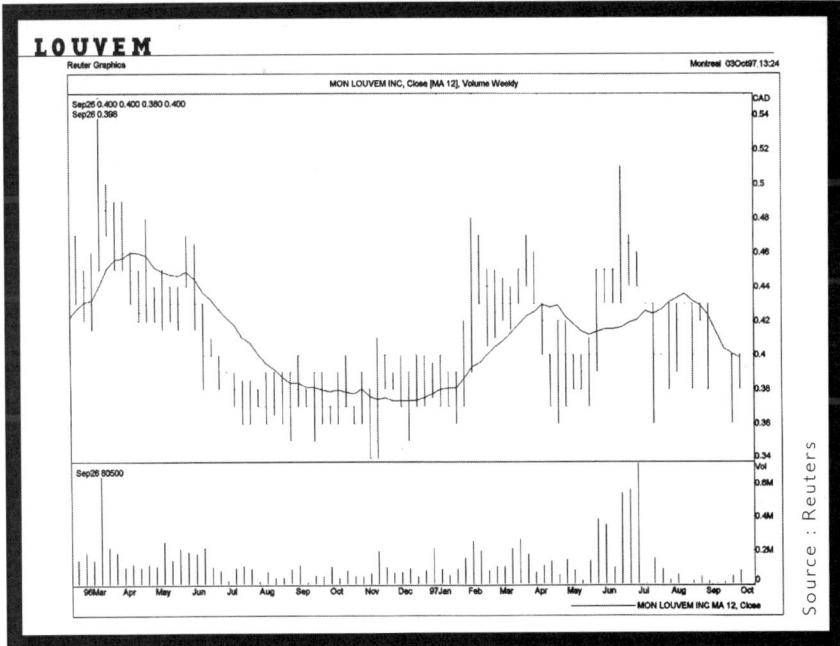

Les titres cycliques contre les titres défensifs

Les *blue chips,* les titres de croissance et même les titres spéculatifs peuvent être regroupés en deux grandes familles : les titres cycliques, selon que leur évolution est directement reliée à la conjoncture économique, et les titres défensifs, ou contra-cycliques, selon que leur évolution est indépendante, voire contraire, aux aléas de l'activité économique. Les entreprises engagées dans les services publics et celles qui sont reliées aux soins et à la santé sont deux exemples (parmi plusieurs) de titres défensifs.

Les entreprises seront étiquetées de cycliques ou de défensives, selon l'industrie dans laquelle elles sont actives. Faisons un bref survol des différents secteurs.

Les services financiers

> Banques, sociétés de fiducie, compagnies d'assurances, firmes de courtage

Le secteur des services financiers est **cyclique** et fortement dépendant de l'évolution des taux d'intérêt. Ces actions sont recherchées en période d'expansion, car le dividende relativement généreux versé permet d'offrir une compensation en période de ralentissement et de hausse des taux d'intérêt.

Les variables dominantes de ce secteur sont les suivantes :

> La demande de prêts
> L'évolution du prix des matières premières
> Les taux d'intérêt
> Le contexte économique et financier international

Les produits industriels

Le secteur des produits industriels est **on ne peut plus cyclique.** Très gourmandes de capitaux, ces entreprises supportent des frais fixes élevés et consacrent des sommes importantes au renouvellement ou à l'accroissement de leurs immobilisations.

Les variables dominantes de ce secteur sont les suivantes :

> Les taux d'intérêt
> L'évolution de l'activité économique

Les produits de consommation

Ces entreprises sont **peu cycliques** selon que les produits offerts répondent à des besoins primaires ou secondaires. Ce secteur est dominé par une forte concurrence, qui se traduit par de faibles marges bénéficiaires, poussant à rechercher le volume.

Les variables dominantes de ce secteur sont les suivantes :

> Les dépenses de consommation (besoins secondaires)
> Les taux d'intérêt (biens durables)
> L'évolution démographique
> La concurrence nationale et internationale

Les mines et les métaux

Ce secteur est **cyclique** et dépend essentiellement de l'évolution des prix des métaux et de leur variété. En fin de cycle boursier, une prédominance est généralement accordée à ce compartiment, en raison de la protection qu'il offre contre l'inflation.

Les variables dominantes de ce secteur sont les suivantes :

> L'activité économique
> La spéculation
> La valeur refuge contre les tensions politiques et sociales (métaux précieux)
> Le taux d'inflation (facteur positif)

Le pétrole

Ce compartiment est **fondamentalement stable** et son évolution varie au rythme du comportement du prix du pétrole. Les producteurs sont, de plus, tributaires de l'évolution des taux d'intérêt dans la mesure où leur structure financière est largement entachée de dettes.

Les variables dominantes de ce secteur sont les suivantes :

- Le prix du pétrole
- Les autres formes d'énergie
- Le taux d'intérêt

La haute technologie

Le secteur de la haute technologie est **moins cyclique** que celui du pétrole dans la mesure où le produit offert vise à accroître la productivité et à abaisser les coûts des entreprises. Par contre, en période de ralentissement sévère, ce compartiment sera le premier à écoper du fait de la rationalisation des dépenses des entreprises. Cette industrie est confrontée à la désuétude technologique rapide et doit consacrer des efforts constants en matière de recherche et développement.

Les variables dominantes de ce secteur sont les suivantes :

- Le taux d'intérêt
- Le taux de change
- L'activité économique
- La désuétude rapide

Les pâtes et papiers

Cette industrie est **cyclique** puisque ses principaux débouchés se situent surtout dans la construction et les imprimeries. Le secteur des pâtes et papiers subit de façon sensible la concurrence des pays étrangers et doit composer avec de fortes immobilisations.

Les variables dominantes de ce secteur sont les suivantes :

- Le taux de change
- Le taux d'intérêt
- L'activité économique

Les communications et les médias

Ce secteur est **hautement cyclique**. En revanche, il peut miser sur des marges bénéficiaires élevées. Cependant son auditoire est très mouvant.

Les variables dominantes de ce secteur sont les suivantes :

- L'activité économique
- La réglementation du secteur

L'immobilier

L'immobilier est également une industrie **cyclique** mais il offre une bonne protection en cas de reprise de l'inflation.

Les variables dominantes de ce secteur sont les suivantes :

- Le taux d'inflation (facteur positif)
- Le taux d'intérêt
- L'activité économique
- L'évolution démographique

Le transport

Le secteur du transport est, dans son ensemble, considéré comme **stable**, selon le segment étudié. Chacun des segments se livre une concurrence et les marges bénéficiaires sont, dans la majorité des cas, moyennes ou faibles.

Les variables dominantes de ce secteur sont les suivantes :

- L'activité économique (transport de marchandises)
- Le prix de l'énergie

3.3 LES GRANDES DONNÉES À SURVEILLER DE PRÈS

Nous avons mentionné précédemment qu'un élan boursier continu devait être attisé par une progression constante des bénéfices des entreprises. Par le fait même, vous devez, en tant qu'investisseur, surveiller de près toute variable pouvant ralentir cette progression ou renverser la tendance. **Après tout, une action s'achète sur la base des bénéfices non pas uniquement réalisés mais surtout prévus, et toute modification à cette croissance doit être décelée avant qu'il ne soit trop tard.**

Vous aurez sûrement deviné qu'une croissance des bénéfices ne peut survenir sans une poussée correspondante des revenus. Dès lors, il deviendra essentiel de jeter un regard sur le volume d'activité économique tel qu'il est mesuré par le produit national brut.

3.3.1 Le PIB

Le produit intérieur brut, ou PIB, représente la valeur des biens et services produits par les **habitants** d'un pays au cours d'une période donnée. Il est important ici de ne pas confondre la production nationale (PNB) et la production intérieure (PIB), cette dernière étant représentative de la valeur des biens et services produits **sur le territoire** d'un pays. Ainsi, la production réalisée par un habitant du Nouveau-Brunswick travaillant dans une usine du Maine fait partie de la production nationale canadienne mais est comptabilisée dans la production intérieure des États-Unis. Dans le calcul du PIB, on entre les éléments suivants :

1. Les dépenses de consommation

Elles sont influencées principalement par le revenu personnel dont on peut disposer, soit le revenu qui revient au particulier, déduction faite des impôts directs. C'est donc le revenu dont vous et moi disposons à des fins de consommation et d'épargne. Il va sans dire que les taux d'intérêt, le taux d'inflation, la hausse des taxes directes et indirectes et le niveau du salaire minimum sont autant de facteurs susceptibles d'avoir une incidence directe sur le revenu personnel dont on peut disposer et, par ricochet, sur les dépenses de consommation.

2. Les dépenses en biens d'investissement

On entre dans ce poste la construction domiciliaire et non domiciliaire et les achats de machinerie et d'équipement. Ici, l'évolution des taux d'intérêt est la variable clé.

3. Les achats des gouvernements en biens et services

4. Le secteur extérieur (exportations moins importations)

Le Canada étant une économie ouverte, le taux de change entre la devise nationale et celle des principaux partenaires commerciaux est une variable dominante de son activité économique. C'est ce taux de change qui, en modifiant le prix des biens exportés, détermine le degré de compétitivité des produits canadiens sur le marché international.

La dépendance du Canada face aux marchés extérieurs s'explique par la petitesse de son marché intérieur, par la faible densité de sa population et par la proximité géographique et la dimension du marché américain.

Le principal partenaire commercial du Canada demeure les États-Unis, qui reçoivent près de 70 % des exportations canadiennes alors que près de 75 % des importations canadiennes proviennent de ce pays. L'influence du cycle économique américain et de la croissance à long terme de cette économie sur le rendement de l'économie canadienne n'est donc pas surprenante. Parmi les autres partenaires du Canada, on retrouve l'Union européenne (un peu plus de 10 % de nos exportations et environ 8 % de nos importations) et le Japon (6 % de nos exports et 4 % de nos imports). Fait à signaler, les exportations canadiennes sont à la fois concentrées géographiquement et polarisées autour d'un nombre restreint de produits.

Le quart de nos exportations est attribuable aux métaux et au pétrole, les produits forestiers primaires retiennent grosso modo une part de 20 % et les produits de l'agriculture et de la pêche, 10 %. Les exportations canadiennes sont donc concentrées principalement dans le secteur primaire — quoique le secteur manufacturier (automobile, aéronautique) a pris passablement plus d'ampleur dans les exportations canadiennes depuis le début de la décennie

1990 — alors que les importations, plus diversifiées, comprennent des matières premières et, dans une plus large mesure, de la machinerie, des biens d'équipement et des biens de consommation. Fait à signaler, on retrouve cette ventilation davantage du côté des pays en voie de développement que des pays industrialisés. Toutefois, on a déployé des efforts importants depuis le milieu des années 70 à redresser l'image de l'économie canadienne qui consistait en une spécialisation des exportations autour des produits primaires et en une forte dépendance envers l'étranger pour l'importation de produits manufacturés. Il reste cependant encore beaucoup à faire.

3.3.2 Les indicateurs du commerce extérieur

La balance des paiements

La balance des paiements enregistre toutes les transactions effectuées au cours d'une période de temps donnée entre les habitants du pays et le secteur extérieur, soit toutes les transactions qui donnent lieu à un transfert de devises.

La balance des paiements regroupe deux comptes, le compte courant (échanges internationaux de biens et services et transferts unilatéraux) et le compte capital (toutes les transactions effectuées sur des actifs financiers). Dans le compte courant, un regard attentif doit être jeté sur le solde de la balance commerciale, qui regroupe toutes les transactions effectuées sur marchandises seulement.

Les déterminants de la balance commerciale

La compétitivité internationale des entreprises canadiennes est l'élément déterminant de l'évolution de la balance commerciale. Cette compétitivité est influencée à son tour par les éléments suivants :

> - La structure des prix et des coûts (taux d'inflation, taux de change, coût de main-d'œuvre) ;
> - La croissance du PIB réel, c'est-à-dire la croissance du PIB de laquelle on soustrait l'inflation ;
> - Le climat des relations commerciales et l'intervention gouvernementale (barrières tarifaires, quotas, accords, etc.) ;

> Les déterminants du taux de change ;
> L'écart de taux d'intérêt entre le Canada et le pays touché (États-Unis) ;
> La santé de l'activité économique aux États-Unis, qui détermine le niveau des importations en provenance des États-Unis ;
> La balance commerciale envers ce pays ;
> Les emprunts à l'étranger ;

Les transactions spéculatives

Nous voyons donc qu'il est possible de mettre en relief les trois grandes variables ayant une influence sur la croissance de l'activité économique :

> Le taux d'intérêt
> Le taux de change
> Le taux d'inflation

Or, ces trois variables sont interreliées, et ce, à tel point qu'il peut devenir difficile de bien séparer la cause de l'effet.

3.3.3 Les indicateurs précurseurs

Fort de cette simplification et compte tenu du fait que l'acte d'investir prend la forme d'un pari sur l'avenir, l'investisseur doit tenter de devancer les choses, c'est-à-dire de voir venir une certaine décélération de la croissance de l'activité économique plutôt que de la subir. Il doit à ce moment-là se référer à des indicateurs précurseurs qui, comme leur nom l'indique, tentent de prévenir les coups, d'annoncer les revirements à venir et les changements de tendance.

Il faut préciser que ces indicateurs précurseurs ne sont pas fiables à 100 % et qu'ils peuvent entraîner des conclusions hâtives. Ils doivent plutôt être considérés comme un signal d'alarme, un avertissement.

Le plus important de ces indicateurs est certes l'indice boursier. Après tout, n'avons-nous pas dit que le marché prévoit ce qui va arriver dans six mois ? Or, ces indices boursiers seront influencés par d'autres signaux qui tenteront de faire ressortir les grandes tendances qui se dessinent.

Les principaux indicateurs précurseurs pouvant signaler une certaine décélération de l'activité économique (donc ralentissement possible et détérioration possible des bénéfices des entreprises) ou une surchauffe de l'économie (renaissance des pressions inflationnistes) sont les suivants :

> Les ventes de biens durables
> Les investissements en biens d'équipement
> Les taux d'épargne des particuliers

Ces statistiques sont utiles pour déceler un revirement de situation. Elles peuvent être complétées par d'autres indices, élaborés à partir de sondages ou de regroupements d'indicateurs. Les plus importants d'entre eux sont les suivants :

> L'indice de confiance des consommateurs et ménages
> L'indice de confiance des entrepreneurs et gestionnaires
> L'écoindicateur de la Banque Royale
> L'indicateur avancé de la Banque CIBC
> L'indicateur avancé de la Banque du Canada

Ces trois derniers indices tentent de mesurer d'avance l'évolution de l'activité économique. Ils regroupent les principaux indicateurs précurseurs. Quant aux deux premiers indices, ils tentent de mesurer les intentions d'achat des consommateurs et des entreprises, une perte de confiance pouvant présager un repli et une décélération de la croissance économique.

Les principaux indicateurs précurseurs pouvant signaler une remontée des prix dans l'économie et une réapparition de pressions inflationnistes sont les suivants :

> L'indice des prix des producteurs
> L'indice des prix des matières premières
> Le taux d'utilisation des capacités manufacturières
> L'évolution de la masse monétaire

Nous avons longuement parlé de l'apport de la croissance de la masse monétaire dans l'alimentation de l'inflation. Quant au taux d'utilisation des capacités manufacturières, on reconnaît généralement que l'atteinte d'un certain niveau (généralement 85 %) est un signe d'inflation ou peut dégénérer en pressions inflationnistes. Enfin l'indice des prix des matières premières et des producteurs donne une idée assez précise de l'évolution des prix dans la mesure où toute hausse à ce chapitre se répercute sur les prix de consommation.

La hausse du cours des matières premières est peut-être l'élément le plus suivi dans la mesure où cette hausse, si elle ne repose pas sur un accident de parcours ni sur un événement soudain et de court terme, entraîne habituellement une reprise de l'inflation. À cet effet, l'indice des contrats à terme du Commodities Research Bureau, des États-Unis (CRB), un indice faisant la moyenne du prix de 21 marchandises, est symptomatique. Cet indice est calculé à partir des 21 contrats à terme sur les matières premières les plus négociées aux États-Unis, soit 13 denrées agricoles, 3 métaux précieux et 5 matières premières largement utilisées par les entreprises industrielles et manufacturières. Le graphique suivant donne une idée de l'évolution de cet indice.

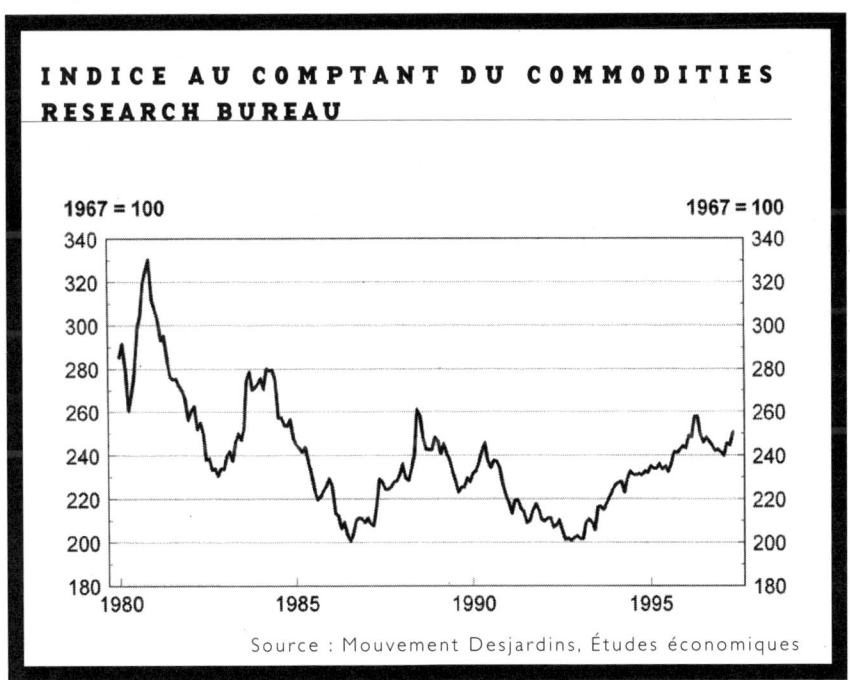

INDICE AU COMPTANT DU COMMODITIES RESEARCH BUREAU

Source : Mouvement Desjardins, Études économiques

Une progression de l'indice CRB, lorsqu'elle se poursuit un tant soit peu, soulève la crainte d'une remontée des taux d'intérêt. Par conséquent, l'évolution du marché obligataire (prix des obligations) s'en trouve freinée et, en Bourse, le compartiment des ressources naturelles s'empare alors du leadership.

3.3.4 Les indices boursiers

Ces indicateurs influent tour à tour, à leur manière, sur l'évolution d'ensemble du marché boursier et sur le comportement d'un secteur boursier par rapport à un autre. Or, l'évolution du marché est mesurée par un échantillon de titres représentatifs de l'ensemble. Cet échantillon, si l'on suppose qu'il est bel et bien représentatif de l'ensemble, est le principal baromètre du marché boursier et, pris dans son sens large, de la santé économique d'un pays.

Au Canada, le principal indice est celui de la Bourse de Toronto, le TSE 300. Comme son nom l'indique, il inclut 300 titres inscrits à la Bourse de Toronto, lesquels sont représentatifs de tous les secteurs de l'activité économique. C'est un indice pondéré selon la valeur marchande de la capitalisation des firmes (c'est-à-dire la valeur marchande des actions ordinaires en circulation) composant l'indice et, de ce fait, c'est le type d'indice qui représente le mieux l'activité et la tendance des cours sur une Bourse.

Aux États-Unis, la moyenne des 30 industrielles du Dow Jones est de loin l'indice le plus populaire et le plus suivi. Or, il n'est composé que de 30 titres industriels inscrits à la Bourse de New York et ne représente qu'une moyenne arithmétique des prix de ces titres. Ainsi, un cours passant de 150 $ à 160 $ aura le même effet pour ce type d'indice qu'un titre passant de 10 $ à 20 $, d'où sa principale faiblesse.

C'est pourquoi certains préfèrent se fier davantage à l'indice NYSE, qui comprend tous les titres inscrits à la Bourse de New York, pondérés (comme le TSE 300) selon la valeur marchande de la capitalisation. Ce dernier indice reflète parfaitement l'activité et la tendance du marché à la Bourse de New York alors que le Dow Jones tente plutôt de mesurer l'évolution de quelques *blue chips* populaires.

Pour se faire une idée de la profondeur de l'élan boursier, l'investisseur doit tenter de savoir si cet élan n'est attribuable qu'aux *blue chips* ou s'il englobe également les titres secondaires. Pour ce faire, l'indice AMEX et le Standard & Poor's 500 (S & P 500) sont deux baromètres américains révélateurs. Le premier prend la forme d'une moyenne non pondérée de changements dans les prix de tous les titres et droits d'achat négociés sur l'American Stock Exchange. Ce marché boursier est situé également à New York. Il est reconnu pour inscrire principalement à sa cote des titres d'entreprises moyennement ou faiblement capitalisées. Quant au S & P 500, il comprend 500 valeurs inscrites à la Bourse de New York et, comme le TSE 300, il est pondéré selon la valeur marchande de la capitalisation. La Bourse de

LA COMPOSITION DE L'INDICE TSE 35

```
CA    T S E 3 5       M e m b e r   W e i g h t i n g s        pg 1    of 1
      TSE 35 INDEX
      35    Members                                  * capitalization weighted index *
 1) BCE      CT  BCE INC              8.205 %  | 21) MG/A   CT  MAGNA INTL-A        2.207 %
 2) NTL      CT  NORTHERN TELECOM     6.907 %  | 22) N      CT  INCO LTD            2.027 %
 3) CM       CT  CAN IMPL BK COMM     5.803 %  | 23) NVA    CT  NOVA CORP           1.754 %
 4) CP       CT  CAN PACIFIC LTD      5.128 %  | 24) MB     CT  MACMILLAN BLOED     1.702 %
 5) RY       CT  ROYAL BK CANADA      4.963 %  | 25) TA     CT  TRANSALTA CORP      1.623 %
 6) TD       CT  TORONTO DOM BANK     4.361 %  | 26) LDM/B  CT  LAIDLAW INC -B      1.549 %
 7) BMO      CT  BANK MONTREAL        3.929 %  | 27) DFS    CT  DOFASCO INC         1.496 %
 8) VO       CT  SEAGRAM CO LTD       3.921 %  | 28) NOR    CT  NORANDA INC         1.425 %
 9) AL       CT  ALCAN ALUM           3.698 %  | 29) TEK/B  CT  TECK CORP-B         1.389 %
10) TLM      CT  TALISMAN ENERGY      3.635 %  | 30) MCL    CT  MOORE CORP LTD      1.379 %
11) TOC      CT  THOMSON CORP         3.313 %  | 31) TRP    CT  TRANSCAN PIPELNE    1.369 %
12) BNS      CT  BANK NOVA SCOTIA     3.143 %  | 32) CXY    CT  CAN OCCI PETE       1.214 %
13) BBD/B    CT  BOMBARDIER INC B     3.118 %  | 33) NA     CT  NATL BK CANADA       .872 %
14) ABX      CT  BARRICK GOLD CRP     2.972 %  | 34) RCI/B  CT  ROGERS COMM-B        .713 %
15) IMS      CT  IMASCO LTD           2.913 %  | 35) TVX    CT  TVX GOLD INC         .309 %
16) A        CT  ABITIBI-CONSOLID     2.719 %
17) CTR/A    CT  CAN TIRE CORP -A     2.685 %
18) PCA      CT  PETRO-CANADA         2.583 %
19) RES      CT  RENAISSANCE ENGY     2.562 %
20) PDG      CT  PLACER DOME INC      2.318 %
```

Source : Mouvement Desjardins, Études économiques

Toronto affiche également des indices plus restreints, composés de 100 titres (TSE 100) ou de 35 titres (TSE 35).

Tous ces éléments d'information ont pour principal objectif de permettre à l'investisseur de mieux se situer et de lui laisser voir venir les choses. Ce sont les principaux cadrans de son tableau de bord. Ils lui faciliteront la

La Bourse >> Investir avec succès

LA COMPOSITION DE L'INDICE TSE 300

TS300 Member Weightings — pg 1 of 8
TSE 300 Index
300 Members — *capitalization weighted index*

#	Ticker	CT	Name	Weight	#	Ticker	CT	Name	Weight
1)	BCE	CT	BCE INC	5.182 %	21)	NVA	CT	NOVA CORP	1.092 %
2)	RY	CT	ROYAL BK CANADA	4.129 %	22)	TOC	CT	THOMSON CORP	1.088 %
3)	NTL	CT	NORTHERN TELECOM	3.462 %	23)	POT	CT	POTASH CORP SAS	1.079 %
4)	CM	CT	CAN IMPL BK COMM	3.166 %	24)	PDG	CT	PLACER DOME INC	1.050 %
5)	BNS	CT	BANK NOVA SCOTIA	2.951 %	25)	TLM	CT	TALISMAN ENERGY	.874 %
6)	BMO	CT	BANK MONTREAL	2.895 %	26)	NOR	CT	NORANDA INC	.856 %
7)	CP	CT	CAN PACIFIC LTD	2.825 %	27)	TZH	CT	TRIZEC HAHN CORP	.808 %
8)	TD	CT	TORONTO DOM BANK	2.674 %	28)	SU	CT	SUNCOR ENERGY	.806 %
9)	VO	CT	SEAGRAM CO LTD	2.479 %	29)	BCH	CT	BIOCHEM PHARMA	.795 %
10)	AL	CT	ALCAN ALUM	2.216 %	30)	A	CT	ABITIBI-CONSOLID	.783 %
11)	ABX	CT	BARRICK GOLD CRP	2.199 %	31)	RES	CT	RENAISSANCE ENGY	.779 %
12)	NNC	CT	NEWBRIDGE NETWRK	1.741 %	32)	FFH	CT	FAIRFAX FINL HLD	.747 %
13)	BBD/B	CT	BOMBARDIER INC B	1.532 %	33)	T	CT	TELUS CORP	.723 %
14)	N	CT	INCO LTD	1.344 %	34)	LWN	CT	LOEWEN GROUP	.675 %
15)	PCA	CT	PETRO-CANADA	1.262 %	35)	AEC	CT	ALBERTA ENERGY	.673 %
16)	MG/A	CT	MAGNA INTL-A	1.201 %	36)	CXY	CT	CAN OCCI PETE	.659 %
17)	TRP	CT	TRANSCAN PIPELINE	1.142 %	37)	IMO	CT	IMPERIAL OIL	.648 %
18)	IMS	CT	IMASCO LTD	1.116 %	38)	CNQ	CT	CAN NATURAL RES	.646 %
19)	CNR	CT	CAN NATL RAILWAY	1.103 %	39)	IPL	CT	IPL ENERGY INC	.628 %
20)	LDM/B	CT	LAIDLAW INC -B	1.093 %	40)	NA	CT	NATL BK CANADA	.579 %

Source : Mouvement Desjardins, Études économiques

TS300 Member Weightings — pg 2 of 8
TSE 300 Index
300 Members — *capitalization weighted index*

#	Ticker	CT	Name	Weight	#	Ticker	CT	Name	Weight
1)	GOU	CT	GULF CANADA RES	.569 %	21)	ROM	CT	RIO ALGOM LTD	.373 %
2)	POW	CT	POWER CORP CDA	.532 %	22)	PWF	CT	POWER FINANCIAL	.372 %
3)	CCO	CT	CAMECO CORP	.525 %	23)	AVR	CT	AVENOR INC	.358 %
4)	W	CT	WESTCOAST ENERGY	.524 %	24)	MKF	CT	MACKENZIE FINL	.353 %
5)	FL	CT	FALCONBRIDGE LTD	.523 %	25)	MX	CT	METHANEX CORP	.352 %
6)	TA	CT	TRANSALTA CORP	.513 %	26)	BL/A	CT	BRASCAN LTD -A	.342 %
7)	TEK/B	CT	TECK CORP-B	.508 %	27)	WN	CT	WESTON (GEORGE)	.330 %
8)	DFS	CT	DOFASCO INC	.508 %	28)	UDI	CT	UNITED DOM INDS	.324 %
9)	DHC/A	CT	DONOHUE INC-A	.490 %	29)	CSN	CT	COGNOS INC	.309 %
10)	MCL	CT	MOORE CORP LTD	.482 %	30)	POC	CT	POCO PETRO LTD	.308 %
11)	MB	CT	MACMILLAN BLOED	.467 %	31)	GAC	CT	GEAC COMPUTER	.308 %
12)	FN	CT	FRANCO NEV MNG	.444 %	32)	SHC	CT	SHELL CANADA-A	.308 %
13)	CTR/A	CT	CAN TIRE CORP -A	.441 %	33)	LNR	CT	LINAMAR CORP	.302 %
14)	NCT	CT	NEWCOURT CREDIT	.440 %	34)	NCN	CT	NORCEN ENERGY	.293 %
15)	TGO	CT	TELEGLOBE INC	.435 %	35)	IPS	CT	IPSCO INC	.290 %
16)	CLT	CT	COMINCO LTD	.425 %	36)	TMF	CT	TRIMARK FINL	.287 %
17)	AGU	CT	AGRIUM INC	.410 %	37)	HBC	CT	HUDSONS BAY CO	.286 %
18)	BCT	CT	BC TELECOM INC	.408 %	38)	TEG/A	CT	EDPER GROUP-A	.281 %
19)	AXL	CT	ANDERSON EXPLOR	.393 %	39)	FCC/A	CT	FLETCHER CHAL -A	.275 %
20)	EN	CT	EURO-NEVADA MNG	.373 %	40)	IQI	CT	QUEBECOR PRINTING	.272 %

Source : Mouvement Desjardins, Études économiques

3 >> Le marché boursier

CA	TS300 Member Weightings pg 3 of 8						
TSE 300 Index						
300 Members						* capitalization weighted index *	
1) FIT	CT	FINNING INTL INC	.270 %	21) DTC	CT	DOMTAR INC	.203 %
2) PHV	CN	PHILIP SERVICES	.267 %	22) TVX	CT	TVX GOLD INC	.199 %
3) AC	CT	AIR CANADA	.267 %	23) QBR/B	CT	QUEBECOR INC-B	.198 %
4) STE/A	CT	STELCO INC -A	.263 %	24) JDS	CT	JDS FITEL INC	.195 %
5) MHG/B	CT	MDS INC-CL B	.256 %	25) ECO	CT	ECHO BAY MINES	.189 %
6) L	CT	LOBLAW COS LTD	.253 %	26) MLT	CT	MITEL CORP	.188 %
7) NSI	CT	NOVA SCOTIA PWR	.251 %	27) PD	CT	PRECISION DRILL	.185 %
8) RGO	CT	RANGER OIL LTD	.250 %	28) AMB	CT	AMBER ENERGY INC	.182 %
9) CRS	CT	CRESTAR ENERGY	.248 %	29) CBJ	CT	CAMBIOR INC	.178 %
10) EXE/A	CT	EXTENDICARE-CL A	.243 %	30) CU	CT	CAN UTILITIES-A	.177 %
11) CAE	CT	CAE INC	.239 %	31) PCP	CT	PANCANADIAN PETE	.176 %
12) RYG	CT	ROYAL GROUP TECH	.237 %	32) CRW	CT	CINRAM INTL INC	.176 %
13) TS/B	CT	TORSTAR CORP -B	.236 %	33) SPI	CT	ST LAURENT PAPER	.165 %
14) CGS/S	CT	CANWEST GLOBAL	.235 %	34) WBI	CT	WESTBURNE INC	.161 %
15) BCG	CT	BC GAS	.233 %	35) DBC/A	CT	DUNDEE BANCORP-A	.158 %
16) BCX	CT	BCE MOBILE COMM	.228 %	36) OCX	CT	ONEX CORP	.157 %
17) MOL/A	CT	MOLSON CO LTD-A	.225 %	37) SNC	CT	SNC-LAVALIN GRP	.156 %
18) IGI	CT	INVESTORS GROUP	.220 %	38) TN	CT	TARRAGON OIL	.154 %
19) STM	CT	SOUTHAM INC	.220 %	39) SCC	CT	SEARS CANADA INC	.153 %
20) RCI/B	CT	ROGERS COMM-B	.210 %	40) OSH/A	CT	OSHAWA GROUP -A	.153 %

Source : Mouvement Desjardins, Études économiques

CA	TS300 Member Weightings pg 4 of 8						
TSE 300 Index						
300 Members						* capitalization weighted index *	
1) FSH	CT	FOUR SEASONS HTL	.152 %	21) GUR	CT	GULFSTREAM RES	.127 %
2) ACO/X	CT	ATCO LTD -CL I	.150 %	22) ABZ	CT	ABER RESOURCES	.125 %
3) RJL	CT	RIGEL ENERGY	.149 %	23) AGF/B	CT	AGF MGMT-B	.123 %
4) NEN	CT	NORTHSTAR ENERGY	.148 %	24) TBC/A	CT	TEMBEC INC -CL A	.122 %
5) WFT	CT	WEST FRASER TIMB	.148 %	25) BMC	CT	BATTLE MTN CANAD	.119 %
6) CEI	CT	CO-STEEL INC	.148 %	26) VDO	CT	VIDEOTRON GROUPE	.119 %
7) ITP	CT	INTERTAPE POLYMR	.146 %	27) BKP	CT	BERKLEY PETROL	.119 %
8) NT	CT	NATL TRUSTCO INC	.142 %	28) LDM/A	CT	LAIDLAW INC -A	.118 %
9) K	CT	KINROSS GOLD	.140 %	29) NF	CT	NORANDA FOREST	.116 %
10) BGO	CT	BEMA GOLD CORP	.139 %	30) ALP	CT	ALLIANCE FOREST	.116 %
11) QLT	CT	QLT PHOTOTHERAPE	.136 %	31) BPC	CT	BROOKFIELD PROP	.116 %
12) GWO	CT	GREAT-WEST LIFEC	.134 %	32) BCB	CT	COTT CORP	.114 %
13) BLD	CT	BALLARD POWER	.133 %	33) WIC/B	CT	WIC WESTERN IN-B	.114 %
14) DUP/A	CT	DU PONT CANADA-A	.131 %	34) RAX	CT	RIO ALTO EXPL	.113 %
15) N/V	CT	INCO LTD-CL VBN	.130 %	35) IMN	CT	INMET MINING CRP	.112 %
16) SCL/B	CT	SHAW COMMUNIC-B	.130 %	36) CCQ/B	CT	CCL INDS B	.112 %
17) CHA	CT	CHAUVCO RES-A	.130 %	37) G/A	CT	GOLDCORP INC-A	.111 %
18) PWT	CT	PENN WEST PETE	.129 %	38) HUM	CT	HUMMINGBIRD COMM	.111 %
19) GRE	CT	GREENSTONE RES	.128 %	39) WMI	CT	WESTMIN RES	.111 %
20) JN	CT	JANNOCK LTD	.127 %	40) CN/B	CT	CALL-NET ENTER-B	.111 %

Source : Mouvement Desjardins, Études économiques

La Bourse >> Investir avec succès

```
CA    TS300         Member Weightings              pg 5 of 8
      TSE 300 Index
      300 Members                          * capitalization weighted index *
 1) DRE/A   CT DRECO ENERGY-A    .111 %  21) CFP      CT CANFOR CORP          .095 %
 2) PGV     CT PROVIGO INC       .109 %  22) PNN      CT PINNACLE RES LTD     .094 %
 3) BVF     CT BIOVAIL CORP      .108 %  23) SDX      CT STAMPEDER EXPLOR     .094 %
 4) NPP     CT NEWPORT PETRO     .108 %  24) MWI      CT MIDLAND WALWYN       .094 %
 5) SHL/A   CT SHAW INDS LTD-A   .107 %  25) CN       CT CALL-NET ENTERPR     .093 %
 6) IMX     CT IMAX CORP         .105 %  26) PDI      CT PREMDOR INC          .093 %
 7) ITW     CT INTRAWEST CORP    .104 %  27) RCM/B    CT ROGERS CANTEL-B      .093 %
 8) MTT     CT MARITIME TELE     .104 %  28) AGE      CT AGNICO-EAGLE         .091 %
 9) ESI     CT ENSIGN RES SVC    .104 %  29) FMS/A    CT FIRST MARATHON-A     .090 %
10) BBD/A   CT BOMBARDIER INC A  .104 %  30) SWP/B    CT SASKATCH WHEAT-B     .089 %
11) S       CT SHERRITT INTL     .102 %  31) COS      CT COREL CORP           .089 %
12) REL     CT REMINGTON ENERGY  .101 %  32) LCI-PE   CT LAFARGE CAN-PFD      .089 %
13) LTV     CT LEITCH TECH CORP  .099 %  33) LON      CT LONDON INSUR GRP     .089 %
14) TLR     CT TRI LINK RES      .098 %  34) CBE      CT CABRE EXPL LTD       .088 %
15) TFC/A   CT TRILON FINL-A     .097 %  35) PTS      CT PRUDENTL STEEL       .088 %
16) ELF     CT E-L FINL CORP     .096 %  36) EEE      CT CAN 88 ENERGY        .087 %
17) ATY     CT ATI TECHNOLOGIES  .096 %  37) CIF/B    CT CINAR FILMS-B        .087 %
18) YBM     CT YBM MAGNEX INTL   .096 %  38) NMC      CT NUMAC ENERGY INC     .087 %
19) ABC     CT ABACAN RESOURCE   .095 %  39) CXS      CT COUNSEL CORP         .087 %
20) TEO     CT TESCO CORP        .095 %  40) PAZ      CT PACALTA RES          .086 %
```

Source : Mouvement Desjardins, Études économiques

```
CA    TS300         Member Weightings              pg 6 of 8
      TSE 300 Index
      300 Members                          * capitalization weighted index *
 1) ELN     CT ELAN ENERGY       .086 %  21) AC/A     CT AIR CANADA-CL A      .074 %
 2) CFM     CT CFM MAJESTIC INC  .085 %  22) NRK      CT NORTHROCK RES        .074 %
 3) OXG     CT OXFORD PROP GRP   .085 %  23) ALG      CT ALGOMA STEEL         .072 %
 4) CID     CT CHIEFTAIN INTL    .083 %  24) MFI      CT MAPLE LEAF FOODS     .070 %
 5) CCL     CT CELANESE CANADA   .083 %  25) EMP/A    CT EMPIRE CO LTD A      .070 %
 6) CRZ     CT CS RESOURCES      .082 %  26) RYO      CT ROYAL OAK MINES      .069 %
 7) KOC     CT COCA-COLA BEVS    .082 %  27) UCS/B    CT UNICAN SEC SYS-B     .068 %
 8) FTS     CT FORTIS INC        .082 %  28) GTA      CT GENTRA INC           .068 %
 9) EFX     CT ENERFLEX SYSTEMS  .081 %  29) WS       CT WESTERN STAR TRU     .068 %
10) BRR     CT BRUNCOR INC       .081 %  30) ENL      CT ENCAL ENERGY         .067 %
11) AUR     CT AUR RESOURCES     .080 %  31) ATA      CT ATS AUTOMATION       .067 %
12) MRU/A   CT METRO-RICHELIEU   .080 %  32) LIM      CT LIONORE MINING       .067 %
13) PRU     CT PRIME RES GRP     .080 %  33) HLG      CT HOLLINGER INC        .066 %
14) SFF     CT SLOCAN FOREST     .080 %  34) ULP      CT ULSTER PETE          .063 %
15) TMA     CT TRIMAC CORP       .079 %  35) DMM/B    CT DIA MET MINRLS-B     .062 %
16) BCS/A   CT BC SUGAR REFIN-A  .078 %  36) DTX      CT DOMINION TEXTILE     .062 %
17) DE      CT DELRINA CORP      .077 %  37) FHV/A    CT FAHNESTOCK VIN-A     .062 %
18) NET/A   CT CLEARNET COMM-A   .076 %  38) SZ/A     CT SCEPTRE INV COUN     .060 %
19) TIH     CT TOROMONT INDS     .076 %  39) QBR/A    CT QUEBECOR INC-A       .060 %
20) ICP     CT INTL COMFORT PRD  .076 %  40) CU/X     CT CAN UTILITIES-B      .059 %
```

Source : Mouvement Desjardins, Études économiques

3 >> Le marché boursier

```
CA   TS300           Member Weightings           pg 7 of 8
     TSE 300 Index
     300 Members                              * capitalization weighted index *
 1) MAE    CT MIRAMAR MINING      .059 %   21) CBG    CT CAMBRIDGE SHOP     .048 %
 2) TRZ    CT TRANSAT A T INC     .058 %   22) LTL    CT LYTTON MINERALS    .046 %
 3) DOM/B  CT DOMAN INDS-B        .058 %   23) CAS    CT CASCADES INC       .046 %
 4) IFP/A  CT INTL FOREST PR-A    .057 %   24) GWE    CT GRAD & WALKER      .046 %
 5) ING    CT INDOCHINA GOLD      .057 %   25) ROC    CT ROTHMANS INC       .046 %
 6) MLS    CT MILLITRONICS LTD    .054 %   26) QTG    CN QUEBECTEL GROUP    .045 %
 7) BRA    CT BIOMIRA INC         .053 %   27) ACK    CT ACKLANDS LTD       .045 %
 8) PGU    CT PEGASUS GOLD INC    .053 %   28) NEL    CT NEWTEL ENT LTD     .044 %
 9) CMW    CT CAN MARCONI CO      .053 %   29) GSC    CT GOLDEN STAR RES    .043 %
10) PFF    CT PAC FOREST PROD     .051 %   30) SEM/A  CT SEMI-TECH CORP-A   .043 %
11) BPL    CT BARRINGTON PETE     .050 %   31) HRC    CT HARMAC PAC         .042 %
12) PJC/A  CT JEAN COUTU GRP A    .050 %   32) PHX    CT PHOENIX INT LIFE   .041 %
13) GND    CT GENNUM CORP         .050 %   33) GRT/A  CT GTC TRANSCONTL-A   .041 %
14) RND    CT RAND A TECHNOLOG    .050 %   34) CHM/B  CT CHUM LTD -CL B     .040 %
15) TPN    CT TOTAL PETE N.A.     .049 %   35) JDN    CT JORDAN PETE LTD    .039 %
16) BAU    CT BEAU CAN EXPL       .049 %   36) ATP    CT AT PLASTICS INC    .038 %
17) RUS/A  CT RUSSEL METALS-A     .049 %   37) DXL    CT DORSET EXPL LTD    .038 %
18) BBR/A  CT BLUE RANGE-A        .048 %   38) WIM    CT WILLIAM RES INC    .037 %
19) AGR    CT AGRA INC            .048 %   39) SRX    CT SR TELECOM INC     .037 %
20) GLG    CT GLAMIS GOLD LTD     .048 %   40) PAA    CT PAN AMER SILVER    .037 %
```

Source : Mouvement Desjardins, Études économiques

```
CA   TS300           Member Weightings           pg 8 of 8
     TSE 300 Index
     300 Members                              * capitalization weighted index *
 1) VOY    CT VICEROY RES         .035 %
 2) PEC    CT PAN EAST PETRO      .033 %
 3) RNG    CT RIO NARCEA GOLD     .033 %
 4) ELD    CT ELDORADO GOLD       .032 %
 5) DAY    CT DAYTON MINING       .031 %
 6) ORV    CT ORVANA MINERALS     .030 %
 7) DXX    CT PC DOCS GROUP       .029 %
 8) SPZ    CT SPAR AEROSPACE      .029 %
 9) AXB    CT ALLELIX BIOPHARM    .026 %
10) OCE/B  CT OCELOT ENERGY-B     .025 %
11) RAY    CT RAYROCK YELLOW      .024 %
12) CCH    CT CAMPBELL RES        .023 %
13) KWG    CT KWG RESOURCES       .021 %
14) SWG    CT SOUTHWESTRN GOLD    .020 %
15) APQ    CT ASIA PAC RES LTD    .019 %
16) IC     CT INTL CURATOR RES    .018 %
17) HPC    CT HYAL PHARM          .013 %
18) GAN    CT GANDALF TECH        .009 %
19) RPP    CT REPAP ENTERPRISE    .005 %
20) CAL    CT CALEDONIA MINING    .004 %
```

Source : Mouvement Desjardins, Études économiques

tâche au moment où il devra prendre des décisions d'investissement. Cela exige cependant qu'il se tienne constamment à l'affût de toute information relative à la Bourse. Il faut bien comprendre qu'un indicateur seul n'a pas de valeur en soi puisque c'est la tendance et les répercussions sur l'ensemble de l'économie qui importent. Toutefois, chaque indicateur est lui-même un signal d'alarme qui doit suggérer de porter une attention particulière au marché.

3.4. LES INTERVENANTS SUR LA SCÈNE FINANCIÈRE

Il est important de prendre pleinement conscience que le marché financier a pour fonctions d'augmenter la richesse des individus et de les aider à répartir leur consommation dans le temps. Or, aucun agent économique détenant de l'épargne n'acceptera de retarder sa consommation sauf s'il est dédommagé, s'il reçoit une prime en contrepartie. Il ne réduira sa consommation aujourd'hui qu'en échange d'une consommation plus élevée demain. En revanche, l'individu désireux de devancer sa consommation sera prêt à rémunérer quiconque le lui permettra. Cette rémunération sera d'autant plus grande que son besoin de consommer immédiatement sera pressant.

Voilà que prennent forme les conditions essentielles de l'offre (de fonds) et de la demande (de fonds), une loi naturelle et implacable qui domine le marché financier. L'équilibre entre l'offre et la demande détermine le taux de rendement espéré ou attendu. En ce sens, à mesure que le taux de rendement espéré diminue, il devient moins coûteux de devancer sa consommation. Il s'ensuit une augmentation de la demande de fonds. Toutefois, si le taux de rendement est appréciable, il est tentant de remettre à plus tard la consommation, ajoutant du même coup à l'offre de fonds. En cas de déséquilibre, la demande excédentaire fait augmenter le rendement offert (ou espéré) ou baisser le prix du titre offert. Une offre excédentaire agit en sens inverse en favorisant une baisse de rendement ou une augmentation du prix du titre offert. Voilà une distinction importante qui s'applique pleinement au marché de la distribution primaire, celui des premières émissions de titres.

Cette loi de l'offre et de la demande agit également sur le marché secondaire. Un excédent d'acheteurs provoque une hausse des cours alors qu'un surplus de vendeurs a pour effet de déprimer ces mêmes cours.

Enfin, le marché secondaire est plus qu'une «simple» création de richesse, qu'une formation de capital. En stimulant le transfert entre agents économiques en possession d'épargne, il contribue à la santé même du marché primaire et, par ricochet, se traduit par un gain de productivité pour l'ensemble de l'économie. L'existence d'un marché secondaire efficace est donc perçue, à juste titre d'ailleurs, comme un corollaire au bon déroulement de la distribution primaire.

Le marché financier regroupe le marché monétaire et le marché des capitaux. Il rassemble plusieurs compartiments ou segments. Ainsi on distingue :

> Le marché primaire — titre de première distribution (distribution publique ou privée;
> Le marché secondaire — titre émis, en circulation ou non;
> La Bourse;
> Le marché hors Bourse.

Au Canada, le marché secondaire est dominé par la Bourse, dont le but est, nous le verrons, de faciliter les échanges en créant un marché de négociations, organisé, ordonné et efficace. Or, le besoin d'échanges rapides a conduit à la création d'un «troisième» marché.

> Premier marché : la Bourse
> Deuxième marché : le comptoir
> Troisième marché : les courtiers échangent directement avec les institutions

Cette rapidité recherchée dans les échanges et le déroulement des transactions à des coûts le plus bas possible ont engendré une tendance à l'institutionnalisation des marchés, à la passation du premier au troisième marché. Et le processus semble irréversible.

Dans le cas du **marché monétaire** (marché primaire ou secondaire), on se réfère aux transactions entre institutions financières de titres de créance dont l'échéance est généralement inférieure à une année (papier commercial, acceptations bancaires, bons du Trésor, etc.). Quant au **marché des capitaux** (marché primaire ou secondaire), on entend le marché obligataire et le marché boursier (Bourse et hors Bourse), où se négocient tous les autres titres.

Il revient aux institutions financières, sous l'œil vigilant des autorités réglementaires, de voir à l'allocation efficace des fonds, que ce soit au moment de distributions primaires (émissions de titres fraîchement créés) ou de distributions secondaires (négociations de titres déjà émis), d'émissions publiques (titres offerts à l'ensemble du public investisseur) ou de placements privés (titres offerts à un investisseur ou à un petit groupe d'investisseurs).

Pour accéder à ces marchés, on a recours à des intermédiaires (institutions financières). Ces différents marchés sont organisés. Ils sont dotés d'une infrastructure dont le but est d'assurer la circulation des titres et de l'information au plus faible coût possible. Il en va de l'efficience même des différents marchés et, par ricochet, de l'absence de distorsion dans les échanges et de la confiance des intervenants.

Un bref survol du rôle fondamental dévolu à chaque institution financière s'impose maintenant.

3.4.1 Les banques

Les banques sont les principaux intermédiaires du marché des capitaux, avec près de 1 000 milliards de dollars d'actif. Leur principale activité est d'assurer l'intermédiation entre les utilisateurs de capitaux et les agents économiques en surplus par l'octroi de prêts et la création de dépôts. Leur rémunération provient essentiellement de l'écart entre le taux versé sur les dépôts (son passif) et celui qui est exigé sur ses prêts (son actif).

Les banques sont régies par une loi fédérale et soumises, au Québec, à l'autorité de l'Inspecteur général des institutions financières, dont la tâche est de veiller à la liquidité et à la solidité du système bancaire canadien. C'est toutefois la Loi sur les banques qui détermine certains aspects de leur administration interne, par exemple la vérification des comptes, l'émission de capital-actions et la constitution des réserves. Outre les banques, il existe aussi ce qu'on appelle les quasi-banques, qui, elles, sont régies par une charte provinciale. Au Québec, les caisses populaires font partie de ce groupe.

Outre leur croissance, la qualité de leur actif et leur capacité concurrentielle, la principale préoccupation des banques consiste à effectuer un appariement judicieux des échéances entre leur actif et leur passif pour ainsi pourvoir aux retraits de fonds qui surviennent et ne pas nuire à leur rentabilité. Enfin, par le jeu des coefficients des réserves primaires et secondaires, les banques sont les principaux intervenants dans le processus de création monétaire. Ces institutions sont d'importants bailleurs de fonds à court, moyen et long termes pour tous les agents en déficit.

Les banques sont sous juridiction fédérale. Leurs activités sont confinées à la quête de divers genres de dépôts (comptes de chèques, comptes d'épargne, dépôts à vue, dépôts à terme, etc.). Quoiqu'elles détiennent un portefeuille de titres, le principal actif des banques prend la forme de prêts consentis à des fins commerciales, industrielles, agricoles et de consommation. Les banques effectuent également des opérations de change et assurent divers autres services tels que l'affacturage, le crédit-bail et les prêts hypothécaires.

3.4.2 Les caisses populaires

Les caisses populaires se trouvent sous juridiction provinciale et sont, au Québec, gouvernées par les principes du coopératisme, à savoir un membre égale un vote. Leur rôle s'apparente à celui des banques et leur champ d'intervention, hier presque exclusivement voué à satisfaire les besoins de leurs membres (particuliers), s'étend peu à peu aux autres intervenants économiques (entreprises).

Au Québec, les caisses populaires sont regroupées en fédérations, et ces fédérations sont réunies au sein d'une confédération à laquelle se greffent des institutions membres et des institutions affiliées. Fait à souligner, ce n'est que depuis peu que le mouvement coopératif des caisses populaires a recours à l'épargne publique, par le biais de l'émission d'actions ou de parts permanentes.

3.4.3 Les sociétés de fiducie

Les sociétés de fiducie possèdent, pour la plupart, une charte fédérale. Leur rôle est de recueillir des dépôts (à vue et à terme) en échange d'émissions de certificats de placement pour ensuite engager ces fonds dans l'octroi de prêts personnels et hypothécaires. Les fiducies jouent également le rôle de fiduciaire responsable des biens qui leur sont confiés par les entreprises ou les particuliers. On parle alors de biens sous administration. Les sociétés de fiducie retirent donc une rémunération importante de la gestion des biens d'autrui et sont actives dans les secteurs de l'exécution testamentaire et de la gestion de portefeuilles de titres (particuliers, caisses de retraite, etc.).

Les sociétés de fiducie sont enregistrées auprès du gouvernement fédéral ou de celui d'une province. Elles agissent en tant qu'intermédiaires en ce sens qu'elles peuvent accepter des fonds en échange de leurs propres instruments de crédit (certificats de placements garantis, dépôts à terme). Elles sont également les seules institutions financières au Canada autorisées à exercer des fonctions de fiduciaire (exécuteur testamentaire, administrateur de biens, agent financier pour le compte de municipalités et d'entreprises, agent de transfert, syndic financier, etc.). Le rôle de fiduciaire a toutefois été élargi et inclut maintenant d'autres institutions, telles les compagnies d'assurance-vie.

La plupart des sociétés de fiducie complètent leurs activités par une filiale active dans les prêts hypothécaires et par le courtage de valeurs immobilières.

3.4.4 Les compagnies d'assurances

Le rôle des compagnies d'assurances consiste à recueillir des fonds par l'intermédiaire de l'émission de polices d'assurances, ces dernières visant essentiellement à protéger financièrement le détenteur (ou sa succession) d'un risque éventuel. Les sommes ainsi amassées sont investies dans des placements sûrs, à moyen et long termes, en vue de réclamations futures. La rémunération des compagnies d'assurances provient du rendement qu'elles réalisent sur les fonds placés et du nombre de réclamations. Ces institutions sont d'importants fournisseurs de fonds à long terme, principalement sous forme d'hypothèques et d'obligations.

Les compagnies d'assurances sont sous juridiction provinciale ou fédérale. Leurs activités couvrent l'assurance de biens et risques divers, sous les dénominations d'assurance-vie et d'assurance IARD (incendie, accident et risques divers).

Les compagnies d'assurances peuvent être à capital social, c'est-à-dire dirigées par des actionnaires, ou sous forme de mutuelle. La mutuelle ne possède ni capital social ni actions ordinaires et elle est administrée dans l'intérêt exclusif des assurés. Les titulaires de polices avec participation d'une mutuelle se partagent la totalité des profits de la compagnie et élisent ses administrateurs.

Les compagnies d'assurances placent leurs fonds dans des titres divers mais sont soumises à certaines restrictions. Ces restrictions portent essentiellement sur la proportion d'actions ordinaires ou de biens immobiliers que peut contenir leur portefeuille, sur le pourcentage de participation au sein du capital-actions d'une entreprise et sur le choix de ces actions.

3.4.5 Les firmes de courtage

Les firmes de courtage en valeurs mobilières, qui sont devenues dans la quasi-totalité des cas des filiales des banques, sont des intermédiaires spécialisés dans la négociation de valeurs mobilières (actifs financiers).

Les firmes de courtage jouent un rôle de premier plan au moment de la distribution primaire en veillant à l'écoulement des titres offerts et en offrant des services de conseiller aux émetteurs. De plus, elles exercent un leadership sur le marché secondaire en exécutant les ordres de leurs clients ou en agissant pour leur propre compte. Leur rémunération provient essentiellement des commissions perçues en échange de leurs services d'intermédiation (marchés primaire et secondaire), de la mise sur pied de différents services (ouverture de comptes RÉA, REER, etc.), des gains réalisés sur les transactions effectuées pour leur propre compte et de l'intérêt perçu sur les comptes-marges.

3.4.6 Les sociétés d'investissement

Les sociétés d'investissement sont, pour la plupart, gérées par des sociétés de fiducie ou des banques. Leur tâche consiste à vendre des parts au public et à investir les sommes recueillies en vue de constituer un portefeuille de titres ou d'éléments d'actif réels. Il existe deux types de sociétés d'investissement : celles à capital fixe et celles à capital variable (communément appelées fonds mutuels ou fonds communs de placement). La société à capital fixe émet des parts au public et ne s'engage pas à les racheter, les parts détenues entre les mains du public étant échangées par la suite sur le marché secondaire. Le fonds commun de placement, quant à lui, se distingue par **le droit de rétrocession** qu'il confère en ce sens que la société s'engage à racheter en tout temps, à la valeur de l'actif net au moment du rachat, les parts émises précédemment. Les sociétés d'investissement perçoivent leur rémunération par le biais des frais de gestion et, souvent, des frais d'entrée ou à la sortie qu'elles exigent.

3.4.7 Autres

Dans cette catégorie, on regroupe les régimes de retraite privés et les régimes de pension et de rentes des différentes institutions publiques ou parapubliques. Ces régimes ne sont pas gérés par des sociétés de fiducie mais bien par des gestionnaires de portefeuilles indépendants. Ici, le plus bel exemple est certainement la Caisse de dépôt et placement du Québec.

Les fonds de pension placent, en moyenne, 30 % de leur avoir en actions ordinaires et 65 % sous forme d'obligations, d'actions privilégiées et d'hypothèques, la partie restante étant réservée aux liquidités.

En résumé, le rôle des institutions financières comporte de multiples facettes :

> L'intermédiation ;
> La transformation de l'épargne en investissement et la canalisation des fonds en surplus vers les agents économiques en déficit ;
> La création de nouvelles formes d'épargne, de nouveaux véhicules permettant de faire fructifier l'épargne ;
> La réponse à certains besoins spécifiques (assurance, compte-chèques, carte de crédit, etc.) au moindre coût possible ;
> L'établissement d'un contact entre les fournisseurs et les demandeurs de fonds (distribution primaire et secondaire) ;
> La transformation de petits investissements en prêts de taille plus importante ;
> La création d'un lien entre les préférences des agents économiques en surplus (préférences relatives à l'échéance, par exemple) et celles des agents en déficit ;

RÉSUMÉ DU RÔLE DES INSTITUTIONS FINANCIÈRES EN COMPARAISON DES FONCTIONS REMPLIES

Fonctions remplies / Institution	Transformer épargne	Diversifications	Produits spéciaux	Médiation	Regroupement épargnes	Préférence des épargnants	Compétence
Banques à charte	Dépôts en prêts surtout court terme		De plus en plus		Dépôts	Court contre long terme	Prêts
Fonds mutuels		Constitution de portefeuilles	Portefeuilles spécialisés		Unités de participation		Sélection de titres
Fonds de pension	Contribution en rentes	Constitution de portefeuilles	Dû à l'impôt aspect actuariel		Contribution des futurs rentiers	Plutôt long terme	Sélection de titres et constitution de portefeuilles
Assurance-vie	Primes en couvertures	Parmi les assurés (loi des grands nombres)	Protection contre risque de décès		Primes des assurés	Long terme	– Actuarielle – Portefeuilles
Compagnies de fiducie	Dépôts en hypothèques		Très nombreux	Fonds administrés	Dépôts	Court contre long terme	Portefeuilles
Caisses populaires	Dépôts en prêts surtout aux particuliers		De plus en plus		Dépôts	Court contre long terme	
Courtiers				Acheteurs et vendeurs			Sélection de titres
Compagnies de finance		Beaucoup de petits prêts (loi des grands nombres)	Acceptation		Primes des assurés	Moyen terme	Analyse des risques de crédit
Assurance générale	Primes en couvertures	Parmi les assurés	Protection contre risques divers				– Actuarielle – Portefeuilles
Institutions gouvernementales						Pallier les carences par une aide quelconque	

> L'allocation de l'épargne aux projets les plus rentables, au plus bas coût possible.

3.4.8 La Bourse

Au Canada, les parquets boursiers sont les porte-étendards du marché secondaire, la Bourse étant un lieu (physique) organisé pour faciliter l'échange de titres qui y sont inscrits (actions ordinaires, actions privilégiées, droits et bons de souscription, options, certificats de métaux précieux). C'est à Montréal qu'a été créée la première Bourse canadienne, en 1874. Depuis, des tableaux électroniques ont été installés aux Bourses de Vancouver, d'Alberta, de Winnipeg et de Toronto, cette dernière bénéficiant de l'essor industriel du Mid-West américain pour s'emparer, avec le temps, des trois quarts du volume d'actions négociées au Canada.

La Bourse est une institution à but non lucratif gérée par un comité des gouverneurs, lequel est constitué de représentants des membres de la Bourse. Pour être membre d'une Bourse, il faut acheter un siège (droit d'adhésion) et seuls les membres sont admis à négocier sur le parquet. Il va sans dire que la très grande majorité du membership est constituée de firmes de courtage et des institutions financières autorisées à négocier des valeurs mobilières.

Voici, résumé à sa plus simple expression, le mécanisme de transmission des ordres donnés par l'investisseur à son courtier.

3 >> Le marché boursier

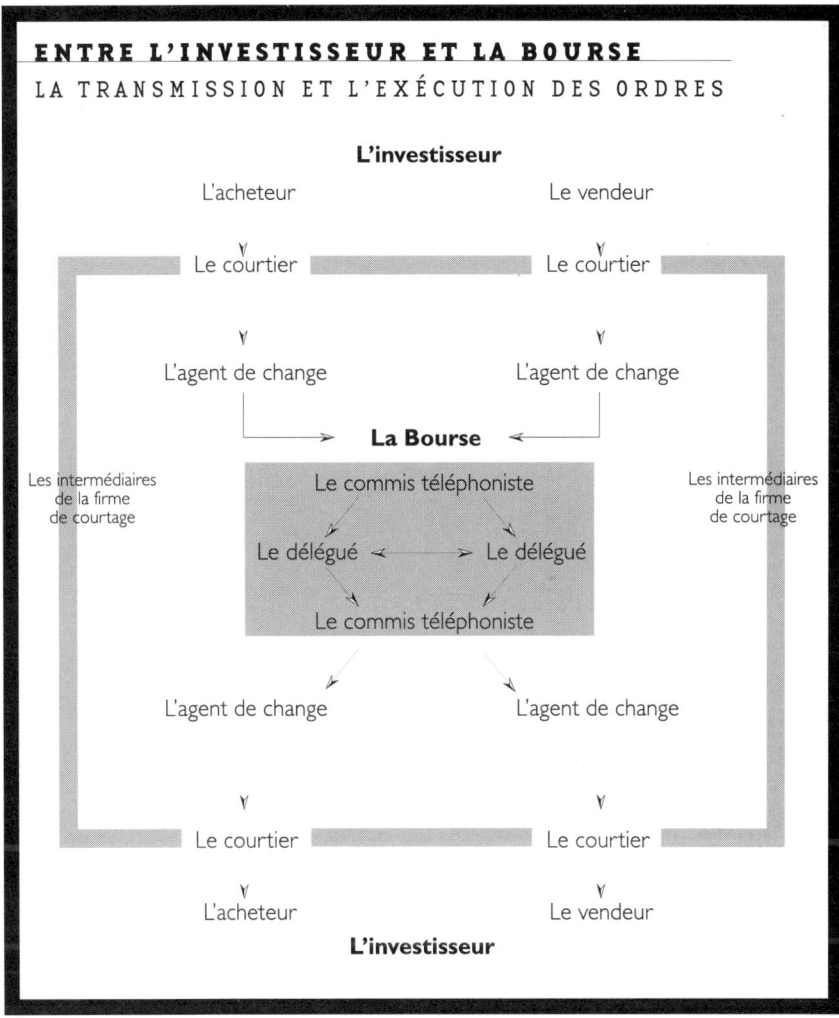

Contrairement à la Bourse, le marché hors Bourse (ou au comptoir) n'a pas pignon sur rue mais prend essentiellement la forme d'un réseau de télex et de téléphones réunissant les firmes de courtage et les institutions financières entre elles. Au comptoir, tous les titres qui ne sont pas admis à la cote d'une Bourse peuvent y être négociés. Au Canada, le marché hors Bourse est peu développé et il représente à peine 10 % de la totalité des actions négociées. Aux États-Unis, le réseau informatisé dénommé

NASDAQ (mis sur pied en 1971) représente plus de 30 % du volume d'actions négociées dans ce pays.

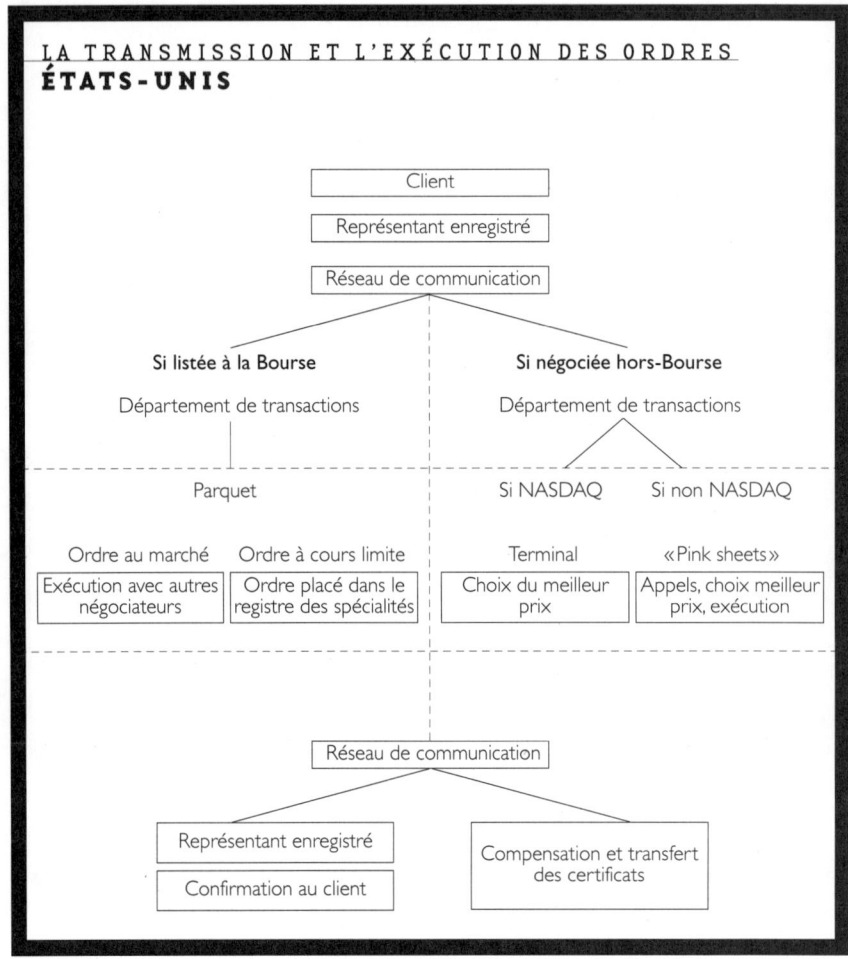

La Bourse s'autofinance à partir de sommes qu'elle perçoit :

> Les frais d'inscription à la Bourse versés par les compagnies ;
> Les frais versés par les compagnies, après leur inscription, relativement à toute modification apportée à la structure de leur capital ;

> Les frais annuels de maintien d'inscription à la Bourse ;
> Le cotisations versées par les membres au moment de leur adhésion ;
> Les cotisations annuelles versées par les membres ;
> Les frais de transaction payés par les membres pour tous les ordres exécutés sur les titres inscrits à sa cote.

La Bourse fait respecter ses règles de négociation par l'intermédiaire :

> Du comité du parquet ;
> Du comité de surveillance.

Enfin, pour ajouter plus de profondeur et permettre une exécution ordonnée des transactions, la Bourse fait entrer en scène :

> Des négociateurs, qui proviennent des firmes membres ;
> Des mainteneurs de marché, qui agissent pour leur propre compte sur les titres qui leur sont confiés. Le mainteneur de marché est en quelque sorte un négociateur spécialisé. Il peut être à l'emploi d'une firme membre ou de la Bourse. Dans ce dernier cas, il porte le nom de spécialiste.

3.4.9 La Commission des valeurs mobilières

Plusieurs éprouvent certaines difficultés à faire la part des choses entre le rôle que joue l'Association canadienne des courtiers en valeurs mobilières (ACCOVAM) et la Commission des valeurs mobilières. La première est un organisme d'autoréglementation. C'est une association de firmes de courtage qui se donne pour fonctions :

> De normaliser les activités qu'exercent les firmes de courtage ;
> De promouvoir l'expansion du commerce des valeurs mobilières ;
> De favoriser l'éclosion d'un marché efficient.

L'ACCOVAM travaille d'abord et avant tout à la sauvegarde des intérêts des membres et à la protection du public investisseur contre certaines pratiques frauduleuses pouvant être exercées par un membre. Elle veille à l'établissement d'un certain code de déontologie et au respect, par ses membres, d'une éthique professionnelle. L'ACCOVAM n'a donc pas de pouvoir de réglementation et ne peut tenir lieu de tribunal.

Tout l'aspect de la réglementation revient au gouvernement des provinces, qui met sur pied un organisme provincial, la Commission des valeurs mobilières, dont la tâche ultime est d'assurer la protection du public investisseur. Ainsi, chaque Commission intervient sur les aspects suivants :

> La divulgation de l'information ;
> L'inscription et l'enregistrement des intermédiaires et des conseillers en valeurs mobilières ;
> L'application des lois régissant le commerce des valeurs mobilières.

Fait à noter, au Canada, la législation sur le commerce des valeurs mobilières est du ressort de chaque province. Il n'y a donc pas d'organisme fédéral comme c'est le cas aux États-Unis avec la Securities Exchange Commission.

Voici un bref aperçu des champs d'intervention de la Commission des valeurs mobilières :

> La souscription, la distribution et la vente de valeurs mobilières ;
> La protection des acheteurs et des vendeurs de valeurs mobilières contre tout abus ;
> La divulgation de l'information pertinente provenant des entreprises émettrices ou publiques et susceptibles d'aider le public investisseur dans ses transactions, ses choix de placement et ses prises de décisions ;
> L'inscription et l'enregistrement des conseillers en placement et des intermédiaires dans la vente des valeurs mobilières ;
> Les instructions et les renseignements généraux de même que l'application des lois dans le domaine du commerce des valeurs mobilières, certains éléments ou conduites dérogatoires portés à la connaissance de la Commission pouvant forcer une enquête et aboutir, s'il y a lieu, à des poursuites judiciaires.

Par divulgation de l'information, on entend la divulgation de tous les faits relatifs à une entreprise et susceptibles d'influer sur le cours des titres de l'entreprise. Cette information prend la forme du dépôt d'un prospectus au moment de l'émission de titres, du dépôt d'une offre d'achat ou d'échange d'actions au cours d'une tentative de prise de contrôle, de la divulgation de tous les changements et événements susceptibles de modifier la valeur des titres émis et en circulation, la déclaration des initiés sur les transactions qu'ils ont effectuées, l'envoi des convocations aux assemblées des actionnaires et la production des états financiers, annuels et trimestriels.

Quant à l'inscription des conseillers et intermédiaires, cette nécessité s'applique à tous les conseillers et intermédiaires qui, dans la province de juridiction, achètent ou vendent des titres pour le compte de leurs clients. La Commission est responsable de ces inscriptions et a le pouvoir de suspendre ou d'annuler le permis d'une personne inscrite qui ne se serait pas conformée aux lois et pratiques en vigueur.

Enfin, l'application des lois est du ressort de la Commission. Cette dernière a l'autorité et les pouvoirs nécessaires pour enquêter sur tout acte frauduleux ou toute conduite dérogatoire portée à sa connaissance, et peut même engager des poursuites judiciaires, s'il y a lieu, dans le but de protéger le petit épargnant.

La Commission des valeurs mobilières est donc l'organisme de surveillance du marché des valeurs mobilières. Sa mission est de favoriser le bon fonctionnement du marché tout en assurant la protection des épargnants. Elle régit l'information que doivent fournir aux actionnaires et au public les entreprises inscrites à la Bourse. Elle encadre également l'activité des professionnels du marché, des associations qui les regroupent et de la Bourse de la province où intervient la Commission. Selon les dirigeants de l'organisme, « la Commission cherche à préserver l'existence d'un marché financier sain, à maintenir un climat de confiance et à assurer à tous les épargnants un traitement sur un pied d'égalité ».

Afin de protéger l'investisseur, les Commissions déterminent donc des exigences strictes quant aux assises financières des courtiers. Selon la nature et l'ampleur de leurs activités, les maisons de courtage doivent satisfaire des normes minimales en ce qui concerne le capital initial et le fonds de roulement. Ces firmes de courtage doivent également souscrire à une assurance ou à un cautionnement qui leur procurera une garantie suffisante en cas de vols et de fraudes de la part d'employés ou de perte de certificats.

Un nouveau représentant doit répondre à certains critères concernant sa compétence, sa probité et ses assises financières. Avant d'être engagé par une maison de courtage, sa situation financière complète fait l'objet d'un examen : bilan et dossier de crédit.

De plus, tout dirigeant ou toute personne détenant plus de 10 % d'une catégorie d'actions autres que privilégiées est considéré comme un initié. Selon la loi, les initiés doivent déclarer à la Commission leurs activités sur les titres de l'entreprise en question. Ces déclarations font partie des dossiers publics et peuvent être consultées sur place ou par l'entremise du bulletin de l'organisme, publié chaque semaine.

3.5 FAIRE DES AFFAIRES AVEC UN COURTIER

Pour négocier sur le parquet d'une Bourse, il faut avoir fait l'achat d'un siège, qui constitue en quelque sorte un droit d'admission. Ces sièges sont un véhicule de placement en soi puisque leur prix varie selon l'offre et la demande. Cette relation est à son tour influencée par la rareté (ou la disponibilité) des sièges, la popularité du parquet (volume de transactions, qualité des titres inscrits, écart de prix, titre inscrit à la cote de plusieurs parquets boursiers, etc.).

L'investisseur ne peut négocier seul sur un parquet, le prix d'un siège étant beaucoup trop onéreux pour un seul individu. En outre, s'il veut négocier des actions inscrites à d'autres Bourses, il devra multiplier d'autant le nombre de sièges. Il n'a donc pour autre choix que le recours aux services d'un intermédiaire. Cet intermédiaire détient les droits d'accès aux différents parquets soit directement (par l'achat d'un siège), soit indirectement, en s'associant avec une firme qui détiendra le siège.

Le rôle de cet intermédiaire ne se limite pas à l'exécution des transactions. Il doit également assurer tous les services administratifs relatifs à l'exécution des ordres. C'est ce qu'on appelle communément le *back office*. Le *back office* comprend :

La compensation des effets

Lors d'une transaction, il n'y a pas échange de valeur. Si vous achetez un titre, vous avez cinq jours ouvrables pour déposer le montant requis dans votre compte. Le vendeur, quant à lui, a également cinq jours ouvrables pour livrer les titres achetés. Le processus entourant le transfert des valeurs d'un compte à un autre s'appelle la compensation et s'apparente à la compensation des effets (chèques, factures à payer, etc.) pratiquée par les institutions financières. À la fin de chaque journée, les firmes de courtage dressent la liste de chaque valeur (argent et titres) due aux autres firmes de courtage et devant être reçue par elles. Par la suite, les comptes de chaque firme de courtage sont débités ou crédités, selon le cas.

Le maintien des registres

Une fois la compensation effectuée, la firme de courtage doit ajuster le compte de ses clients. Si le client désire conserver les titres acquis, la firme devra les lui livrer. Toutefois, il est courant que le client demande à sa firme de conserver les titres en son nom. Si tel est le cas, la firme de courtage devra constamment tenir à jour ses registres pour que chaque détenteur des titres qu'elle conserve reçoive le dividende déclaré et tous les avis émis par la compagnie pour laquelle le client est actionnaire (états financiers, procuration, avis de convocation aux assemblées annuelles et spéciales, déclaration de dividendes, etc.).

Il faut préciser que chaque compagnie publique se choisit un fiduciaire (généralement une société de fiducie). Ce fiduciaire a essentiellement pour fonction de tenir à jour la liste des actionnaires de la compagnie et d'expédier à ces actionnaires les divers documents précités. Or, lorsque le certificat d'action est conservé par la firme de courtage, il n'est pas immatriculé au nom du véritable propriétaire mais plutôt au nom de cette firme. Ce n'est donc pas le véritable propriétaire du titre mais plutôt sa firme de courtage qui sera inscrite au registre de la compagnie. De ce fait, tout document et dividende sont expédiés à la firme de courtage, qui doit à son tour les acheminer au véritable propriétaire du titre.

Les avantages d'un certificat immatriculé au nom du courtier sont multiples : il accélère le transfert des titres, évite au détenteur de se déplacer, éliminant du même coup tout danger de perte ou de vol. Un autre avantage réside dans le fait que tout transfert des titres dans un Régime enregistré d'épargne-retraite (REER), ou d'un REA à un REER par exemple, est facilité et exécuté de façon plus rapide. Ces régimes (REA et REER) doivent en effet être enregistrés auprès d'une société de fiducie et les titres devant les constituer, déposés également à cette société. Cette dernière joue alors le rôle précédemment réservé aux firmes de courtage quant à l'administration de ces comptes. En revanche, le détenteur doit verser au courtier des frais de garde des valeurs pouvant atteindre 75 $ ou 80 $ par année. De plus, même s'il peut être assuré de recevoir le dividende déclaré, il en est autrement des divers autres documents (rapports financiers, procuration, avis de convocation). À ce sujet, et compte tenu de l'importance de ces documents, les Commissions des valeurs mobilières ont adopté une nouvelle politique (appelée instruction générale) «forçant» les firmes de courtage et autres intervenants à expédier toute l'information pertinente aux véritables propriétaires des titres. Cette instruction générale est entrée en vigueur en mars 1988.

Ne serait-ce que pour les raisons mentionnées précédemment, nous ne pouvons que recourir aux services d'un intermédiaire dans l'exécution et l'administration de nos transactions. Or, comment doit-on choisir cet intermédiaire?

3.5.1 Deux grandes formes de courtage

Nous savons que les firmes de courtage et autres intermédiaires dans la négociation des valeurs mobilières doivent être enregistrés à la Commission des valeurs mobilières de la province où ils font affaire. Il existe deux types de permis :

> De plein exercice;
> À exercice restreint.

Dans le premier cas, la firme et ses représentants sont autorisés à effectuer toutes les fonctions de l'industrie du courtage, qui vont de l'exécution pure et simple des transactions aux recommandations et conseils aux clients. Dans le second cas, le service offert se limitera à la «simple» exécution des transactions. On parle alors de courtiers traditionnels par rapport aux courtiers à escompte.

La structure de frais fixes du courtier traditionnel est plus lourde à supporter du fait qu'il seconde ses représentants par un service d'analyse et un service de recherche parfois imposants. De plus, le représentant désireux d'offrir un soutien de qualité à ses clients doit se tenir au fait de l'information et chercher des occasions aptes à satisfaire les besoins de sa clientèle. Enfin, l'investisseur qui a recours aux services d'une firme de courtage traditionnelle exige, en plus de l'exécution de ses transactions, un accès au service de recherche de la firme et un contact étroit et quasi permanent entre lui et le monde financier. En revanche, il devra être disposé à verser un taux de commission supérieur. Enfin, le courtier traditionnel ajoute souvent à ses activités «de détail» une participation sur le marché primaire, celui des émissions de titres. De ce fait, il est en mesure d'offrir à sa clientèle des titres nouvellement émis et des véhicules de placement parfois originaux.

Le courtier à escompte, quant à lui, limite son intervention à l'exécution des ordres. Il n'assure aucun service d'analyse ni suivi auprès de sa clientèle. Cependant, il exige un taux de commission moindre du fait que ses frais fixes sont beaucoup moins importants.

L'industrie du courtage à escompte prend de l'expansion au Canada et au Québec. Parce qu'elle s'adresse davantage à l'investisseur autonome, capable de prendre ses propres décisions sans recourir aux conseils d'un représentant, elle est appelée à prendre de plus en plus d'ampleur au fur et à mesure que le public investisseur acquerra de l'habileté à investir à la Bourse. L'économie faite sur la commission devient une variable importante, surtout si l'investisseur est actif et négocie beaucoup.

Les variables à considérer lorsqu'on est à la recherche d'un courtier

> - Quels sont les services recherchés?
> - Quelles sont les commissions à verser comparativement aux services offerts?
> - La firme de courtage exploite-t-elle un bureau dans ma localité?
> - Le représentant est-il en mesure de comprendre et de répondre à mes besoins?

Il est important de savoir qu'aucuns frais ne sont exigés à l'ouverture d'un compte (autre que REA et REER). De ce fait, vous pouvez multiplier le nombre de comptes comme bon vous semble. Par exemple, rien de vous empêche de détenir un compte à la fois chez un courtier traditionnel et chez un courtier à escompte. Le premier peut être réservé aux titres dont la détention s'inscrit dans un horizon de long terme et le second, consacré à la portion de votre portefeuille appelée à être négociée plus souvent et plus rapidement.

Vous pouvez également ouvrir un compte chez plusieurs courtiers traditionnels pour ainsi bénéficier du service de recherche de chacune des firmes. Enfin, rien ne vous empêche de détenir le nombre de comptes correspondant à la ventilation de votre portefeuille de placement. Ainsi, la partie spéculative pourrait être déposée chez un courtier à escompte, vos placements spécialisés (marché à terme, options), chez une firme spécialisée dans la matière, et les titres ne faisant pas l'objet de transactions fréquentes, chez un courtier traditionnel.

Le choix d'une firme de courtage est de votre ressort, mais vous devez tenir compte de vos besoins afin de réduire vos frais de transactions.

Si vous désirez faire l'achat de titres émis dans le cadre du RÉA, sachez qu'un titre donné peut ne pas être tenu par votre courtier. Lors d'une émission de titres (marché primaire), deux groupes vont se former : le syndicat de souscription ou de prise ferme, qui est composé du ou des courtiers qui s'engagent à agir comme intermédiaires responsables dans la vente des titres, et le syndicat de placement, formé des firmes de courtage qui s'engagent uniquement à tout mettre en œuvre pour vendre une partie de l'émission. Votre courtier peut donc ne pas être présent dans ces différents groupes. Par contre, il peut être membre de l'un ou l'autre de ces syndicats, mais la quantité de titres sujets à la vente est limitée. Si la demande est forte, il se peut qu'il n'y en ait pas pour tous.

Une fois choisis le type de service (à escompte ou traditionnel) et la firme de courtage, il faut s'assurer que le représentant qui s'occupe de votre compte a toutes les aptitudes requises pour devenir votre associé. En effet, le commerce des valeurs mobilières repose essentiellement sur la confiance... et la compétence. **Votre représentant doit comprendre que c'est**

de votre argent qu'il s'agit, pas du sien. Ce représentant devra être au fait des aspects suivants :

> La situation financière de son client. Dans bien des cas, il aura à dresser le bilan et l'état de ses revenus et dépenses ;
> La situation familiale de son client ;
> L'expérience de son client en matière de placement ;
> Les objectifs de placement de son client ;
> Le degré de risque que son client est prêt à absorber.

Vous n'êtes pas tenu de faire affaire avec le premier venu. Surveillez les points suivants :

> Assurez-vous que votre personnalité colle bien au style de votre courtier, et vice versa. Il est essentiel de se sentir à l'aise avec son représentant.
> Informez-vous des connaissances et de l'expérience de votre représentant. Ce dernier devrait être heureux de vous faire part de sa formation et de son expérience.
> Vous devriez être en mesure de définir clairement vos objectifs de placement.
> Tentez de comprendre clairement les recommandations de votre courtier. Mais à la moindre interrogation, n'hésitez pas à poser des questions même si elles vous semblent futiles.

ANNEXE 2

Le rôle des marchés financiers dans l'allocation des ressources

par Robert DEMERS
président de la Commission des valeurs mobilières du Québec

La Commission des valeurs mobilières du Québec est l'organisme gouvernemental responsable de la surveillance et du contrôle du commerce des valeurs mobilières. La Commission est nantie de larges pouvoirs discrétionnaires dans l'exercice de ses fonctions et elle a le devoir d'exposer dans des énoncés de politique la façon dont elle entend exercer sa discrétion. Au cours des derniers mois, la Commission a publié des énoncés de politique importants et récemment, elle publiait un énoncé volumineux concernant les conditions d'octroi et de maintien de permis de courtiers.

En plus de l'exercice courant de ses prérogatives, la Commission a, en outre, un rôle de conseiller auprès du gouvernement dans l'adoption de nouveaux projets de loi ou de règlements concernant le commerce des valeurs mobilières. Aussi, il est important pour notre Commission d'examiner, à l'occasion, certains principes fondamentaux qui doivent servir de guide à notre activité. Je profite de l'occasion pour faire un tour d'horizon des principes fondamentaux qui doivent nous guider et nous allons, en conséquence, examiner le rôle des marchés financiers particulièrement à la lumière des études qui ont été réalisées ces dernières années sur ce sujet.

Le rôle fondamental du marché financier est d'assumer une fonction d'arbitrage entre les agents économiques à déficit financier et les agents à surplus financier. En d'autres termes, les marchés financiers permettent aux personnes qui ont des capitaux de les diriger vers ceux qui en ont besoin. Les marchés financiers remplissent leur fonction d'arbitrage de deux manières. D'une part, ils établissent un contact direct entre ceux qui ont la possibilité de financer et ceux qui ont un besoin de financement. Toutefois, la mise en présence de ces deux groupes peut cependant être insuffisante pour réaliser un niveau et une structure d'investissement adéquats à cause de la multitude de préférences des agents financiers. C'est pourquoi, d'autre part, outre le contact direct existant, les marchés financiers établissent aussi un contact indirect par l'intervention d'intermédiaires qui agissent tant auprès de ceux qui ont des capitaux que de ceux qui en ont besoin.

La notion d'efficience

Les marchés financiers, en facilitant la rencontre entre les épargnants et les entreprises, ont une double responsabilité économique: ils permettent l'allocation des fonds disponibles aux projets les plus rentables et la minimisation du coût des services offerts. Un marché efficient se définit généralement comme un marché où grand nombre d'investisseurs rationnels se font une concurrence active pour maximiser leurs profits et où ils ont libre accès à peu près gratuitement à l'information disponible.

Pour qu'existe un marché de valeurs mobilières donnant les meilleurs résultats, on doit avoir un grand nombre d'investisseurs rationnels, donc qui prennent des décisions tant à l'achat qu'à la vente, décisions fondées sur un choix informé quant au succès éventuel de l'entreprise où ils investissent leurs épargnes. Une concurrence entre les investisseurs permet d'assurer que les épargnes soient dirigées là où c'est le plus profitable, non pas uniquement à court terme mais aussi à long terme.

La notion d'efficience nous entraîne à distinguer entre l'efficience opérationnelle et l'efficience d'allocation. L'efficience opérationnelle, c'est la relation entre l'ensemble des services offerts et le coût de ces services. Ainsi, dans le cas d'une nouvelle émission, l'efficience opérationnelle du marché pourra être mesurée par le coût de la mise en marché des titres. De même, dans le cas d'un marché secondaire, soit l'échange des titres déjà émis, que ce soit en bourse ou hors bourse, l'efficience opérationnelle pourra être mesurée par le coût des frais de transaction. D'une façon générale, un marché financier est d'autant plus efficient que les frais de transactions sont bas. En effet, si le coût du transfert de l'épargne aux entreprises est très élevé, on pourra mettre en doute l'efficience du moyen utilisé pour ce transfert. L'examen par notre Commission de certains types de financement et du coût qu'ils impliquent entraînera certainement une modification de nos règles à leur égard.

Il existe une autre notion d'efficience, celle de l'allocation. L'efficience d'allocation se mesure par la capacité des marchés financiers à maintenir des taux équivalents de rendement sur des investissements comparables.

Il y a mauvaise allocation des ressources pour un marché lorsqu'une différence de rendement entre deux valeurs est inexplicable par une différence de risque.

Cette qualité du marché nous assure que les fonds disponibles sont acheminés des épargnants aux entreprises qui les utiliseront de la façon la plus profitable, donc que des occasions comparables d'investissement aient une accessibilité égale aux fonds disponibles et à des coûts comparables. L'efficience d'allocation est la plus importante fonction de marché des capitaux, car c'est elle qui permet le développement des entreprises rentables par opposition à celles qui ne le sont pas.

Les conditions de l'efficience

Le rôle du marché est de diriger les épargnes vers les entreprises au coût le plus bas possible. Le marché doit également faire en sorte que l'épargne soit dirigée vers les entreprises les plus rentables. Pour réaliser ce qu'il a été convenu d'appeler un marché efficient, il y a un certain nombre de conditions que le marché doit réaliser.

Première condition : les frais de transactions doivent être les moindres possible. Deuxième condition : l'information disponible doit être accessible à tous les participants et au coût le plus bas. Troisième condition : tous les individus qui participent au marché doivent pouvoir payer le même prix pour un titre. Quatrième condition : aucun individu ne doit être suffisamment important pour affecter le prix d'un titre.

Ces conditions décrivent une situation idéale et le rôle des Commissions des valeurs mobilières est de prendre des mesures, en coopération avec les autres organismes intéressés, pour veiller à ce que ces conditions se réalisent le plus possible.

Pour respecter les conditions mentionnées précédemment, un marché doit avoir un certain nombre de qualités: il doit d'abord exister une concurrence active entre un grand nombre d'investisseurs rationnels sur un marché, ce qui conduit à un équilibre où les prix transigés des valeurs individuelles reflètent le contenu informationnel des événements qui ont eu lieu et de ceux espérés dans le futur. En d'autres mots, dans un marché efficient, le prix d'une valeur sera à n'importe quel moment un bon estimé de sa valeur intrinsèque. Si l'on tient compte de l'incertitude des marchés financiers, la valeur intrinsèque d'un titre ne peut jamais être déterminée avec exactitude.

Ainsi, il y a toujours possibilité de désaccord entre les participants à un marché quant à la valeur intrinsèque d'un titre et un tel désaccord donne lieu à des différences entre sa valeur d'échange et sa valeur intrinsèque.

Cependant, dans un marché efficient, l'action d'un nombre suffisant de participants, tant du côté des acheteurs que des vendeurs, fera que le prix d'échange d'un titre s'écartera d'une façon aléatoire de sa valeur intrinsèque. L'important est que les participants, qu'ils soient acheteurs ou vendeurs, n'aient pas un pouvoir économique tel qu'ils puissent influencer vers le haut ou vers le bas le prix d'un titre. Si la structure d'un marché permet une telle situation, une réglementation adéquate peut être utilisée en substitut ou d'une façon complémentaire à la concurrence. Ainsi, il devient évident que dans le cas des petites entreprises qui distribuent un nombre peu élevé de valeurs, que des règles doivent être développées afin d'assurer que le marché reflète la valeur intrinsèque des titres et non l'intervention d'individus. Aussi, il devient évident que si une valeur n'est pas détenue par un nombre suffisant de personnes, un marché réel ne peut se développer.

Il nous apparaît donc qu'un marché d'offre et de demande n'est pas une solution idéale pour le financement de la petite entreprise, à moins d'avoir un nombre très important de règlements — le coût d'un tel marché peut alors rendre le financement trop coûteux. Si ces remarques à l'égard des petites entreprises s'avèrent exactes, ces mêmes remarques peuvent être faites à l'égard des grandes entreprises ayant un grand nombre de valeurs dans le marché. On aura donc intérêt à examiner de près le rôle des institutions qui détiennent des capitaux importants et qui peuvent influer sur le marché, rendant celui-ci inefficient, et nécessitant en conséquence une réglementation.

Le libre accès à l'information

Le libre accès à l'information disponible nous apparaît comme primordial à l'efficience du marché, sans quoi le prix du titre ne serait pas le reflet de cette information. Car le prix courant du marché pour une valeur est l'élément de base de la décision d'investissement dans le processus d'allocation des ressources. Comme le principal déterminant de la valeur d'un titre est l'espérance des profits futurs, la disponibilité de l'information qui affecte ces attentes est un facteur important dans la détermination du prix d'un titre. Une politique de divulgation complète et entière au public doit être à la base de toute réglementation.

Dans le but de réaliser cet objectif, des modifications importantes ont été apportées à la Loi sur les valeurs mobilières, plus particulièrement en ce qui a trait à la divulgation financière, où un certain nombre de règles déterminent le contenu, la forme, la fréquence de publication des données financières sur les compagnies publiques. D'ailleurs, il faut n'y voir qu'une étape visant l'établissement de moyens permettant la publication, en temps opportun, de tout changement d'importance, dans le cours des affaires d'une entreprise publique, qui soit de nature à influencer les décisions d'achat ou de vente des investisseurs. L'une des principales difficultés à réaliser des investissements est le coût de transmission de ces données. D'autre part, devant l'importance d'assurer un marché où le public investisseur est parfaitement informé et où les décisions sont prises sur la base de ces renseignements, il sera nécessaire de trouver des formules, des moyens et des méthodes qui permettront de réaliser cet objectif.

L'art d'interpréter l'information

Un autre des éléments importants qui permet d'assurer un marché efficient réside dans l'existence d'investisseurs habiles à interpréter l'information disponible. Un investisseur réalisera un rendement supérieur à celui qui suit simplement une politique d'achat et de conservation des titres s'il peut remarquer rapidement les situations où l'on remarque des différences significatives entre le prix du marché et la valeur intrinsèque d'un titre et s'il a de la facilité à prévoir les événements importants et à évaluer leur effet sur la valeur intrinsèque des titres. Si plusieurs investisseurs possèdent une telle compétence, ils contribuent à réduire l'écart entre le prix du marché et la valeur intrinsèque d'un titre. Alors les prix s'ajusteront rapidement, en moyenne, au changement dans la valeur intrinsèque. En conséquence, la présence de plusieurs investisseurs importants capables d'interpréter l'information peut contribuer à rendre le marché plus efficient dans l'allocation des ressources.

La liquidité et la flexibilité du marché

Un marché idéal serait celui où il n'y aurait aucuns frais de transactions. Cependant, une telle situation n'est pas une condition nécessaire à un marché efficient. Dans la mesure où les investisseurs tiennent compte de toute l'information disponible, même d'importants frais de transactions retardant le mouvement des transactions n'impliquent pas que lorsque les transactions ont lieu, les prix ne reflètent pas toujours l'information disponible. L'existence de frais de transactions n'est pas nécessairement une source d'efficience du marché, mais il faut toutefois s'assurer que ceux-ci ne le deviennent pas.

La possibilité pour l'investisseur d'échanger ses titres pour de l'argent dans un minimum de temps est le fondement de la confiance de l'investisseur.

Le principal indice du degré de liquidité du marché est la fréquence de transactions et cette dernière a une influence directe sur l'écart entre le prix d'offre et le prix de demande pour un titre. Tel que mentionné précédemment, la fréquence des transactions peut sensiblement être affectée par d'importants frais de transactions. Il pourrait en résulter une perte de liquidité ayant pour conséquence une réduction de la confiance des investisseurs. Toutefois, l'imposition d'une réglementation de nature à protéger les investisseurs entraîne des coûts qui doivent se refléter dans les frais de transactions.

L'existence, à l'intérieur du marché, d'un nombre suffisant de possibilités d'investissements fournit à l'investisseur la flexibilité nécessaire à différents ajustements de son portefeuille. De plus, la transférabilité des titres d'un marché à un autre permet de maintenir l'équilibre entre les marchés. Ainsi l'investisseur est plus libre de modifier son portefeuille au moyen des occasions d'investissements les plus intéressantes.

Parmi les mesures prises par le gouvernement afin d'assurer l'égalité de tous les investisseurs devant l'information disponible, il y a lieu de mentionner les dispositions adoptées l'été dernier concernant les initiés. Il est clair que les dirigeants des entreprises publiques et bon nombre de personnes participant au développement de celles-ci se trouvent dans une situation privilégiée sur le plan de l'information.

En conséquence, il y avait lieu de réglementer les achats et les ventes de ces personnes qui possédaient une information privilégiée de façon à empêcher qu'elles puissent utiliser des données qui ne sont pas publiques, se donnant par la même occasion une situation privilégiée de nature à créer des inefficiences dans le marché.

ANNEXE 3

La Bourse de Montréal : ses débuts et ses finalités

L'histoire de la Bourse de Montréal est révélatrice du rôle que doit jouer une bourse dans le développement et la croissance de l'économie d'une région ou d'un pays. Comme porte-étendard de l'économie d'une région, d'un pays ou du système capitaliste, la bourse est, nous le verrons, plus qu'un simple témoin de l'essor d'une richesse collective, plus qu'un reflet d'une révolution industrielle.

> > >

Il faut remonter au début du XIXe siècle pour apercevoir les premières traces d'un commerce des valeurs mobilières à Montréal et au Canada. En fait, c'est au cours des années 1830 qu'une bourse «officieuse» prend naissance, véritable embryon du parquet électronique que nous connaissons aujourd'hui.

À cette époque, le commerce des valeurs mobilières se fait à la bonne franquette, dans une ambiance de relaxation et de vacances. Le lieu des échanges: la principale halte des diligences, l'Auberge du Marché de la rue Saint-Paul. Le vieil Exchange Coffee House est, en 1832, le témoin de la première distribution secondaire de valeurs mobilières, soit les actions du Champlain and St. Lawrence Railroad, premier chemin de fer canadien.

Toutefois, une Bourse, à Montréal, ne peut prospérer ni grandir tant qu'il n'y a que peu d'actions à négocier. Or, jusqu'au milieu du XIXe siècle, les entreprises canadiennes qui offrent leurs actions au public ne sont pas légion. Mais peu à peu, les projets se font trop ambitieux pour le capital d'une personne ou d'un groupe d'associés, et on ne pouvait faire autrement que d'inviter le public à participer à la danse. Au début, les seules entreprises d'une telle envergure sont les banques et les chemins de fer et c'est ainsi que, lorsque la Banque de Montréal fut constituée, en 1817, ses actions furent offertes en souscription publique. Ces actions sont «cessibles» et transférables. Quoiqu'il revient à la Banque de Montréal d'avoir annoncé les débuts du commerce des valeurs mobilières à Montréal, l'émission effectuée ne porte que sur un nombre restreint d'actions, ce qui est insuffisant pour soutenir l'existence d'un marché organisé. Un actionnaire, ou l'exécuteur d'une succession qui désire se départir de ses actions de la Banque doit alors passer une petite annonce dans les journaux.

3 >> Le marché boursier

L'émergence d'un marché secondaire est davantage perceptible lors du projet de construction du premier chemin de fer canadien : une voie de 16 milles reliant Saint-Jean, sur le Richelieu, à Laprairie, sur le Saint-Laurent. Cette vie doit permettre de faire du «portage» sur rail entre les deux cours d'eau et hâter les communications entre Montréal et New York.

La construction d'une voie ferrée de 16 milles nécessite un capital considérable pour l'époque. La charte, délivrée en 1832, autorise la Champlain and St. Lawrence à recueillir un capital de £ 50 000, qui pourra ensuite être augmenté de £ 15 000. Le premier chemin de fer canadien est rendu possible grâce à la Bourse «officieuse» de Montréal, un scénario qui dévoile ainsi au grand jour l'un des grands avantages d'une Bourse: être le lieu de convergence du capital nécessaire à la réalisation d'une nouvelle entreprise.

Moins de 20 ans plus tard, soit en 1849-1850, on assiste à la création de la première association de courtiers à Montréal. Les courtiers ne s'occupent alors pas seulement de valeurs mobilières car le nombre d'actions en circulation est très faible. Pour gagner leur vie, ils se doivent de négocier tout ce qui leur tombe sous la main: actions, obligations, bien sûr, mais aussi n'importe quoi d'autre. Pourvu qu'il y ait un dollar à faire! Voulant s'organiser, les courtiers de Montréal se dotent d'une Chambre, le Board of Produce Brokers, chargé de déterminer le cours des actions, des obligations et des produits agricoles. Une fois par semaine, la Chambre se réunit et dresse la cote. Cette liste est ensuite communiquée gratuitement aux membres et vendue à l'étranger, notamment à Londres, à Liverpool et à Glasgow. Parfois, mais rarement, elle est reproduite dans les journaux. Ce n'est donc que par la suite, soit durant les années 1950, que le commerce des actions commence à se spécialiser. Parallèlement, durant ces dix années, le Canada connaît une expression vigoureuse, attribuable en grande partie à un traité de réciprocité avec les États-Unis. L'économie, qui tourne alors au ralenti, reçoit un véritable coup de fouet: le Canada entre dans l'ère du rail, de la vapeur et de la sidérurgie, les banques prolifèrent et la population aussi. Montréal est alors le centre d'un réseau ferroviaire en pleine expansion.

Cette effervescence ne peut que se répercuter sur la Bourse. Vers 1850, le nombre des transactions est assez important pour qu'elles aient leur propre section dans les journaux. Dix ans plus tard, une autre étape importante vient d'être franchie: les courtiers en valeurs mobilières et les courtiers en produits agricoles se scindent en deux organismes distincts, soit le Corn Exchange, peu après 1860, et, en 1863, le Board of Brokers. Certains courtiers, il est vrai, font partie des deux Chambres, mais les deux fonctions n'en deviennent pas moins distinctes, clairement séparées l'une de l'autre. En 1867, le Board of Brokers se réorganise et adopte de nouveaux règlements. Désormais, les commissions sont fixées à 0,5 % de la valeur nominale. Le prix du siège, fixé à 100,00 $ en 1865, monte à 500,00 $ en 1871 pour ensuite doubler quelques mois plus tard. Au cours de la même année (1867), la Chambre fait son entrée dans ses premiers locaux en louant un bureau de l'édifice du Corn Exchange.

Pendant ce temps, le marché secondaire s'élargit rapidement. Quoiqu'il porte encore essentiellement sur des actions de banques (18 banques figurent au Grand Livre, soit plus que tous les autres titres combinés), on retrouve encore le Champlain and St. Lawrence, deux sociétés de navigation, ce qui indique l'importance de la navigation maritime à vapeur sur le Saint-Laurent, et des titres d'entreprises de services publics, City Gas Co. et City Passenger Railway, premier transporteur public de Montréal. Dans le compartiment des mines, deux compagnies seulement, Montreal Mining Consols et Huron Bay Copper, assurent la représentativité alors que le secteur secondaire est représenté par Canada Glass Co., dont le nom évoque une brève tentative de fabrication de verre à Como. Diverses obligations font également l'objet de négociations.

La Bourse de Montréal voit le jour (1874)

En 1874, le Québec décerne une charte à la Bourse de Montréal, une reconnaissance qui confère à ses membres la liberté de s'autogouverner. Le fondateur de la Bourse de Montréal, M.D. Lorn MacDougall, est alors âgé de 63 ans. L'un des 11 fondateurs du Board of Brokers en 1863, il est, en 1874, élu président du Comité des gouverneurs de la première grande Bourse au Canada.

De 1867 à 1874, le nombre de compagnies admises à la cote passe de 28 à 42. Les banques occupent encore une place dominante (21), mais les autres entreprises (chemin de fer, sociétés de navigation, services publics et entreprises minières) commencent à se multiplier. Les entreprises de fabrication sont encore encore peu nombreuses. De nombreux efforts sont entrepris pour ajouter à ce nombre mais malgré tout, le nombre des inscriptions ne dépasse pas 65 pendant de nombreuses années. Malgré tout, la Bourse de Montréal n'en demeure pas stagnante pour autant, enregistrant même une progression impressionnante en accroissant le nombre des transactions sur les titres inscrits. Par ailleurs, elle bénéficie de l'ampleur et du potentiel croissant des nouvelles sociétés qui viennent remplacer celles qui ont échoué ou qui ont été absorbées par d'autres. Fait à signaler, Bell Telephone Co. of Canada fait son entrée à la Bourse de Montréal en 1880. Au début, elle émet des actions à 100,00 $ l'unité, par l'intermédiaire de son agent Lorn MacDougall. L'entreprise dispose d'un réseau de 2 000 milles et de 2 000 abonnés. Le téléphone est alors une industrie canadienne nouvelle. Autre signe de l'expansion industrielle: l'admission à la cote, la même année, de Montreal Cottons, qui marque le début d'une expansion rapide de l'industrie textile dans la ville et la province. En 1883, un nouveau chemin de fer apparaît à la Bourse : le Canadien Pacifique, alors en voie de construction. Soudain, entraînée par l'essor économique du début du XXe siècle, la liste s'allonge de façon spectaculaire. En 1914, la liste des inscriptions compte 109 entreprises.

Le rythme croissant de l'activité se reflète dans l'augmentation du prix des sièges. Le siège, qui coûte 800,00 $ en 1874 et 2 500,00 $ en 1876, vaut 4 650,00 $ en 1883. En 1901, cinq nouveaux sièges sont vendus pour 12 850,00 $ en moyenne. De plus, la Bourse prend possession de nouveaux locaux, en 1883, dans l'immeuble de la Bourse des marchandises, rue du Saint-Sacrement, près de la rue de l'Hôpital.

Les premières années du XXe siècle, jusqu'à la Deuxième Guerre mondiale, furent l'âge d'or du Canada. Pendant toute cette période, la Bourse de Montréal joue le rôle de moteur et est le reflet d'une croissance économique rapide. Dans l'Ouest, les territoires vierges se peuplent : deux nouvelles provinces, l'Alberta et la Saskatchewan, naissent. Montréal, centre des finances, de l'industrie et du transport d'un Canada en plein essor, passe du 95e au 26e rang des grandes villes du monde. Elle grandit presque deux fois plus vite que New York, dont la croissance est pourtant sans égale aux États-Unis. En 1914, la population de Montréal atteint 596 000 (625 000 pour l'agglomération entière). La ville, qui participe à l'essor général du pays, jouit en outre d'un atout suprême: l'énergie hydro-électrique. L'abondance de cette énergie ouvre pour Montréal et ses environs la voie d'un développement économique d'une ampleur inespérée. À la Bourse, les actions des sociétés d'électricité donnent au marché une dimension nouvelle. Entre temps, le nombre de sièges, fixé depuis longtemps à 40 par les courtiers-membres, devait passer à 45 en 1901, une innovation qui n'était que le début d'une véritable explosion. Dès l'année suivante, cinq nouveaux sièges sont créés en mars, cinq autres en avril, cinq autres encore en décembre. Le nombre de membres passe ensuite à 65 en 1910 et à 75 en 1912. Cette euphorie ne peut faire autrement que d'aboutir à l'érection d'un palais pour les courtiers.

C'est en 1903 que la Bourse de Montréal devint propriétaire de ses propres locaux. Les services de l'architecte de la Bourse de New York, George B. Post, sont retenus. Ce dernier arrête son choix de l'emplacement sur un terrain de la rue St-François-Xavier, qui appartient depuis le XVIIe siècle aux Messieurs de Saint-Sulpice, autrefois seigneurs de toute l'île de Montréal.

La guerre éclate (1914)

Le 28 juillet 1914, la Bourse de Montréal se trouve confrontée à une crise sans précédent. La guerre menace et risque d'embraser le globe. D'immenses forces de destruction vont se déchaîner et personne ne peut imaginer ce qui en résultera. À la Bourse, les cours risquent de s'effondrer et la panique peut causer la ruine de nombreuses familles. Ce jour-là, en effet, l'Autriche déclare la guerre à la Serbie; le lendemain, Belgrade est bombardée. Mais ces tristes événements ne sont que le prélude à la conflagration et à la généralisation du conflit à toute l'Europe.

La Bourse de Montréal agit donc sans hésiter. Le 28 juillet, le Comité des gouverneurs se réunit d'urgence et prend une décision draconienne: la Bourse est fermée. Elle ne réouvrira ses portes qu'au début de septembre et encore, avec beaucoup de précautions. Les membres qui ont un ordre à exécuter peuvent négocier à certaines conditions et les détails sur la transaction doivent être préalablement approuvés par un membre du Comité. Pas de contrat et aucune transaction ne peut être bâclée à un cours inférieur à celui de la fermeture du 28 juillet. La vente à découvert est interdite. Ce n'est que le 23 juin 1916 que les cours minimaux sont abolis; le jeu de l'offre et de la demande peut de nouveau déterminer la cote.

Mais le calme est parfois troublé par les tensions de la guerre. En 1917, une nouvelle vague d'anxiété s'empare du marché quand, sur le front ouest, les combats acharnés restent futiles alors que l'Italie s'effondre. À l'est, les divisions allemandes pénètrent en Russie tsariste et la Révolution des Bolchévistes est sur le point d'éclater à tout moment. Le 30 octobre, la Bourse suspend de nouveau la liberté des négociations car les nouvelles de la guerre sont préoccupantes. En outre, l'argent se fait rare au Canada car le pays contribue au financement de l'effort de guerre britannique et l'Emprunt de la Victoire canadien draine l'épargne. La Bourse devra attendre très longtemps après la fin de la guerre pour retrouver sa liberté d'antan. Ce n'est que le 20 juin 1919, près de sept mois après la signature de l'Armistice, que les cours minimaux et diverses restrictions sont levés. Naturellement, en dehors de la Bourse, des titres changent de mains sur le marché parallèle qui a surgi.

Au milieu de 1919, les dernières restrictions sont enfin levées et la Bourse de Montréal peut ainsi entrer dans une période d'expansion plus dynamique que jamais. C'est l'après-guerre. Une étude même superficielle de l'activité boursière en 1921 révèle une évolution rapide. Les banques ne dominent plus la Place de Montréal; plusieurs fusionnent et il n'en reste plus que 14 (ce nombre tombe à sept 40 ans plus tard). Le monde industriel est en pleine mutation. Sur la liste des inscriptions, Carriage Factories côtoie Russell Motor Car; les charbonnages restent importants avec quatre entreprises inscrites dans ce secteur. Mais, autrement, l'industrie minière ne pèse guère sur le marché. Elle n'est représentée que par Crown Reserve et Consolidated Mining and Smelting. Jusqu'à la fin de la décennie, les actions minières n'accaparent que moins de 10 % du total des transactions.

En 1921, par contre, d'autres secteurs sont en plein essor, notamment les pâtes et papiers, et les investisseurs misent volontiers sur l'avenir de Howard Smith, Abitibi Price Brothers, Spanish River ou Wayagamack. L'énergie hydro-électrique est, pour sa part, de plus en plus à la mode. Shawinigan Water & Power et Montreal Light, Heat & Power prospèrent et leurs actions sont recherchées, mais pas autant que celles d'une nouvelle venue, Brazilian Traction, Light & Power.

Avec ses hauts et ses bas, les cours montent et montent toujours. À la fin de 1919, le volume d'affaires de la Bourse de Montréal frise le million: 915 000 actions changent de mains. Un an plus tard, ce plafond est enfin crevé; trois millions d'actions sont négociées. Neuf ans plus tard, ce sommet devient bien modeste puisque le 25 mars 1929, plus d'un quart de million d'actions changent de mains et ce, lors d'une seule séance. Le prix des sièges bénéficient, lui aussi, de l'optimisme général. En 1919, l'un d'eux s'est vendu pour 30 000,00 $, un record. En février 1919, le prix devait atteindre 225 000,00 $.

Au fur et à mesure que la décennie avance, cependant, des signes de fragilité et de vulnérabilité se manifestent dans une économie en pleine expansion. Le rythme de croissance ne peut pas durer. L'optimisme se rit de la réalité et les cours sont trop hauts. De plus, les marges sont trop généreuses et les banques peuvent constater un niveau dangereusement élevé de prêts. En 1929, elles avaient commencé à serrer la vis et, cette année-là, les emprunts à vue n'avaient augmenté que de 5 % au Canada. À New York, par contre, l'euphorie continuait et régnait en maître. Au début de 1927, la Réserve Fédérale avait adopté une politique de facilité monétaire et augmenté les possibilités de prêts des banques, provoquant une nouvelle poussée de spéculation et d'emprunts de marque alors que l'économie américaine s'engageait dans une récession qu'on voulut ignorer. Dans un éclair, la foudre s'abat sur New York; c'était le 24 octobre 1929.

La Grande Dépression (1929)

Aucune place financière du monde ne peut espérer résister à la débâcle de New York et la contagion gagne l'étroite rue Saint-François-Xavier, à Montréal, où la foule s'entasse et s'entasse. Sur le parquet, les cours s'effondrent. Plus de 382 500 actions changent de mains, un record jamais atteint. Certains titres tombent de cinq ou dix points à la fois. Les actionnaires jettent leurs biens sur le marché à n'importe quel prix, décidés à liquider avant que les cours ne tombent dans l'abîme. Le lendemain, le vendredi 25 octobre, la raison paraît reprendre le dessus; le cauchemar semble passé. La Bourse de Montréal, comme celle de New York, regagne du terrain; 20 des principaux titres de la Bourse de Montréal montent, de 2,45 points en moyenne, avec, en tête, Brazilian Traction et International Nickel. Mais, un sentiment d'épuisement continue de planer. On reste nerveux, inquiet, et le navire désemparé du jeudi soir va s'échouer sur les rochers du lundi.

À la suite d'appels de marge, ceux qui avaient résisté à l'hécatombe du jeudi doivent s'avouer vaincus; les titres les plus solides croulent avec les autres. Le mardi, le marché continue sa chute. À New York, la panique se fait aberrante et les suicides, monnaie courante. Dans les semaines qui suivent, la Bourse de Montréal, comme celle de New York, est chambranlante, mais sans sortir de sa fourchette : des oscillations en dents de scie, tout au plus. Puis, à la mi-novembre, une autre culbute s'amorce. C'était la fin des espérances. Autre coup dur, le 21 septembre 1931, le gouvernement britannique annonce la démonétisation de l'or. Le Comité des Gouverneurs de la Bourse de Montréal prend donc, le jour même, la décision de ramener les cours minimaux. Jusqu'à nouvel avis, toutes les transactions doivent être conclues à des prix au moins égaux à ceux de la dernière clôture. Comme pendant la guerre, la vente à découvert est interdite. Mais, en dépit de ses efforts, un marché parallèle se crée où les titres se vendent très en-deçà des cours minimaux officiels. Les membres de la Bourse se sont vu interdire toute participation à de telles transactions. Les longues années mornes de la troisième décennie du siècle commencent.

Le retour à la normale, en 1932, n'entraîne aucun regain d'activités sur le marché boursier. L'économie reste atonique. En 1932, le volume des transactions de la Bourse de Montréal atteint à peine 4,2 millions d'actions. En 1934, un siège se vend à environ le quart du prix de 1929. Sur les dix années, une ou deux seulement affichaient une modeste amélioration. Le reste du temps, les cours végètent dans l'inactivité. En outre, les émissions d'actions sont rares. Au marasme économique vient s'ajouter une situation internationale menaçante. Les crises politiques se succèdent, assombrissant les perspectives de l'Europe et de l'Extrême-Orient. Le monde s'inquiète et s'étonne. Pendant dix ans, les conflits armés et les rumeurs de guerre se succèdent, puis débouche sur l'inévitable, en septembre 1939. Pendant ce marasme, la Bourse de Montréal va se réorganiser et préparer un avenir meilleur.

Au cours de cette réorganisation, on décide de concentrer les efforts sur les relations publiques. La réputation de la Bourse avait souffert de la dépression, comme si elle en avait été la cause. Son effondrement, pense-t-on, a provoqué la dépression; le public ne paraît pas comprendre que la Bourse n'est que le reflet de la conjoncture économique et ne la cause pas. Quoi qu'il en soit, le mal est fait et il semble évident que les modalités régissant les négociations de titres ont accéléré l'effondrement des cours. Trop d'investisseurs, à cours de liquidités, ont été happés par la tourmente. Ainsi, en 1933, la Bourse relève les marges minimales exigées. Jusque-là, les marques sont laissées à la discrétion de chaque courtier et varient considérablement. L'année suivante, les exigences de vérification des comptes se font plus rigides et la Bourse engage les services d'un vérificateur-conseil. Elle se dote aussi d'un comité consultatif de membres électifs qui assiste aux réunions du Comité des Gouverneurs et participe aux comités et commissions. Enfin, le délai de compensation est fixé à deux jours.

La deuxième grande guerre (1939)

La Bourse de Montréal s'organise si bien au cours de l'après-crise de 1929 qu'elle n'a pratiquement pas à s'imposer de restrictions durant la Deuxième Guerre mondiale, alors qu'elle avait dû fermer ses portes quand furent déclenchées les hostilités en 1914. Le 1er septembre 1939, quand Hitler envahit la Pologne, la Bourse annonce qu'elle sera ouverte comme d'habitude et que seules les ventes à découvert sont interdites. Cette interdiction dure d'ailleurs moins d'une semaine, pour être de nouveau imposée durant l'été 1940. Pendant toute la guerre, le marché reste donc libre et ouvert. Les nouveaux règlements sur la restriction des marges et la vérification comptable, ainsi que des nouvelles mesures auxquelles on n'avait pas pensé en 1914, stabilisent le marché. En outre, le contexte est différent: la guerre n'ayant pas éclaté par surprise, les investisseurs ont tout le temps de s'y préparer et la plupart de ceux qui veulent liquider leurs titres l'ont déjà fait. De plus, les investisseurs comprennent beaucoup mieux qu'en 1914 l'impulsion que la guerre va donner à l'industrie.

Dès la fin du conflit, la Bourse s'emballe, reflétant le dynamisme retrouvé de l'économie canadienne. Le pays s'engage dans l'une des périodes de croissance qui jalonnent son histoire. De nombreux projets mis en veilleuse pendant la guerre ressortent des cartons et leur mise en œuvre compense la baisse progressive de la production de guerre. De plus, phénomène beaucoup plus stimulant à long terme, la mise en valeur des richesses naturelles progresse à un rythme sans précédent. Parmi les nouvelles étoiles du marché boursier brillent les actions des sociétés pétrolières et gazières. Parallèlement, l'activité minière grandit aussi, notamment par la mise en valeur des vastes gisements de fer du Nouveau-Québec et du Labrador. En 1954, un nouveau chemin de fer de 360 milles amène à quai le premier chargement de minerai. D'autres industries, plus anciennes, telles que les pâtes et papiers, prennent aussi de l'importance sur le marché boursier. Entre 1949 et 1966, la production de pâte des papeteries canadiennes double. D'ailleurs, le secteur des richesses naturelles n'est pas le seul à connaître un essor prodigieux : au cours des années de l'après-guerre, l'innovation crée de nouvelles industries comme celles des plastiques et des machines de bureau complexes.

L'impulsion que donnent au Canada ces nouvelles activités très diverses attire vers la Bourse une clientèle croissante. De plus en plus de Canadiens achètent des actions ordinaires pour participer à l'essor du pays. De nouvelles méthodes de placement telles que les plans d'options d'achat d'actions, les clubs de placement, les fonds mutuels et les régimes collectifs de retraite donnent aux petits épargnants un accès plus large au marché boursier.

Et le marché hors-Bourse ?

L'essor du marché hors-Bourse, dont les origines remontent à 1926, se fait également virulent. Le Curb Market, comme il aime se faire appeler, répond à un besoin évident de créer un marché pour les titres que la Bourse considèrent comme étant trop jeune ou trop spéculatifs. La « coulisse » se développe dans le voisinage de la Bourse. Son rôle est de faciliter le financement, indispensable dans un pays en pleine croissance, de nombreuses entreprises spéculatives et prospectives. Elle vise aussi à favoriser la distribution des actions de jeunes sociétés industrielles, dont beaucoup sont acceptées par la suite à la Bourse de Montréal.

En 1953, le nombre de titres admis à la cote du marché hors-Bourse atteignait 120, contre 7 en 1926. Celui-ci adopte alors une nouvelle raison sociale et s'appelle désormais la Bourse canadienne. Dès 1940, on songe à fusionner la Bourse de Montréal et la Bourse canadienne. Toutefois, de sérieuses négociations ne se sont véritablement engagées qu'au début des années 1970 et, le 19 mars 1973, la fusion est approuvée, pour se concrétiser le 1er janvier 1974, 100 ans après la reconnaissance officielle de la Bourse de Montréal. Cette fusion est considérée comme le premier événement de l'année du Centenaire et est précédée de l'entrée de la Bourse de Montréal dans l'ère de l'électronique. En effet, le 21 octobre 1965, le maire de Montréal, Jean Drapeau, frappe énergiquement le gong de la vieille Bourse de la rue Saint-François-Xavier, annonçant ainsi la dernière transaction boursière dans le vieux bâtiment. La Bourse de Montréal inaugure alors l'ouverture de son nouveau parquet à la Tour de la Bourse, Place Victoria, dominé par des tableaux électroniques aujourd'hui reliés à un important centre d'informatique. La Tour de la Bourse est, à cette époque, l'un des ensembles à bureaux les plus vastes du Commonwealth, l'immeuble le plus élevé du Canada et l'édifice en béton armé le plus haut du monde.

Cinq ans plus tard, soit le 22 décembre 1970, un régime d'assurance est institué pour protéger les investisseurs. Les bourses de Montréal, en collaboration avec celles de Toronto et de Vancouver, et avec l'Association des courtiers en valeurs mobilières du Canada, s'entendent pour constituer un Fonds national de prévoyance dans le but de dédommager les investisseurs qui peuvent avoir confié de l'argent ou des titres à un membre devenu insolvable. Enfin, un service de surveillance du marché est mis sur pied en septembre 1973.

> > >

Voilà donc la petite histoire de la Bourse de Montréal et de l'essor du commerce des valeurs mobilières au Canada. Ce retour en arrière met en relief l'importance d'un marché secondaire en santé et bien organisé. Il fait également ressortir l'importance d'une Bourse dans le développement économique d'une nation et dans la création d'une richesse collective. Plus qu'un simple témoin, la Bourse se doit d'attiser l'essor économique, de le soutenir, voire de la provoquer s'il le faut.

* Tiré du livre *Du tableau noir à l'électronique*, de Edgar Andrew Collard.

>> Chapitre 4 <<
L'ANALYSE ET LE JUGEMENT EN BOURSE

4 >> L'analyse et le jugement en Bourse

Nous sommes désormais conscients que le marché boursier n'est pas purement efficient. L'utilisation d'information privilégiée, sujet brûlant d'actualité s'il en est, le peu de profondeur relié aux actions d'entreprises moyennement ou faiblement capitalisées, le processus de divulgation de l'information — le grand public investisseur étant toujours le dernier à être mis au courant — sont autant de réalités auxquelles est confronté l'investisseur, et avec lesquelles il doit composer. Sans compter que le marché boursier appartient, finalement, aux investisseurs institutionnels. Ce sont ces millionnaires, voire ces milliardaires qui dictent les règles du jeu et qui tracent les grands mouvements du marché... des mouvements de plus en plus dessinés par ordinateur.

Vous aurez remarqué que, en bout de piste, toute la discussion porte essentiellement sur l'établissement d'un juste prix. Tous les mécanismes en place, à savoir le service d'analyse des firmes de courtage, celui de la souscription, les mainteneurs de marché, les spécialistes sur le parquet, le système automatisé d'exécution des ordres des différents parquets boursiers et même, indirectement, les membres de la Commission des valeurs mobilières, tous convergent vers le même impératif : **l'établissement d'un prix qui saura refléter la vraie valeur du titre et, par ricochet, l'élimination des distorsions, des entraves à l'établissement de ce prix.**

Résumé à sa plus simple expression, l'investissement devient synonyme de rendement à long terme. L'investisseur paie un prix qu'il croit juste, conformément à l'ensemble de l'information qu'il a eue sur ce titre au moment de l'achat. Il mise sur le potentiel de croissance à long terme de l'entreprise. Le spéculateur, quant à lui, cherche plutôt à profiter des imperfections du marché. Il croit détenir une information dont l'effet ne se reflète pas encore dans le cours de l'action. Il va miser, par exemple, sur les aptitudes d'une entreprise à se sortir de ses difficultés financières, ou encore il va essayer de tirer profit d'un titre dont il juge la valeur amplifiée par une demande exagérée, trop forte. Mais dans les deux cas, chaque geste posé implique une évaluation préalable du titre.

Nous évoluons dans un contexte de contraintes budgétaires. Nous avons un budget à respecter et l'épargne est limitée, contenue à l'intérieur d'une enveloppe plus ou moins élastique. De plus, nous avons des besoins courants à combler et des besoins futurs, issus de notre planification financière. Dès lors, un plan d'épargne prend forme. Étant donné que nous ne pouvons nous procurer tout ce qui nous fait envie, nous sommes condamnés à procéder à une éternelle sélection. Et qui dit sélection dit évaluation... dans un contexte de maximisation du rendement.

Le mot maximisation n'est pas synonyme d'obtention du rendement le plus élevé mais bien du rendement le plus élevé compte tenu de nos capacités financières, de nos objectifs de placement et de notre degré d'acceptation du risque. C'est là une différence importante. Il est possible de dériver plusieurs constatations de cette façon d'aborder le monde du placement :

> Il n'y a pas de titres ou de placements meilleurs que d'autres. Tout est relatif. Le seul mauvais placement est celui qui ne correspond pas à notre personnalité et à notre statut d'investisseur.
> Compte tenu de nos contraintes budgétaires, nous ne pouvons qu'aborder les différents placements possibles selon une dimension de mutuelle exclusivité en ce sens que le choix d'un véhicule signifie le rejet d'un second.

Lorsque vient le temps d'aborder le monde très vaste des actifs financiers, trois grandes questions doivent presque obligatoirement trouver réponse.

> Quels titres détenir?
> Quel prix payer?
> Quelle somme d'argent allouer à chaque titre?

La troisième question pose le problème de l'interdépendance entre les décisions d'investissement puisque nous investissons dans un contexte de contrainte budgétaire. Nous avons à faire un choix. Ce choix sera fonction de la relation risque-rendement, de nos objectifs de placement et de nos besoins présents et futurs. Quant à la première question, nos objectifs de placement et nos besoins (immédiats et futurs) doivent également être mis à contribution mais, cette fois, dans une optique de maximisation. Nous cherchons donc à satisfaire nos besoins selon un plan prédéterminé tout en veillant à obtenir le rendement le plus élevé possible, moyennant un degré de risque donné. Finalement, l'élément prix devient, ici, le trait d'union entre les deux questions précédentes. La variable prix se situe au cœur de l'investissement, voire du marché financier pris dans son ensemble. N'est-ce pas le prix versé (et espéré) qui détermine le rendement obtenu?

4.1 LES TROIS ÉCOLES DE PENSÉE

La réponse aux trois questions précédentes fait intervenir la notion de la relation risque-rendement et, par ricochet, du prix. Voyons comment les trois grandes écoles de pensée perçoivent la notion de prix.

4.1.1 Les fondamentalistes

Les fondamentalistes prétendent que, en tout temps, le prix d'un titre est égal à la valeur actuelle des revenus qu'il procure. En d'autres termes, le prix sera fonction des revenus prévus (actualisés) et d'un taux de rendement correspondant à votre horizon-temps. Cette perception implique :

> que le prix reflète en tout temps les prévisions et qu'il soit modifié au rythme des changements de prévisions ou de l'émergence d'événements non prévus;
> que le prix reflète toute l'information qu'il y a à un moment donné. Ainsi, des prévisions divergentes, une information supplémentaire latente ou des besoins différents feront en sorte qu'il y aura, dans la quasi-totalité des cas et pour un titre donné, un acheteur pour chaque vendeur.

Selon les fondamentalistes, un titre est un achat lorsque sa valeur intrinsèque (sa valeur déterminée à partir des prévisions et de l'information) est supérieure à sa valeur marchande; l'inverse entraîne un signal de vente. Pour mesurer cet écart entre la valeur intrinsèque et la valeur marchande, le fondamentaliste s'en remet à des variables telles que les bénéfices de l'entreprise (réalisés et prévus), le dividende, la valeur de l'actif et la qualité de la direction de l'entreprise.

4.1.2 Les techniciens

Les techniciens prétendent, quant à eux, que le prix d'un titre est déterminé par le jeu de l'offre et de la demande. Les forces qui sous-tendent l'offre et la demande incluent à la fois des facteurs rationnels et irrationnels combinant l'information, les humeurs du moment, les perceptions et les mises de tous et chacun. Il résulte de ce creuset des mouvements de prix à partir desquels se développe une tendance. C'est le changement de tendance qui détermine si le titre est un achat ou une vente.

4.1.3 Les tenants de l'aléatoire

Les tenants de l'aléatoire et les techniciens ne sont pas sur la même longueur d'onde. Les tenants de l'aléatoire croient que le passé ne peut être garant de l'avenir et qu'il est hasardeux, voire inutile de tabler ses prévisions sur ce qui s'est déjà produit ou sur ce qui a déjà été réalisé. Pour eux, les techniciens dépendent des sciences occultes et les fondamentalistes, de statistiques passées. Ils établissent comme base que le marché est efficient (à tout le moins, qu'il tend vers l'efficience) et que, dans un tel contexte, le prix d'un titre devrait refléter l'ensemble de l'information dont on dispose.

En d'autres termes, le prix des titres doit permettre, selon les tenants de l'aléatoire, l'attribution des ressources à leurs emplois les plus productifs, ce qui suppose une circulation sans entraves de l'information. Enfin, les participants au marché financier (marchés monétaire et des capitaux) doivent être aussi nombreux que possible afin de produire un flot de transactions continu. Moins le marché est liquide et profond, plus la négociabilité des titres est réduite et plus le mouvement des cours devient erratique, désordonné. Le problème de l'institutionnalisation de l'épargne n'est donc pas considéré dans les règles de base de l'aléatoire. Or, les investisseurs institutionnels retiennent environ les deux tiers des actions inscrites à la cote et représentent près de 80 % de la valeur des transactions. Cette forte concentration met donc en évidence deux lacunes de plus en plus réelles et omniprésentes :

> Les institutionnels investissent rarement dans des titres d'entreprises moyennement ou faiblement capitalisées.
> Des blocs d'actions peuvent être mis en vente subitement, ce qui peut entraîner un écart important entre le cours et la « vraie » valeur.

Aucune des trois approches ne mérite la palme de la perfection. Or, comme on ne juge pas un modèle sur ses hypothèses mais plutôt sur l'exactitude des résultats auxquels il conduit, voir ces différentes approches comme étant complémentaires ne peut qu'ajouter à l'information nécessaire.

Alors que le fondamentaliste est en mesure d'établir une relation risque-rendement et d'évaluer le potentiel de croissance d'un titre au cours d'une période donnée, il réussit rarement à prévoir le moment idéal d'«entrer» et celui de «sortir». On parle alors de *timing*, un art qui peut être facilité par l'apport de l'analyse technique. Cette dernière s'attarde à la tendance d'un mouvement et tente de déceler tout renversement.

Quant aux tenants de l'aléatoire, il serait présomptueux d'affirmer qu'ils sont totalement dans l'erreur, que leur vision des choses n'a plus sa place dans ce monde dominé par les ordinateurs. Cette école de pensée, en affirmant que les variations du cours d'un titre sont indépendantes les unes des autres et en ne se prononçant que sur les mouvements de court terme, peut difficilement s'harmoniser avec les fondamentalistes, alors qu'un mariage, ne serait-ce que de raison entre les tenants de l'aléatoire et les techniciens, est à oublier. En fait, les partisans de la thèse aléatoire n'accordent une chance de succès qu'aux analystes fondamentaux qui sont en contact direct et intime avec la direction de la compagnie et qui sont en mesure de bénéficier d'une information de meilleure qualité... ou d'une information privilégiée. Pour le reste, le pile ou face est aussi efficace que tous les systèmes d'analyse savamment élaborés. Force est d'admettre que cette «opinion» revêt un certain réalisme.

4.2 L'ANALYSE FONDAMENTALE

L'analyse fondamentale se concentre sur l'environnement dans lequel évolue l'entreprise, sur sa santé financière et sur la comparaison de cette entreprise avec les entreprises de son secteur. À partir de cette toile de fond seront établies des projections quant à l'évolution de l'industrie et au comportement de l'entreprise dans ce nouveau contexte.

Ce processus d'analyse s'amorce donc par une évaluation de la conjoncture économique actuelle. Dans quel cycle nous situons-nous et vers quoi notre économie se dirige-t-elle? Nous avons abordé cette partie de l'analyse fondamentale dans le chapitre précédent. Quant à la partie des prévisions, on recommande à l'investisseur de se tenir constamment informé des changements de tendance des principaux indicateurs économiques en consultant régulièrement un média spécialisé. S'il fait affaire avec une firme de courtage de plein exercice possédant une bonne équipe de recherche, il peut également mettre à contribution son courtier en exigeant qu'il lui fournisse régulièrement les rapports sur la conjoncture économique fournis par sa firme de courtage.

Nous savons que les secteurs industriels réagissent différemment selon qu'une phase d'expansion s'amorce ou qu'un ralentissement économique pointe à l'horizon. Notre portefeuille doit s'ajuster à ces différentes phases. Il est également important de se tenir au fait de l'information.

Nous reconnaissons généralement que le marché boursier réagit six mois à l'avance aux changements de tendances majeurs. Ainsi, attendre qu'une récession se concrétise pour alléger notre position en titres du secteur des pâtes et papiers par exemple, c'est manquer le bateau puisque ce secteur se sera déjà ajusté au nouveau visage économique. Pire, il y a de fortes chances qu'une fois la récession engagée, ce secteur se mette déjà à s'apprécier en Bourse, puisque le marché boursier réagit en grande partie sur des prévisions. Il ne faut jamais perdre de vue la particularité du marché boursier d'évoluer selon les prévisions. Ainsi, si un scénario attendu par un grand nombre de gens se concrétise, il y a de forts risques que le marché, mesuré par les principaux indices boursiers, ne réagisse pas. En revanche, si la réalité est pire ou au contraire plus favorable que le scénario prévu, le marché peut se replier ou s'apprécier fortement selon le cas. Par ailleurs, les chocs aléatoires, les événements d'importance soudains, imprévus, viennent brouiller les cartes encore davantage.

Deux grands mouvements de fond influent sur l'évolution d'ensemble des cours boursiers : celui de très court terme, au jour le jour, dont l'évolution est dominée par la statistique économique du jour, et celui de long terme, ne dépassant généralement pas six mois, qui est influencé par les changements de tendance à prévoir. Selon que le degré d'inquiétude et de nervosité des participants au marché est élevé, le mouvement de très court terme prédomine. Il peut en résulter une forte volatilité des cours boursiers, amplifiée par les décisions des détenteurs de gros portefeuilles, notamment les investisseurs institutionnels. C'est dans cette dynamique du marché que s'inscrit l'évolution d'un titre en particulier. L'analyse de la conjoncture économique facilite l'arbitrage entre les différents éléments d'actif financier (actions contre obligations) et entre les différents secteurs (secteurs cycliques contre secteurs défensifs). Nonobstant les particularités propres à l'entreprise, le cours de son action sera influencé par les mouvements de fond du marché boursier. Seule une nouvelle de taille, tel le dépôt d'une offre publique d'achat à forte prime ou l'obtention du «contrat du siècle», pourra éloigner momentanément l'évolution du cours de cette action de la tendance qui prédomine sur le marché.

4.2.1 La compagnie

Une fois que l'on a déterminé l'actif à détenir et, s'il s'agit d'une action ordinaire, l'industrie à privilégier, il reste encore le dilemme du choix de l'entreprise qui saura répondre à nos objectifs de placement et à notre degré d'acceptation du risque. Ce choix, nous l'avons vu au début de ce chapitre, est fonction du prix actuel par rapport au potentiel de croissance de l'entreprise, toujours pour un degré de risque donné. Essentiellement, l'investisseur doit se poser deux questions :

> L'entreprise est-elle en bonne santé financière ?
> Le prix actuel reflète-t-il sa juste valeur marchande ?

Les sources d'information se résument à peu de chose près aux états financiers de l'entreprise et aux différents rapports de recherche préparés par les firmes de courtage. Ces documents, ainsi que la couverture médiatique des journaux spécialisés, permettent à l'investisseur d'assurer un suivi de son titre et même de lui fournir des occasions d'investissement intéressantes.

4.2.2 La santé financière de l'entreprise

La santé financière de l'entreprise se mesure, d'une part, à l'aide de ratios et, d'autre part, à l'aide de comparaisons avec les entreprises évoluant dans le même secteur d'activité. Il est important d'évaluer la performance de l'entreprise et de la comparer avec les autres joueurs de l'industrie.

La Chimie des bpa

Une méthode très simple, appelée la Chimie des bpa, peut s'avérer fort utile lorsque vient le temps de poser un diagnostic sur la santé financière de l'entreprise. Cette méthode donne un portrait plus fidèle encore si elle est appliquée aux trois, ou mieux, aux cinq derniers exercices financiers de l'entreprise. Cette méthode vise à décortiquer le bénéfice par action (bpa) de l'entreprise — la variable ultime de notre intérêt pour l'entreprise en tant qu'investisseur — en ses éléments constitutifs. Le bénéfice net est en effet ce qu'il reste aux actionnaires après que les intérêts des créanciers et de l'impôt ont été distribués.

L'ensemble des actes des dirigeants de l'entreprise, qui se traduisent en bout de piste par un bénéfice ou une perte, peut être regroupé sous quatre grands thèmes :

1. Le taux de productivité des éléments d'actif. En d'autres mots, l'habileté de la direction à tirer le maximum des éléments d'actif que possède l'entreprise;

2. La marge bénéficiaire brute, qui reflète la capacité de la compagnie à optimiser les résultats des ressources engagées dans la production;

3. L'effet de levier. La contribution des créanciers se traduit-elle par un apport supplémentaire à l'avoir des actionnaires?

4. Le rendement réalisé sur l'avoir des actionnaires, sur les fonds propres des propriétaires de l'entreprise. Ce rendement est révélateur de l'efficience de l'équipe de direction et mesure sa capacité d'utiliser à bonnes fins les sommes d'argent injectées par les actionnaires.

Sous forme d'équation, la Chimie des bpa prend l'allure suivante :

$$BPA = \frac{RFP \times FP}{\text{nombre d'actions ordinaires}} \times (1-t)$$

où :
BPA = bénéfice par action (ordinaire)
RFP = rendement sur fonds propres

t = taux d'imposition effectif de la compagnie
(impôt versé/bénéfice avant impôt)
FP = fonds propres (avoir des actionnaires)

Décortiquons cette équation.

Le rendement des fonds propres

Le rendement des fonds propres (de l'avoir des actionnaires ordinaires et privilégiés) est influencé par la capacité de l'actif à créer un dollar de vente (on parle de coefficient de rotation de l'actif), par la marge bénéficiaire brute et par l'effet de levier. Ainsi :

$$RFP = RA - \left(\frac{D}{FP} \times (RA-TIE)\right)$$

où :
RA = rendement de l'actif
D = endettement total
FP = fonds propres (avoir des actionnaires ordinaires)
TIE = taux d'intérêt effectif (intérêt versé/endettement total)

NOTE : Par endettement total on entend : emprunts bancaires à court terme, portion de la dette à long terme qui arrive à échéance dans l'année et dette à long terme.

L'effet de levier

La différence entre RA et TIE indique que l'effet de levier créé par la dette est positif ou négatif. On obtient une mesure de l'effet de levier en multipliant cet écart (RA-TIE) par le niveau d'endettement (D/FP) de l'entreprise.

Le rendement de l'actif

Le rendement de l'actif est composé du coefficient de rotation de l'actif (vente/actif) et de la marge bénéficiaire brute (BAII/Ventes). Voici l'équation :

$$RA = \frac{BAII}{Ventes} \times \frac{Ventes}{Actif}$$

où :

BAII = bénéfice avant amortissement, intérêt et impôt.

Cette méthode, appliquée aux résultats financiers de plusieurs exercices, donne une image assez fidèle des principales forces et faiblesses de l'entreprise, d'un point de vue financier bien sûr. Il ne faut cependant pas l'utiliser de façon mécanique, sans y apporter de nuance ou sans s'interroger à fond sur les chiffres obtenus. Ainsi, le diagnostic que l'on peut poser à l'aide de la Chimie des bpa peut être légèrement faussé par les observations suivantes :

Un rendement de l'actif à la baisse

Un rendement de l'actif à la baisse peut laisser présager une détérioration réelle du taux de productivité des éléments d'actif mais, également, une diminution de la valeur des éléments d'actif, telle que la réévaluation à la baisse, le retrait des livres de certains éléments d'actif, l'abandon de certaines activités, le changement dans la méthode d'amortissement. Les notes afférentes aux états financiers dans le rapport annuel de l'entreprise sont très utiles à ce chapitre. L'amortissement joue, ici, un rôle important. L'utilisation d'une méthode plutôt que d'une autre ainsi que le choix arbitraire de la durée de vie utile de l'immobilisation ont un effet direct sur le rendement de l'actif.

La dilution

Une augmentation du nombre d'actions en circulation, par le biais d'une émission d'actions ou la conversion de titres convertibles par exemple, augmente le dénominateur de notre équation et, par ricochet, diminue le rendement sur fonds propres. C'est ce que nous appelons un effet de dilution, qui est d'autant plus grand que l'apport d'argent frais sous forme de fonds propres ne se traduit pas par une élévation du rendement de l'actif ou l'utilisation de la capacité d'emprunt supplémentaire résultant de cette injection de capital (dans la mesure où l'effet de levier est positif).

Le bénéfice non réparti

Le bénéfice non réparti, comptabilisé à l'avoir des actionnaires et appartenant à ces derniers, peut être utilisé de plusieurs façons :

1. Le réinvestissement sous forme d'actif

Si une entreprise dégage régulièrement des bénéfices et qu'elle les conserve sous forme d'encaisses liquides, il s'ensuivra une hausse de l'actif et une diminution de son rendement, puisque le rendement obtenu sur l'encaisse est inférieur à celui qui est obtenu sur l'actif en général.

2. La réduction du passif

Une entreprise qui consacre ses bénéfices (ou une partie de ses bénéfices) à la réduction de sa dette provoque une diminution du rendement de ses fonds propres si elle dégage un effet de levier positif. C'est ici qu'entre en jeu l'éternel arbitrage entre l'effet de levier et la flexibilité financière. Une entreprise peu ou pas endettée devrait être, de façon générale, en très bonne santé financière. Cependant, si cette entreprise bénéficie d'un effet de levier positif, si le rendement obtenu sur les fonds empruntés est supérieur à leur coût, le recours à la dette accroît le rendement des actionnaires.

3. Les versements d'un dividende

Le dividende est versé à même le bénéfice net dégagé. Or, notre équation ne tient pas compte du dividende versé. Au contraire, le versement d'un dividende a pour effet d'amplifier, dans notre équation, l'effet de levier au sein de l'entreprise. Il faut tenir compte du fait que la compagnie offre un rendement sous forme de dividende lorsque vient le temps de tirer des conclusions sur le rendement des fonds propres.

Il existe une multitude de ratios, tous aussi importants les uns que les autres. Nous vous avons présenté, ici, une méthode simple permettant de poser un diagnostic somme toute fidèle. Vous trouverez en annexe à ce chapitre une liste des plus importants ratios.

Les critères sur lesquels se basent les gestionnaires

Les gestionnaires de portefeuille basent leurs décisions sur une grille d'analyse dont les éléments leur sont parfois particuliers. Voici une liste des principaux critères généralement utilisés :

Le rendement sur l'actif

Généralement, on s'inquiète d'une entreprise qui n'a pas été en mesure d'offrir un rendement sur l'actif au moins égal à l'inflation (en moyenne 5 %) au cours de chacune des trois, ou mieux, des cinq dernières années. Idéalement, ce ratio devrait osciller, en moyenne, entre 10 % et 15 % par année.

Le rendement sur l'avoir des actionnaires ordinaires

Les gestionnaires sélectionnent les entreprises qui ont offert un rendement annuel sur l'avoir des actionnaires minimal entre 10 % et 15 % au cours des trois ou cinq dernières années.

Le rendement en dividende

Les gestionnaires axés sur le rendement en dividende exigent un rendement sous cette forme d'environ 4,5 % par année en moyenne. Il s'agit ici d'un point de référence, puisque le rendement du dividende est également tributaire des aléas des taux d'intérêt dans l'économie. Les actions qu'ils achètent pour leur potentiel de croissance plutôt que pour le rendement en dividende ne sont pas soumises à ce critère.

Le versement d'un dividende

Pour les gestionnaires, l'entreprise ne devrait pas verser plus de 30 % ou 35 % de son bénéfice sous forme de dividende. Un versement supérieur à ce taux risquerait d'entraver la croissance future de l'entreprise et de la placer dans une position vulnérable en cas de ralentissement économique.

L'endettement

L'endettement est une variable à surveiller de près, surtout en période de pressions à la hausse sur les taux d'intérêt. Idéalement, les fonds d'autofinancement (*cash flows*) au cours de chaque exercice devraient au moins subvenir au service de la dette. Par *cash flows*, on entend le bénéfice d'exploitation net auquel on additionne toutes les dépenses effectuées au cours de l'exercice qui ne sont pas des sorties réelles d'argent (essentiellement les dépenses d'amortissement).

Autre indicateur : le fonds de roulement (actif à court terme/passif à court terme). Théoriquement, une entreprise même rentable peut être acculée à la faillite si elle ne possède pas les liquidités nécessaires pour respecter ses exigences à court terme. Le ratio du fonds de roulement devrait au moins être égal à 1,2, soit 1,20 $ d'actif à court terme pour 1 $ de passif à court terme. Lorsqu'une entreprise dispose d'un stock important (les stocks font partie de l'actif à court terme), on peut calculer ce que l'on appelle le test acide (de l'anglais *acid test*), qui consiste à soustraire les stocks de l'actif à court terme, puis à diviser ce nouveau chiffre par le passif à court terme. Un ratio de 1 pour 1 est alors considéré comme un minimum idéal.

Enfin, un ratio d'endettement (dette/actif) inférieur à 75 % est considéré par la plupart des gestionnaires comme le maximum idéal. En d'autres mots, on considère comme un maximum acceptable un ratio de 2 $ de dette pour 1 $ d'avoir des actionnaires (dette/avoir des actionnaires ordinaires et privilégiés).

Toute la discussion précédente visait à déterminer la santé financière d'une entreprise. L'exercice est long, le travail, fastidieux, d'autant plus que l'on doit comparer l'entreprise avec son secteur d'activité ou, si le temps ne le permet pas, à au moins une autre entreprise du secteur. Et encore, la comparaison peut être boiteuse, car il n'y a pas deux entreprises identiques. Il faut se contenter des instruments de mesure mis à notre disposition, aussi imparfaits soient-ils.

L'analyse précédente doit, par la suite, être complétée par des projections sur la rentabilité de l'entreprise. Déjà, prévoir le bénéfice par action de la prochaine année est un exercice ardu; il devient donc inutile de pousser plus loin les projections. Lorsqu'on parle de projection, on sous-entend subjectivité et scénarios hypothétiques. La façon la plus simple d'y arriver est de se fier aux travaux d'analyse des firmes de courtage. Si plus d'un rapport de recherche existe sur une compagnie, il suffit de faire la moyenne des prévisions. Or, ces travaux de recherche sont de moins en moins offerts au grand public. Il faut être client de la firme pour y avoir droit. Par ailleurs, ce ne sont pas toutes les entreprises qui sont suivies par les analystes, ces derniers préférant s'attarder sur les entreprises intéressant leur clientèle institutionnelle. Enfin, les analystes n'ont pas toujours raison.

Une autre façon, un peu plus compliquée, consiste à poser des hypothèses de croissance à partir du modèle de la Chimie des bpa, à extrapoler à partir de la croissance passée, à tenir compte du contexte dans lequel s'engage l'économie et à voir comment ce contexte a influé sur le comportement financier de l'entreprise dans le passé. On élabore ensuite plusieurs scénarios auxquels des probabilités de réussite sont rattachées. On obtient ainsi une moyenne pondérée du bénéfice par action prévu. Cet exercice n'est pas parfait, d'autant plus qu'il suppose que le passé est garant de l'avenir, ce qui n'est pas toujours vrai. Enfin, il suppose également que l'entreprise n'a pas évolué dans le temps, qu'elle a conservé la même structure, ce qui est rare. L'exercice de prévision devrait donc être abordé avec prudence. Encore une fois, l'investisseur devrait mettre son courtier à contribution pour qu'il lui procure l'information nécessaire à sa prise de décision.

La juste valeur marchande du titre

Encore ici, aucune règle absolue ne peut être mise de l'avant. Le tableau suivant a pour but de dresser une liste des principaux ratios boursiers des différents secteurs composant l'indice TSE 300 de la Bourse de Toronto. Ces chiffres forment une moyenne des entreprises dites représentatives et peuvent servir de base de comparaison. Il faut cependant être conscient que ces rapports peuvent différer selon le climat fondamental du marché boursier et de l'économie en général. De plus, il peut parfois être difficile ou même présomptueux d'identifier un secteur d'activité spécifique à une entreprise donnée. Ce rapprochement n'est pas toujours aisé à établir et, s'il est erroné, il peut conduire à de fausses conclusions.

La juste valeur marchande de l'action peut être déterminée à partir des quatre critères suivants :

> Ratio cours/bénéfice réalisé
> Ratio cours/bénéfice prévu
> Écart cours/valeur comptable
> Rendement en dividende, lorsque l'action verse un dividende

Ratio cours/bénéfice

Ce ratio consiste à diviser le cours de l'action pris à un moment donné par le bénéfice par action réalisé (dernier exercice financier complet ou, mieux, les quatre derniers trimestres), dans le premier cas, ou par le bénéfice prévu à la fin du prochain exercice. Le tableau de la page suivante donne la liste du ratio cours/bénéfice (réalisé) moyen des différents secteurs de l'indice TSE 300. Pour se faire une idée de la juste valeur marchande, il faut comparer ce critère à celui des autres entreprises (ou de la moyenne du secteur) qui se trouvent dans le même secteur que l'entreprise à l'étude.

Il faut faire attention de ne pas rejeter automatiquement l'entreprise si son ratio cours/bénéfice (réalisé ou prévu) est supérieur à la moyenne. Il faut plutôt tenter de comprendre cet écart. Une entreprise (ou un secteur) peut être très prisé des investisseurs et, de ce fait, commander un ratio cours/bénéfice supérieur. C'est la loi de l'offre et de la demande qui entre en jeu. L'entreprise peut également être l'objet de spéculation ou de rumeurs; si c'est le cas, une prime sera accordée à son cours. L'entreprise peut avoir un nombre restreint d'actions en circulation (on parle alors de *float* restreint; le mot *float* traduit le nombre ou la valeur marchande des actions en circulation), ce qui, comme nous l'avons déjà vu, peut provoquer certaines distorsions dans l'efficience du marché. En revanche, une entreprise peu connue ou qui n'est pas l'objet d'une activité normale peut se voir confinée à un ratio cours/bénéfice inférieur à la moyenne.

Autre considération. Certains secteurs sont plutôt difficiles à analyser en fonction du ratio cours/bénéfice. C'est le cas d'entreprises qui doivent investir des sommes énormes en matière de recherche et développement ou d'entreprises qui produisent d'importants fonds d'autofinancement. Pour elles, les analystes préfèrent parler de ratio cours/fonds d'autofinancement, le cours boursier étant alors divisé par les fonds d'autofinancement par action. Les entreprises du secteur des communications, les entreprises pharmaceutiques et de haute technologie figurent sur cette liste.

Secteurs	Ratio c/b	Rendement dividende	Rendement capital investi	Écart valeur marchande valeur comptable	Bêta
Mines et métaux	19,7	2,0 %	6,5 %	1,1	1,31
– Aurifères	28,8	0,9 %	20,5 %	3,4	1,61
Pétrolières					
– Intégrées	16,2	4,0 %	14,3 %	1,3	1,23
– Producteurs	24,2	1,9 %	9,0 %	1,4	1,21
Pâtes et papiers	13,5	2,0 %	9,2 %	1,7	1,07
Produits de consommation	14,8	2,2 %	15,2 %	2,1	0,91
Produits industriels	12,5	2,3 %	6,3 %	1,5	0,98
Haute technologie	20,1	1,2 %	13,4 %	2,2	0,81
Immobilières	30,1	0,9 %	12,3 %	4,3	1,42
Transport	17,9	1,2 %	13,4 %	2,2	0,81
Pipelines	11,0	6,9 %	16,9 %	1,3	0,69
Services publics	9,3	6,1 %	14,2 %	1,3	0,43
Communications	15,9	4,2 %	18,7 %	4,2	0,57
Ventes au détail	14,4	1,5 %	11,2 %	2,2	0,68
Services financiers	8,6	7,1 %	14,6 %	1,1	0,72
Sociétés de gestion	13,1	2,8 %	9,4 %	1,1	1,01

Cours/valeur comptable

La valeur comptable d'une action mesure le degré de protection qu'offre l'entreprise à l'avoir des actionnaires. Au bilan de l'entreprise, l'avoir des actionnaires représente, en fait, un résidu. Il s'agit de la différence entre l'actif et le passif. Ainsi, en cas de dissolution de la compagnie, les créanciers se serviront en premier, suivis des actionnaires (actionnaires privilégiés) puis, s'il y a un solde, des actionnaires ordinaires. Une entreprise dont les principaux éléments d'actif sont presque entièrement amortis dans ses livres présente une faible valeur comptable. Une autre qui détient un actif d'une grande valeur mais qui l'a acheté il y a longtemps à un prix de beaucoup inférieur à sa valeur réelle aujourd'hui ne présentera pas une valeur comptable fidèle à la réalité actuelle. Ainsi, la valeur comptable ne reflète en rien la valeur marchande de l'entreprise, soit sa valeur si elle liquidait aujourd'hui tous ses éléments d'actif.

Donc, la valeur comptable est une mesure arbitraire qui reflète des principes comptables plus ou moins fidèles à la réalité mais généralement reconnus dans l'industrie. De plus, cette valeur comptable reflète une situation présente et passée alors que la valeur marchande de l'action, son cours, est symbole d'espoir et tient compte du pouvoir de gain réel ou possible de la compagnie. L'une est donc calculée en fonction du passé et l'autre, de l'avenir; l'écart entre le cours et la valeur comptable sera d'autant plus grand que l'entreprise offrira un excellent potentiel de croissance.

Le tableau précédent présente également une liste du ratio cours/valeur comptable moyen par secteurs. Ainsi, indépendamment des secteurs, les gestionnaires de portefeuille et les analystes reconnaissent généralement qu'un ratio cours/valeur comptable entre 1,5 et 2,5 est approprié et réaliste.

Rendement en dividende

L'action dont la plus grande part du rendement provient du dividende (action privilégiée et, dans une moindre mesure, action ordinaire d'une entreprise bien établie, qui ne peut être considérée comme une entreprise dite de croissance) est plus sensible à l'évolution des taux d'intérêt. Ici, les taux d'intérêt créent une vive concurrence. Ce type d'entreprise, afin de conserver l'attrait pour son action, devra verser un dividende permettant à son action d'offrir à l'investisseur un rendement concurrentiel à celui qu'il pourrait obtenir sur un certificat de dépôt par exemple, tout en tenant compte, bien sûr, du potentiel de gain supplémentaire que confère l'action.

Pour ce type d'entreprise (les services publics ou les banques par exemple), le rendement en dividende est un élément de plus dans la détermination de la juste valeur marchande de l'action. Cet élément est également valable lorsque le rendement en dividende offert est comparé à celui de deux ou plusieurs entreprises actives dans le même secteur. On obtient le rendement en dividende en divisant le dividende annuel par action par le cours boursier de l'action. Pour que ce rendement augmente, il faut que le dividende versé soit augmenté, ou encore que le cours de l'action diminue, ou un mélange des deux.

Pour les actions dont la valeur dépend essentiellement du dividende versé, les gestionnaires de portefeuille recommandent généralement un rendement moyen de 4,5 % (actions ordinaires) et de 6,5 % (actions privilégiées). Ce taux, faut-il rappeler, peut varier selon les aléas des taux d'intérêt.

Voilà donc un bref survol des instruments pouvant être utilisés pour déterminer, d'une part, la solidité financière de l'entreprise et, d'autre part, la juste valeur marchande de l'action. Comme vous l'avez constaté, il n'y a rien d'automatique. Il n'existe pas non plus de règle absolue. Tout est relatif, sujet à interprétation et à la merci des imperfections des instruments existants. Un petit truc : afin d'avoir une vision d'ensemble, plusieurs observateurs aiment calculer un ratio cours/bénéfice du marché, en quelque sorte une moyenne du ratio des cours d'un portefeuille représentatif du marché divisé par le bénéfice par action prévu pour ces entreprises. Pour le TSE 300, le ratio cours/bénéfice (prévu) est calculé en fonction des entreprises formant cet indice. On peut arriver à une approximation de ce multiple du marché en faisant un parallèle avec le niveau des taux d'intérêt, plus précisément avec un taux d'intérêt baromètre de court terme (au Canada, le rendement des bons du Trésor à 91 jours). **Ainsi, en prenant l'inverse multiplicatif de ce taux d'intérêt, on obtient une bonne approximation de ce que devrait être le ratio cours/bénéfice prévu du marché.**

Si l'on suppose un taux de rendement des bons du Trésor à 91 jours à 10 %, le multiple normal du marché devrait être environ de 10 (1/0,10). Si le taux d'intérêt passe à 8,5 %, le ratio cours/bénéfice (prévu) du TSE 300 passerait à 11,8 fois (1/0,085), etc. Cette méthode est certes un peu simpliste mais très pratique. Étant donné que le marché boursier se trouve en concurrence avec les autres formes de rendement possibles, il est on ne peut plus normal de penser qu'une hausse des taux d'intérêt diminue l'attrait des titres boursiers puisqu'il devient possible de parvenir à un rendement attrayant sans devoir nécessairement absorber les risques sous-jacents au placement boursier.

Cela dit, tout le travail basé sur l'analyse fondamentale ne nous permet pas de déterminer le moment précis où il faut acheter l'action et à quel moment il faut la vendre. Ces deux questions ont plus ou moins d'importance lorsque l'achat de l'action s'inscrit dans un horizon de placement de long terme (trois ou cinq ans). Sur un tel horizon, il nous importe peu de réagir aux fluctuations de court terme. Cependant, le prix étant la variable déterminante du rendement, le fait d'épargner 0,50 $ ou 1 $ sur notre action au moment de l'achat, ou de vendre avant qu'elle n'entreprenne un long repli, devient de la plus haute importance. Une action est certes soumise à des fluctuations au jour le jour, dépendant alors du jeu de l'offre et de la demande quotidien. Elle est également imprégnée d'une tendance à moyen et long termes. C'est ici qu'entre en scène l'analyse technique.

4.3 L'ANALYSE TECHNIQUE

(Extrait tiré du livre *La Bourse, c'est facile !*)

L'analyse technique ne se préoccupe pas du fondamental de l'entreprise puisqu'elle suppose que le prix de l'action à un moment précis tiendra compte de cette valeur fondamentale et de toute l'information qui existe sur la compagnie à ce moment-là. Elle essaie plutôt de dégager, de reconnaître avec plus ou moins de succès des modèles d'évolution à partir du comportement passé du cours de l'action. Ainsi arrivera-t-elle à déterminer le moment d'entrer (d'acheter), de sortir (de vendre), ainsi que les tendances et les renversements de tendance. Il existe une multitude de méthodes d'analyse technique, allant de la plus complexe, la théorie des vagues d'Elliott, à la plus simple, les moyennes mobiles. Nous allons nous concentrer sur les plus simples, qui sont aussi, dans bien des cas, les plus précises.

> *L'analyse technique, c'est l'art, de plus en plus complexe, d'analyser un grand nombre de statistiques boursières. Cet art, on le divise en plusieurs segments : en particulier l'élaboration et l'interprétation de graphiques, et l'étude d'indicateurs statistiques. Plusieurs théories ou méthodes sont utilisées.*

L'analyse technique est née dans l'esprit de Charles Dow, le fondateur du service de nouvelles et des indices boursiers américains Dow Jones. L'héritier de Dow, Richard Russell, qui a perfectionné les théories de celui-ci, déclarait en 1975 :

> *Le marché boursier représente la somme totale de tout ce que tout le monde sait. Les millionnaires passent la nuit à étudier leurs compagnies favorites, des génies financiers pressent les trésoriers des compagnies de questions, des super-comptables épluchent les états financiers ; astrologues, sénateurs, docteurs, avocats, cheiks arabes, présidents, dictateurs, bouchers, boulangers, tous « votent » avec leurs capitaux. C'est ce qui a fait du marché boursier le plus grand réservoir de savoir, d'intuition, d'intelligence et de puissance que l'on ait jamais vu dans le monde de la finance.*

L'argument derrière cette déclaration, c'est qu'il est totalement inutile de se préoccuper des nouvelles qui peuvent de près ou de loin modifier une compagnie, qu'il n'est même pas nécessaire de savoir ce que fait cette compagnie. Car les mouvements de cours boursiers prennent déjà en considération tous ces éléments.

La théorie Dow tient pour acquis qu'on peut déterminer les tendances mineures, intermédiaires et majeures de l'évolution boursière. Deux principes guident cette théorie. D'abord, « tout ce qui monte doit ensuite redescendre » ; et comme l'a prouvé le physicien anglais Isaac Newton : « Un corps en mouvement tend à continuer à se mouvoir dans la même direction jusqu'à ce qu'une autre force vienne exercer son influence. »

Selon la théorie Dow (cela est valable pour analyser le comportement de l'indice des valeurs industrielles Dow Jones), on obtient un signal d'achat lorsque, sur le graphique, la figure ci-dessus apparaît ; un marché baissier dure de une à deux semaines et est suivi d'une réaction haussière de deux à trois semaines, qui dure de trois semaines à trois mois et produit un gain de 7 % à 13 % — ou 1/2 à 2/3 de la baisse précédente ; de trois, le marché retombe à quatre ; mais quatre est moins bas que deux. Dès que la courbe

4 >> L'analyse et le jugement en Bourse

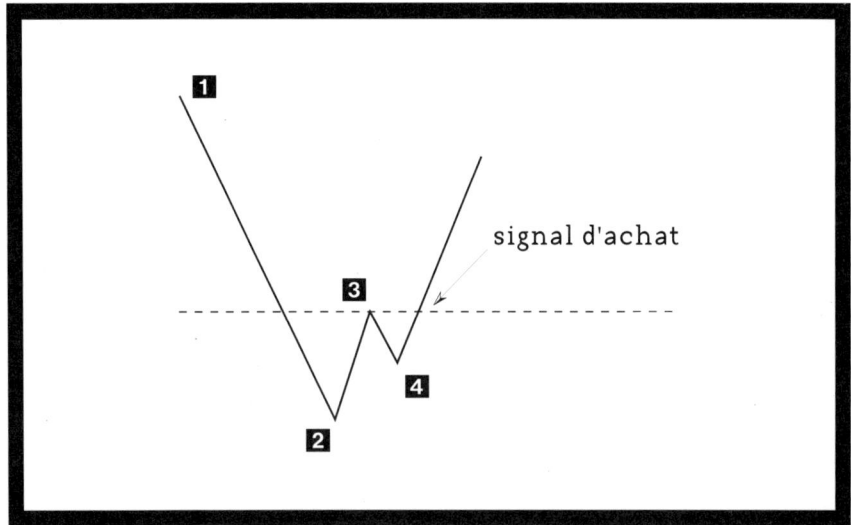

rebondit pour traverser la ligne horizontale au niveau trois, c'est un signal d'achat, si l'indice Dow Jones des transports a eu une évolution parallèle.

À l'inverse, une hausse culminant à un point A, suivie d'une baisse à B et d'une reprise à C — ce dernier point étant moins élevé que A — et enfin terminée par une chute au-dessous du niveau du point B, constitue un signal de vente, si l'indice des transports a réagi de la même manière.

Après la théorie des tendances de Dow est née celle des vagues d'Elliott. Selon Ralph Nelson Elliott (1871-1947), le marché boursier, quand il monte, le fait en cinq phases successives : hausse, repli, hausse, repli, hausse. La deuxième hausse ne doit pas être plus courte que la première ou la troisième. Si elle est plus courte, elle ne compte pas.

Elliott mentionne des vagues mineures (durée de moins de trois semaines), intermédiaires (trois semaines à trois mois) et majeures (de trois mois à plusieurs années). Un groupe de 3 ou de 5 vagues majeures est appelé un cycle, et 3 ou 5 cycles forment un supercycle (qui peut durer 50 ou 70 ans).

Les nombres tiennent une grande place dans la théorie d'Elliott. On voit que vagues et cycles se produisent en séquences de cinq et trois et cinq et trois, etc. Ces chiffres font partie de l'étonnante série de Fibonacci, un mathématicien italien du XIIIe siècle. Ces chiffres sont : 1, 2, 3, 5, 8, 13, 21, 34, 55, 89, 144, etc. Ils présentent d'intéressantes particularités. Le total de deux chiffres consécutifs est égal au chiffre suivant (13 plus 21 font 34); chaque nombre divisé par celui qui suit le chiffre immédiatement plus élevé donne comme résultat le chiffre 2 et comme reste le chiffre qui le précède (8 va 2 fois dans 21 et il reste 5, soit le chiffre qui précède 8 dans la série); en musique, une «octave» signifie 8 et chaque octave consiste en 8 touches blanches et 5 noires, soit 13 au total : tous ces chiffres font partie de la série, sauf pour les tout premiers chiffres, le rapport entre le chiffre et celui qui le suit est 61,8 %, tandis que le rapport d'un chiffre avec celui qui le précède est de 168,1 %, etc. On a même retrouvé les dimensions de la Grande Pyramide dans les chiffres de Fibonacci.

Si tous les analystes techniques ne vont pas aussi loin pour tenter de percer l'évolution du marché boursier, il n'en demeure pas moins qu'ils partagent la

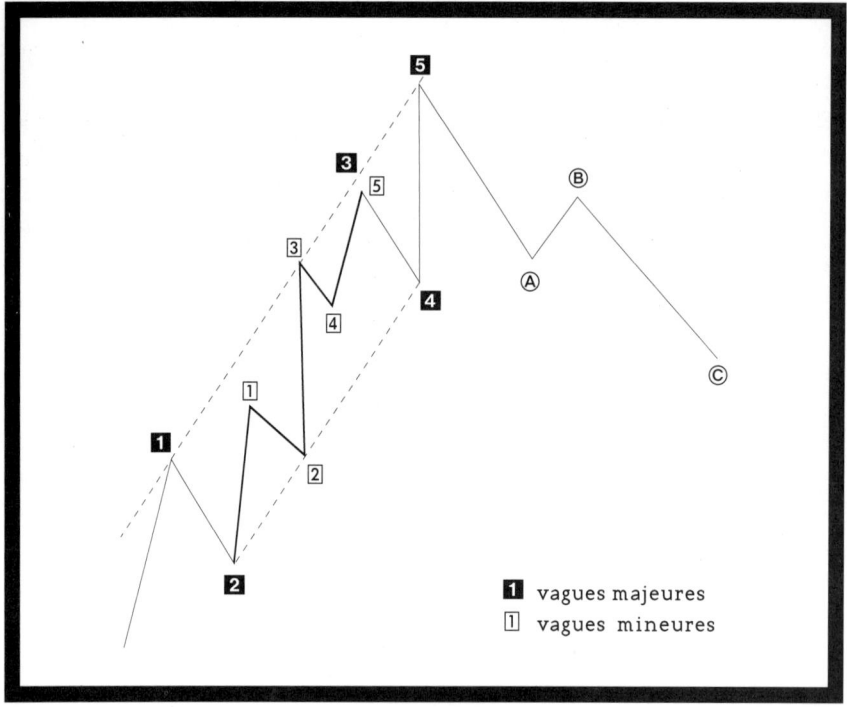

même conviction : ce qui s'est déjà produit dans le passé va se reproduire dans le futur. Donc, si l'on sait que le marché progresse par vagues, il suffit de reconnaître ces vagues pour être en mesure de déterminer quelle sera la prochaine.

Toutefois, de la théorie à l'application, il y a une grande différence et les graphiques ne se laissent pas interpréter aussi facilement. Deux analystes techniques chevronnés pourront même en venir à des conclusions fort différentes après avoir étudié le même graphique. En effet, lire les graphiques, ce n'est pas une mince affaire. Celui qui y parvient, cependant, peut en dégager de très intéressantes indications.

Tout d'abord, il faut mentionner qu'il existe plusieurs types de graphiques. Le graphique en lignes ou en barres, plus souvent utilisé, donne sous forme de barres verticales les hauts et les bas quotidiens (ou hebdomadaires) d'une action, tandis qu'un point marque la clôture. Ces barres, l'une à côté de l'autre, forment le graphique.

L'autre type de graphique, c'est le «point et figure». On inscrit des colonnes de X pour chaque fluctuation de cours dans la même direction. Ainsi, pour une hausse, on inscrira des X les uns par-dessus les autres tant que la tendance n'aura pas changé. Si le cours de l'action ne bouge pas, on n'inscrit rien. S'il se met à redescendre, alors on commence une nouvelle colonne avec des O. Ce type de graphique ne tient compte ni du temps qui passe ni du volume de transactions. Les graphiques «point et figure» sont particulièrement utiles pour juger les niveaux de support et de résistance et mesurer les mouvements potentiels.

Le graphique en barres, lui, est plus couramment utilisé, et on y ajoute volontiers un certain nombre d'indicateurs, qui en facilitent l'interprétation. Voici par exemple le graphique hebdomadaire de l'action Ivaco Inc. classe «B». Il contient cinq courbes plus des bâtons verticaux :

1. Courbe de performance relative. Celle-ci indique quelle est l'évolution du titre examiné par rapport à l'ensemble du marché boursier, représenté par l'indice TSE 300. Quand la courbe monte, c'est que l'évolution du titre est plus favorable que celle du marché en général ; cela signifie que le titre

La Bourse >> Investir avec succès

monte plus vite que l'ensemble de la Bourse, ou encore qu'il monte alors que la Bourse est en baisse ou encore qu'il baisse, mais moins rapidement que la moyenne du marché boursier. Et vice versa.

2. La moyenne mobile de 200 jours. C'est le cours moyen de clôture du titre des 200 derniers jours, qui sert d'indicateur de tendance à moyen - long terme.

3. La moyenne mobile de 50 jours sert d'indicateur de tendance à court - moyen terme. Quand le cours de l'action passe au-dessus des courbes de moyennes mobiles à 200 et à 50 jours, cela constitue un signal d'achat,

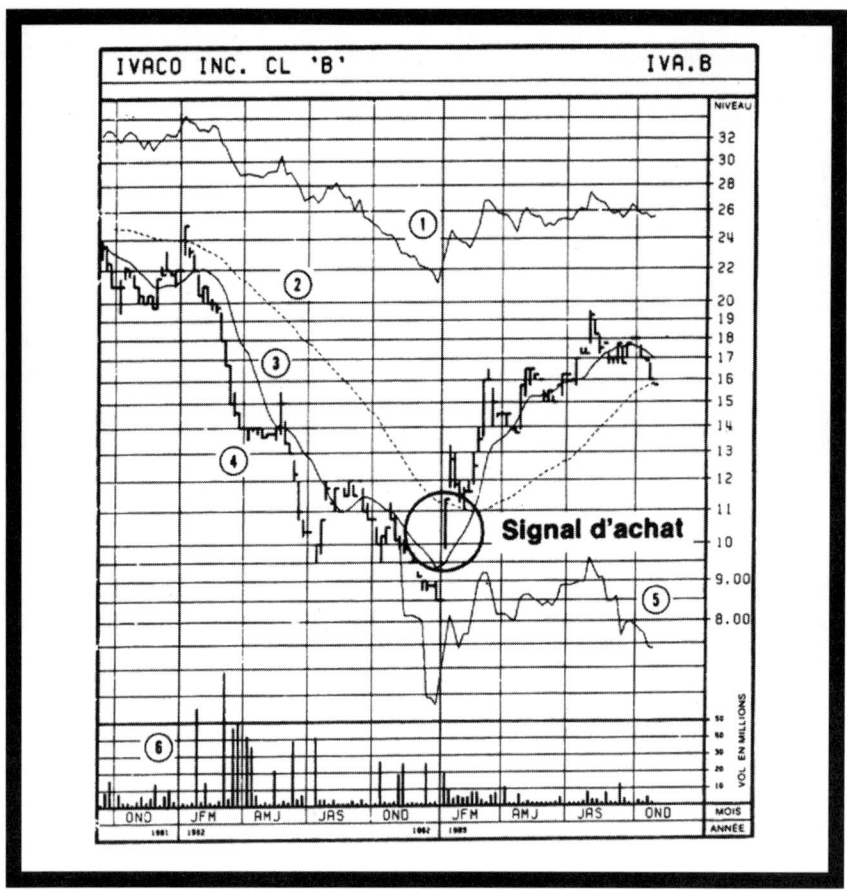

tandis que lorsque le cours de l'action tombe en dessous de ces deux courbes, c'est un signal de vente.

4. Le cours de l'action. Chaque bâtonnet vertical représente, sur ce graphique hebdomadaire, la fourchette de cours atteints par l'action durant la semaine. Le petit trait horizontal, c'est la clôture, c'est-à-dire le cours de fin de journée du vendredi.

5. *On-balance-volume*. Un indicateur inventé par l'analyste technique Joe Granville, qui consiste à ajouter à un total cumulatif le nombre d'actions ayant changé de mains durant la journée, si le titre était en hausse à la clôture ou à soustraire le volume si le titre a fermé en baisse. Cela indique s'il y a prépondérance d'acheteurs ou de vendeurs sur un titre et permet d'évaluer si la tendance — haussière ou baissière — est soutenue, se raffermit, ou va en s'affaiblissant.

6. Ces barres verticales représentent le volume d'actions ayant été négociées en Bourse durant la semaine.

On voit donc que, les indications qui figurent sur ces graphiques sont précieuses et permettent de déterminer quelques signaux d'achat ou de vente. Mais on peut raffiner le système, et cela sans même le compliquer à l'extrême. Pas besoin d'un ordinateur pour déchiffrer les principaux signaux.

Stan Weinstein, éditeur de la lettre financière américaine *The Professional Tape Reader,* qui jouit d'une excellente réputation, utilise des graphiques sur lesquels figurent le cours de l'action et la moyenne mobile de 30 semaines. À l'aide de graphiques reproduisant l'évolution d'un titre pendant trois ou quatre ans, Weinstein désigne quatre phases formant un cycle. Ce sont : phase 1, une période de consolidation durant laquelle le cours de l'action est stable; phase 2, une période de hausse durant laquelle la courbe du cours de l'action se situe au-dessus de la moyenne de 30 semaines; phase 3, un mouvement de consolidation pendant lequel la courbe de prix et celle à 30 semaines s'entrecroisent; phase 4, une baisse durant laquelle le prix se trouve en dessous de la courbe de 30 semaines.

Une fois que l'on sait dans quelle phase du cycle se trouve une action, quand on a repéré sa position par rapport à la tendance à long - moyen terme et par rapport à l'ensemble du marché boursier, on commence à avoir une bonne idée de l'évolution que suivra le titre. À moins que le graphique ne réponde pas aux stéréotypes et qu'il soit difficile à interpréter. Auquel cas, il existe d'autres méthodes d'interprétation.

Les vagues, phases, cycles, ne sont pas toujours aisément identifiables, car des mini-vagues, des phases intermédiaires, des sous-cycles peuvent s'intercaler. On peut alors reconnaître des formations sur les graphiques, des courbes typiques. On note ainsi les périodes d'accumulation, c'est-à-dire lorsque, au terme d'une baisse, un titre fluctue dans une étroite fourchette (cela correspond à la phase 1 de Stan Weinstein).

Ensuite, il y a la formation tête-et-épaules inversée, illustrée ici par le graphique de Federal Industries Ltd. :

1. épaule.
2. tête.
3. épaule.
4. ligne du cou.
A. distance, sur papier semi-logarithmique, entre l'extrémité de la tête et le cou.
B. la même distance représente le potentiel minimum de hausse du titre (ici, jusqu'au point C à 16 $).

Le signal d'achat que constitue la formation tête-et-épaules inversée intervient lorsque le cours de l'action passe au-dessus de la ligne de cou. Il est à noter que, sur notre graphique, cela est survenu à peu près au même moment où le cours de l'action passait par-dessus les courbes de moyennes mobiles à 200 jours et 50 jours. Dans un tel cas, alors que deux indicateurs donnaient le même signal, l'interprétation du graphique était facile.

Les trois principales variations de la formation tête-et-épaules sont les suivantes : formation avec ligne de cou montante, avec ligne de cou descendante et formation à deux têtes.

4 >> L'analyse et le jugement en Bourse

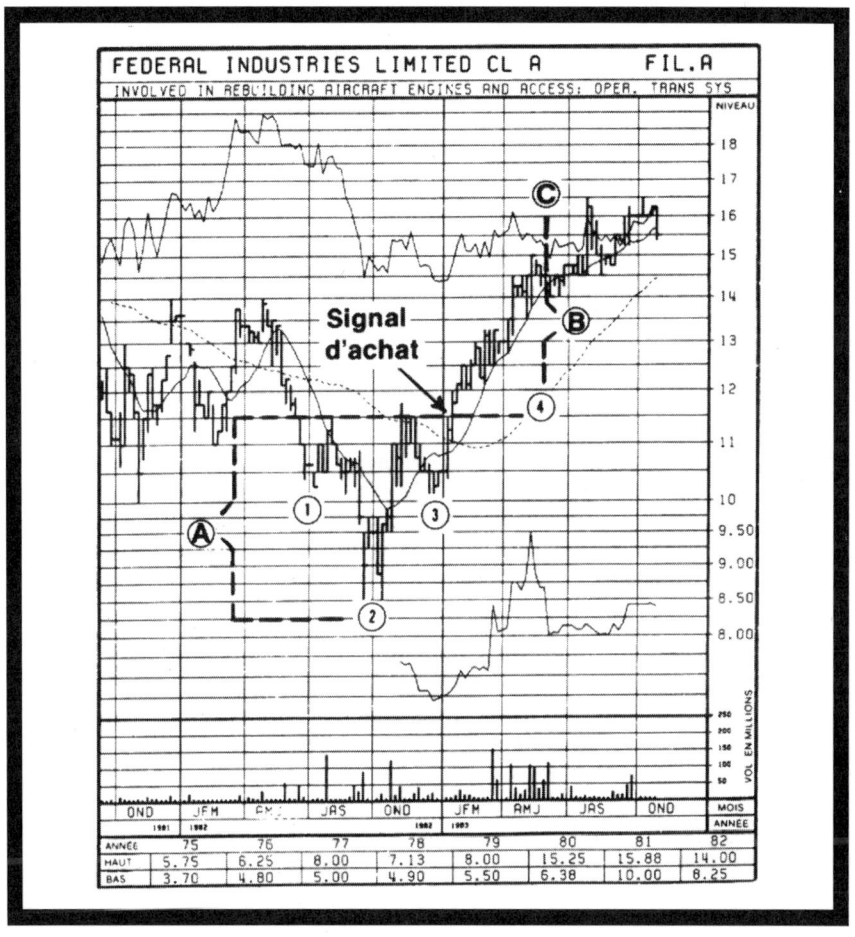

La formation à ligne de cou montante est la plus positive, tandis que, lorsque cette ligne descend, l'implication n'est pas fortement positive. On rencontre enfin assez fréquemment des formations à deux têtes, tant symétriques qu'avec ligne de cou montante ou descendante.

Le graphique de Pembina Resources Ltd. illustre une formation tête-et-épaules à ligne de cou descendante. On y remarque que, à la suite du signal d'achat (confirmé par les courbes de moyennes à 200 jours et à 50 jours), le titre a effectivement réalisé le potentiel de hausse prévisible.

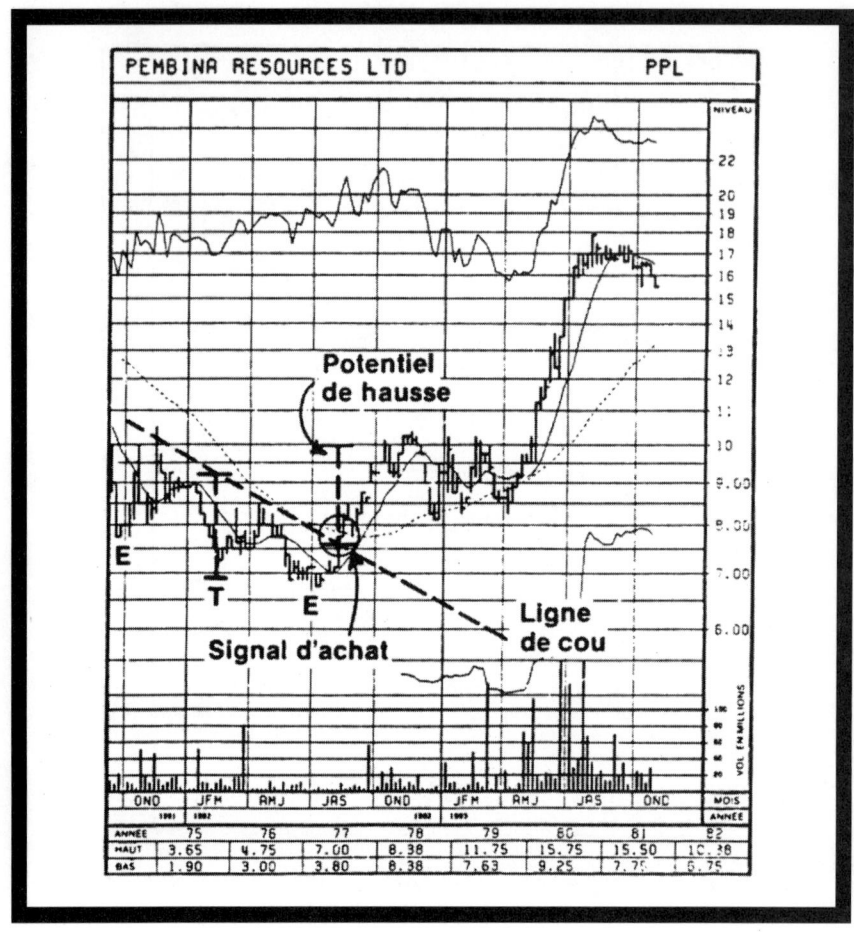

Il existe, mis à part la formation tête-et-épaules renversée, plusieurs formations dites d'accumulation, c'est-à-dire que le cours de l'action fluctue dans une fourchette assez étroite. En reliant les hauts et les bas de ce «couloir», on forme des rectangles ou des triangles. Il faut le dire, ces formations ne sont pas toujours faciles à reconnaître.

L'une d'entre elles mérite toutefois d'être mentionnée, soit le «renversement de tendance à double plancher», illustré ici par le graphique de Seagram. Cette formation est extrêmement positive.

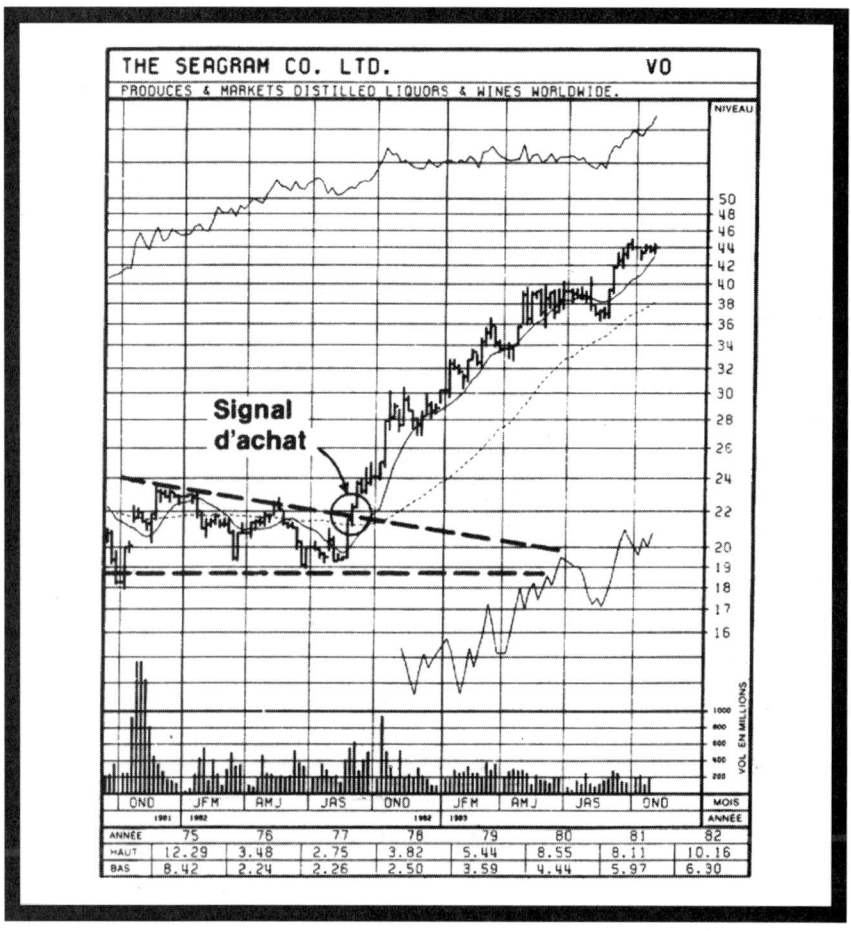

En fait, le signal d'achat sur ce graphique est très vigoureux. En effet, il est confirmé par l'évolution du cours de l'action, par la hausse ininterrompue de la courbe de performance relative, par le vif décollage de la courbe *on-balance-volume* et par le franchissement des courbes des moyennes à 50 jours et à 200 jours. Un graphique idéal. Malheureusement, en pratique, les graphiques ne sont pas toujours aussi éloquents que celui-ci.

Cependant, les graphiques ne servent pas seulement à déterminer quel titre acheter et quand l'acheter. Ils donnent aussi de précieuses indications de vente. Ainsi, la formation tête-et-épaules, à l'endroit, est-elle un signe négatif. Cette formation est un peu différente de la tête-et-épaules inversée, en ce qu'elle contient une phase supplémentaire, le «sursaut». Voici une figure idéale de la formation tête-et-épaules.

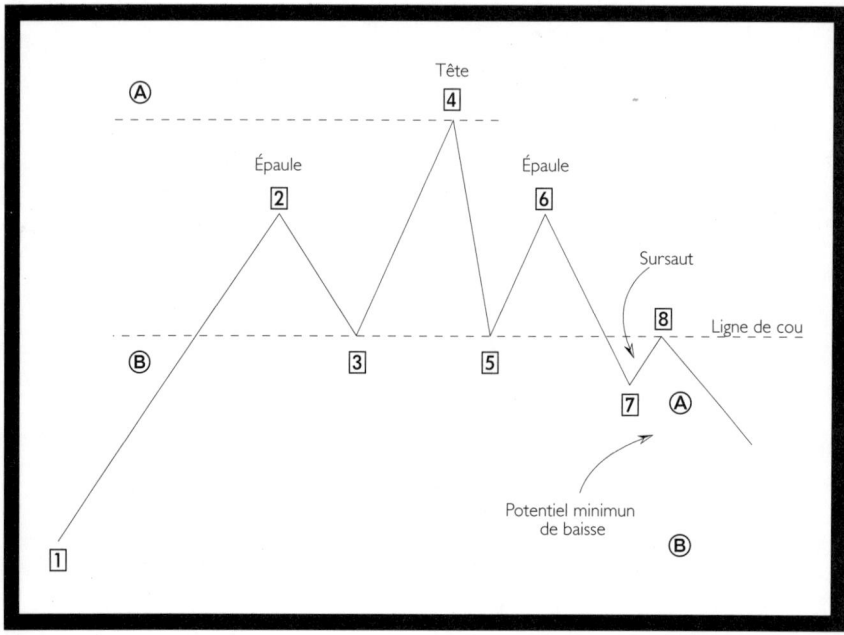

Habituellement, la formation tête-et-épaules à l'endroit se termine par un sursaut, c'est-à-dire une reprise du cours boursier jusqu'à la ligne de cou. Une fois ce niveau atteint, c'est le début de la baisse. L'ampleur de cette baisse correspondra à au moins un espace, sur papier semi-logarithmique, de même grandeur que l'espace qui sépare la ligne de cou du sommet de la tête (points A et B).

Le papier semi-logarithmique est gradué de manière à ce que l'écart entre les différents niveaux de prix soit le même lorsqu'exprimé en pourcentage. Ainsi, sur le graphique de Seagram que l'on vient de voir, l'espace qui sépare les cotes 19 $ et 20 $ est le même que celui qui sépare les cotes 38 $ et 40 $. Si, en termes de dollars, la différence est double, en termes de pourcentage, elle est la même : une hausse de 19 $ à 20 $ représente le même pourcentage de hausse qu'une progression de 38 $ à 40 $.

À l'inverse du «renversement de tendance à double plancher», on peut déceler sur un graphique un «renversement de tendance à double plafond», qui constitue un signal fort négatif.

Dans cette formation, au terme d'une hausse de cours, une action atteint un double plafond (deux et quatre, après quoi le cours baisse à cinq, sans toutefois retomber aussi bas qu'entre les deux sommets (trois); puis une dernière poussée (six) avorte avant d'avoir atteint le même niveau que les sommets deux et quatre, et c'est la chute.

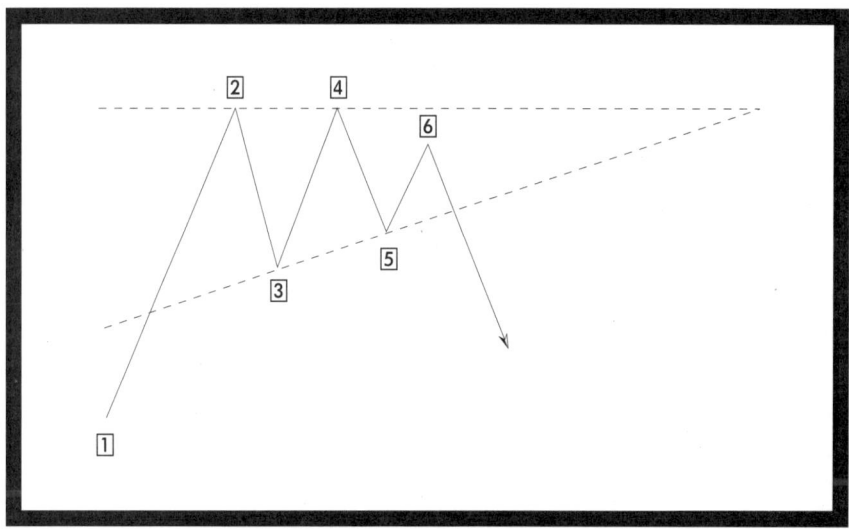

Nombreux sont ceux qui demeurent sceptiques face à l'analyse technique, qui ne parviennent pas à croire que des courbes sur des graphiques peuvent permettre de prévoir l'évolution du prix d'une action. Il n'y a pas si longtemps encore, les analystes techniques étaient des curiosités, des individus extravagants que les maisons de courtage prenaient tout de même à leur service «au cas où» et à qui on donnait un minuscule bureau sans fenêtre à côté de la papeterie.

À force de sérieux, les analystes techniques ont réussi à se faire reconnaître et accepter par l'establishment. La perception qu'on a des analystes techniques a changé. On ne les voit plus comme des gratte-papier penchés sur des graphiques incompréhensibles, essayant de découvrir des formations aux noms bizarres.

Un analyste technique d'une grande firme de courtage explique la démarche de l'analyse technique — du moins la sienne, car chacun de ces analystes est très individualiste, ayant souvent mis au point sa propre méthode, qu'il garde jalousement :

> *La stratégie boursière, c'est l'étude de trois secteurs spécialisés ; la recherche cyclique, qui examine les forces naturelles qui, alternativement, stimulent et dépriment l'être humain. Ces forces tendent à causer des émotions, dont les résultats sont des extrêmes de peur ou d'anxiété et de cupidité. En second lieu, la recherche psychologique, qui examine le comportement émotif des êtres humains ; ce comportement influence les prises de décision (acheter-vendre) de ces être humains quand ils sont des investisseurs. Enfin, la recherche technique proprement dite : elle examine les actions qui découlent des prises de décision car ce sont ces dernières qui déterminent les mouvements de cours des actions.*
>
> *La recherche cyclique utilise l'interpolation, basée sur l'observation des comportements antérieurs et examine les cycles économiques, comme les Cycles de Kondratieff (52-54 ans), ou le cycle de Juglar-Schumpeter de 9 à 10 ans de la production industrielle/activité des affaires/prix des matières premières et denrées. Elle prend en considération les cycles de marché de 46 mois de Dunbar et le petit cycle de trading de 10 jours.*
>
> *Le comportement émotif est mesuré par des indicateurs, tel l'indice hausse-baisse, l'oscillateur de volume en hausse/en baisse, le ratio de positions à découvert, l'oscillateur des titres les plus actifs, l'indice de sentiment des conseillers financiers, etc.*

Enfin, l'analyse technique proprement dite, c'est l'étude des graphiques.

> *La chaîne d'événements (des forces naturelles qui causent des émotions, lesquelles poussent à agir, ce qui cause alors les variations de cours des actions en Bourse) est répétitive et interdépendante. Donc, elle peut servir de base pour prévoir l'évolution des cours en Bourse.*
>
> *Tant la Bourse que les actions fluctuent selon des cycles qui se répètent. Chaque cycle est divisé en phases. Les cycles boursiers se répètent à intervalles réguliers (en moyenne 46 mois), mais les cycles des actions sont irréguliers et peuvent durer quelques années ou de longues années.*
>
> *Les extrêmes d'anxiété et de cupidité se manifestent lorsque le marché boursier est dit « survendu » ou « suracheté ». Ainsi, au terme d'une hausse boursière, alors que la cupidité et le volume d'achat augmentent, un état de « surachat » est créé, qui est le prélude à une baisse. Vers la fin de cette baisse, alors que l'anxiété et les ventes s'accroissent, un état de « survente » est créé, qui introduit une nouvelle hausse.*

Cet analyste technique termine son exposé en révélant ce qui compose la profession de foi de son approche :

> *Nous croyons que toutes les connaissances, les attentes, les espoirs, les prévisions, les rumeurs, les anxiétés, les doutes, les soupçons sont intégrés dans un dénominateur commun : le prix. Ainsi, le graphique du cours d'une action contient déjà toute l'information existante à propos de cette action, tandis que le graphique d'un indice contient déjà tous les renseignements sur le marché qu'il représente.*

Chose certaine, les analystes techniques ne sont plus considérés comme une sorte d'astrologues ; leurs théories sont de plus en plus respectées. De plus en plus, on voit des études de maisons de courtage préparées par des analystes fondamentaux contenant un graphique et l'interprétation de celui-ci par un analyste technique.

L'investisseur, lui, n'est pas analyste. Mais la connaissance des méthodes des analystes est certes un atout. Par ailleurs, ce ne sont pas tous les titres qui font l'objet d'études par les analystes : seules les actions de grandes compagnies, susceptibles d'intéresser les investisseurs institutionnels, sont régulièrement suivies par les analystes. Celui qui veut donc se lancer dans des titres moins connus, ou dans les actions de compagnies en expansion comme celles qui sont cotées à la Bourse de Vancouver, peut avoir recours à l'analyse technique pour se former une opinion sur l'opportunité d'un achat.

Comme on vient de le voir, l'interprétation des graphiques, ce n'est pas tout. Il faut aussi surveiller un certain nombre d'indicateurs (assez importants).

Parmi les plus utilisés, on note la moyenne mobile. On peut la calculer pour diverses périodes et la baser sur les cours hebdomadaires (clôture du vendredi) ou quotidiens (clôture chaque jour). Par exemple, pour calculer la moyenne mobile de 20 jours, on additionne le cours de clôture des 20 derniers jours et on divise par 20. Le chiffre moyen obtenu est alors porté sur un graphique. Le lendemain, on ajoute au total précédent le cours de clôture du jour, et on soustrait le cours du premier, afin d'obtenir les 20 derniers jours et on divise par 20. Et ainsi de suite.

Les graphiques reproduits ici comportent les moyennes mobiles à 50 et à 200 jours. On peut ajouter une moyenne à 20 jours, quand on veut détecter les mouvements à court terme (par exemple quand on veut négocier des options). La moyenne mobile donne un signal d'achat dans les cas suivants :

4 >> L'analyse et le jugement en Bourse

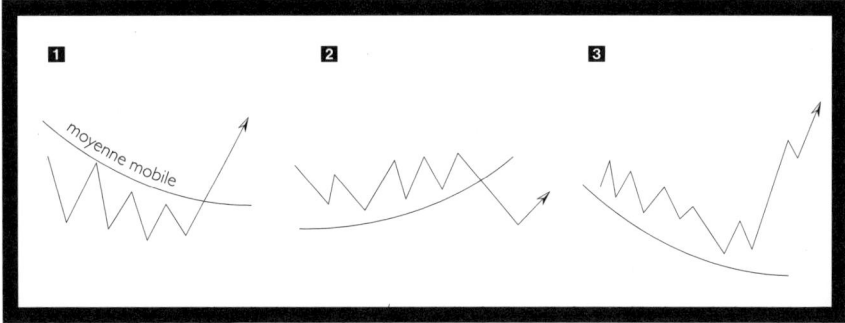

et un signal de vente dans les cas suivants :

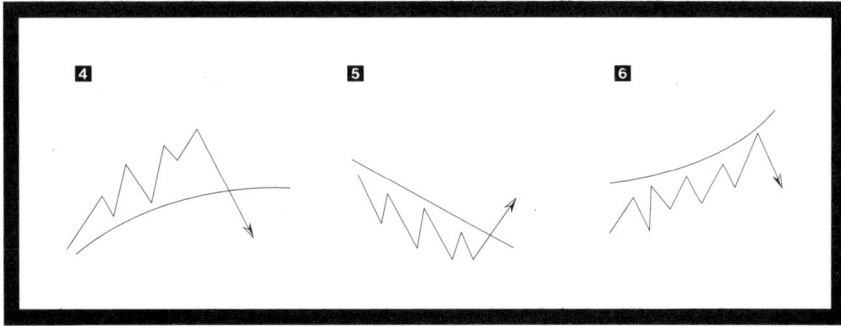

1. La courbe de moyenne mobile freine sa descente et est traversée vers le haut par la courbe du prix de l'action.

2. Le cours de l'action tombe en dessous de la moyenne mobile, mais la courbe de celle-ci ne cesse de monter.

3. Le cours de l'action évolue au-dessus de la courbe de moyenne mobile, s'en rapproche, mais rebondit sans l'avoir traversée.

4. Après une hausse, la moyenne mobile s'aplatit et en même temps elle est traversée vers le bas par le cours de l'action.

5. Le cours de l'action grimpe en traversant la moyenne mobile, mais celle-ci garde sa direction à la baisse.

6. Le cours de l'action, en dessous de la courbe de moyenne mobile, grimpe vers celle-ci, mais retombe sans l'avoir traversée.

Par ailleurs, la courbe de performance relative se calcule comme suit : prix de l'action divisé par niveau de l'indice boursier. Donc, quand Alcan vaut 42 $ et que l'indice TSE 300 se situe à 2 490, le chiffre obtenu est 0,0169. Le lendemain, l'action vaut 41,75 $, mais l'indice a reculé à 2 436. Alors, le chiffre obtenu est 0,0171. Ce chiffre plus élevé signifie que l'action, même si elle a baissé, a moins perdu de terrain que la Bourse en général (mesurée selon l'indice TSE 300). Ainsi, la courbe de performance relative sert plus à déterminer l'évolution de la tendance d'une action par rapport au marché boursier, et ne joue qu'un rôle mineur dans le processus de prise de décision. Il s'agit surtout d'un instrument d'évaluation très utile pour suivre les positions que l'on détient. En effet, un titre qui monte, mais moins que l'ensemble de la Bourse, est, en fait, un perdant dont il faudrait se débarrasser.

Une fois que la tendance d'un titre a été déterminée, on peut juger de l'ampleur et de la durée du mouvement selon l'expérience passée. En particulier, il faut surveiller les niveaux de support et de résistance. On détermine ceux-ci sur une base historique. Voici comment ils s'établissent. Un investisseur avisé achète un titre en se fixant pour objectif de vendre la moitié de sa position lorsqu'il aura grimpé de 50 %. Un autre, moins astucieux, achète en même temps, mais néglige de se fixer un but.

Arrive le moment où le titre affiche une plus-value de 50 %. Le premier investisseur, fidèle au but qu'il s'est fixé, vend la moitié de ses actions. L'autre, emporté par la cupidité, espère une plus-value de 100 % et ne vend pas. Entre en scène un troisième investisseur, celui qui rachète les titres qu'a vendus le premier. Il a vu que le titre avait grimpé de 50 % et a décidé de profiter de la suite de la hausse.

On voit donc que le mouvement de hausse touche à son terme, puisque les acheteurs mus par la cupidité entrent en scène. En effet, l'action baisse au niveau qui correspond à celui où les deux premiers investisseurs l'ont achetée.

Ici interviennent divers sentiments. Le premier investisseur est assez satisfait d'avoir encaissé un profit, mais regrette un peu de ne pas avoir tout vendu.

Il décide d'attendre que le titre regrimpe pour vendre à ce moment-là. En outre, il décide d'acheter immédiatement pour reconstituer sa position originale.

Le second est consterné d'avoir vu tout son profit de papier disparaître. Il regrette de ne pas avoir vendu ses actions et décide de les conserver pour, cette fois-ci, les vendre après une hausse de 50 %.

Quant au troisième, qui a perdu une partie de son investissement, il décide lui aussi d'attendre le retour du cours auquel il a acheté, pour se débarrasser de ses actions.

Ainsi, en prenant des décisions qui seront exécutées dans l'avenir, ces trois investisseurs ont établi d'avance des limites aux mouvements de cours du titre en question. Le premier investisseur a créé un niveau de support, c'est-à-dire le niveau auquel il est prêt à acheter, tandis que les deux autres ont créé un niveau de résistance, en décidant d'avance de vendre. Cela a pour effet de créer une barrière de vendeurs pouvant empêcher la hausse du titre.

Plus les niveaux de support et de résistance sont rencontrés (testés souvent, dans le jargon boursier), plus ils deviennent solides. Pour cette raison, il est intéressant de consulter des graphiques à long terme (couvrant cinq ans de l'évolution d'un titre en Bourse) pour arriver à déterminer ces niveaux.

4.3.1 La grande question : Est-il temps d'acheter ou de vendre ?

Inutile de rechercher, dans un marché boursier à la baisse, **le titre** qui, à l'encontre de la tendance, va grimper : il faut adapter ses investissements au climat qui prévaut. Ce climat, il faut aussi être capable d'en prévoir les tournants. La Bourse ne monte pas et ne baisse pas par hasard. Ses tendances se manifestent régulièrement dans des environnements financiers semblables. Un certain nombre de facteurs, en effet, doivent être réunis pour que la Bourse soit influencée dans un sens ou dans l'autre.

Voici donc, pour l'investisseur pressé, la liste des facteurs à prendre en considération pour évaluer la tendance boursière. Il faut comparer les réponses positives aux réponses négatives pour voir de quel côté penche la balance. Les réponses aux deux parties du questionnaire doivent s'accorder pour que l'on puisse effectivement en tirer une conclusion du type « Oui, c'est le temps d'acheter » et « Non, ce n'est pas le temps de vendre ». Forcément, cette méthode est très schématisée et ne donnera pas, la plu-

A. SI « OUI », C'EST LE TEMPS D'ACHETER

	oui	non
1. L'activité économique est-elle en régression, et, si c'est le cas, peut-on prévoir le terme de ce ralentissement ?		
2. Le taux d'inflation baisse-t-il ?		
3. Si les profits des compagnies ont baissé, entrevoit-on maintenant le creux de la vague ?		
4. Les taux d'intérêt à court terme donnent-ils des signes de faiblesse ?		
5. La Federal Reserve (USA) ou la Banque du Canada ont-elles indiqué qu'elles pensaient à desserrer la vis du crédit et permettre une augmentation de la masse monétaire ?		
6. Le rapport cours/bénéfice des principaux indices boursiers a-t-il baissé vers le niveau qui prévalait lors des précédentes chutes boursières ?		
7. Les fonds de placement ont-ils de fortes liquidités ?		
8. Le ratio des ventes à découvert par transactions de moins de 100 actions *(odd lot)* est-il historiquement très élevé ?		
9. Le ratio des ventes à découvert des spécialistes sur les planchers des Bourses est-il exceptionnellement bas ?		
10. Vos amis et relations d'affaires sont-ils pessimistes ou indifférents à l'égard du marché boursier ?		
11. La tendance boursière a-t-elle été à la baisse pendant de longs mois depuis le dernier sommet ?		
12. La Bourse a-t-elle enregistré une importante perte en pourcentage depuis le dernier haut ?		
13. La baisse de la Bourse s'est-elle récemment accélérée ?		
14. La Bourse est-elle remontée par rapport à son point le plus bas, puis retombée une ou deux fois à ce point pour ensuite remonter ?		

part du temps, une réponse bien claire. Mais elle permet tout de même de prévoir les grands tournants du marché.

B. SI « OUI », C'EST LE TEMPS DE VENDRE

	oui	non
1. Devient-il de plus en plus évident que la période de croissance économique atteint un plateau ?		
2. L'inflation est-elle en phase d'accélération ?		
3. Si les produits des compagnies augmentent, ce taux d'augmentation est-il trop élevé pour être durable ?		
4. Les taux d'intérêt à court terme sont-ils en hausse et sont-ils aussi élevés que lors du sommet du cycle économique précédent ?		
5. Le rapport cours/bénéfice des principaux indices boursiers est-il aussi élevé qu'au terme des hausses boursières précédentes ?		
6. Les réserves de liquidités des fonds de placement sont-elles inhabituellement basses ?		
7. Le ratio des ventes à découvert par lots de moins de 100 actions est-il très bas ?		
8. Le ratio des ventes à découvert des spécialistes est-il très élevé ?		
9. Vos amis et vos relations d'affaires parlent-ils de leurs gains en Bourse et affichent-ils une attitude euphorique ?		
10. La Bourse a-t-elle grimpé pendant de nombreux mois depuis le dernier creux ?		
11. La Bourse a-t-elle affiché un important gain, en pourcentage, depuis le dernier creux ?		
12. La courbe avance-recul affiche-t-elle une évolution moins favorable que les indices boursiers eux-mêmes ?		
13. La Bourse a-t-elle reculé depuis son récent sommet pour ensuite revenir deux fois ou plus à ce sommet, sans pouvoir toutefois s'y maintenir ?		

Les méthodes les plus simples et les plus faciles à utiliser sont les moyennes mobiles.

Dans un autre graphique, celui d'Air Canada, on présente le cours de l'action auquel on ajoute, dans la portion de droite, un couloir de tendance. Le graphique en bâtonnets est entrecoupé des moyennes mobiles à 50 et à 200 jours. La portion du milieu renferme le *on-balance volume* et la dernière portion, l'évolution de l'oscillateur stochastique (RSI).

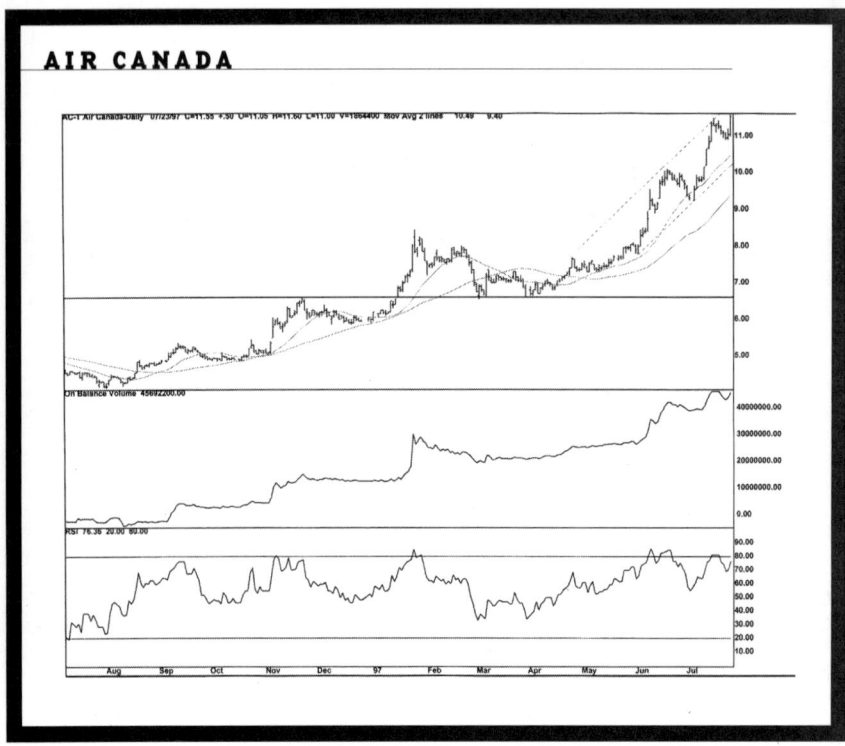

La première moyenne mobile est révélatrice de la tendance à court terme ; la deuxième, de celle de long terme. Dans la deuxième partie du graphique, on remarque un oscillateur stochastique, qui sert à mesurer l'état de surachété ou de survendu du titre. Un oscillateur à 80 % ou plus indique généralement que le titre est surachété, qu'une période de prise de profit ou de repli du cours pourrait survenir. Un oscillateur à 20 % ou moins indique généralement une situation de survendu, une éventuelle période de reprise du cours, un signal d'achat.

4 >> L'analyse et le jugement en Bourse

L'analyse technique trouve donc toute son efficacité dans sa capacité de reconnaître une tendance (et les renversements de tendance), de calculer les points de support et de résistance.

Les propos qui suivent sont tirés d'un article écrit par un autre analyste technique, Mony Negrin, du temps qu'il était collaborateur au défunt *Finance*.

> *Une fois un graphique de cours tracé, on se rend compte que ces cours suivent une certaine direction. Le concept de tendance exprime exactement ce fait. Les mouvements en vagues qui caractérisent les fluctuations de prix se produisent souvent à l'intérieur de lignes, que l'on peut appeler des lignes de tendance ou, encore, d'un canal de tendance. Ce canal est l'un des outils les plus utiles pour l'analyste et, aussi, l'un des plus valables.*

Tant que les cours restent confinés entre les bornes d'un canal de tendance, celle-ci demeure valable. Seul un dépassement à la hausse ou à la baisse des lignes de tendance signale une nouvelle direction.

Pour établir une ligne de tendance avec un certain degré de fiabilité, il faut disposer d'au moins trois points raisonnablement éloignés entre eux : deux doivent trouver appui sur la ligne. Dans le cas d'une tendance haussière, la ligne passe par les creux qui doivent toujours être plus élevés que les précédents. Dans le cas d'une tendance baissière, la ligne de tendance est tracée à partir des sommets des cours, ces derniers étant toujours moins élevés que les précédents.

Le tracé d'une ligne de tendance permet de déterminer ce qu'on appelle techniquement les points de soutien et les points de résistance. Le soutien est le prochain prix qui trouvera appui sur la ligne de tendance à la hausse une fois un mouvement de correction terminé. Le point de résistance, quant à lui, est le prix qui, après un mouvement plus ou moins concentré à la hausse, arrivera à toucher la ligne de tendance à la baisse ou la ligne supérieure d'un canal de tendance à la hausse.

La Bourse >> Investir avec succès

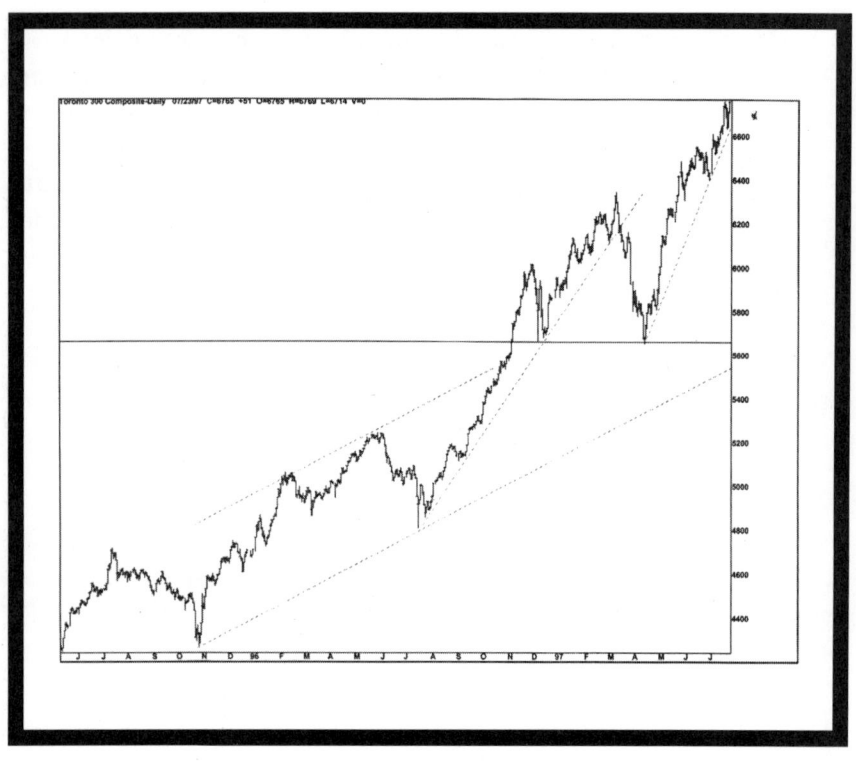

4 >> L'analyse et le jugement en Bourse

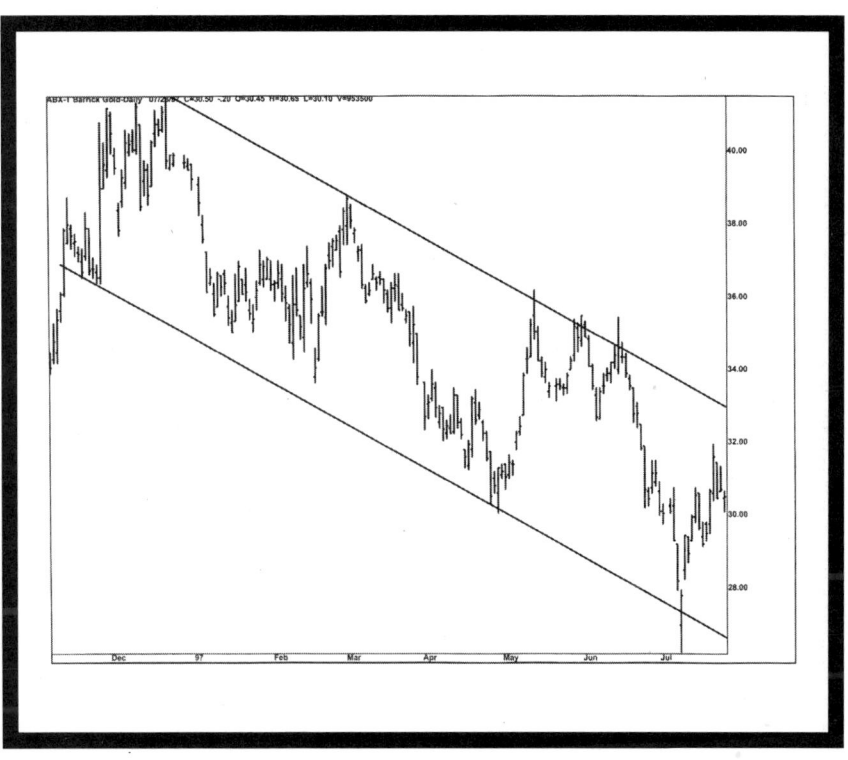

La Bourse >> Investir avec succès

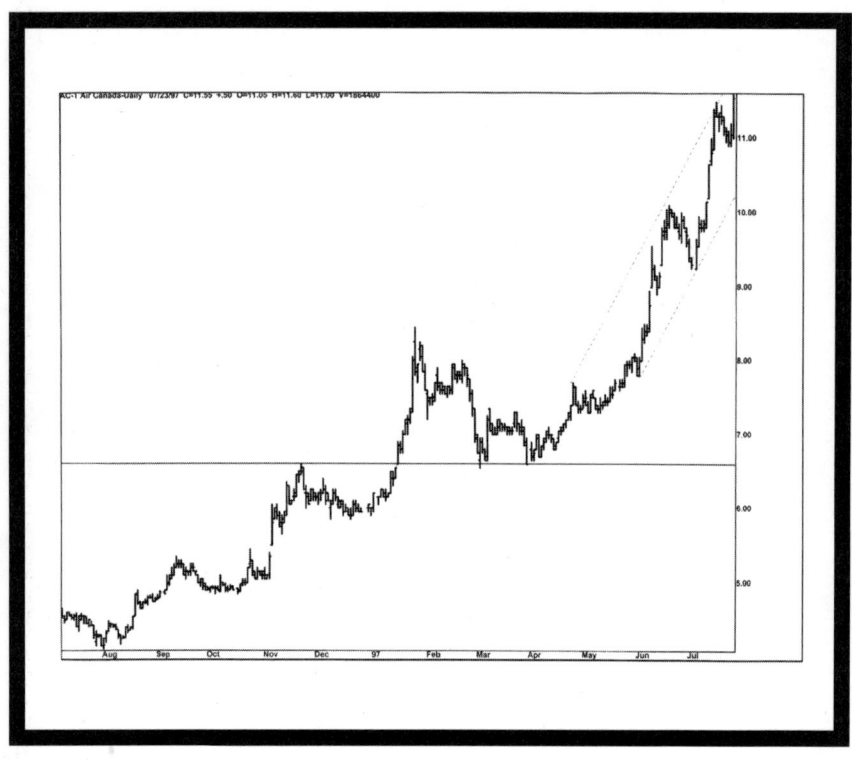

4 >> L'analyse et le jugement en Bourse

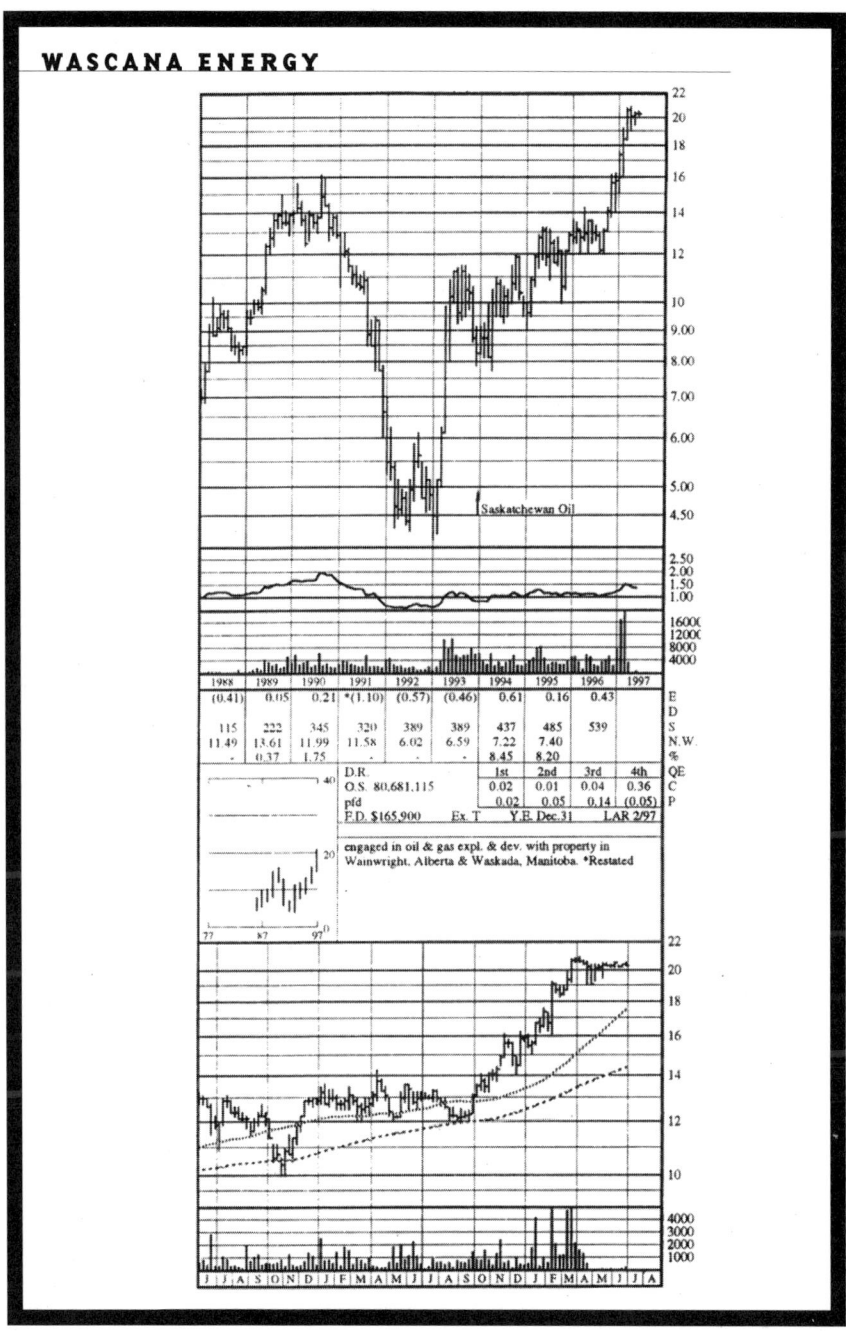

La Bourse >> Investir avec succès

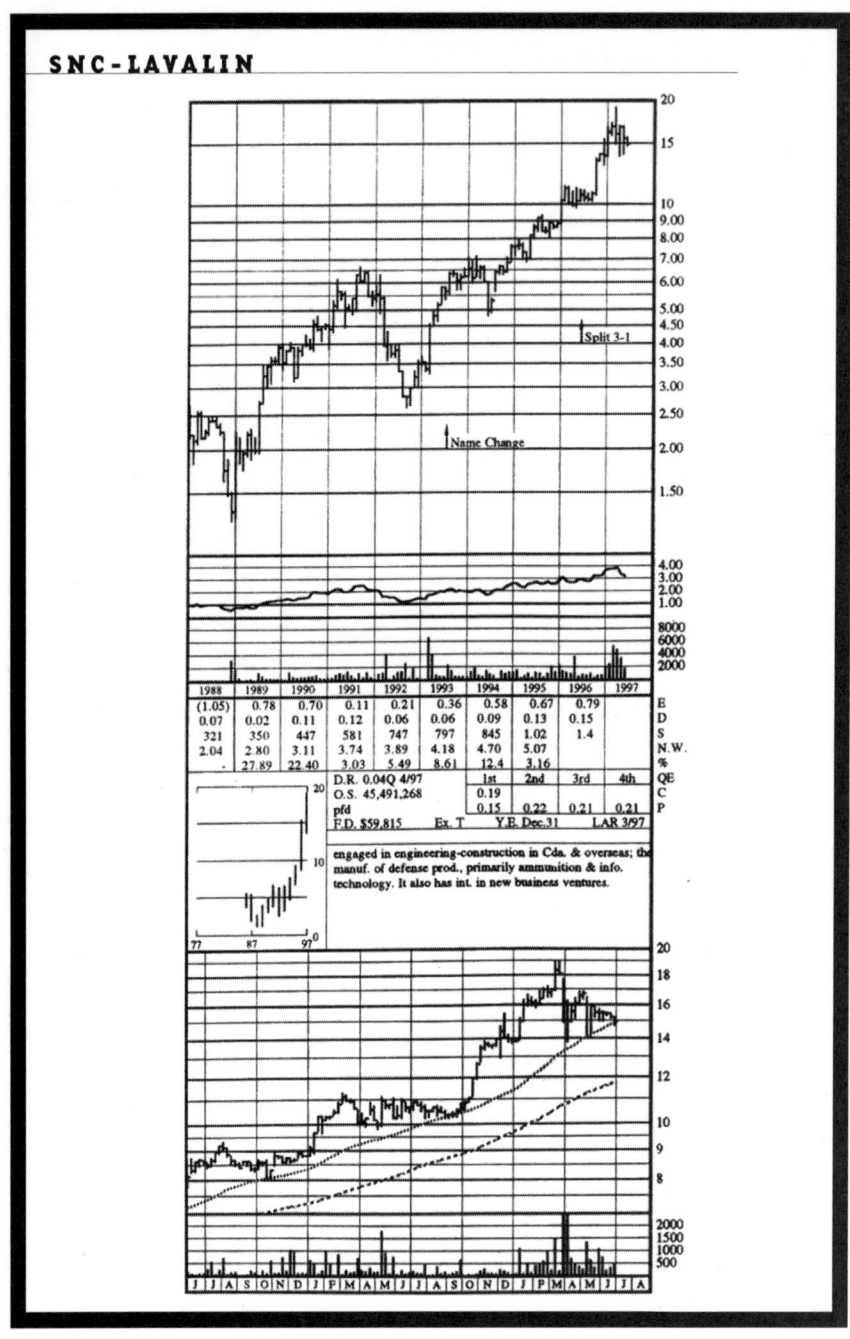

4 >> L'analyse et le jugement en Bourse

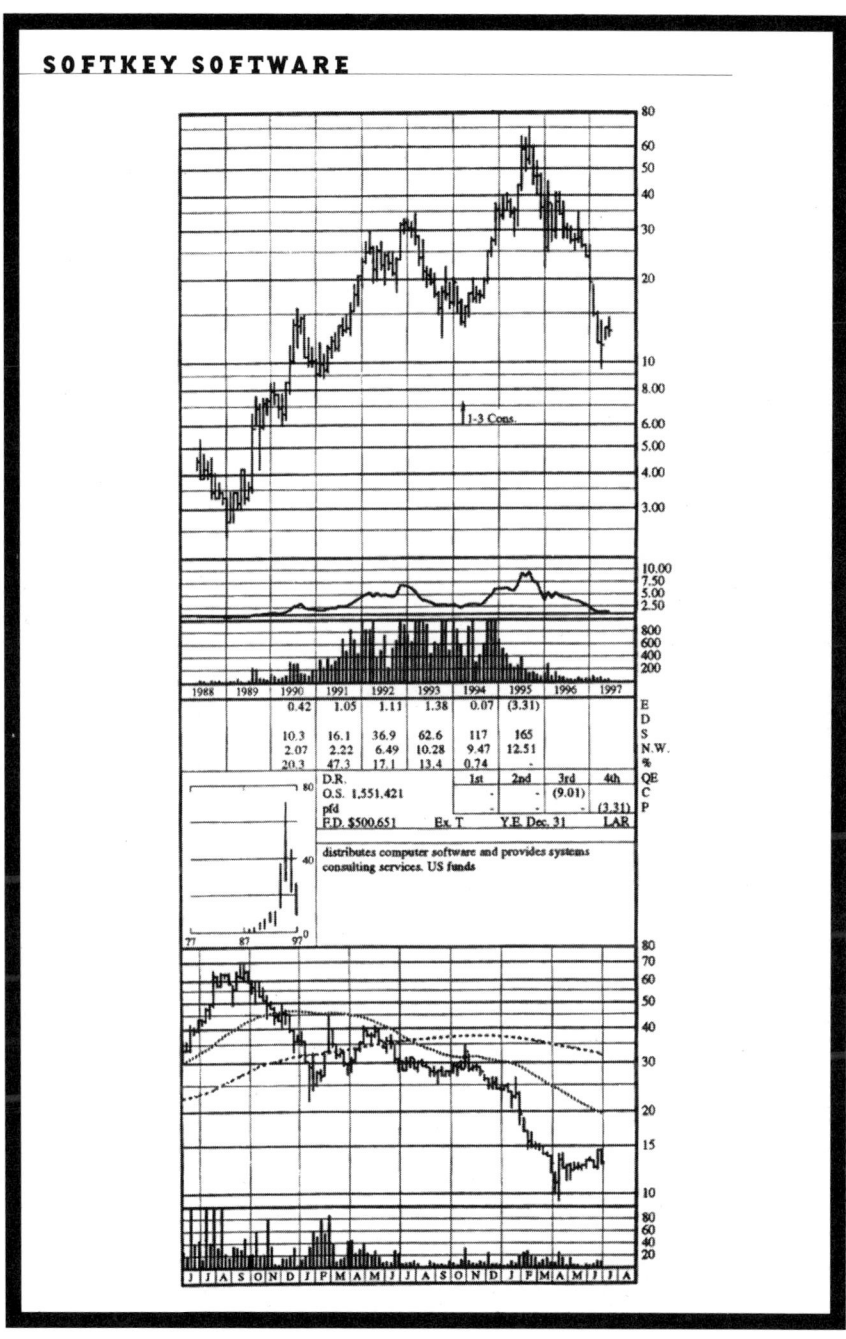

La Bourse >> Investir avec succès

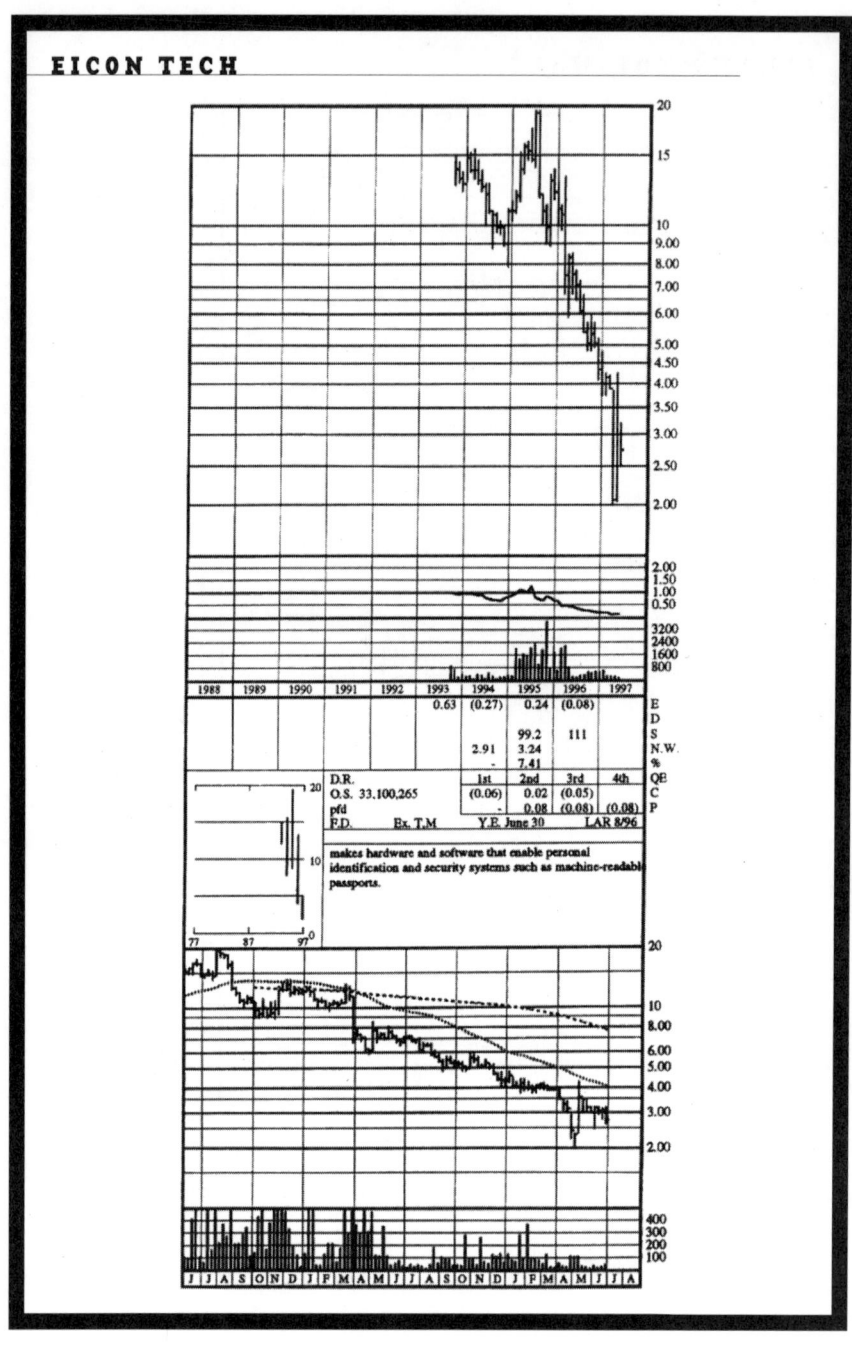

4 >> L'analyse et le jugement en Bourse

GENTRA

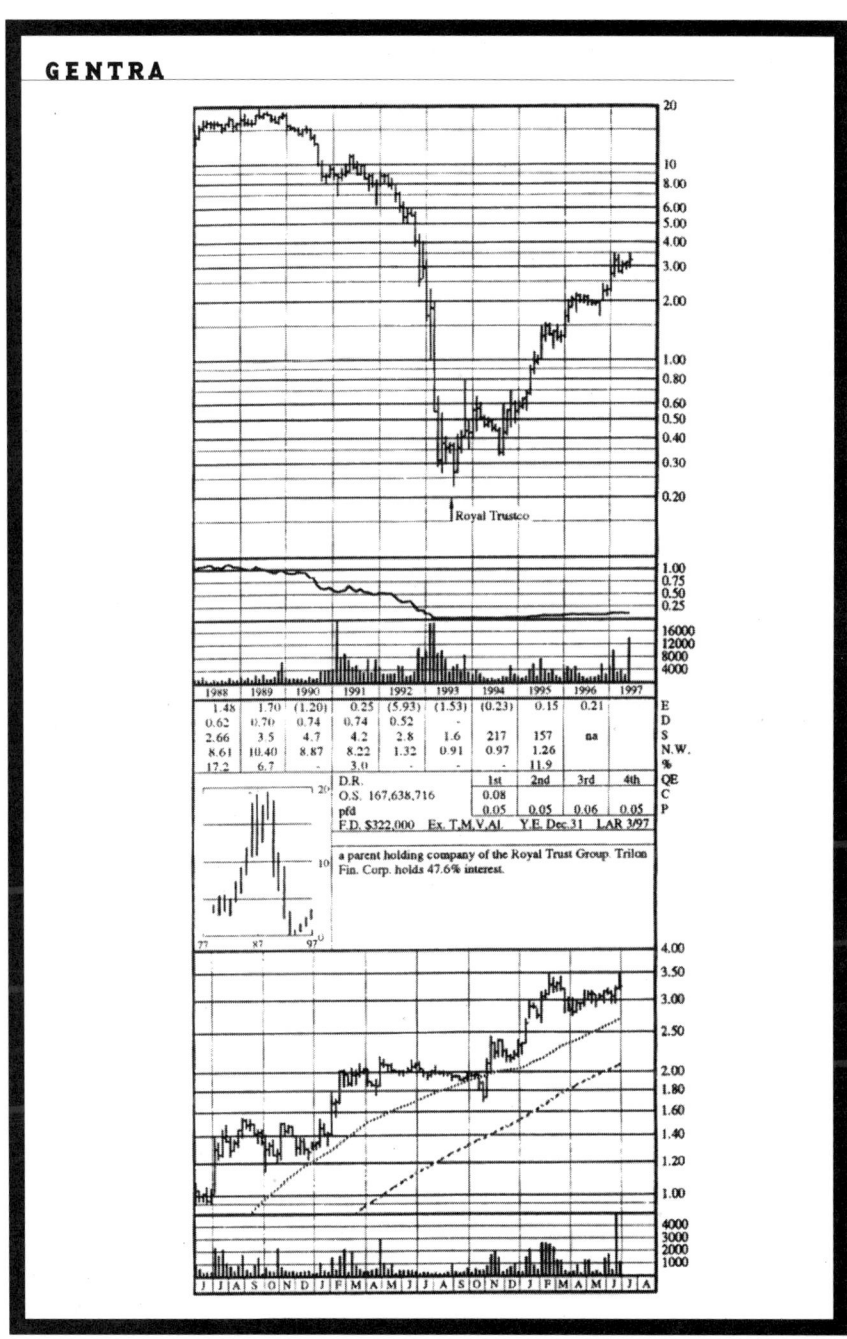

La Bourse >> Investir avec succès

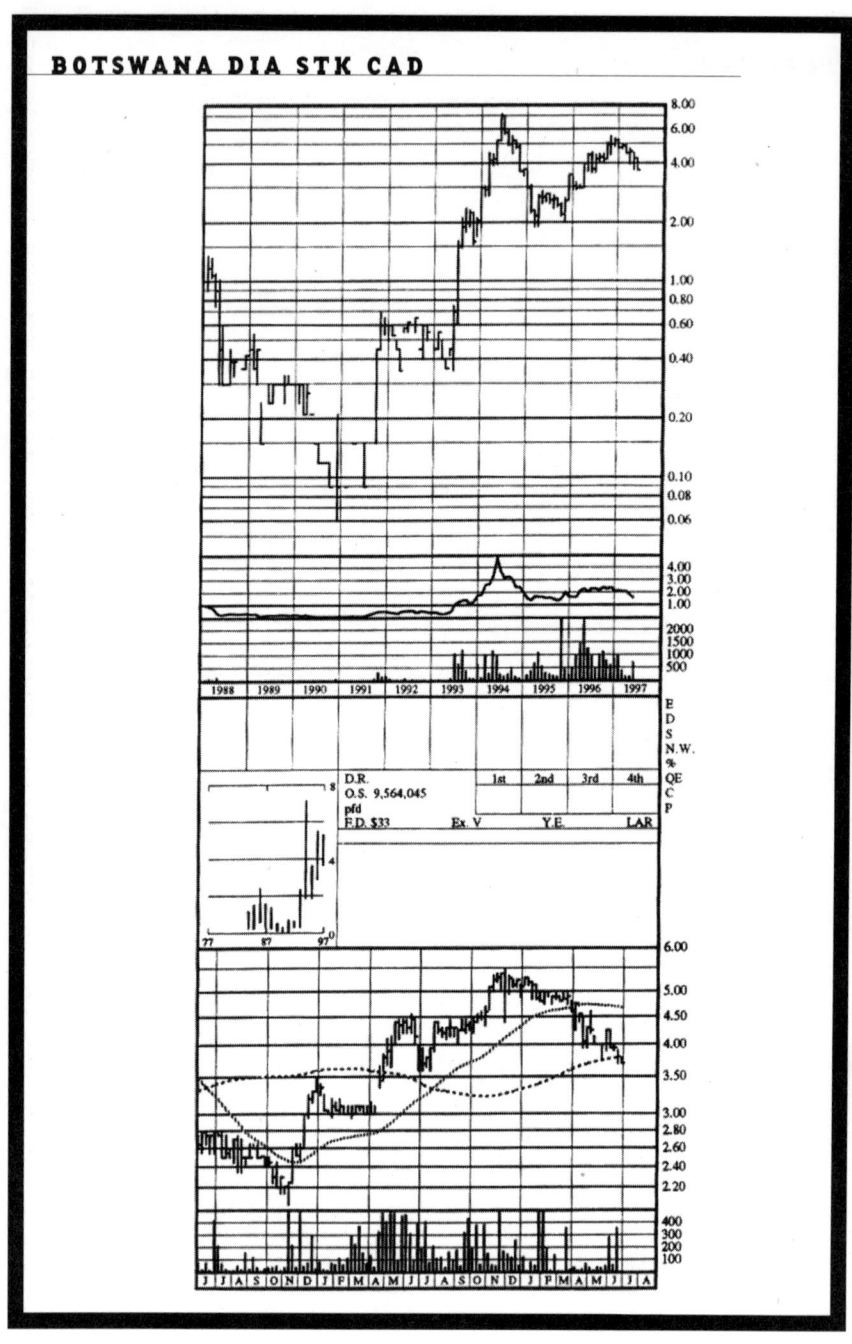

4 >> L'analyse et le jugement en Bourse

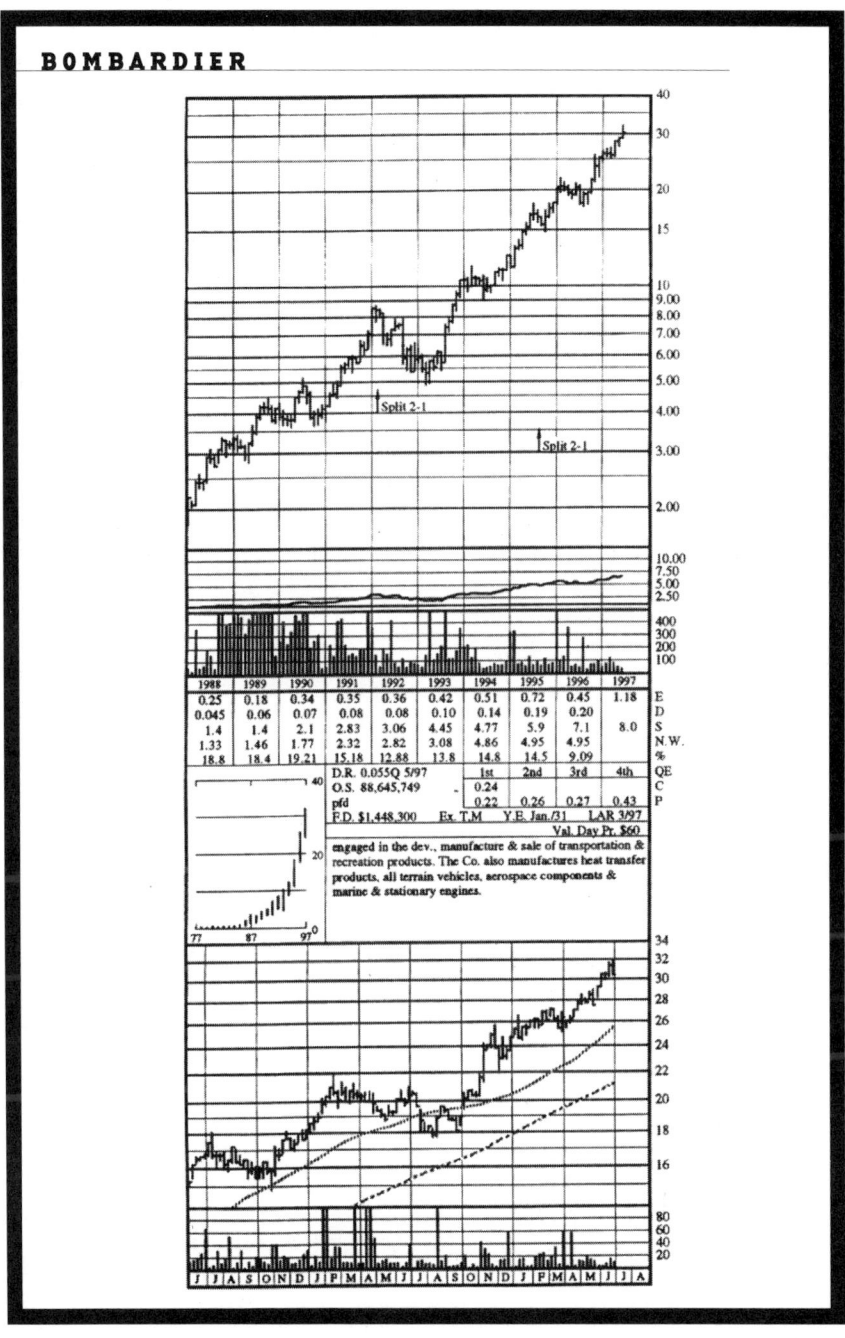

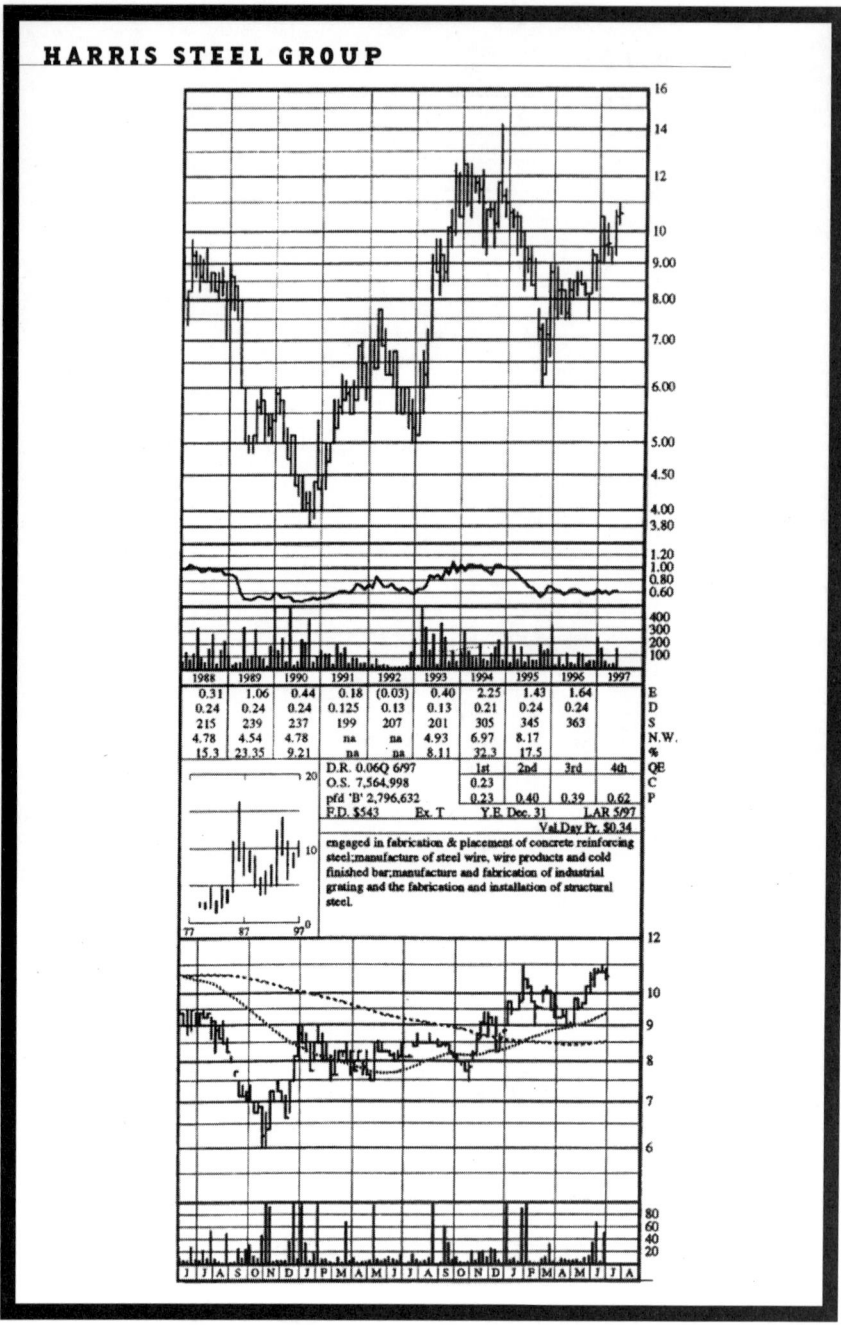

4.3.2 COMMENT QUANTIFIER LE RISQUE

Il existe cinq sources fondamentales de risque :

1. Le risque lié à la négociabilité du titre, c'est-à-dire la liquidité du titre, et au jeu de l'offre et de la demande sur ce titre ;

2. Le risque lié à l'aspect juridique du titre : une obligation est, par définition, moins risquée parce que mieux protégée par des garanties que l'action ordinaire ;

3. Le risque lié au temps, à l'échéance : plus l'échéance est lointaine, plus les impondérables sont susceptibles d'en modifier la valeur ;

4. Le risque lié aux particularités techniques du titre, soit les différentes modalités ou conventions pouvant restreindre ou limiter les droits du détenteur ;

5. Le risque lié à l'émetteur.

Dans ce cas, on distingue deux types de risque :

> Le risque provenant des activités proprement dites, soit le risque externe, sur lequel la direction de l'entreprise n'a pas de contrôle direct (cycles économiques, contexte politique, démographie, etc.) et le risque interne. Puis, le risque financier, soit celui qui découle de la structure financière de l'entreprise.

> Les quatre premières sources de risque seront prises en ligne de compte dans le choix de l'actif financier. Ainsi, en fonction de ses objectifs et de son degré d'acceptation du risque, l'investisseur doit sélectionner l'actif financier qui répond le plus à sa personnalité. Il doit également considérer ces sources de risque lorsque vient le temps de déterminer le taux de rendement qu'il espère obtenir.

> La cinquième source de risque, celui qui est lié à l'émetteur, est synonyme de volatilité. La volatilité est généralement associée à la

probabilité que le rendement réalisé sera inférieur aux espoirs. Comme nous l'avons dit, certains facteurs sont externes à l'entreprise; elle peut difficilement les contrôler. On parle alors de risque systémique. D'autres éléments de risque trouvent leur origine au sein même de l'entreprise et, ce faisant, deviennent faciles à contrôler; on parle alors de risque non systémique.

Le risque systémique touche généralement l'ensemble des marchés financiers, ou encore l'ensemble d'un marché en particulier (boursier, obligataire, des capitaux). On dit couramment que près de 50 % du risque inhérent à un titre revêt un caractère systémique. Quant au risque non systémique, l'autre 50 %, il est unique pour chaque titre et découle de sources internes (grèves, efficacité des gestionnaires, âge et état des installations, etc.).

Les entreprises à risque systémique élevé sont généralement celles dont les ventes, les profits et la valeur marchande des actions suivent de près l'activité économique. Inversement, les entreprises à risque non systémique élevé se retrouvent principalement dans le domaine des biens de consommation non durables. De plus, en tant que groupes spécifiques, le risque systémique du marché obligataire est lié à la volatilité des taux d'intérêt, alors que celui des actions devient davantage lié au climat d'ensemble du marché boursier (changement d'attitude des investisseurs envers les actions en général, ou envers des actions d'entreprises engagées dans certains secteurs d'activité bien particuliers).

Pour une période de temps donnée, le rendement sur investissement est déterminé par l'addition des éléments suivants :

> Le taux pur, c'est-à-dire le taux d'intérêt sans risque (généralement le taux réel des bons du Trésor à trois mois du gouvernement canadien), déduction faite de l'inflation;
> La prime pour l'inflation (inflation prévue au cours de la période visée);
> Le risque non systémique;
> La prime pour le risque;
> Le risque systémique.

4 >> L'analyse et le jugement en Bourse

Pour réaliser cette agrégation, il devient important de mesurer ou de quantifier la prime au risque nécessaire.

La détermination du risque non systémique se fait par l'établissement d'une distribution de rendements possibles et d'une distribution de probabilités associées à ces rendements et ce, au cours de la période désirée. Dès lors, la dispersion de cette première distribution, et plus précisément l'écart-type, est utilisée en tant que mesure du risque non systémique. Supposons les rendements possibles suivants et leur probabilité respective au cours d'une période de temps donnée :

A			**B**		
(1)	(2)	(1) × (2)	(1)	(2)	(1) × (2)
7 %	0,05	0,35	9 %	0,30	2,70
8 %	0,10	0,80	10 %	0,40	4,00
9 %	0,20	1,80	11 %	0,30	3,30
10 %	0,30	3,00	—	—	—
11 %	0,20	2,20	—	—	—
12 %	0,10	1,20	—	—	—
13 %	0,05	0,65	—	—	—
	1,00	10,0 %		1,00	10,0 %

Ces deux actions (A et B) offrent un rendement espéré moyen de 10 % au cours d'une période donnée, mais la volatilité de A est de loin supérieure à celle de B.

(A) (1) Rendement possible Rendement espéré	(2) Variance	(3) Probabilité	(2) × (3)
7-10 = -3	(-3)² = 9	0,05	0,45
8-10 = -2	(-2)² = 4	0,10	0,40
9-10 = -1	(-1)² = 1	0,20	0,20
10-10 = 0	0	0,30	0
11-10 = 1	(1)² = 1	0,20	0,20
12-10 = 2	(2)² = 4	0,10	0,40
13-10 = 3	(3)² = 9	0,05	0,45
		1,00	2,10

Variance pondérée = 2,10
Écart-type pondérée = $\sqrt{2,10} = 1,45$

(B)			
9-10 = 1	(-1)² = 1	0,30	0,30
10-10 = 0	0	0,40	0
11-10 = 1	(1)² = 1	0,30	0,30
		1,00	0,60

Variance pondérée = 0,60
Écart-type pondéré = $\sqrt{0,60} = 0,77$

L'écart-type devient ici la mesure du risque non systémique. Quant au risque systémique, il prend la forme du bêta.

Le bêta est un coefficient de sensibilité du cours de l'action par rapport à la fluctuation du marché. En termes mathématiques, c'est la pente de la courbe qui ressort de la régression linéaire entre le cours du titre et le rendement du marché et ce, pour une période donnée (généralement un cycle économique complet). L'indice TSE 300 est généralement considéré comme l'indicateur du marché boursier canadien et la relation qu'il convient d'établir est de la forme suivante :

$$Y = a + bX$$

où :
Y = cours de l'action à un moment donné
X = indice du marché à un moment donné
b = pente de la courbe (bêta)
a = ordonnée à l'origine

Il importe à l'investisseur désireux d'utiliser le bêta d'être constant dans sa démarche. De plus, le bêta ne doit pas être vu comme une vérité absolue ou une approche révolutionnaire permettant de faciliter la sélection de titres puisque, dans la très grande majorité des cas, cette donnée n'a pas de signification propre sur le plan statistique et ne répond généralement pas aux hypothèses sous-jacentes à la théorie de la régression linéaire. Toutefois, la valeur du bêta obtenue est directement proportionnelle au nombre d'observations, ce qui permet de contrebalancer en partie les faiblesses déjà mentionnées.

Ainsi le calcul du bêta n'est pas complexe en soi et le gros du travail est la quête et le traitement des données. De plus, un bêta peut être calculé pour une action en particulier, ou pour une industrie, alors que celui du marché (normalement le TSE 300) prend la valeur 1,00. Finalement, certains analystes préfèrent disséquer les diverses phases d'un marché boursier et calculer un bêta pour chacune d'elles.

Formule :

$$B = \frac{\mathrm{E}\,X_i Y_i - (\mathrm{E}\,X_i\,\mathrm{E}\,Y_i)/n}{\mathrm{E}\,(X_i)^2 - \mathrm{E}X_i{}^2/n}$$

où :
X_i = valeur de l'indice boursier au temps i
Y_i = cours de l'action au temps i
n = nombre d'observations
E = sommation

La Bourse >> Investir avec succès

Exemple

Supposons les 10 observations quotidiennes suivantes (cours à la fermeture) :

1 Indice TSE 300 (X)	**2** Cours de l'action (Y)
2703,94	19,50 $
2711,40	20,00
2729,40	22,00
2707,40	21,25
2698,57	21,25
2719,43	21,75
2727,01	22,25
2735,49	23,00
2721,67	21,75
2706,49	20,00
n = 10 E = 27 161,05	E = 212,75
Xi Yi 1 x 2	(Xi)²
52 726,83	7 311 291,52
54 228,00	7 351 689,96
60 052,30	7 450 989,12
57 532,25	7 330 014,76
57 344,61	7 282 280,05
59 147,60	7 395 299,53
60 675,97	7 436 583,54
62 916,27	7 482 905,54
59 196,32	7 407 487,59
54 129,80	7 325 088,12
E = 577 949,95	E = 73 773 629,73

4 >> L'analyse et le jugement en Bourse

$\text{E } X_i Y_i = 577\,949{,}95$

$(\text{E } X_i \, \text{E } Y_i)/n = \dfrac{(27\,161{,}05 \times 212{,}75)}{10} = 577\,851{,}34$

$\text{E } (X_i)^2 = 73\,773\,629{,}73$

$(\text{E } X_i)^2/n = \dfrac{(27\,161{,}05)^2}{10} = 73\,772\,263{,}71$

$B = \dfrac{577\,949{,}95 - 577\,851{,}34}{73\,773\,629{,}73 - 73\,772\,263{,}71} = \dfrac{98{,}61}{1\,366{,}02} = 0{,}07$

Si TSE 300 = 1,00 alors le «Bêta» de l'action = 1,07

Note : Plus le nombre d'observations (n) est élevé, plus le « Bêta » sera valable statistiquement.

ANNEXE 4

Le rapport annuel : La bible de l'investisseur

Le rapport annuel, comme son nom l'indique, couvre une année complète d'activité. Une période financière de 12 mois ne correspond pas toujours aux limites d'une année civile ou d'une année de calendrier. Une compagnie est libre de déterminer le début et la fin de son exercice financier. Ce choix est fait en fonction du comportement de ses ventes au cours d'une période de 12 mois.

Le rapport annuel fait donc le point sur ce qu'a fait l'entreprise au cours d'une période de 12 mois et sur les résultats qu'elle a obtenus. N'oublions pas, toutefois, que ce rapport est préparé par le service des relations publiques d'une compagnie. L'information est donc présentée de manière à satisfaire aux exigences de la direction, dans un souci de faire bonne figure. Ainsi, l'accent est mis sur les « bons coups » réalisés, les problèmes auxquels aura été confrontée l'entreprise étant expliqués sous le couvert d'un optimisme de bon aloi.

Cela dit, le rapport annuel se compose de quatre grandes sections :

1. Le mot du président — qui passe rapidement en revue les résultats de la compagnie et qui soulève les grandes lignes des projets d'expansion de la compagnie
2. La description détaillée des différentes activités de la compagnie et des résultats de chacune
3. Les états financiers
4. Les notes afférentes aux états financiers.

Les notes afférentes aux états financiers ont pour but de compléter l'information et d'apporter plus de précision sur les différents éléments des états financiers. Elles sont présentées à part pour ne pas encombrer inutilement les états financiers et offrent, entre autres, une description détaillée de la dette à long terme de la compagnie, de son capital-actions, de ses immobilisations. C'est par le biais de ces notes que l'investisseur est mis au courant des poursuites judiciaires dont fait l'objet la compagnie, de ses engagements éventuels, des modifications apportées aux méthodes comptables et de tout autre renseignement susceptible d'intéresser l'investisseur. Il ne faut donc pas sous-estimer l'importance de ces notes.

Les quatre états financiers

Le rapport financier comporte également quatre états financiers :
1. Le bilan
2. L'état des résultats
3. L'état des bénéfices non répartis
4. L'état de l'évolution de la situation financière

Le bilan

Le bilan se compose de l'**actif**, soit ce que l'entreprise possède et ce qui lui est dû, et du **passif**, soit ce que l'entreprise doit. La différence entre l'actif et le passif forme l'avoir des actionnaires, c'est-à-dire ce qui revient aux propriétaires de l'entreprise.

Actif - passif = avoir des actionnaires

Il est à noter que l'avoir des actionnaires ne représente pas nécessairement ce qui reviendrait aux actionnaires si la compagnie faisait faillite et était dissoute. Cet écart s'explique de plusieurs façons.

D'une part, la valeur des différents éléments d'actif est déterminée à partir des méthodes comptables pratiquées et ne reflète pas nécessairement la vraie valeur marchande de ces avoirs. D'autre part, si la compagnie faisait faillite, ses créanciers saisiraient les éléments d'actif servant de garantie aux emprunts, et ce, même si la compagnie avait déjà effectué quelques paiements sur ces emprunts.

L'actif

L'actif est présenté au bilan par ordre de liquidité, c'est-à-dire en tenant compte de la rapidité avec laquelle il peut être transformé en argent. De plus, on distingue l'actif à court terme de l'actif à long terme selon la période de temps qui peut être requise pour disposer de cet élément d'actif.

L'actif à court terme comporte des postes comptables dont les principaux sont les suivants :
1. L'encaisse, constituée de l'argent en banque et des placements en actions et obligations qui peuvent être rapidement vendus et monnayables ;
2. Les comptes clients, représentant des sommes dues à la compagnie pour des produits qu'elle a vendus ou des services qu'elle a rendus ;

3. Les stocks, constitués des produits finis non encore vendus, des produits qui ne sont pas encore arrivés au stade de la vente parce que non terminés et des matières premières entrant dans la fabrication de ces produits.

L'actif à court terme est l'élément vital d'une compagnie. Il détermine la capacité d'une entreprise à couvrir ses frais d'exploitation. À titre d'exemple, c'est son stock de produits finis qui, une fois vendu, procure à l'entreprise l'argent nécessaire pour payer ses salaires et assurer son fonctionnement quotidien. Beaucoup d'entreprises font faillite non pas parce qu'elles n'ont plus de demandes pour leurs produits, mais parce qu'elles ne possèdent pas les liquidités nécessaires pour faire face aux dépenses courantes.

L'investisseur doit donc porter une attention particulière à cette partie du bilan.

L'actif à long terme est essentiellement composé d'immobilisations. Ces immobilisations comprennent les bâtisses, les terrains, la machinerie, l'outillage, l'ameublement, les véhicules automobiles, bref tout ce que possède matériellement l'entreprise. Contrairement à l'actif à court terme, dont l'existence repose sur sa capacité d'être éventuellement transformé en argent, la valeur des immobilisations repose essentiellement sur sa capacité à produire ou à faciliter des services plutôt que sur le résultat des ventes. En principe, les immobilisations ne sont pas destinées à être vendues à moins qu'il ne s'agisse de l'activité principale de l'entreprise.

À l'exception des terrains, avec le temps, les immobilisations sont sujettes à l'usure, la machinerie et l'équipement, à la désuétude. De façon générale, les immobilisations perdent leur utilité pour l'entreprise au cours des années. Afin de répartir cette perte de valeur sur la période de leur durée de vie et pour mieux refléter le fait que cette perte de valeur survient au cours de la production de produits ou de services (devenant alors un coût de production au même titre que les salaires et les autres frais d'exploitation), la compagnie a pour pratique habituelle de constituer un fonds spécial servant à comptabiliser cette perte de valeur et à remplacer les immobilisations. Ces provisions constituées chaque année s'appellent « amortissement » et l'amortissement accumulé représente le total des réserves ainsi constituées au fil des ans. L'amortissement est calculé à partir du coût d'achat de chaque élément d'actif, de sa durée de vie probable et de sa valeur éventuelle au moment de sa revente ou de la fin de sa vie utile.

Bien que les provisions annuelles d'amortissement apparaissent à l'état des résultats comme étant des dépenses, ces frais n'occasionnent aucun déboursé réel. Au bilan, l'amortissement accumulé réduit la valeur des immobilisations inscrites et augmente l'encaisse de la compagnie. Précisons que les réserves pour amortissement ne sont pas de l'argent laissé quelque part dans un compte de banque. Les provisions augmentent certes l'encaisse, mais les sommes ainsi dégagées ne restent pas inutilisées, la compagnie les employant aux fins qui lui semblent les plus appropriées (remboursement de dettes, augmentation des stocks, achat de nouvelles immobilisations, accroissement de ses placements en titres négociables, etc.).

Le passif

Le passif représente tout ce que la compagnie doit rembourser tôt ou tard. On distingue également le passif à court terme du passif à long terme, selon que le délai de remboursement est plus ou moins long.

Les principaux postes formant le passif à court terme sont : la dette bancaire et les comptes fournisseurs, c'est-à-dire les marchandises achetées et livrées mais qui ne sont pas encore payées, soit la portion de la dette à long terme échéant dans l'année en cours.

Le passif à long terme est généralement constitué de dettes à long terme (à échéance supérieure à un an). Ces dettes sont constituées des obligations et débentures émises, des emprunts hypothécaires, etc. Le passif à long terme sert généralement à financer les immobilisations qui composent essentiellement l'actif à long terme.

L'avoir des actionnaires

L'avoir des actionnaires est la différence entre l'actif et le passif. Il est constitué des sommes qui sont engagées dans l'entreprise et qui appartiennent aux actionnaires ou, si vous préférez, aux propriétaires.

L'avoir des actionnaires se compose généralement de trois postes :
1. Le capital-actions est composé de l'argent versé par les actionnaires privilégiés et par les actionnaires ordinaires.
2. Le surplus d'apport provient de sources autres que les bénéfices. Il peut provenir, par exemple, du fait que la compagnie vend ses actions à un prix supérieur à leur valeur attribuée. Ainsi, si une compagnie vend ses actions à 15 $ chacune, alors que leur valeur nominale (valeur inscrite dans le certificat d'action) est de 10 $, la valeur réelle sera affectée au poste de capital-actions et la différence, le profit réalisé, soit 5 $, ira gonfler le surplus d'apport.

3. Le bénéfice non réparti représente la partie des bénéfices qui n'a pas été distribuée aux actionnaires sous forme de dividendes. Ces bénéfices, comme on l'a déjà mentionné, appartiennent aux actionnaires, mais, les administrateurs de la compagnie préfèrent les conserver et les réinvestir pour assurer l'expansion et la croissance de la compagnie.

L'état des résultats

L'état des résultats est constitué d'une nomenclature des revenus réalisés et des dépenses engagées pour tirer ces revenus. La différence entre les revenus et les dépenses, si elle est positive, détermine le bénéfice réalisé par la compagnie au cours de l'exercice. Si cette différence est négative, il s'agira plutôt d'une perte.

Revenus - dépenses = bénéfices (ou perte)

Les revenus

Deux types de revenus peuvent être réalisés, en règle générale, par une compagnie :

> Les revenus provenant de l'exploitation sont les revenus qu'elle tire de la vente de ses produits ou de ses services.
> Les revenus extraordinaires, ou hors exploitation, ne proviennent pas directement de l'exploitation. Entre autres, on considère comme revenus extraordinaires les dividendes et les intérêts perçus sur les placements, de même que les profits réalisés sur la vente d'immobilisations, etc. Ces revenus sont dits «extraordinaires», car ils ne résultent pas des activités courantes ou traditionnelles de la compagnie et ne sont pas susceptibles de se répéter d'une année à l'autre. Il est important, au moment de notre évaluation, de ne considérer que les revenus d'exploitation, puisque les revenus hors exploitation ne sont pas caractéristiques du cours normal des activités de la compagnie.

Les dépenses

Les dépenses d'une compagnie peuvent être très diversifiées. Des ventes (ou revenus) de la compagnie, il faut déduire toutes les dépenses qu'elle a engagées pour en arriver au calcul du bénéfice (ou de la perte).

Les frais d'exploitation servent à produire les biens vendus ou les services rendus. Ces frais, qui sont englobés dans ce qu'on appelle le prix coûtant des marchandises vendues (PCMV) sont : les salaires reliés à la production, le coût des matières premières, le chauffage de l'usine (électricité et autres) et tous les frais qui entrent directement dans les coûts de fabrication.

Les frais de vente et d'administration sont les dépenses de bureau, les frais de publicité et tous les frais relatifs à la gestion courante.

On compte aussi, parmi les dépenses d'une compagnie, les frais d'amortissement des immobilisations, les dépenses d'intérêt sur la dette (prêts bancaires, obligations, etc.) et l'impôt sur le revenu.

Nous venons de passer en revue les principaux postes qui composent les deux plus importants états financiers pour l'investisseur. Il faut se rappeler qu'un bilan offre un portrait, une image prise à un moment donné (généralement à la fin de l'exercice financier) des avoirs et des dettes de la compagnie. Par contre, l'état des résultats propose à l'investisseur une description des différents revenus et de la nature des dépenses effectuées au cours d'une période donnée, généralement au cours de l'exercice financier.

La mesure des états financiers

Les états financiers sont établis à partir de principes comptables généralement reconnus. Or, si quelques mises en garde sont nécessaires quant à la précision des calculs, c'est qu'il revient à la compagnie de choisir les méthodes qu'elle désire utiliser parmi celles qui sont acceptées et reconnues. Il va sans dire que le choix d'une méthode plutôt que d'une autre est, d'une part, arbitraire et, d'autre part, susceptible de modifier les résultats et de modifier le bénéfice indiqué.

Les provisions pour mauvaises créances

Une première mise en garde concerne les provisions pour mauvaises créances. L'actif à court terme d'une compagnie est composé, entre autres, des comptes clients. Ce sont, comme nous l'avons vu, des sommes dues à la compagnie pour des produits qu'elle a vendus ou pour des services qu'elle a rendus et pour lesquels elle n'a pas encore été rémunérée. Il est pratique courante pour une compagnie d'offrir à ses acheteurs des conditions de paiement. Or, malgré cela, certains de ses clients n'acquittent pas leur facture. Pour parer à cet inconvénient, la compagnie se constitue des réserves ou provisions. À partir de ses expériences passées, elle détermine un taux de mauvaises créances. Ce taux est souvent arbitraire. Quant aux provisions constituées, qui viennent réduire l'actif de la compagnie, elles peuvent être supérieures ou inférieures aux mauvaises créances effectivement enregistrées, ce qui a pour effet, selon le cas, de sous-évaluer ou de surévaluer le bénéfice net dégagé au terme de l'exercice financier.

L'évaluation des stocks

L'évaluation des stocks est l'objet d'une deuxième mise en garde. Trois méthodes sont couramment utilisées pour déterminer le coût des stocks. Le choix de l'une plutôt que de l'autre peut avoir une répercussion significative sur le bénéfice net, d'autant plus qu'il existe un important décalage entre l'achat des matières premières, la production et la vente des produits. Ces trois méthodes sont celles du :

> « Coût moyen »
> « Premier entré, premier sorti » (épuisement successif)
> « Dernier entré, premier sorti » (épuisement à rebours)

L'exemple suivant permet de se faire une meilleure idée de la différence entre ces trois méthodes.

Exemple

La compagnie XYZ se spécialise dans la fabrication et la commercialisation de crème glacée. Elle prévoit vendre 10 millions de litres de ce délicieux produit cette année et le gros de ses ventes s'effectue au cours de la période estivale.

Elle passe les commandes de lait suivantes :

oct.-nov.-déc. — 2 millions de litres à 0,60 $ le litre
janv.-févr.-mars — 2 millions de litres à 0,65 $ le litre
avr.-mai-juin — 4 millions de litres à 0,75 $ le litre

La période estivale étant moins favorable que prévu à cause des mauvaises conditions climatiques, la compagnie abaisse ses prévisions de vente. Elles sont donc ramenées de 10 millions à 7,5 millions de litres de crème glacée.
Pour compenser ses prévisions à la baisse, la compagnie décide d'interrompre la production au cours des mois de juillet, d'août, et de septembre.
Comme le lait compose 80 % de la crème glacée que cette compagnie produit, cette dernière se retrouve avec un surplus de deux millions de litres de lait. Ce surplus, qui gonfle temporairement son stock de matières premières, est par la suite vendu ou utilisé à d'autres fins.

Calculons, maintenant, le coût des matières premières que la compagnie imputera à ses ventes selon les trois méthodes précédemment mentionnées.

4 >> L'analyse et le jugement en Bourse

La méthode du « coût moyen »

2 millions de litres à 0,60 $ le litre	2/8 à 0,60 $	0,150 $
2 millions de litres à 0,65 $ le litre	2/8 à 0,65 $	0,163 $
4 millions de litres à 0,75 $ le litre	4/8 à 0,75 $	<u>0,375 $</u>
		0,688 $

Ventes
(7,5 millions de litres à, disons 1,70 $ le litre)   12 750 000 $

Dépenses
(6 millions de litres à 0,688 $ le litre)   <u>4 128 000 $</u>
        8 622 000 $

Dans les deux méthodes qui suivent, on ne comptabilise que le lait effectivement employé, soit 80 % de 7,5 millions de litres, ce qui donne 6 millions. Par contre, dans la méthode du coût moyen, le calcul est fait à partir de la totalité des litres de lait achetés, soit 8 millions.

Méthode du « premier entré, premier sorti »

2 millions de litres à 0,60 $ le litre	2/6 à 0,60 $	0,198 $
2 millions de litres à 0,65 $ le litre	2/6 à 0,65 $	0,215 $
2 millions de litres à 0,75 $ le litre	2/6 à 0,75 $	<u>0,248 $</u>
		0,661 $

Ventes
(7,5 millions de litres à 1,70 $ le litre)   12 750 000 $

Dépenses
(6 millions de litres à 0,661 $ le litre)   <u>3 966 000 $</u>
        8 784 000 $

Méthode du « dernier entré, premier sorti »

4 millions de litres à 0,75 $ le litre	4/6 à 0,75 $	0,503 $
2 millions de litres à 0,65 $ le litre	2/6 à 0,65 $	<u>0,215 $</u>
		0,718 $

Ventes
(7,5 millions de litres à 1,70 $ le litre)   12 750 000 $

Dépenses
(6 millions de litres à 0,718 $ le litre)   <u>4 308 000 $</u>
                                                                                                  8 442 000 $

On constate par cet exemple qu'une différence pouvant aller jusqu'à 342 000 $ peut avoir cours simplement par l'utilisation d'une méthode plutôt que d'une autre.

L'amortissement est également à surveiller. En effet, même si le gouvernement, pour usage fiscal, définit un taux d'amortissement spécifique pour chaque classe d'immobilisations, la dépense d'amortissement incluse dans l'état des résultats d'une compagnie peut être fonction de la méthode et du taux d'amortissement choisis par cette compagnie et non fonction du taux imposé par le gouvernement.

En effet, la compagnie est libre d'utiliser le taux qu'elle désire. Le bénéfice alors indiqué dans les états financiers de la compagnie peut donc être sous-évalué ou surévalué selon que l'amortissement indiqué est supérieur ou inférieur au taux d'amortissement reconnu par le fisc. Ainsi, si la provision annuelle pour amortissement est insuffisante, il en résultera des bénéfices exagérés et une valeur des immobilisations inscrites à l'actif supérieures à la valeur supposée. Il pourrait s'ensuivre des problèmes lorsque viendra le temps de pourvoir au remplacement de ces éléments d'actif. L'investisseur constatera peut-être trop tard que la compagnie a épuisé son capital.

L'inflation

Enfin, l'inflation doit être prise en considération, d'autant plus que les principes comptables traditionnels tiennent pour acquis que l'entreprise évolue dans un monde sans inflation. Tous les éléments d'actif sont inscrits au bilan à leur coût d'origine. Ces coûts demeurent tant et aussi longtemps que l'actif n'est pas radié ou retiré des livres, à moins que la compagnie ne procède à une évaluation et ne rajuste la valeur de cet élément.

Dans notre monde où l'inflation est omniprésente, l'utilisation des coûts d'origine conduit à une sous-évaluation de plusieurs éléments d'actif dont les immobilisations : il s'ensuit une sous-évaluation des dépenses d'amortissement et, par ricochet, une surévaluation des bénéfices.

L'effet de l'inflation se répercute également sur les ventes. Lorsque les prix montent rapidement, la compagnie peut rajuster ses prix de vente assez fréquemment. Il en va cependant autrement de ses dépenses. Par exemple, les salaires ne sont ajustés, pour tenir compte de la hausse du coût de la vie, qu'au moment de la prochaine convention collective. Les matières premières qui entrent dans la fabrication des produits sont achetées parfois bien avant leur utilisation. La hausse des prix, qui modifie également leur coût, a un effet à retardement et cet effet est d'autant plus bénéfique à l'entreprise que le décalage entre leur achat et les coûts résultant de leur utilisation est grand.

L'inflation se traduit par une hausse « artificielle » des bénéfices de la compagnie, dans la mesure où cette augmentation ne provient pas d'une amélioration de la productivité mais bien d'une hausse générale des prix. Conséquemment, la compagnie peut avoir de la difficulté à maintenir le même rythme de progression en période de faible inflation et l'investisseur qui ne tient pas compte de ce fait risque de voir son analyse faussée.

L'interprétation des états financiers

Cela dit, les états financiers, malgré les imperfections reliées à leur calcul, offrent des données à l'état brut dont a besoin l'investisseur pour se bâtir une opinion sur la solidité financière de la compagnie et son potentiel de croissance. C'est à lui d'analyser ces données pour en dégager l'information dont il a besoin. L'interprétation des états financiers ne peut se faire sans le recours à quelques ratios.

Il ne faut jamais perdre de vue qu'un ratio pris seul n'a aucune signification. Il lui faut des points de repère. Ces points de repère sont les ratios correspondants des compagnies couvrant le même secteur d'activité que l'entreprise qui fait l'objet de notre étude ainsi que la moyenne des ratios de l'industrie. L'investisseur doit donc se procurer les états financiers des entreprises dont les activités se rapprochent le plus de celles de la compagnie visée. De plus, il peut avoir recours à une firme spécialisée dans l'évaluation des compagnies (une firme comme Dun & Bradstreet, par exemple), qui fournit sur demande les ratios détaillés (moyenne) des différentes industries formant notre économie.

Finalement, on ne peut passer sous silence le fait qu'un même ratio doit être calculé sur plusieurs années, soit un minimum de cinq ans, pour permettre à l'investisseur d'évaluer la capacité de la compagnie à réagir aux différentes conditions économiques. Pour ce faire, les anciens rapports annuels peuvent être utiles. The Financial Post Corporation édite des cartes communément appelées « cartes jaunes », riches en renseignements historiques sur la plupart des compagnies inscrites à la Bourse de Toronto. Ce service étant très cher, vous pouvez solliciter la contribution d'un courtier ou consulter vous-même les différentes bibliothèques spécialisées dans le domaine de la finance (la bibliothèque de l'École des hautes études commerciales, par exemple).

Les ratios du bilan

En guise de résumé, voici la liste des principaux ratios couramment utilisés lorsque vient le temps de faire l'étude d'un bilan.

Liquidité
Fonds de roulement : actif à court terme - passif à court terme

Ratio du fonds de roulement : $$\frac{\text{actif à court terme}}{\text{passif à court terme}}$$

Ratio de trésorerie : $$\frac{\text{actif à court terme - stocks}}{\text{passif à court terme}}$$

Valeur comptable
Par actions privilégiées :

$$\frac{\text{capital-actions (actions privilégiées et ordinaires) + surplus d'apport + bénéfices non répartis}}{\text{nombre d'actions privilégiées en circulation}}$$

Par actions ordinaires :

$$\frac{\text{capital-actions (actions ordinaires seulement) + surplus d'apport + bénéfices non répartis (moins les arrérages de dividendes privilégiées)}}{\text{nombre d'actions ordinaires en circulation}}$$

Valeur aux livres
Par actions privilégiées :

$$\frac{\text{capital-actions privilégiées}}{\text{nombre d'actions privilégiées en circulation}}$$

Par actions ordinaires :

$$\frac{\text{capital-actions ordinaires}}{\text{nombre d'actions ordinaires en circulation}}$$

Structure financière
Capital investi : dette à long terme + avoir des actionnaires

Niveau d'endettement (à long terme) :

$$\frac{\text{dette à long terme}}{\text{capital investi}}$$

Autres ratios

Nous avons insisté, lorsque nous avons traité de la question du fonds de roulement, sur l'importance à accorder aux stocks (entreprises manufacturières). Il a alors été question des différentes mesures des stocks et, surtout, du fait que cet actif peut distorsionner le calcul des liquidités de l'entreprise. Nous vous avons alors proposé d'utiliser le ratio de trésorerie puisqu'il s'agit là d'un indicateur plus fidèle de la capacité de l'entreprise à respecter ses engagements de court terme et à faire face rapidement aux sorties de fonds imprévues.

Cette mise en garde s'estompe au fur et à mesure qu'une entreprise affiche un fort taux de roulement des stocks. En d'autres mots, plus le délai entre l'achat des matières premières et la vente des produits finis est court, plus l'entreprise est en mesure d'ajouter à ses liquidités. Cette indication est fournie par le ratio de rotation des stocks, qui nécessite cependant l'utilisation de certains postes comptables de l'état des résultats.

Ratio de rotation des stocks :

$$\frac{\text{PCMV + amortissement}}{\text{stocks à la fin de l'exercice}}$$

NOTE :
1- Lorsqu'on ne connaît pas le prix coûtant des marchandises vendues (PCMV), on peut obtenir une bonne estimation en utilisant, au numérateur, les ventes nettes.

2- L'amortissement est ajouté au calcul (sauf dans le cas d'un commerce de détail) lorsque cet amortissement représente une dépense qui a servi à produire les biens.

3- Pour obtenir le coefficient de rotation des stocks en nombre de jours, il suffit de diviser le nombre de jours dans une année par le coefficient ou ratio obtenu de la façon décrite précédemment.

Cette notion de rotation est importante, car elle est une mesure de l'efficacité de la direction à optimiser ses ressources. Elle peut avoir un effet sensible sur les marges bénéficiaires d'une compagnie. Ainsi, on peut pousser plus loin notre interrogation et calculer la rotation du fonds de roulement ou encore des immobilisations.

Ratio de rotation du fonds de roulement :

$$\frac{\text{ventes nettes}}{\text{fonds de roulement moyen (*)}}$$

Ratio de rotation des immobilisations :

$$\frac{\text{ventes nettes}}{\text{immobilisations nettes moyennes (*)}}$$

(immobilisations nettes : immobilisations - amortissement accumulé)

(*) On additionne le solde au début d'exercice à celui de la fin d'exercice, puis on divise le tout par deux.

Il peut être intéressant de calculer la vitesse de recouvrement des comptes clients et de la comparer au délai de remboursement des comptes fournisseurs. Une entreprise consacre beaucoup d'énergie à gérer ses liquidités (sa trésorerie) puisque, dans bien des cas, sa survie en dépend. Or, les comptes fournisseurs et les comptes clients représentent généralement une grande part du fonds de roulement de l'entreprise. Il va sans dire que, idéalement, une entreprise cherche à réduire au minimum le délai de recouvrement de ses comptes clients et tente de prolonger au maximum le délai de remboursement de ses comptes fournisseurs, et ce, sans que cela nuise à ses ventes ni à sa cote de crédit. Un juste milieu, toutefois, doit au moins couvrir ses comptes fournisseurs par ses comptes clients.

Délai de recouvrement des comptes clients

$$\frac{\text{comptes clients moyens (*)}}{\text{ventes nettes}} \times 365 \text{ jours}$$

Délai de remboursement des comptes fournisseurs

$$\frac{\text{comptes fournisseurs moyens (*)}}{\text{PCMV}} \times 365 \text{ jours}$$

(*) On additionne le solde au début de l'exercice à celui de la fin de l'exercice, puis on divise le tout par deux.

Ces deux ratios ont plus de signification lorsqu'ils sont comparés à ceux d'exercices antérieurs.

La gestion du fonds de roulement

Est-il besoin d'insister sur l'importance du fonds de roulement dans la bonne marche des affaires d'une entreprise? Une entreprise très rentable et en pleine croissance peut être obligée de déclarer faillite si elle ne dispose pas des liquidités nécessaires pour honorer ses engagements courants ou pour parer aux imprévus. La trésorerie de l'entreprise est donc le point d'union entre les objectifs parfois contradictoires de profitabilité et de sécurité.

L'élément essentiel à retenir de tout ceci est la rapidité de circulation des ressources financières utilisées ou injectées dans les activités courantes. Plus le laps de temps qui s'écoule entre l'achat des matières premières et la vente du produit fini est court, moins l'entreprise a besoin de « geler » une importante quantité de fonds et moins il lui en coûte pour financer ses stocks et ses comptes clients.

Les ratios de l'état des résultats

En guise de résumé, voici la liste des principaux ratios couramment utilisés lorsque vient le temps d'aborder la lecture de l'état des résultats.

Marge bénéficiaire brute
(seulement si l'entreprise fabrique des produits ou biens) :

$$\frac{\text{ventes nettes - (PCMV + amortissement)}}{\text{ventes nettes}}$$

Autre variante :
Marge bénéficiaire brute :

$$\frac{\text{bénéfice avant amortissement, intérêt et impôt}}{\text{ventes nettes}}$$

Marge bénéficiaire nette :

$$\frac{\text{bénéfice net avant postes extraordinaires}}{\text{ventes nettes}}$$

Flux monétaire :

bénéfice net avant postes extraordinaires +
toutes les dépenses n'entraînant pas de sorties réelles d'argent

Le bénéfice par action ordinaire
Le bénéfice par action consiste à diviser le bénéfice net (après paiement du dividende privilégié) par le nombre moyen d'actions ordinaires émises et en circulation au cours de l'exercice. (On obtient les flux monétaires par actions ordinaires en les divisant par le nombre moyen d'actions ordinaires émises et en circulation).

Par nombre moyen d'actions ordinaires, on entend le nombre au début de l'exercice additionné au nombre à la fin de l'exercice, divisé par deux. Cette façon de faire comporte cependant une petite variante lorsque l'entreprise accroît considérablement son capital-actions au cours d'un exercice (par une émission d'actions, par exemple). Dans ce cas, il est préférable d'utiliser une moyenne pondérée du nombre d'actions ordinaires en circulation durant l'exercice et encore davantage si l'émission survient vers la fin de l'exercice. Ainsi, la moyenne pondérée consiste à calculer la moyenne du nombre d'actions ordinaires en circulation avant la date de clôture de l'émission (solde au début + solde à la fin [ici, la fin est la date de clôture de l'émission], divisé par deux), à multiplier cette moyenne par le nombre de mois que couvre le calcul, à diviser ensuite par 12 et à additionner le tout par le nombre d'actions ordinaires faisant l'objet de l'émission, ce dernier chiffre ayant préalablement été multiplié par le nombre de mois allant de la date de clôture de l'émission jusqu'à la date de fin d'exercice (divisé par 12).

Exemple

L'exercice financier de la compagnie XYZ se termine le 31 décembre. Le 1er août, cette compagnie effectue une émission de 2 millions d'actions ordinaires et la date de clôture est prévue pour le 1er septembre.

capital-actions ordinaires au 1er janvier :	6 millions
capital-actions ordinaires au 31 août :	6,3 millions
capital-actions ordinaires au 31 décembre :	8,3 millions

capital-actions ordinaires moyen (pondéré) :

$$\frac{6 + 6,3}{2} = 6,15 \times 8/12 \text{ (1er janvier au 31 août = 8 mois)} = 4,1$$

$$8,3 \times 4/12 = 2,08$$

nombre moyen (pondéré) d'actions en circulation　　= 4,1 + 2,08
　　　　　　　　　　　　　　　　　　　　　　　　　= 6,18 millions

Lorsqu'une compagnie a différentes classes d'actions ordinaires en circulation (droits de vote multiples et actions subalternes par exemple), le calcul doit tenir compte de l'ensemble des actions ordinaires, sans distinction des classes. Il arrive cependant, à quelques occasions (seulement et dans le cas où une entreprise a émis des actions ordinaires sans droit de vote), qu'une entreprise fasse cette distinction. Elle calcule alors un bénéfice par action pour chaque classe d'actions ordinaires. Quelquefois, des actions privilégiées font partie du calcul du bénéfice par action ordinaire. C'est le cas surtout des actions privilégiées participantes.

La dilution

Lorsqu'une entreprise a émis des titres de créance convertibles, des actions privilégiées convertibles, des droits d'achat d'actions ordinaires et des bons de souscription, elle calcule le plus souvent un bénéfice par action avant dilution (le calcul se fait comme décrit ci-dessus) et pleinement dilué, c'est-à-dire en supposant que le privilège de conversion a été entièrement exercé. Cette façon de faire conduit à une mesure plus prudente et réaliste.

Autres ratios

Les créanciers et les actionnaires (privilégiés et ordinaires) sont intéressés à mesurer la capacité de l'entreprise à honorer ses engagements envers les premiers. On parle alors de couverture de l'intérêt.

Couverture de l'intérêt :

$$\frac{\text{revenu total après frais d'exploitation}}{\text{total des frais d'intérêt}}$$

Généralement, le total des frais d'intérêt est couvert au moins trois fois par les revenus après frais d'exploitation (deux fois dans le cas des services publics). De plus, il est bon de s'attarder à la tendance de cette couverture dans le temps (tendance historique).

Une fois satisfaite cette première curiosité, les actionnaires (privilégiés et ordinaires) désirent mesurer la capacité de l'entreprise à verser ses dividendes sur actions privilégiées. Il ne faut pas oublier que, d'une part, les dividendes sur actions privilégiées doivent être versés avant qu'un actionnaire ordinaire ne reçoive une quelconque participation au bénéfice. De plus, l'actionnaire privilégié se voit conférer un droit de vote lorsqu'un certain nombre de dividendes a été omis.

Couverture du dividende privilégié :

$$\frac{\text{bénéfice net avant postes extraordinaires}}{\text{montant annuel du dividende privilégié}}$$

Dans le cas d'une entreprise qui a une dette à long terme et des actions privilégiées en circulation, le ratio présenté précédemment peut aboutir à de fausses conclusions. Par exemple, il peut arriver que la couverture du dividende privilégié soit supérieure à celle de l'intérêt alors que, dans la réalité, l'intérêt doit être versé au risque d'acculer la compagnie à la faillite, ce qui n'est pas le cas du dividende. Pour tenir compte de la présence de la dette à long terme dans la structure financière, une mesure de couverture plus adéquate consisterait à considérer le paiement des intérêts et du dividende privilégié comme une charge prioritaire. On obtiendrait le calcul suivant :

$$\frac{\text{revenu total après frais d'exploitation}}{\text{total des frais d'intérêt} + \text{dividende privilégié (*)}}$$

(*) Le paiement du dividende se fait à même le bénéfice net (après impôt) alors que les dépenses d'intérêt sont, pour la compagnie, déductibles d'impôt. Dans le but de rendre le dénominateur comparable, il faut donc ajuster le dividende, le redresser par son équivalent avant impôt.

Redressement du dividende privilégié :

$$\frac{\text{dividende privilégié versé}}{1 - \text{taux d'imposition effectif}}$$

où :

$$\text{taux d'imposition effectif} = \frac{\text{impôt versé}}{\text{bénéfice d'exploitation avant impôt}}$$

Les ratios mixtes

Les ratios mixtes mettent à contribution les postes de deux ou plusieurs états financiers. Nous avons déjà présenté, lors de notre discussion sur le bilan, les principaux coefficients de rotation qui mettaient en relation certains postes de l'état des résultats avec ceux du bilan. Nous avons également abordé un peu plus tôt le calcul du bénéfice par action. Il sera donc question des différentes mesures du rendement de l'avoir des actionnaires ordinaires et, de façon générale, du capital investi. Le premier donne une bonne indication de l'aptitude de la direction à utiliser à bon escient les fonds injectés dans la compagnie par les actionnaires ordinaires alors que le second fournit la même explication, sans égard pour la provenance des fonds et en considérant la totalité des fonds injectés.

Rendement de l'avoir des actionnaires ordinaires :

$$\frac{\text{bénéfice net avant postes extraordinaires} - \text{dividende privilégié}}{\text{avoir des actionnaires ordinaires}}$$

Rendement du capital investi :

$$\frac{\text{bénéfice net avant postes extraordinaires} + \text{intérêt sur dette à long terme}}{\text{avoir des actionnaires (privilégiés et ordinaires)} + \text{dette à long terme}}$$

Ces ratios permettent de porter un jugement sur l'utilisation faite par les dirigeants des sommes investies dans la compagnie. Le rendement obtenu peut aisément être comparé à celui d'autres entreprises œuvrant dans le même secteur d'activité et aux autres formes de rendement qu'il est possible d'obtenir sur le marché. Après tout, si au cours d'un exercice financier la direction d'une compagnie n'a pas pu faire mieux que le rendement des obligations d'épargne du Canada, c'est à se demander pourquoi elle a fait tant d'efforts pour si peu !

>> Chapitre 5 <<
LA GESTION DE PORTEFEUILLE

5 >> La gestion de portefeuille

Au cours des chapitres précédents, nous avons tour à tour abordé les plus grands aspects du placement, soit le contexte, économique et réglementaire, dans lequel il s'inscrivait (chapitre 3), son caractère individuel et personnel (chapitre 2), et l'indispensable analyse (chapitre 4) qui repose sur des critères de subjectivité. En guise de toile de fond, nous avons survolé l'un des événements les plus sombres de l'histoire boursière, le krach d'octobre 1987 (chapitre 1). Pour compléter le tout, il nous faudra également comprendre les distorsions que peuvent provoquer la fiscalité, ce que nous réserve le chapitre sur la fiscalité (chapitre 7).

Toute cette démarche peut sembler hétéroclite, truffée d'éléments disparates, dans la mesure où elle ne suit pas un lien logique, où elle n'est pas regroupée à l'intérieur d'un tout. Ce tout peut prendre la forme d'une approche dite de portefeuille. L'approche portefeuille peut être vue de deux façons. Il y a la façon, plus générale, de considérer tous vos éléments d'actif comme faisant partie d'un même panier de biens. Et il y a l'approche plus spécifique, qui colle à une certaine classe d'éléments d'actif.

Ce qui nous occupera davantage dans les chapitres 5 et 6, c'est l'aspect de la gestion de portefeuille qui consiste à **ne pas mettre tous ses œufs dans le même panier**. On parle donc de diversification. Comme vous l'avez vu au chapitre 2, cette diversification concerne l'ensemble de vos avoirs. Nous nous concentrerons sur la diversification de l'utilisation de l'épargne, en supposant que les décisions ou choix en matière d'emprunt et de réduction de vos dettes ont déjà été prises. En d'autres mots, vous disposez d'une somme d'argent à investir et vous voulez obtenir le meilleur rendement, compte tenu de votre personnalité d'investisseur et de votre degré d'acceptation du risque.

Une première question surgit alors : Quel est le taux de rendement requis ?

5.1. LE TAUX DE RENDEMENT REQUIS

Le taux de rendement requis fait référence au taux auquel nous sommes prêts à céder notre épargne ou à remettre à plus tard notre consommation actuelle. Ce taux qui, soit dit en passant, n'est pas commun à tous mais plutôt propre à chacun de nous, vise à compenser la perte de jouissance de notre épargne au cours d'une période de temps donnée. On peut également le voir comme étant le taux à partir duquel nous sommes prêts à répartir dans le temps notre consommation actuelle. Il s'agit alors d'un taux minimum. Il va de soi que le taux de rendement requis doit comporter une prime pour le risque encouru, une prime qui tiendra compte de la période de temps au cours de laquelle nos fonds seront investis (ou gelés) ainsi que du comportement aléatoire du prix de chaque élément d'actif financier considéré.

5.1.1 Comment déterminer le taux de rendement requis

Dans sa forme la plus simple, le taux de rendement requis (que nous appellerons TRR) est fonction d'un taux pur, sans risque, du taux d'inflation prévu et d'une prime pour le risque. Nous avons parlé de cette équation au chapitre précédent.

$$TRR = \text{taux pur} + \text{taux d'inflation} + \text{prime pour le risque}$$

Par taux pur, on entend le taux considéré comme sans risque des obligations à court terme du gouvernement canadien, déduction faite de l'inflation. Le taux pur généralement reconnu (moyenne historique) est de 3 %. Le taux d'inflation, quant à lui, est celui qui est prévu au cours de la période de détention du titre. Si la période de détention excède une année, il faut soit calculer un TRR pour chaque année de détention, soit réviser notre TRR (et la pertinence de conserver le titre, s'il y a lieu) chaque année. Tenir ainsi compte du taux d'inflation dans notre calcul est une façon de veiller à ce que le pouvoir d'achat des fonds investis soit maintenu.

Ainsi, en supposant que l'inflation prévue pour l'an prochain est de 2 %, notre taux de rendement requis se situera, pour la prochaine année, à 5 % plus une prime pour le risque. Une obligation d'épargne du Canada rapportant 5,5 % d'intérêt la première année serait avantageuse, d'autant plus qu'une OEC est considérée comme parfaitement liquide et sans risque. En revanche, vous conviendrez avec moi que placer une importante somme d'argent dans un compte d'épargne à un taux de 2 % ou 3 % n'est pas le choix le plus judicieux.

Il reste à calculer la prime pour le risque, une tâche délicate qui répond à des critères subjectifs. C'est en fait le calcul de cette prime qui personnalise en quelque sorte le taux de rendement requis. La mesure d'une prime pour le risque est particulière et propre à chaque investisseur en ce sens que chacun accorde sa propre valeur aux différentes sources de risque. L'action de BCE peut être perçue, pour les uns, comme un titre de bon père de famille et, pour les autres, comme un titre de croissance ; à 12 $, le potentiel de croissance de l'action de Cascades (CAS) n'a pas les mêmes probabilités qu'à 9 $; et ce potentiel diffère selon que l'horizon du placement est de court, moyen ou long terme ; une obligation à fort taux nominal n'a pas le même attrait selon que vous recherchez le revenu ou le gain en capital, etc.

Malgré ces observations, et comme il faut tout de même en arriver à une certaine mesure «objective» du risque, il serait pertinent d'avoir recours aux instruments de mesure proposés au chapitre précédent. On regroupe alors les principales sources de risque, pour une action, en deux catégories : le risque systémique, qui découle de variables difficilement contrôlables par l'entreprise, et le risque non systémique, qui tire sa source au sein même de l'entreprise. Nous avons identifié le risque systémique au coefficient bêta et le risque non systémique à l'écart-type de la distribution de rendements potentiels.

Dans le premier cas, on évalue le comportement de l'action d'une entreprise par rapport au comportement du marché pris dans son ensemble (l'indice TSE 300 de la Bourse de Toronto, par exemple). Dans le second, on compare le rendement espéré (pondéré) d'une entreprise avec celui d'une autre, pas nécessairement comparable, que l'on considère comme un *blue chips* de toute première qualité.

Pour donner une valeur à la prime de risque, il suffit d'additionner le risque systémique : bêta multiplié par la différence, en valeur absolue, entre le rendement prévu du marché au cours de la prochaine année moins le rendement (prévu) de l'action étudiée, au risque non systémique, soit l'écart-type pondéré ramené sur une base 1. Reprenons l'exemple du chapitre précédent. Ici, le rendement du marché de même que celui de l'action ne tient pas compte des dividendes mais uniquement de la croissance prévue des cours.

Exemple

> Dans l'exemple du chapitre précédent, l'entreprise A offrait un écart-type (pondéré) de rendements potentiels de 1,45 et l'entreprise B, de 0,77. En supposant que l'entreprise qui nous intéresse est la A et que B est l'entreprise baromètre, on obtient un écart-type relatif de 1,88 pour 1 (1,45 divisé par 0,77). Le coefficient bêta de l'entreprise A se situait à 1,07 au cours de notre période d'observation (TSE 300 = 1). Disons que, pour l'an prochain, on prévoit une progression moyenne de 12 % du TSE 300 et un gain en capital de 15 % pour l'action de l'entreprise A, l'écart, en valeur absolue, est donc égal à 3 %. Ce chiffre, multiplié par le bêta, donne 3,21. En additionnant 3,21 et 1,88, on obtient une prime (très grossie) de 5,09, ou 5,1 %. C'est donc dire que, pour cette action, le taux de rendement requis, en supposant un taux d'inflation de 2 %, serait de 10,1 % (TRR = 3 % + 2 % + 5,1 %) pour la prochaine année.

Il faut comprendre que cette façon très simpliste mais combien pratique de mesurer le risque convient aux actions et non aux titres dits à revenu fixe (obligations, débentures, etc.). Ces derniers, nous l'avons déjà dit, sont l'objet d'une évaluation de la part de firmes indépendantes. Cette évaluation, lorsque comparée avec un titre de même catégorie mais considéré de première qualité, permet de donner une mesure au risque. Je le répète, ce sont là des façons arbitraires de quantifier le risque.

Si les sommes investies proviennent entièrement de fonds empruntés, il faut tenir compte du coût des fonds empruntés, après impôts, dans le calcul du TRR. Ainsi, au taux pur doit être ajouté le coût après impôts des fonds empruntés, ce qui a pour effet d'élever sensiblement le TRR. Quant au traitement de l'inflation, il importe, pour éviter une double comptabilisation, de ne tenir compte que de l'écart entre le taux d'inflation actuel (inclus de façon implicite dans le coût des fonds empruntés) et le taux d'inflation prévu au cours de l'année suivante.

Exemple

Vous empruntez, à des fins d'investissement, une somme donnée, au taux de 14 % par année. Votre taux d'imposition (combiné) est de 45 %. Actuellement, l'inflation se situe à 2,5 % et l'inflation prévue l'année suivante à 2 %.

TRR = 3 % + 7,7 %(*) + (2,5 % - 2,0 %) + prime pour le risque = 11,2 % + prime pour le risque

Si on ajoute la prime pour le risque de l'exemple précédent, on obtient un TRR de 16,3 %.

(*) Coût des fonds empruntés, après impôts (14 % [1 - 45 %]).

Le taux de rendement requis est votre taux personnel de rendement exigé en fonction des divers instruments financiers possibles. C'est le taux qui tient compte également de votre degré d'acceptation du risque que représente le titre convoité et qui sera à la base de votre décision d'investissement. Fait à retenir, le TRR n'est pas une mesure absolue mais plutôt un taux minimum d'acceptation.

Ce taux sert de dénominateur commun lorsque vient le temps d'actualiser des *cash flows* à recevoir. Il sert également de base de sélection ou de taux minimum requis. En d'autres termes, vous feriez preuve de rationalité en n'acceptant un rendement moindre que si vous n'acceptez pas le risque sous-jacent au titre étudié. Enfin, il est généralement recommandé de déterminer un rendement désiré au préalable et de vous y tenir, car la cupidité et l'impatience se sont, à maintes occasions, montrées mauvaises conseillères. Le TRR peut prendre la forme d'un rendement-cible ou, pour les investisseurs plus « dynamiques », d'un rendement à partir duquel, une fois atteint, un ordre de vente stop sera placé.

5.1.2 Quatre grandes méthodes de sélection

Forts de cette discussion sur le taux de rendement requis et conscients de la place prédominante qu'occupe le prix dans toute décision de placement, les experts et spécialistes proposent quatre grandes méthodes de sélection, lesquelles sont généralement utilisées par les entreprises au moment de l'analyse de projets d'investissement. Ces méthodes sont les suivantes :

1. La période de recouvrement *(pay back)*
2. La valeur actuelle nette
3. L'indice d'enrichissement
4. Le taux de rentabilité interne

La période de recouvrement

Cette méthode consiste à déterminer après combien d'années les revenus (non actualisés) compenseront le montant investi.

Exemple

Vous avez le choix entre investir 1 000 $ dans une obligation à taux nominal de 10 % et une obligation à taux nominal de 15 %. Dans le premier cas, vous recevrez 100 $ par année (impôt non compris) et il faudra 10 ans pour que les revenus couvrent le montant initial. Dans le second, les revenus annuels (avant impôt) seront de 150 $ et il faudra entre 6 et 7 ans (1 000 $ divisé par 150 $) pour couvrir l'investissement initial.

Compliquons un peu cet exemple. Vous devez choisir entre une obligation versant 8 % les 5 premières années et 12 % les 5 années suivantes, et une obligation à taux nominal de 10 %. Pour laquelle opterez-vous, considérant que vous ne disposez que de 1 000 $? Les deux obligations proposent une période de recouvrement de 10 ans. Or, la première verse un revenu annuel de 80 $ les 5 premières années, et 120 $ les 5 dernières. La seconde verse, chaque année pendant 10 ans, 100 $ sous forme de revenus.

Nous avons été à même de constater en annexe au chapitre 2 que l'argent sous toutes ses formes est soumis à une valeur temps. En d'autres termes, 1 $ reçu aujourd'hui vaut plus que 1 $ versé dans un an. L'érosion du pouvoir d'achat provoquée par l'inflation et la perte de jouissance de cet argent pour une période de temps donnée, sans compter la possibilité toujours réelle de récolter un montant moindre dans l'avenir, sont autant de facteurs qui agiront sur cette valeur temporelle. En outre, plus le temps à courir est long, plus la valeur-temps est élevée. Cette constatation mène donc à l'affirmation suivante :

Pour une échéance, un montant et un risque donnés, une réception le plus rapide possible des revenus est préférable à une réception plus tardive puisqu'un montant perçu tôt peut être réinvesti dans le but de dégager des revenus supplémentaires. Telle est la différence entre un revenu composé et un revenu simple.

Une règle à retenir, celle du 72. Cette règle illustre l'effet de l'intérêt composé. En divisant 72 par le rendement obtenu, on obtient le nombre d'années nécessaires pour doubler la mise de fonds initiale. Avec un taux de rendement de 10 % par année, le capital doublera en sept ans et un peu moins de trois mois. Avec un rendement de 6 %, il faudra 12 ans pour que la mise de fonds initiale double.

La méthode du *pay back* comporte donc une importante lacune en ce qu'elle fait fi de la valeur-temps rattachée à l'argent.

La valeur actuelle nette

Les principes d'actualisation (et de capitalisation) ont été introduits en annexe au chapitre 2.

La méthode de la valeur actuelle nette consiste donc à actualiser, au **taux de rendement requis**, les différents *cash flows* provenant d'un investissement, l'addition de ces différents fonds actualisés étant soustraite du montant initial investi.

Exemple

Vous désirez acheter 100 actions ordinaires de BCE au cours actuel de 42 $ chacune, pour une période de détention de 2 ans. À la fin de ces 2 années, vous croyez, selon votre évaluation, être en mesure de revendre vos actions à 48 $ pièce (P2) et, entre-temps, vous êtes en droit de compter sur un dividende annuel de 2,40 $ l'action (D1 + D2). Quelle est la valeur actuelle nette (VAN) de cet investissement si vous avez établi, dans le cas des actions de BCE, votre taux de rendement requis à 10 % par année sur cet intervalle de 2 ans ?

$$\text{VAN (*)} = \frac{D1}{1,10} + \frac{D2}{(1,10)^2} + \frac{P2}{(1,10)^2} - 4\,200\,\$ = 183,47\,\$$$

(*) Frais de courtage et impôts non considérés.

Le critère de décision est d'accepter l'investissement si la valeur actuelle nette est positive ou nulle. Si tel n'est pas le cas, le placement considéré ne respecte pas votre taux de rendement requis.

Autre exemple

Au moment où vous vous apprêtez à passer un ordre d'achat à votre courtier, un ami en qui vous avez une confiance aveugle vous propose plutôt d'investir l'argent dont vous disposez dans la compagnie ABC, dont les actions s'échangent présentement au prix unitaire de 1 $. Ces titres comportent un caractère très spéculatif mais, selon cet ami, la possibilité de voir le cours atteindre 1,75 $ (P2) dans l'intervalle de 2 ans est très élevée. Compte tenu du risque supérieur à soutenir, vous déterminez un taux de rendement requis de 35 % sur ces actions et établissez la VAN suivante (aucun dividende n'est versé sur ces actions) :

$$\text{VAN (*)} = \frac{P2}{(1,35)^2} - 4\,200\,\$ = -167,08\,\$$$

(*) Frais de courtage et impôts non considérés.

Selon vos critères et votre degré d'acceptation du risque (mesuré dans le taux de rendement requis), la valeur actuelle nette négative du deuxième placement vous suggère d'opter plutôt pour les 100 actions de BCE. Pour que vous soyez en mesure d'opter indifféremment pour l'un ou l'autre placement, il faudrait que l'action d'ABC ait le potentiel d'atteindre un peu plus de 1,90 $.

L'indice d'enrichissement

L'indice d'enrichissement consiste à mesurer le rendement net par dollar investi. Ainsi, les *cash flows* reçus au cours de la période de détention seront actualisés et comparés aux mises de fonds requises (actualisées s'il y a lieu).

Dans le premier exemple donné plus haut, l'indice d'enrichissement est égal à 1,04 (4 383,47 $ divisé par 4 200 $). Ainsi, chaque dollar investi produit un revenu supplémentaire (actualisé) après 2 ans de 0,04 $. Dans le second cas, l'indice d'enrichissement s'établit à 0,96 (4 032,92 $ divisé par 4 200 $).

Nous arrivons évidemment aux mêmes conclusions lorsque la méthode de la VAN est comparée à celle de l'indice d'enrichissement. C'est vrai lorsque le montant investi de même que l'horizon-temps des investissements respectifs sont identiques.

Il va sans dire que l'investissement offrant l'indice d'enrichissement le plus élevé devrait être retenu. Toutefois, dans le cas où les conclusions différeraient entre la méthode de la VAN et celle de l'indice d'enrichissement, l'affirmation suivante devrait être retenue :

Il est plus avantageux d'effectuer un investissement moindre, à taux d'enrichissement plus élevé, qu'un investissement supérieur, à valeur actuelle nette plus élevée, mais à indice d'enrichissement plus faible.

Le taux de rentabilité interne

Cette méthode est une variante de la VAN. Le taux de rentabilité interne (TRI) est le taux qui annule la valeur actuelle nette. Dans l'équation de la valeur actuelle nette, le taux de rendement requis est remplacé par le TRI. Pour le calculer, il faut, à l'aide de tables d'intérêt composé, procéder par essais et erreurs. Ce taux est comparé au taux de rendement requis, qui prend ici l'allure d'un taux minimum d'acceptation. L'investissement est accepté si le TRI est supérieur ou égal au TRR. Dans le cas où plusieurs projets d'investissement sont étudiés, le TRI le plus élevé est celui qui doit être considéré ; il faut toutefois que ce taux soit égal ou supérieur au TRR.

La méthode du TRI conduit également aux mêmes conclusions que celle de la VAN. Toutefois, lorsque le capital investi diffère entre deux projets à l'étude, l'emploi du TRI, à l'instar de l'indice d'enrichissement, doit être privilégié. Il faut cependant préciser une chose. Avec la méthode du TRI, on suppose que les *cash flows* reçus sont réinvestis au taux de rentabilité interne alors que la VAN sous-entend un réinvestissement des *cash flows* au taux d'actualisation qui est, ici, le taux de rendement requis. Donc, si le TRI calculé est élevé (par rapport au TRR), nous sommes en droit de nous demander si cette hypothèse de réinvestissement à taux élevé est réaliste.

5.1.3 Les méthodes d'évaluation appliquées aux instruments financiers

Dans le monde boursier, c'est la notion de valeur qui sert de dénominateur commun et de base décisionnelle. Cette même valeur tient compte à la fois du risque et du rendement prévu, et se reflétera dans le prix du titre. Ainsi, dans un marché efficient, le prix dicté par le marché (la valeur marchande du titre) prend la forme d'un consensus entre les investisseurs quant à la valeur réelle dudit titre.

Quand tel n'est pas le cas, on parle alors de sous-évaluation (valeur marchande inférieure à la valeur réelle) ou de surévaluation (valeur marchande supérieure à la valeur réelle). Dans le premier scénario, une occasion d'achat peut survenir, mais ce signal ne doit en aucun cas être suivi d'un acte automatique, une explication de l'écart devant être recherchée avant qu'on aboutisse à une décision d'achat. Dans le second, un signal de vente pourrait suivre une situation de surévaluation mais encore là, toute conclusion doit être précédée d'une tentative d'explication de l'écart.

En appliquant une méthode dite objective dans la sélection de nos choix d'investissement, on évite ainsi de tomber dans le piège de la sentimentalité en plaçant le rendement recherché au premier rang des préoccupations. N'est-ce pas là l'objectif ultime de tout placement? Il est vrai que les méthodes proposées précédemment s'appuient sur des prévisions. Après tout, investir, c'est parier sur l'avenir! Or, en contraignant les choix étudiés à respecter un certain encadrement plus ou moins restrictif, selon la personnalité de chacun, on peut espérer prendre une décision plus rationnelle et moins sujette aux humeurs du moment. Dans les exemples précédents, il apparaissait, à première vue, intéressant d'investir dans l'achat des actions de la compagnie ABC qui, selon l'ami, avait un potentiel de passer de 1 $ à 1,75 $ sur une période de 2 ans. Un rendement (espéré) de 75 % ne se refuse pourtant pas!

Les différents instruments financiers s'adaptent assez aisément aux méthodes d'évaluation énumérées ci-dessus. Cependant, ces méthodes ne sont pas une fin en soi; elles ne doivent en aucun cas être détachées des objectifs de placement de chacun mais doivent plutôt être vues dans un contexte de rareté des fonds. Ainsi, il ne suffit plus de rechercher des véhicules de placement offrant le rendement requis mais bien l'instrument qui nous permettra d'espérer le meilleur rendement possible compte tenu de nos objectifs et de nos besoins.

Nous revenons souvent sur cet impératif de **ne jamais dissocier nos décisions de placement de nos objectifs et besoins,** car c'est là que se trouve la clé du succès. Pourtant, il arrive fréquemment que les participants oublient cette relation intime pour aborder le marché boursier de façon cavalière, comme s'ils entraient dans un casino.

Les obligations

Par définition, une obligation implique le versement régulier et périodique d'un intérêt, à un taux préétabli, et le remboursement du capital, généralement à l'échéance. L'obligation verse donc un revenu certain au cours d'une période de temps donnée. Or, le nombre d'années avant l'échéance peut différer du simple fait qu'une obligation se négocie sur le marché secondaire. Lorsque c'est le cas, la valeur de revente d'une obligation peut également différer du prix initialement payé dans la mesure où ce prix, conjugué à un taux d'intérêt (taux nominal) fixe, est sensible aux aléas des taux d'intérêt qui prévalent, et ce, à quelque moment que ce soit. Après tout, l'obligation devrait, à tout moment, permettre la réalisation d'un rendement concurrentiel aux autres formes d'investissement du même genre.

Quoique l'émetteur ne soit pas tenu de rembourser le capital avant l'échéance, le détenteur peut revendre son obligation sur le marché secondaire. C'est possible pour la très grande majorité des obligations déjà émises qui, au Canada, font l'objet d'un marché hors Bourse somme toute liquide et démontrant une certaine profondeur. L'existence d'un marché secondaire implique l'établissement d'une valeur marchande qui peut diverger de la valeur nominale (1 000 $ soit 100 dans les cotes) de l'obligation, sous le coup du jeu de l'offre et de la demande et du mouvement des taux d'intérêt. Pour qu'il puisse trouver preneur, le détenteur d'une obligation qui comporte un revenu fixe (taux nominal) doit offrir, au moment de la revente, un instrument dont le rendement est concurrentiel avec les autres formes de rendement possibles dans une même classe d'obligations.

Nous savons que l'évolution du prix d'une obligation est inversement proportionnelle aux fluctuations des taux d'intérêt dans l'économie. On déduit cette relation en toute logique et on la formalise par l'équation suivante :

$$V = \frac{I_1}{(1+i)} + \frac{I_2}{(1+i)^2} + \ldots + \frac{I_n}{(1+i)^n} + \frac{P_n}{(1+i)^n}$$

où :
V = valeur (actualisée) de l'obligation
I = montant de l'intérêt versé annuellement
P = capital remboursé (ou prix de revente) au temps n
i = taux de rendement requis

Si i augmente, V devra diminuer. Si V est inférieur à la valeur nominale, on parle alors d'une obligation offerte à escompte. Si i diminue, V augmentera. Si V est supérieur à la valeur nominale, on parle alors d'une obligation offerte à prime.

Le taux de rendement requis, quant à lui, est fonction de la structure des taux d'intérêt qui prévaut dans l'économie à un moment donné. Si cette structure se déplace vers le haut, le taux de rendement requis est ajusté dans le même sens, ce qui réduit d'autant la valeur de l'obligation. L'inverse est également vrai.

Pour illustrer cela, prenons l'exemple suivant : Vous achetez au pair (1 000 $) une obligation 10 %, échéant en décembre 1999, au moment où les taux d'intérêt de moyen terme dans l'économie oscillent, en moyenne, autour de 10 %. Or, un an plus tard, il est possible de dénicher sur le marché une obligation de même classe à 15 %, les taux d'intérêt qui prévalent sur le marché ayant enregistré une montée depuis que vous avez acheté l'obligation 10 %. Il n'est donc plus intéressant, pour vous, de conserver votre obligation. Mais pour vous en départir, vous devrez la revendre à escompte (à un prix inférieur au pair), afin d'attirer un acheteur et d'offrir un rendement concurrentiel au marché actuel. Ce prix de revente devrait s'établir au moins à 749,07 $. Ainsi, l'acheteur débourserait 749,07 $ pour recevoir un revenu d'intérêt de 100 $ par année (10 % de 1 000 $) et, à l'échéance, un capital de 1 000 $. Son rendement, à l'échéance, se situerait à 15 %.

On peut tirer plusieurs conclusions de l'équation présentée plus haut. Par exemple, pour un changement donné des taux d'intérêt, la variation du prix d'une obligation sera fonction des éléments suivants :

> Le temps à courir avant l'échéance ;
> Le taux nominal (ou taux de coupon) sur l'obligation ;
> Le signe d'un changement des taux d'intérêt dans l'économie (augmentation ou diminution).

En d'autres termes, pour un changement donné des taux d'intérêt :

> Plus l'échéance est éloignée, plus la volatilité du prix de l'obligation est forte. L'escompte (ou la prime) est plus important lorsque l'échéance est éloignée.
> Plus le taux nominal (taux de coupon) est faible, plus la volatilité du prix est importante.
> Les obligations à long terme sont plus sensibles (à la hausse comme à la baisse) que les obligations à court terme : le prix des premières varie plus.
> Pour une même obligation, des changements positifs ou négatifs égaux au taux de rendement à l'échéance ne produisent pas des changements de prix positifs ou négatifs équivalents ; les pertes en capital sont moins importantes (en valeur absolue) que les gains.
> Plus les taux d'intérêt à partir desquels le mouvement de hausse ou de baisse s'amorce sont élevés, plus la volatilité du prix est grande.

Il faut cependant préciser que la variation du prix d'une obligation, à échéance de long terme, pour un changement donné des taux d'intérêt, est plus marquée que pour une obligation de court terme. Or, il n'en demeure pas moins que cette dernière comporte un degré de risque face aux aléas des taux d'intérêt, et ce, pour deux raisons :

> Étant de court terme, elle arrive forcément à échéance plus rapidement, ce qui implique un réinvestissement plus fréquent des fonds, à un taux de rendement incertain.
> L'ampleur de la fluctuation des taux d'intérêt de court terme est supérieure à celle des taux d'intérêt de long terme. Cette forte volatilité des taux de court terme est attribuable aux pressions naturelles sur le marché, lesquelles émanent des phases du cycle économique. En période d'expansion, période où les taux d'intérêt amorcent leur phase descendante pour atteindre leur creux, une prépondérance est accordée au court terme, l'inverse se produisant en période de ralentissement ou de récession.

Les forces du marché font en sorte que, lorsque les prévisions vont dans le sens d'une remontée des taux d'intérêt, l'attention est portée sur les obligations de court terme. Une fois les taux d'intérêt au sommet, l'attention dévie peu à peu vers les obligations de long terme, pour culminer lorsque les prévisions d'une baisse se généralisent. De ce scénario découle l'impératif d'un arbitrage constant entre les différentes échéances, et ce, selon l'orientation prévue des changements de variables influençant la conjoncture économique. Cet arbitrage prend, pour les gestionnaires de portefeuille, le nom de *swap*.

Exemple 1

Swap entre deux obligations de même classe, à prix différents

Vente obligation X, 8 %, échéance de 25 ans 100 8,0 %
Achat obligation Y, 8 %, échéance de 25 ans 99 8,1 %

Gain : augmentation de 0,1 % du rendement à l'échéance et profit de 10 $ par 1 000 $ d'obligation

Exemple 2

Swap entre deux obligations de même classe, à taux de coupon différents

Vente obligation X, 4 %, échéance de 20 ans 60 8,0 %
Achat obligation Y, 4 %, échéance de 20 ans 90 8,0 %

Gain : augmentation du revenu en intérêt. L'investisseur peut conserver le même revenu que précédemment tout en libérant des fonds qui pourront être investis autrement. L'opération inverse peut aussi être effectuée.

Exemple 3

Swap entre deux échéances

Vente obligation X, 5 %, échéance 15 ans 100 5,0 %
Achat obligation Y, 5 %, échéance 5 ans 100 5,0 %

Supposons que nous sommes à la fin d'une phase économique expansionniste, caractérisée notamment par un déplacement vers un creux des taux d'intérêt. Une prédominance est donc accordée aux obligations de court terme (étant donné les prévisions d'une remontée des taux d'intérêt). De ce fait, il faut s'attendre à une plus grande volatilité du prix des obligations de court terme. Par contre, plus les taux d'intérêt approchent de leur plafond (caractéristique d'une fin de récession), plus l'attention se déplace vers les obligations de long terme comportant un coupon à taux élevé.

Nous savons que les changements de prix sont d'autant plus importants que l'échéance est lointaine et le coupon, faible. S'il prévoit une baisse générale des taux, l'investisseur attiré par le marché obligataire a avantage à rechercher le long terme pour tirer parti de l'éventuelle appréciation du capital ; par contre, s'il s'attend à une hausse générale des taux, il a intérêt à investir dans du court terme pour minimiser sa perte en capital et pouvoir éventuellement bénéficier de la montée des taux en transférant son avoir dans une obligation à taux de coupon élevé. Dans le premier cas, une obligation à faible taux de coupon et sans privilège de rachat est préférable; dans le second, une obligation à taux de coupon élevé doit être privilégiée.

Exemple 4

Swap entre deux obligations ne comportant pas le même degré de risque

Vente obligation X, 10 %, échéance 10 ans 100 10,0 %
Achat obligation Y, 7 %, échéance 10 ans 100 7,0 %

L'écart entre le rendement offert par ces deux obligations se chiffre à 3 %. Or, vous avez constaté que, historiquement et pour une conjoncture économique comparable, cet écart est habituellement plus important et que l'obligation X offre normalement un rendement supérieur pour rétablir cet écart historique. Vous pouvez donc vendre l'obligation X (dans l'attente d'une baisse de prix) et acheter l'obligation Y, quitte à revenir à la première (avec un rendement plus élevé) une fois l'ajustement fait.

Dans ce cas-ci comme dans tous les cas précédents, il importe que l'écart évolue dans la direction prévue.

Ces exemples de *swap* mettent en relief le fait qu'il peut être avantageux d'ajuster régulièrement son portefeuille de titres aux conditions changeantes du marché. Rien n'est immuable en ce bas monde, et cette vérité est aussi valable dans le domaine du placement. Enfin, nous verrons au cours du chapitre 7 que des questions fiscales peuvent influencer ou même orienter le choix d'un titre plutôt que d'un autre, ou le choix d'une obligation avec telles ou telles caractéristiques plutôt qu'une autre de même qualité, mais avec des paramètres différents.

Cet arbitrage s'effectue en fonction des prévisions de l'évolution future des taux d'intérêt et selon l'objectif de revenu recherché par le détenteur. Toutefois, au départ, le choix d'investir ou non sur le marché obligataire repose essentiellement sur la volonté de diversifier ses avoirs financiers, d'asseoir son portefeuille de titres sur une base solide, de retirer un revenu régulier et d'obtenir un rendement intéressant. Sans compter qu'une obligation laisse espérer deux formes de revenus, soit l'intérêt et un espoir de gain en capital.

Par rendement intéressant, on entend un taux au moins égal au taux de rendement requis, ce dernier, nous le savons maintenant, étant relié à la structure des taux d'intérêt réels qui prévaut dans l'économie, aux prévisions inflationnistes et à l'élément risque propre à chaque titre étudié. Toutes choses étant égales par ailleurs, le choix d'une obligation plutôt que d'une autre dépend du taux de rendement offert par ce titre comparativement au taux de rendement requis.

En revenant à notre formule de départ, on peut facilement appliquer la méthode de la VAN dans l'évaluation du prix demandé sur une obligation. Au numérateur, nous plaçons l'intérêt versé périodiquement (trimestriellement, semestriellement ou annuellement) et le capital remboursé à l'échéance; au dénominateur, nous avons le taux de rendement requis ajusté pour tenir compte de la période de versement de l'intérêt. Ainsi, si l'intérêt est versé semestriellement, un taux de rendement requis de 15 % l'an sera équivalent, selon les tables, à un taux périodique (semestriel) de 7,2 %.

$$VAN = \frac{I_1}{(1+i)} + \frac{I_2}{(1+i)^2} \ldots \frac{I_n}{(1+i)^n} + \frac{P_n}{(1+i)^n} - \text{prix d'achat}$$

Si la valeur actuelle nette est positive, on a avantage à retenir cette obligation.

Voyons un exemple où la méthode de la VAN peut rendre l'investisseur plus indécis encore.

Exemple 1

Il est possible de vous procurer une obligation de la compagnie XYZ, à un taux de coupon de 3 % (intérêt annuel), échéant dans 5 ans, au moment où le taux d'intérêt baromètre qui prévaut dans l'économie se maintient à 8 %. Prix d'achat : 77

$$VAN = \frac{30}{(1+,08)} + \frac{30}{(1+,08)^2} + \frac{30}{(1+,08)^3} + \frac{30}{(1+,08)^4} + \frac{30}{(1+,08)^5} + \frac{1000}{(1+0,8)^5} - 770$$

VAN = (91,92+680,27) - 770
VAN = 772,190 - 770
VAN = 0

On suppose que le taux de rendement requis est égal au taux de 8 %.

Cependant, le même émetteur vous propose une obligation échéant également dans 5 ans, à taux de coupon (intérêt annuel) de 10 %.

Prix d'achat : 108

$$VAN = \frac{100}{(1+,08)} + \frac{100}{(1+,08)^2} + \frac{100}{(1+,08)^3} + \frac{100}{(1+,08)^4} + \frac{100}{(1+,08)^5} + \frac{1000}{(1+,08)^5} - 1080$$

VAN = (398,99 + 680,27) - 1 080
VAN = 1 079,26 - 1 080
VAN = 0

Pour laquelle de ces deux obligations opterez-vous?

Un investisseur recherchant le revenu immédiat préférera sûrement la seconde possibilité. Dans le premier cas, la plus grande partie du rendement (sous forme de gain en capital) n'est offerte qu'à l'échéance.

Par contre, pour l'investisseur dont le rendement après impôt importe plus, la première option peut être attrayante compte tenu du fait que l'impôt sur le gain en capital est moindre que l'impôt sur le revenu sous forme d'intérêt (nous verrons cet aspect au cours du chapitre 7). Quant au spéculateur, il sera peut-être davantage intéressé à la première obligation, car, selon des prévisions sur l'évolution des taux d'intérêt, plus le taux de coupon est faible, plus la volatilité du prix de l'obligation est grande.

Autre considération. Lorsque deux projets équivalents nécessitant un investissement initial différent sont à l'étude, la sélection entre l'un ou l'autre est essentiellement fonction du taux de rendement qu'il est possible de prévoir sur cet écart.

Exemple 2

Revenons aux deux obligations présentées ci-dessus mais, cette fois, supposons qu'elles arrivent à échéance dans deux ans. Vous prévoyez que les taux d'intérêt de court terme se maintiendront aux alentours de 8 % au cours de cette période alors, qu'en fait, ils passent plutôt à 10 % la deuxième année.

Obligation 3 %
Prix d'achat : 91,05

$$VAN = \frac{30}{(1+,08)} + \frac{30}{(1+,08)^2} + \frac{1\,000}{(1+,08)^2} - 910,50$$

VAN = (53,49 + 857) - 910,50
VAN = 910,49 - 910,50
VAN = 0

Obligation 10 %
Prix d'achat : 103,5

$$VAN = \frac{100}{(1+,08)} + \frac{100}{(1+,08)^2} + \frac{1\,000}{(1+,08)^2} - 1035$$

VAN = (178,30 + 857) - 1 035
VAN = 1 035,30 - 1 035
VAN = 0

L'écart, quant à lui, sera investi à un taux qui répondra aux variations des taux dans l'économie.

Écart = 1 035 - 910,50 = 124,50

$$VAN = \frac{9{,}96}{(1+{,}08)} + \frac{12{,}45}{(1+{,}08)^2} + \frac{124{,}50}{(1+{,}08)^2} - 124{,}50$$

VAN = (9,22 + 10,67) - 124,50
VAN = 126,59 - 124,50
VAN = 2,09

La VAN étant ici positive, le rendement du premier projet devient donc supérieur à celui du deuxième. Il va sans dire que la conclusion inverse serait vraie si, au lieu de s'apprécier, le taux d'intérêt de court terme dans l'économie empruntait la voie contraire.

La qualité d'une obligation

Des firmes indépendantes se spécialisent dans l'évaluation des titres de créance des émetteurs. Selon des barèmes bien précis, ces firmes déterminent une cote pour chaque titre de créance (obligation et autres), et cette cote est réévaluée régulièrement afin de tenir compte des changements et événements susceptibles de modifier soit la structure financière de l'émetteur, soit sa capacité de respecter ses engagements.

Au Canada, les agences de cotation les plus reconnues sont Canadian Bond Rating Services (CBRS) et Dominion Bond Rating Services (DBRS). Aux États-Unis, les plus connues sont Moody's et Standard and Poor's.

Cotation de Moody's

A++	première qualité
A+	très bonne qualité
A	bonne qualité
B++	qualité moyenne
B+	qualité passable
B	faible qualité
C	spéculative
D	à rejeter

Cotation de CBRS

AAA	première qualité
AA	qualité supérieure
A	bonne qualité
BBB	qualité moyenne
BB	qualité passable
B	semi-spéculative
CCC	hautement spéculative
CC	santé précaire
C	à rejeter

Ces cotations, largement reconnues, permettent de recevoir une évaluation indépendante. Il est important de s'y référer, car, pour l'émetteur, elles déterminent le taux d'intérêt qu'il doit verser. Pour l'investisseur, ces cotes traduisent le degré de risque qu'il encourt.

Trois grandes règles à retenir :

1. Le bénéfice avant intérêt et impôt d'une compagnie ne doit pas être inférieur à deux fois (entreprises de services publics) ou à trois fois (entreprises industrielles et manufacturières) le montant total de l'intérêt devant être versé annuellement sur la dette à long terme.
2. La dette obligataire ne doit pas excéder les 2/3 de la valeur nette de l'actif réel.
3. La valeur marchande du capital-actions ordinaires et privilégiées devrait être au moins égale à la valeur de la dette.

Évaluation de la qualité d'une obligation

1. La couverture de l'intérêt

Le bénéfice avant intérêt et impôt (BAII) d'une compagnie ne doit pas être inférieur à deux fois (entreprises de services publics) ou à trois fois (entreprises industrielles et manufacturières) le montant total de l'intérêt devant être versé annuellement sur la dette à long terme.

Il est important de toujours considérer le bénéfice d'exploitation, c'est-à-dire le bénéfice avant postes extraordinaires.

$$\frac{\text{bénéfice avant intérêt et impôt}}{\text{intérêt sur la dette à long terme}}$$

2. La structure financière

La dette obligataire de devrait pas excéder les 2/3 de la valeur nette de l'actif réel.

$$\frac{\text{dette obligataire}}{\text{actif réel}}$$

Par actif réel, on entend tout élément d'actif tangible. Ainsi, l'achalandage, les brevets, les droits d'auteur et les marques de commerce sont exclus du dénominateur. De plus, la valeur nette implique que l'on considère les éléments d'actif, déduction faite de l'amortissement accumulé et des provisions pour éventualités.

L'émetteur devrait avoir suffisamment de *cash flow* pour couvrir les exigences en matière de remboursement du capital de sa dette obligataire. Ce *cash flow* doit être au moins égal à 20 % (entreprises de services publics) ou à 30 % (entreprises industrielles et manufacturières) du montant total de la dette obligataire.

$$\frac{\textit{Cash flow}}{\text{Dette obligataire totale}}$$

Pour déterminer le *cash flow*, on ajoute au bénéfice avant impôt toutes les dépenses n'entraînant pas de sorties réelles d'argent (dépenses d'amortissement, réserves, provisions, etc.).

3. Couverture de l'avoir des actionnaires

La valeur marchande du capital-actions ordinaires et privilégiées devrait être au moins égale à la valeur de la dette.

$$\frac{\text{dette à long terme}}{\text{valeur marchande du capital-actions (ordinaires et privilégiées)}}$$

C'est la valeur marchande des actions qui nous intéresse ici (nombre d'actions émises et en circulation de chaque classe multiplié par le cours en Bourse ou hors Bourse). Si l'entreprise (ou l'émetteur) n'est pas une société ouverte, c'est-à-dire que si ses actions ne sont pas largement réparties dans le public et qu'il n'est pas possible d'y attribuer une valeur marchande, le ratio suivant pourrait être considéré :

$$\frac{\text{avoir des actionnaires (privilégiés et ordinaires)}}{\text{dette à long terme}}$$

L'avoir des actionnaires (valeur comptable) devrait au moins représenter le tiers de la dette à long terme.

Cinq questions à se poser :

1. Qui est l'emprunteur et comment la dette obligataire est-elle (sera-t-elle) utilisée?
2. Quelles mesures ont été prises pour assurer le remboursement du capital à l'échéance (fonds de rachat, fonds d'amortissement ou autres)?
3. Comment l'emprunteur va-t-il respecter ses engagements en matière de paiement de l'intérêt et quelle est son habileté à le faire?
4. Existe-t-il un marché secondaire pour le titre convoité?
5. Quelles sont les particularités techniques du titre?

Nous connaissons les grandes distinctions entre une obligation et une débenture. Étant donné le caractère subordonné de cette dernière, il est logique de penser que, pour une même compagnie, le taux de rendement requis sur une obligation sera inférieur à celui d'une débenture, compte tenu de la protection moindre du capital offerte par cette débenture. Les particularités ou privilèges suivants ont également pour effet de modifier la prime au risque généralement attribué à une obligation.

Les obligations rétractables

Les obligations rétractables ou à échéances reportables doivent leur existence à la volatilité des taux d'intérêt et à l'émergence d'un contexte inflationniste. L'obligation à échéance reportable sera émise avec une échéance de court terme et le détenteur pourra, à son gré, en rallonger l'échéance. L'obligation rétractable est, quant à elle, émise avec échéance de long terme mais permet au détenteur d'obtenir un remboursement (au pair) du capital injecté avant l'échéance préalablement fixée.

Les obligations à fonds d'amortissement

Selon ce type de garantie, l'emprunteur doit déposer chaque année, chez son fiduciaire, un montant d'argent spécifique qui sera conservé dans un fonds spécial en vue de pourvoir au rachat périodique d'une partie des obligations en circulation. L'emprunteur peut, au lieu de verser un montant d'argent, racheter la quantité requise d'obligations sur le marché secondaire et les remettre au fiduciaire ; il agit de la sorte lorsque la valeur marchande de l'obligation est égale ou inférieure au pair.

Les obligations première hypothèque

Une obligation première hypothèque possède un droit prioritaire sur l'élément d'actif donné en garantie de l'emprunt, en cas de défaut de l'émetteur. Ainsi, dans le cas d'une obligation deuxième hypothèque (ou obligation dite générale), le détenteur a également un droit de regard prioritaire sur l'élément d'actif déposé en collatéral mais uniquement lorsque les droits des détenteurs d'une obligation première hypothèque sont respectés et pleinement satisfaits. Lorsque le collatéral prend la forme de titres ou d'éléments d'actif financiers, on parle alors d'une obligation garantie par nantissement de titres.

Les obligations convertibles

Les titres de créance convertibles offrent généralement un rendement moindre du fait que le droit à la conversion en actions ordinaires ajoute à l'obligation un potentiel de gain en capital. En revanche, le détenteur de ce type d'obligation ne risque pas de voir le cours de l'action sous-jacente tomber vu qu'il est assuré d'un remboursement de la valeur nominale de l'obligation à l'échéance. Ainsi, une obligation convertible a ceci d'avantageux qu'elle offre un revenu régulier sous forme d'intérêt, confère un droit prioritaire sur l'actif en cas de dissolution de la compagnie et permet de miser sur le potentiel de croissance de l'entreprise, grâce au privilège de conversion.

Fait à signaler, si l'action se négocie en deçà du prix de conversion, l'obligation convertible verra son cours fluctuer selon les aléas des variables qui font bouger le marché obligataire. Par contre, si la valeur marchande de l'action devient supérieure au prix de conversion, le prix de l'obligation évoluera de façon parallèle aux fluctuations du cours de l'action sous-jacente. L'obligation convertible peut donc être perçue comme une façon de réduire le risque qu'il y a à détenir une action ordinaire tout en misant sur son potentiel de croissance. Qui plus est, pendant l'attente d'une appréciation du cours de l'action, le détenteur d'une obligation convertible reçoit un rendement substantiel.

Pour les titres obligataires convertibles, les principaux points à surveiller sont les suivants :

> La cotation de Canadian Bond Rating Services et de Dominion Bond Rating Services;
> Le taux nominal de l'obligation (taux de coupon);
> Le cours de l'obligation à une date donnée;
> Le rendement de l'obligation, compte tenu de son cours;
> Les détails sur l'action ordinaire sous-jacente (cours, dividende et rendement en dividende);
> Les caractéristiques de la conversion (ratio, date d'expiration du privilège, prime et période de recouvrement);
> Les détails relatifs au privilège de rachat que se donne l'émetteur;
> Le rendement à l'échéance.

La prime se calcule ainsi :

$$\frac{\text{prix courant de l'obligation - valeur de conversion}}{\text{valeur de conversion}}$$

Les titres convertibles

Lorsqu'elles sont convertibles, les obligations, les débentures et les actions privilégiées offrent l'avantage de combiner les caractéristiques de ces titres et le potentiel de croissance de l'action ordinaire, sans inclure les désavantages rattachés à cette dernière. Bien choisis, les titres convertibles représentent un choix judicieux entre le monde des titres à revenu fixe et celui des titres à revenu variable, car ils permettent à leur détenteur de miser sur le potentiel de gain en capital de l'action ordinaire tout en lui procurant, avant la conversion, un rendement intéressant sous forme d'intérêt ou de dividende. Sans compter que le dividende reçu « en attendant » (cas d'une action privilégiée convertible) est sujet à une meilleure protection, ce qui est également le cas du capital (cas d'une obligation convertible). Fait à signaler, en période de baisse boursière (ou même d'incertitude), le titre convertible peut compter sur un important support, soit le prix correspondant au taux de rendement par rapport au niveau des taux d'intérêt.

Il ne faut cependant jamais perdre de vue que les titres convertibles sont émis :

> en tant qu'adoucisseur, lorsque le crédit de la compagnie n'est pas (momentanément) très bon ou pour ajouter de l'attrait à l'achat des titres de créance (ou des actions privilégiées);

ou

> dans le but de retarder une émission d'actions parce que la conjoncture boursière n'est pas favorable ou parce que l'entreprise veut reporter (ou tout simplement enrayer) une dilution de l'avoir des actionnaires, les nouveaux éléments d'actif productifs devant faire l'objet de ce financement ne produisant pas encore de *cash flows*.

Dans l'évaluation des titres convertibles, le taux de conversion est une variable dominante. On obtient ainsi une valeur de conversion en multipliant ce taux par le cours de l'action sous-jacente. C'est cette valeur de conversion qui, comparée au prix d'achat du titre convertible, indique s'il est avantageux ou non d'effectuer la conversion. L'investisseur attiré par les titres convertibles doit se poser les questions suivantes :

> Quel est l'attrait de la valeur de conversion? Est-elle raisonnable par rapport aux autres titres convertibles?
> Où se situe le titre convertible étudié par rapport aux autres titres convertibles comparables?
> Quel est le potentiel de croissance de l'action ordinaire sous-jacente?
> Le taux de conversion sera-t-il modifié?
> L'obligation (l'action privilégiée) peut-elle être rappelée au rachat? Dans la très grande majorité des cas, l'émetteur d'un titre convertible se réserve le droit de rappeler le titre au rachat. Les détails du rachat sont alors déterminés d'avance.

Vous avez donc déduit que c'est le potentiel de croissance de l'action ordinaire de l'émetteur qui détermine l'attrait des titres convertibles. Dans l'évaluation des titres convertibles, on ne peut donc se défaire de la nécessité d'effectuer une analyse détaillée de l'action ordinaire.

À regarder de près :

$$\text{prime sur conversion} = \frac{\text{prix courant de l'obligation - valeur de conversion}}{\text{valeur de conversion}}$$

où :
valeur de conversion = nombre d'actions multiplié par leur valeur marchande

---

Exemple

Valeur marchande de l'action : 20 $
Valeur marchande de l'obligation : 1 100 $
Taux de conversion : 50 : 1

Valeur de conversion : 50 × 20 $ = 1 000 $
Prime sur conversion : $\frac{1\,100\,\$ - 1\,000\,\$}{1\,000\,\$} \times 100 = 10\,\%$

Alors, au cours actuel de 1 100 $, l'action devra s'apprécier de 10 % pour que le détenteur accepte indifféremment de à vendre son obligation ou de la convertir en actions ordinaires. Une obligation convertible se vend toujours à prime par rapport à sa valeur de conversion. De plus, à l'instar des droits et des bons de souscription, cette prime est fonction de la valeur intrinsèque, c'est-à-dire de la différence entre la valeur marchande de l'obligation et sa valeur de conversion, et de la valeur-temps, la valeur attribuée par le marché au temps qu'il reste à courir avant l'expiration du droit de conversion. Plus il reste de temps à courir, plus cette valeur-temps est importante, car plus la possibilité de voir l'action s'apprécier est grande.

Prime sur valeur nominale :

$$\frac{\text{prix courant de l'obligation - valeur nominale}}{\text{prix courant de l'obligation}}$$

Exemple

En reprenant l'exemple précédent, on calcule la prime sur la valeur nominale comme suit :

$$\frac{1\,100\,\$ - 1\,000}{1\,100\,\$} \times 100 = 9{,}1\,\%$$

Cette prime suggère que le cours de l'obligation peut se déprécier de 9,1 % avant qu'il ne rencontre un certain soutien, représenté par la valeur nominale de l'obligation.

Quand convertir ?

La décision de convertir doit être prise lorsque la prime sur conversion devient nulle ou négative. Toutefois, il est plus avantageux de conserver son obligation jusqu'à la toute fin de la période de conversion si le taux de dividende que confère l'action (après impôt) est inférieur au taux de rendement effectif de l'obligation (après impôt).

Exemple

> Valeur marchande de l'action : 22 $
> Valeur marchande de l'obligation : 1 100 $
> Taux de conversion : 50 : 1
>
> Dividende sur l'action : 1,00 $
> Taux nominal : 8 %
>
> Rendement de l'action : $\dfrac{1,00\ \$}{22\ \$} \times 100 = 4,5\ \%$
>
> Taux effectif de l'obligation : $\dfrac{80\ \$}{1\ 100\ \$} \times 100 = 7,3\ \%$

La conversion n'est pas une décision facile à prendre. En effet, en effectuant la conversion, l'investisseur renonce à la protection qu'offre l'obligation quant au remboursement du capital et au revenu régulier et se retrouve avec des titres dont le cours est volatil et le dividende, plus ou moins certain. Par contre, l'action conserve un potentiel de croissance intéressant sans compter que le dividende peut connaître une hausse dans le futur.

Exemple

> Valeur marchande de l'action : 20 $
> Valeur marchande de l'obligation : 1 100 $
> Taux de conversion : 50 : 1
>
> A. Si l'action s'apprécie à 25 $, l'obligation devrait au moins croître à 1 250 $, ce qui se traduit par une progression de 13,6 % (par rapport au prix d'achat de l'obligation), comparativement à une poussée de 25 % de l'action.
>
> B. Si l'action se replie à 15 $, l'obligation devrait revenir à son prix de soutien, soit 1 000 $. L'action se serait donc repliée de 25 %, comparativement à un recul de 9,1 % pour l'obligation.

La quasi-totalité des émetteurs d'obligations convertibles se réservent le privilège de rappeler au rachat les titres convertibles émis. Ce privilège de rachat est généralement exercé lorsque la valeur marchande de l'action approche, voire dépasse le prix de conversion. Lorsque survient cette situation, l'émetteur espère qu'un grand nombre de détenteurs exerceront leur privilège de conversion plutôt que d'accepter le prix de rachat offert.

Les actions privilégiées

Le dividende sur une action privilégiée n'est pas contractuel, comme c'est le cas pour l'intérêt sur une obligation. De ce fait, il arrive qu'il soit, selon la décision du conseil d'administration de la compagnie, omis ou tout simplement aboli. Dès lors, le taux de rendement requis sur une action privilégiée doit tenir compte de cet aspect aléatoire et, de ce fait, il doit être plus élevé que le taux fixé sur une obligation du même émetteur. Un argument supplémentaire militant en faveur de cette différence est certes le fait que les détenteurs de titres obligataires sont des créanciers de l'émetteur et ont un droit prioritaire sur l'actif en cas de liquidation de la compagnie, ce qui n'est pas le cas pour les actionnaires privilégiés. L'investissement de ces derniers étant moins bien protégé, il devient on ne peut plus normal (et souhaitable) qu'une action privilégiée commande un rendement plus élevé.

Autre différence à souligner : l'absence d'une échéance sur les actions privilégiées leur donne un caractère perpétuel ; il en découle de plus fortes fluctuations de cours.

À l'instar des obligations, la valeur d'une action privilégiée peut être mesurée par l'équation suivante :

$$P = \frac{D_1}{(1+i)} + \frac{D_2}{(1+i)^2} + \frac{D_3}{(1+i)^3} + \ldots + \frac{D_n}{(1+i)^n} + \ldots$$

où :
P = valeur actuelle de l'action privilégiée
D = dividende versé
i = taux de rendement requis

L'action privilégiée étant un titre perpétuel, l'équation précédente peut être résumée ainsi :

$$P = \frac{D}{i}$$

Lorsqu'une action privilégiée est détenue à des fins de revente éventuelle, il ne faut pas oublier d'inclure dans l'équation le prix de revente attendu et d'actualiser ce prix en fonction du taux de rendement requis et du nombre d'années de détention. Si tel est le cas, la méthode proposée pour l'évaluation d'une obligation s'applique ici.

Ni l'impôt ni les frais de courtage ne sont considérés ici. Nous aborderons le premier point au chapitre 7. Quant aux frais de courtage, dans tous les cas, le prix d'acquisition et le prix de revente devront en tenir compte.

Lorsque vient le temps d'aborder une action privilégiée, les paramètres suivants peuvent aisément servir de guides :

> Paiement régulier ou non du dividende dans le passé ;
> Bénéfice après impôt suffisant ou non pour couvrir le paiement du dividende. Une couverture inférieure à deux (institutions financières et services publics) ou à quatre (entreprises industrielles et manufacturières) est considérée comme risquée. Il est également indispensable de regarder de près la couverture de l'intérêt sur la dette, car un ratio insuffisant pourrait traduire l'incapacité de la compagnie à respecter le paiement de son dividende sur actions privilégiées ;
> Avoir des actionnaires (privilégiés et ordinaires) au moins égal à la valeur marchande des actions privilégiées.

Les actions privilégiées convertibles

L'action privilégiée convertible permet de recevoir un taux de dividende important, supérieur à celui qui pourrait être versé sur l'action ordinaire mais inférieur à tout autre dividende privilégié du fait que l'action comporte un privilège de conversion, donne un droit prioritaire sur l'actif en cas de faillite de la compagnie, une fois les dettes aux créanciers remboursées. De plus, par l'intermédiaire du privilège de conversion, elle permet de bénéficier du potentiel d'appréciation de l'action ordinaire sous-jacente.

Le cours d'une action privilégiée varie essentiellement selon que la rentabilité de l'entreprise est en déclin ou non et que le paiement du dividende est menacé. Ainsi, à l'exception des actions privilégiées participantes et convertibles, une rentabilité croissante n'a aucun effet bénéfique lorsque le paiement du dividende est déjà assuré. Tout au plus, une augmentation des profits de l'entreprise est-elle garante que celle-ci honorera ses engagements en matière de dividende et de paiement de l'intérêt sur sa dette. L'action privilégiée réagit enfin de façon inversement proportionnelle à l'évolution des taux d'intérêt, une sensibilité qui est de moindre importance lorsque le dividende est à taux flottant.

Les actions ordinaires

Nous savons maintenant que le montant, voire le versement d'un dividende sur une action ordinaire est on ne peut plus aléatoire et qu'il ne peut avoir lieu qu'une fois satisfaits les besoins des créanciers et des détenteurs d'actions privilégiées. De plus, en cas de liquidation, les actionnaires ordinaires, véritables propriétaires de la compagnie, n'ont droit qu'au solde résiduel des éléments d'actif, les créanciers se servant en premier, suivis, s'il y a lieu, des actionnaires privilégiés. Compte tenu de cette position « délicate », le taux de rendement requis sur les actions ordinaires devrait être plus élevé que le taux sur les obligations et sur les actions privilégiées.

Les principaux attraits d'une action ordinaire sont les suivants :

> Sa négociabilité ;
> Sa liquidité ;
> Le fort potentiel de croissance qu'elle confère ;
> Dans une moindre mesure, le revenu sous forme de dividende.

Le risque rattaché à une action ordinaire est toutefois supérieur à celui d'une obligation ou d'une action privilégiée du même émetteur en ce sens que le rendement espéré est essentiellement fonction d'événements à venir. Voyons la classification suivante :

> Dans la catégorie des titres considérés comme à faible risque, on classe les dépôts à terme, le papier commercial, les certificats de dépôts garantis et les obligations d'épargne.
> Dans la catégorie des titres à risque moyen, on inclut généralement les obligations et débentures à échéance de long terme qui, outre le risque de défaut, sont soumises aux aléas des taux d'intérêt et à l'érosion du pouvoir d'achat, deux réalités qui prennent de l'ampleur lorsque la période de détention s'allonge.
> Dans la catégorie des titres chevauchant le degré de risque moyen à élevé, on retrouve les titres convertibles, les actions privilégiées et les actions ordinaires de bonne qualité.
> Enfin, la catégorie des titres à haut risque est dominée par les actions ordinaires d'entreprises de taille moyenne alors qu'un caractère spéculatif est généralement accordé aux actions d'entreprises de petite taille (les «juniors») et aux autres instruments financiers (droits de souscription, options, marché à terme, etc.).

Voilà donc où nous devons situer les actions ordinaires. Cette classification n'est pas absolue puisque l'action ordinaire de compagnies comme BCE, Bombardier, Imasco ou Power Corporation, pour ne nommer qu'elles, peuvent être considérées, à juste titre d'ailleurs, comme moins risquées que l'action privilégiée d'autres compagnies plus petites ayant un passé plus récent. Cependant, cette hiérarchie vaut pour une entreprise en particulier ou pour une même classe d'entreprises.

Les actions ordinaires sont plus que tout autre instrument financier, dépendantes :

> du niveau de l'inflation ;
> du niveau des taux d'intérêt ;

Lorsqu'une entreprise verse un dividende régulier, le rendement ainsi offert doit être concurrentiel aux autres formes de rendement. Comme on calcule le rendement en dividende en divisant le dividende par la valeur marchande (ou le prix d'achat) de l'action (D/P), une baisse générale des taux d'intérêt rend cette action plus attrayante. De ce fait, plus d'investisseurs désireront se la procurer, ce qui provoquera une hausse de son prix.

Cette hausse se poursuivra jusqu'à ce que le rendement en dividende soit ajusté (dans ce cas-ci, à la baisse) pour tenir compte de la diminution des taux d'intérêt. L'inverse est également vrai :

> Du climat économique ;
> Du contexte politique et fiscal ;
> Du climat général du marché boursier.

C'est ainsi qu'on relie généralement le principe suivant aux actions ordinaires : plus la période de détention de l'action est courte, plus le risque à absorber est faible. En revanche, plus le degré de risque à absorber est élevé, plus le potentiel de gain en capital est important. Telle est la dimension que prend la relation proportionnelle risque-rendement.

L'évaluation d'une action ordinaire diffère des procédés mentionnés précédemment du fait que le dividende est incertain, et ce, tant dans sa périodicité que dans son montant. Lorsqu'une compagnie verse un dividende régulier sur ses actions ordinaires, il est possible d'emprunter la méthode appliquée aux actions privilégiées :

$$P = \frac{D1}{(1+i)} + \frac{D2}{(1+i)^2} + \ldots + \frac{Dn}{(1+i)^n} + \frac{Pn}{(1+i)^n}$$

Toutefois, lorsque l'entreprise ne verse aucun dividende ou que celui-ci est incertain, l'équation précédente devient :

$$P = \frac{Pn}{(1+i)^n}$$

Une entreprise bien établie, dont la rentabilité est croissante, devrait être en mesure de hausser périodiquement son taux de dividende. Il faudrait donc tenir compte de cette éventualité dans notre équation, qui deviendrait ainsi :

$$P = \frac{D1(1+g)}{(1+i)} + \frac{D2(1+g)}{(1+i)^2} + \ldots + \frac{Dn(1+g)}{(1+i)^n} + \frac{Pn}{(1+i)^n}$$

où : g = taux de croissance prévu du dividende.

5 >> La gestion de portefeuille

Nous voyons alors que l'équation se complique et qu'une inconnue s'ajoute. Sans compter que le taux de croissance peut différer d'une année à l'autre.

Dans ce cas, le prix que l'investisseur devrait être prêt à verser doit être uniquement fonction du prix de revente prévu, du temps estimé qu'il faudra pour que ce prix-cible soit atteint et de son taux de rendement requis sur cette action ordinaire. Si le prix que l'investisseur est prêt à verser est égal ou supérieur à la valeur marchande de l'action, cette dernière devient un achat. Nous obtenons les mêmes conclusions en procédant selon la méthode de la valeur actuelle nette.

$$\text{VAN} = \frac{P_n}{(1+i)} - \text{prix d'achat (*)}$$

(*) Déduction faite des frais de courtage.

Si la VAN est nulle ou positive, l'action est un achat ; l'inverse est aussi vrai.

Nous pouvons également poser la question suivante : À partir du cours actuel, quel prix doit atteindre l'action pour que l'on obtienne le rendement désiré ? Une fois ce prix déterminé (on cherche dans ce cas-ci P_n tandis que l'équation présentée ci-dessus supposait un P_n connu), l'investisseur peut toujours s'interroger sur les possibilités de l'action d'atteindre ce prix.

Exemple 1

L'action de la compagnie ABC se négocie présentement à 50 $ et verse, annuellement, un dividende de 2 $. À quel prix devrais-je accepter de revendre cette action l'an prochain si mon taux de rendement requis sur cette action est de 10 %?

$$50\ \$ = \frac{2,00\ \$}{(1 + 0,10)} + \frac{P}{(1 + 0,10)}$$

50 $ = 1,82 $ + 0,91P
48,18 $ = 0,91P
52,95 $ = P

Mon prix de vente, pour une période de détention de un an, serait de 52,95 $, compte tenu du taux de rendement requis de 10 %.

Exemple 2

Poursuivons cet exemple mais supposons cette fois que la période de détention est de deux ans. Compte tenu de cet horizon de temps plus long, mon taux de rendement requis sur cette action passe à 12 %.

$$50\ \$ = \frac{2\ \$}{(1+0{,}12)} + \frac{2\ \$}{(1+0{,}12)^2} + \frac{P2}{(1+0{,}12)^2}$$

$50\ \$ = 1{,}79\ \$ + 1{,}59\ \$ + 0{,}80 P2$
$46{,}62\ \$ = 0{,}80 P2$
$58{,}28\ \$ = P2$

Or, la compagnie ABC a pour politique de toujours verser 50 % de son bénéfice net sous forme de dividende. J'accorde de fortes probabilités aux prévisions de bénéfice par action suivantes :

> Bénéfice net de 4 $ l'action à la fin de l'année en cours ;
> Bénéfice net de 4,50 $ l'action à la fin de la deuxième année.

Quel prix de revente dois-je espérer dans 2 ans pour réaliser au moins le taux de rendement requis de 12 %?

$$50\ \$ = \frac{4\ \$ \times 50\ \%}{(1+0{,}12)} + \frac{4{,}50\ \$ \times 50\ \%}{(1+0{,}12)^2} + \frac{P2}{(1+0{,}12)^2}$$

$$50\ \$ = \frac{2\ \$}{(1{,}12)} + \frac{2{,}25\ \$}{(1{,}12)^2} + \frac{P2}{(1{,}12)^2}$$

$50\ \$ = 1{,}79\ \$ + 1{,}79\ \$ + 0{,}80 P2$
$46{,}42\ \$ = 0{,}80 P2$
$58{,}03\ \$ = P2$

5 >> La gestion de portefeuille

Pour me satisfaire, l'action de la compagnie ABC devra s'accroître de 16,1 % sur une période de temps de 2 ans. Ce n'est donc pas impensable.

Qu'arrive-t-il maintenant si ce prix cible recherché est atteint avant le versement du deuxième dividende (disons après le versement du premier dividende)?

$$VAN = \frac{2\ \$}{(1,12)} + \frac{58,03\ \$}{(1,12)} - 50\ \$$$

VAN = 1,79 $ + 51,81 $ - 50 $
VAN = 53,60 $ - 50 $
VAN = 3,60 $

La VAN étant positive, l'investissement demeure attrayant. Étant donné que notre horizon de placement était de deux ans, nous devons nous demander s'il vaut la peine de conserver les actions de la compagnie ABC ou, plutôt, d'empocher nos profits. Il n'est cependant pas si simple de répondre à cette question puisque tout sera fonction de nos prévisions et du taux de réinvestissement des fonds libérés si nous retenons l'option d'empocher nos profits.

Comme nous avons réalisé un rendement (dividende et gain en capital) de 20,1 % en une année seulement alors que notre objectif se situait à 12 %, nous possédons une plus grande marge de manœuvre pour la deuxième année de notre horizon de placement. En fait, un rendement de 4,5 % seulement au cours de cette deuxième année nous permettrait de respecter notre objectif. L'action de la compagnie ABC, avec un dividende de 2,25 $, nous apporterait le rendement recherché. Or, qu'adviendrait-il si le bénéfice par action prévu (4,50 $) n'était pas atteint? Et si le dividende de 2 $ n'augmentait pas à 2,25 $? Et que dire du prix (58,03 $) s'il ne réussissait pas à se maintenir au moins à ce niveau?

D'un autre côté, il me serait possible de réinvestir mes fonds dans une obligation d'épargne offrant du 8,5 % la première année. Que faire? Choisir l'incertitude de la première option ou préférer le rendement (supérieur à mes objectifs) du placement sans risque et très liquide que représente l'obligation d'épargne? Examinons tout cela (supposons un achat initial de 100 actions ABC).

Mon taux de rendement requis pour la deuxième année passe à 4,5 %, étant donné que j'ai réalisé plus que ce que j'espérais (20,1 %) et plus tôt que prévu.

Achat de 100 actions ABC, à 50 $ chacune	5 000 $
Dividende, première année (2 $ × 100)	200 $
Revente, après la première année, à 58,03 $ l'action	5 803 $
Somme disponible (arrondie)	6 000 $

Achat de 6 obligations d'épargne, à 8,5 % par année :

$$\text{VAN} = \frac{85\ \$ \times 6}{(1+0{,}045)} + \frac{6\,000\ \$}{(1+0{,}045)} - 6\,000\ \$$$

VAN = 488,04 $ + 5 741,63 $ - 6 000 $
VAN = 229,67 $

Pour que l'investisseur accepte aussi bien de conserver ses actions d'ABC que d'acheter les obligations d'épargne, il faut que le potentiel de croissance de l'action soit :

$$229{,}67\ \$ = \frac{225\ \$}{(1+0{,}045)} + \frac{P1}{(1+0{,}045)} - 6\,000$$

229,67 $ = 215,31 $ + 0,96P1 - 6 000
6 014,36 = 0,96P1
6 264,96 = P1 ou P1 = 62,65 $ l'action

L'action d'ABC devra donc s'apprécier d'un autre 8 % et le dividende, augmenter à 2,25 $.

Cette équation implique que nous connaissions d'avance le prix de revente, ce qui n'est pas le cas. Le taux de rendement requis doit donc tenir compte de cette incertitude et des probabilités rattachées aux prévisions.

Un investisseur attiré par les actions ordinaires doit obligatoirement s'attarder aux éléments suivants :

> L'évolution antérieure du cours de l'action permet-elle de déceler une volatilité disproportionnée et un caractère cyclique ?
> Étant donné que le cours des actifs financiers fluctue en sens contraire des mouvements des taux d'intérêt, quelle est la tendance qui se dessine ?
> L'action se négocie à quel ratio cours/bénéfice (bénéfice des 12 derniers mois ou, mieux, bénéfice prévu à la fin du présent exercice) et quelle sera l'évolution de ce ratio ? Un faible ratio cours/bénéfice est généralement rattaché à une compagnie à faible croissance, ayant atteint une certaine maturité, et un fort multiple est habituellement accordé à une entreprise à fort potentiel de croissance. Par contre, un faible ratio c/b indique une vulnérabilité moindre et un repli sévère du cours de l'action moins probable. Rien ne baisse plus rapidement que l'action d'une compagnie qui ne réussit pas à répondre aux prévisions, et ce, davantage lorsque ces attentes sont élevées. N'oublions jamais — nous l'avons vu en introduction à ce livre — que le cours d'une action est alimenté par deux forces majeures : le potentiel d'appréciation des profits de l'entreprise et la valeur attribuée à ce potentiel par le marché. Ainsi, pour qu'un titre s'apprécie, il ne suffit pas que les profits d'une entreprise augmentent ; ils doivent atteindre, ou mieux surpasser, les prévisions du marché.

5.2 LA RÈGLE DU 50-50

Précédemment, nous avons constaté que, lorsque nous évoluons dans un contexte de contraintes budgétaires, nous sommes condamnés à une éternelle sélection. Or, toute sélection implique le choix d'un titre et l'abandon ou le rejet d'un autre. Pour faciliter et, surtout, donner un caractère objectif à ce processus de sélection, quatre méthodes ont été proposées et une seule largement retenue, la valeur actuelle nette.

Pour déterminer cette VAN, nous avons besoin d'un taux d'actualisation qui, ici, prend la forme du taux de rendement requis. Le TRR tient compte du coût d'opportunité, soit le coût de la deuxième meilleure solution ou le coût du rendement qui est rejeté au profit de celui qui est retenu. Dans l'équation, nous avons proposé le taux réel, c'est-à-dire dégrevé de l'inflation, des bons du Trésor de trois mois du gouvernement canadien. C'est le taux le plus représentatif du court terme. Il va de soi qu'un investisseur peut utiliser le taux de référence qui lui convient, le taux d'intérêt sur un dépôt à terme d'un an par exemple. La seule chose à ne pas oublier, c'est de soustraire de ce taux de référence le taux d'inflation actuel pour ainsi éviter un double comptage puisque le TRR tient aussi compte du taux d'inflation prévu au cours de la période de notre investissement.

Enfin, le TRR est engraissé d'une prime pour le risque, qui reflète et le risque systémique et le risque non systémique du titre étudié. Une mesure arbitraire certes, mais fort pratique de ce risque a été proposée.

Cette petite gymnastique offre une grille d'analyse somme toute rigoureuse lorsque vient le temps de faire un choix entre deux titres. Or, elle ne nous permet pas d'établir une pondération optimale entre deux familles de titres. Cette pondération optimale est plutôt déterminée par la règle du 50-50.

Un portefeuille de titres a pour premier objectif de favoriser une diversification de nos avoirs engagés dans des éléments d'actif financiers. Par diversification, on veut dire qu'**il est important de ne pas mettre tous ses œufs dans le même panier**. Ce faisant, on répartit le risque sur un lot de titres. Si un titre se comporte mal, il ne met pas toute notre épargne en péril puisque les autres titres du portefeuille viendront contrebalancer sa mauvaise performance.

Il est important de noter que **la diversification n'est pas liée à la quantité de titres détenus mais plutôt à l'interaction entre les titres détenus, ce qu'on appelle la corrélation**. En d'autres mots, un portefeuille composé d'actions de 50 aurifères peut devenir plus risqué qu'un portefeuille composé d'actions ordinaires et d'obligations puisque le premier dépend fondamentalement d'une seule variable : le comportement du cours de l'or.

Nous pouvons obtenir une mesure (encore une fois arbitraire) de cette corrélation en recourant au coefficient bêta qui nous a servi à mesurer le risque systémique. On calcule ce coefficient en mettant en relation l'évolution du marché (mesuré, dans l'exemple, par l'évolution de l'indice TSE 300) et celle du cours du titre. Or, on peut utiliser la même formule en mettant, cette fois, deux titres en relation. Un coefficient négatif indique que les deux titres ont réagi à l'opposé l'un de l'autre durant la période étudiée alors que la taille d'un coefficient positif détermine le poids relatif de la fluctuation d'un titre par rapport à un autre. Recourir à ce coefficient est peu utile si la période d'observation est courte, car sa valeur est directement proportionnelle au nombre de données dont vous disposez.

Les éléments à considérer au moment de la constitution d'un portefeuille se résument comme suit :

1. Les besoins et objectifs propres à l'investisseur
   L'investisseur doit pondérer la répartition de ses fonds entre le revenu qu'il entend retirer (après impôt), le temps, l'appréciation des titres et la sécurité du capital.
2. Le degré d'acceptation du risque de l'investisseur
   Celui-ci doit déterminer le degré de risque qu'il est prêt à courir et choisir entre les deux extrêmes suivantes : maximiser son rendement pour un niveau de risque donné ; minimiser le risque encouru pour un rendement donné.
3. La conjoncture économique
   Un portefeuille de titres ne doit pas être immuable mais doit répondre et s'ajuster aux aléas de la conjoncture économique. Si les deux premiers éléments à considérer portaient sur la pondération, dans le premier cas entre les diverses formes de revenu (intérêt, dividende, gain en capital) et dans le deuxième entre les diverses catégories de titres (comptes bancaires, certificats de dépôt, obligations, actions privilégiées, actions ordinaires, partie spéculative), le troisième élément consiste à sélectionner parmi l'ensemble des éléments d'actifs financiers ceux qui collent à la réalité, qui offrent un bon potentiel de rendement, compte tenu de la conjoncture économique qui prévaut et des perspectives à court, moyen et long termes. Le tout en fonction de l'objectif temps de l'investisseur.

Un portefeuille équilibré, s'il n'est pas géré sous le coup de l'émotion, de la cupidité et de l'impatience (les trois grandes faiblesses de l'investisseur), permet de diversifier le placement de ses épargnes. L'investisseur est alors moins dépendant d'une variable clé de l'économie ou d'une industrie en particulier.

Lorsque les trois éléments que nous venons de mentionner sont pris en considération, la première étape de la diversification consiste à répartir nos avoirs entre les deux grandes familles d'actifs financiers, soit les titres à revenu fixe (obligations, débentures, etc.) et les titres à revenu variable (actions ordinaires, actions privilégiées, etc.). La répartition optimale qui a fait ses preuves par le passé est celle du 50-50 : 50 % des avoirs en titres à revenu fixe et 50 % en titres à revenu variable.

Il s'agit, ici, d'une pondération de base, qui varie selon la conjoncture économique. Il est important de noter que dans la catégorie des titres à revenu fixe sont inclus les certificats de dépôt, les dépôts à terme et même les comptes bancaires. Cette répartition 50-50 doit être, par la suite, modifiée selon les aléas de la conjoncture. De plus, cette ventilation est recommandée à toutes les catégories d'investisseurs, indépendamment de leur degré d'acceptation du risque. Ainsi, l'élément risque doit être considéré dans le choix des titres pour chacune des deux grandes familles et non dans le pourcentage à consacrer à chacune des deux grandes familles.

L'investisseur plutôt défensif ne doit jamais abaisser la portion titres à revenu fixe en deçà de 25 % de son portefeuille ; l'investisseur dynamique n'abaisse jamais la portion titres à revenu variable en deçà de 25 % de son portefeuille. De plus, toute partie spéculative ne devrait jamais excéder 10 % (20 % pour l'investisseur plus « dynamique ») de la portion titres à revenu variable du portefeuille. Celui qui veut s'adonner à la spéculation, qui veut miser sur des tuyaux — la plupart du temps crevés — et espérer faire « la grande passe » doit le faire en gardant les yeux bien ouverts. Celui qui veut spéculer doit s'y adonner uniquement s'il est en mesure d'absorber la perte du capital consacré à la spéculation. Seul l'investisseur que l'on peut qualifier de joueur devrait augmenter cette portion du capital consacré à la spéculation. Le *gambler*, quant à lui, ira jusqu'à engager tout le capital dont il dispose dans cette expérience de haute voltige.

5.2.1 L'investisseur défensif

L'investisseur défensif engage tout son avoir dans des titres (à revenus fixe et variable) de première qualité. La portion titres à revenu fixe est consacrée aux obligations gouvernementales (fédérales, provinciales, municipales et institutions paragouvernementales) et commerciales classées A ou B+, et la portion titres à revenu variable devrait se limiter aux actions de *blue chips*, qui offrent un historique de profits et une structure financière solide. De préférence, les actions choisies doivent être celles d'entreprises qui présentent également un historique de dividende respectable. Pour cette catégorie d'investisseurs, il est difficile de battre le marché, mais leur objectif de protection du capital est ainsi maximisé.

Si un arbitrage actions-obligations est recommandé selon l'état de la conjoncture économique et boursière, un arbitrage *blue chips* cycliques contre *blue chips* défensifs est également à conseiller pour la portion titres à revenu variable, selon l'âge du cycle économique.

5.2.2 L'investisseur dynamique

L'investisseur dynamique cherche à faire mieux que l'investisseur défensif, sans risquer pour autant son capital. Il consacre au maximum entre 10 % et 20 % de la portion en actions de son portefeuille à la spéculation, aux situations spéciales et aux titres d'entreprises à fort potentiel de croissance, ne bénéficiant pas d'un historique de profits d'au moins cinq ans.

La portion titres à revenu variable peut être étendue aux obligations de moindre qualité, offrant généralement un rendement supérieur aux obligations de première qualité. La portion titres à revenu variable est composée de *blue chips* mais aussi de titres d'entreprises à moyenne et faible capitalisation. Le même arbitrage obligations-actions et titres cycliques - titres défensifs est appliqué, que l'investisseur soit qualifié de défensif ou de « dynamique ».

On reconnaît généralement que le marché boursier devance de six mois les renversements de tendance de la conjoncture économique. Ainsi, à l'approche d'une récession ou d'un creux dans un cycle économique, il devrait déjà avoir atteint son creux et être sur le point d'entreprendre une marche ascendante. Il est alors temps de penser à accroître la portion titres à revenu variable de son portefeuille à partir d'une ventilation optimale de 50-50. **Il ne faut pas aller trop vite dans l'allègement de ses positions en titres à revenu fixe, car une reprise boursière est généralement accompagnée (dans bien des cas, engendrée) par un repli des taux d'intérêt dans l'économie.** Or, comme nous le savons, le cours des obligations réagit inversement à l'évolution des taux d'intérêt.

En début de reprise boursière, les titres de première qualité et cyliques devraient dominer. Plus le marché boursier avance dans sa phase ascendante, plus la remontée des cours embrasera les autres catégories de titres, en commençant par les titres de moyenne capitalisation pour aboutir aux titres d'entreprises à faible capitalisation et au *penny stocks*. La pondération optimale devrait alors être de 25 % en titres à revenu fixe et de 75 % en titres à revenu variable. Enfin, toute fin de marché ascendant est caractérisée par une poussée spéculative. Il sera alors temps d'alléger ses positions en titres à revenu variable.

Il faut préciser que cette mécanique n'est jamais parfaite. Il ne s'agit, ici, que des grandes lignes. La réalité peut différer de ce scénario, d'où l'importance de suivre régulièrement ses placements, l'activité économique et le comportement du marché boursier. De plus, des événements imprévisibles peuvent survenir et modifier ce modèle de base.

>> Chapitre 6 <<
LA DIVERSIFICATION À LA PORTÉE DE TOUS

6 >> La diversification à la portée de tous

Certains vous diront qu'une bonne diversification nécessite des avoirs d'au moins 50 000 $ et d'autres, de 100 000 $. C'est faux. La diversification est possible et accessible à tous. Même avec 1 000 $, il est possible de se bâtir un portefeuille diversifié. Nous allons donc aborder les titres et véhicules de placement qui permettent d'accéder ou d'obtenir cette diversification sans engager un capital imposant.

6.1 LES FONDS COMMUNS DE PLACEMENT

Lorsqu'on parle de fonds communs de placement, on se réfère le plus souvent aux fonds mutuels. Or, il faut apporter une distinction importante. Lorsqu'on parle de fonds communs de placement, on parle de sociétés d'investissement à capital variable, qui se distinguent des sociétés d'investissement à capital fixe.

Les titres de **sociétés d'investissement à capital fixe** sont émis aux investisseurs au moment de la création de la société et sont généralement négociés en Bourse. Les offres supplémentaires sont rares, sinon interdites. Les sommes d'argent ainsi recueillies sont investies dans un portefeuille de titres diversifiés et gérés par les administrateurs de la société. Le capital-actions ordinaires est fixe et la société pourvoit à ses besoins ultérieurs de fonds par le biais d'émissions d'actions ordinaires, d'actions privilégiées ou de titres de créance, ce qui a pour conséquence, dans les deux derniers cas, de procurer un effet de levier aux actionnaires ordinaires.

Le **fonds commun de placement**, ou **société d'investissement à capital variable**, diffère du précédent par son capital-actions ordinaires en perpétuel mouvement. La société émet et rachète continuellement des actions ordinaires, que l'on appelle également des parts. Ainsi, vous achetez des parts d'un fonds commun de placement directement de la société (ou d'un distributeur autorisé) et non pas d'autres actionnaires ou détenteurs de parts. La caractéristique principale d'un fonds commun de placement est le droit de rétrocession qui vous est accordé. Le rachat est effectué à la valeur courante de l'actif net par action, aussi appelée valeur liquidative par part (actif total du fonds à la valeur au marché moins passif total s'il y a lieu et déduction des frais administratifs, le tout divisé par le total des actions en circulation).

On distingue trois types de société d'investissement à capital fixe :

> Sociétés de portefeuille
> Sociétés de gestion
> Conglomérats

Il existe une multitude de fonds communs de placement, classifiés selon la constitution de leur portefeuille :

> Fonds d'obligations (sécurité du capital et revenu)
> Fonds équilibré (sécurité, revenu et gain en capital)
> Fonds d'actions (gain en capital et dividende)
> Fonds spéculatif (gain en capital de court terme)
> Fonds spécialisé (faible diversification)
> Fonds d'hypothèques (revenu, sécurité du capital)
> Fonds international (diversification internationale)

Les investisseurs attirés par les fonds communs de placement veulent :

> une gestion professionnelle ;
> de la diversification ;
> une grande diversité de fonds et de plans d'achat ;
> que la méthode de la moyenne d'achat s'applique aisément ;
> le réinvestissement si désiré des dividendes ;
> de la liquidité et la possibilité de transfert ;
> qu'ils soient admissibles à un Régime enregistré d'épargne-retraite (la plupart le sont).

Dans le cas de fonds admissibles à un REER, vous ne devez pas placer plus de 20 % de votre actif dans des valeurs étrangères. Cette limite de 20 % s'applique également à la ventilation des placements d'un fonds d'investissement pour qu'il soit admissible à un REER.

Par le biais du fonds commun de placement, vous avez accès à un portefeuille de titres géré par des administrateurs qualifiés, sans que vous ayez engagé un capital imposant. Des frais peuvent être exigés (frais courants, de gestion, etc.), lesquels se comparent avantageusement aux frais de courtage. Vous pouvez également vous assurer d'une pondération optimale sans engager un capital important, en recourant à plusieurs types de fonds communs de placement.

Selon le type de fonds choisi, le rendement provient d'un dividende régulier, d'un versement d'intérêt réalisé sur les placements ou de l'appréciation de la valeur marchande de la part (gain en capital).

Il existe plus de 1 000 fonds communs de placement au Canada, qui se partagent un actif de 250 milliards. Et la croissance, dans cette industrie, est phénoménale ! Il peut donc être difficile d'arrêter son choix. Si vous êtes attiré par les fonds communs de placement vous devez suivre les conseils suivants :

> Vous fier d'abord à vos objectifs de placement et à votre personnalité d'investisseur ;
> Choisir un ou des fonds gérés par des professionnels qui ont fait leurs preuves, qui ont un historique de rendement derrière eux. Idéalement, un gestionnaire devrait être jugé sur un horizon de plus de cinq ans et avoir traversé au moins un cycle économique complet ;
> Évaluer les frais exigés par rapport aux services reçus ;
> Demander si le fonds est ou non admissible à un REER.

Surtout, il ne faut jamais arrêter votre choix uniquement sur le rendement réalisé sur une brève période de temps. La loi oblige les fonds qui publicisent leur taux de rendement à respecter certains règles de base :

> Le taux de rendement indiqué doit être établi sur une base annuelle composée.
> L'annonce doit faire mention de tous les frais susceptibles de réduire le rendement du fonds.
> Le texte ou l'illustration utilisé doit inclure un historique de rendement comprenant au moins les cinq dernières années. Un fonds qui existe depuis moins de cinq ans n'indiquera bien sûr que le rendement réalisé au cours de ses années d'activité.

Il faut bien comprendre que plus de 80 % du rendement d'un fonds de taille respectable relève du choix des titres à inclure dans le portefeuille.

Le reste dépend du gestionnaire qui doit, par exemple, choisir les titres et les secteurs, déterminer quand les acheter et quand les vendre. Le prospectus devient le document d'information par excellence de l'investisseur à la recherche d'un fonds commun de placement.

La Loi sur les valeurs mobilières exige de la majorité des fonds communs de placement qu'ils émettent un prospectus, qui doit être visé par la Commission des valeurs mobilières de la province où les parts sont commercialisées. Ce prospectus permet à l'investisseur de savoir ce que le fonds achète, ce qu'il va faire avec son argent et ce qu'il a fait avec l'argent des autres. Le prospectus doit être accompagné des états financiers du fonds pour le dernier exercice, soit le dernier rapport annuel et le dernier rapport semestriel. On y trouve, de plus, des détails sur les politiques d'investissement du fonds, la description technique des parts, les frais d'acquisition et de rachat, les frais de gestion et les autres frais s'il y a lieu, les facteurs de risque, etc.

Il existe une autre source d'information non négligeable : les tableaux sur les fonds communs de placement canadiens présentés dans les médias spécialisés (*Financial Post, Globe & Mail* et *Les Affaires*). Ces tableaux regroupent les fonds par catégories. Ils donnent les rendements obtenus pour des périodes allant de 3 mois à 10 et même 15 ans. Une fois une catégorie de fonds choisie, il suffit de comparer les rendements entre eux, ainsi qu'à la moyenne de l'ensemble des fonds de la catégorie et à un indice correspondant à cette catégorie, lequel figure normalement dans le tableau.

Le passé ne peut en aucun cas être garant de l'avenir. Ainsi, le rendement affiché peut ne pas se reproduire. Il est essentiel, de plus, d'examiner la performance à court terme mais surtout à long terme du fonds. Une des qualités essentielles du gestionnaire est son habileté à manœuvrer en eaux troubles, lorsque le contexte est moins favorable à l'investissement. Autre point à retenir : le rendement est certes une variable de premier ordre, mais ce qui importe davantage, c'est la régularité de ce rendement dans le temps. Pour mesurer la variabilité de ce rendement sur une période relativement longue, il suffit de calculer l'écart-type de rendement. La formule de l'écart-type a été présentée au chapitre 4, dans la section portant sur la quantification du risque. Plus l'écart-type est élevé, plus le rendement est volatil et, donc, plus le risque est élevé. Un rendement régulier augmente la liquidité d'un placement, réduit les risques et accroît le revenu réinvesti.

6.1.1 Les types de frais

Frais d'acquisition ou frais à l'entrée (en anglais, *load*)

Les frais d'acquisition représentent grosso modo la rémunération du courtier. Ils visent également à couvrir les frais de commercialisation et de mise en marché. Ces frais sont exprimés en pourcentage du montant total de l'ordre d'achat. Les frais maximums oscillent généralement autour de 9 %. En moyenne, les fonds d'actions et d'obligations exigent des frais à l'entrée de 5 % ou 6 %, les fonds à dividende, de 4 %, et les fonds du marché monétaire, de 2 %.

Certains fonds n'exigent aucuns frais à l'entrée. Historiquement, ces fonds étaient surtout offerts par les compagnies de fiducie, les banques et certaines compagnies d'assurances. Or, notamment depuis le krach boursier, la tendance est à la disparition des frais à l'entrée, à l'émergence de frais réduits ou encore de frais négociables. Mais la plupart des fonds préfèrent désormais exiger des frais à la sortie plutôt qu'à l'entrée, afin de s'attacher davantage leur clientèle.

Frais de rétrocession ou à la sortie

Dans ce cas-ci, des frais sont exigés à la sortie, soit au moment de la vente de vos parts et non, comme dans le cas précédent, au moment de l'achat. Il s'agit d'un incitatif à l'achat ainsi qu'une réponse à la concurrence que livrent les fonds sans frais (en anglais, *no load*). Il s'agit également d'un incitatif qui vous force, en quelque sorte, à conserver plus longtemps vos parts.

Les frais à la sortie varient généralement de 4,5 % à 7 %. Même s'ils apparaissent moins élevés que les frais à l'entrée (généralement de 9 %), il faut vérifier sur quelle base ils sont calculés. Sont-ils calculés en fonction du montant de votre rachat ou de votre investissement initial ? Si c'est le premier cas qui s'applique, cela signifie que des frais seront exigés sur la plus-value, sur l'appréciation de votre capital, ce qui peut se révéler plus coûteux que des frais à l'entrée ou que des frais à la sortie calculés sur votre investissement initial.

Dans les deux cas (frais à l'entrée et frais à la sortie), il faut vérifier si, d'une part, votre fonds appartient à une famille de fonds et si, d'autre part, il est possible d'effectuer des transferts d'un fonds à un autre à l'intérieur de ce groupe à des coûts minimes ou, au mieux, sans frais.

Frais de transfert

Des frais peuvent être exigés au moment d'un transfert d'un fonds à un autre. Si le transfert s'effectue à l'intérieur d'une même famille de fonds, bon nombre ne comportent alors aucuns frais ou demandent des frais fixes pouvant varier entre 10 $ et 25 $. D'autres fonds peuvent demander jusqu'à 2 % du montant total transféré.

Les frais de gestion

La grande majorité des fonds prélèvent des frais de gestion. Contrairement aux frais à l'entrée et à la sortie, qui sont déboursés en une seule fois (au moment de l'achat ou de la vente, selon le cas), les frais de gestion sont versés sur une base régulière, généralement mensuellement, et ce, à même le portefeuille. Ces frais servent à rémunérer le gestionnaire et à rembourser les dépenses engagées.

Certains fixent des frais mensuels oscillant, en moyenne, autour de 1/12 de 3 % de la valeur liquidative du fonds. D'autres prélèvent des montants fixes. Enfin, d'autres offrent une grille décroissante, dont le pourcentage diminue en fonction de l'augmentation de la valeur liquidative du fonds. Généralement, les frais de gestion varient entre 0,5 % et 2 %, le pourcentage le plus élevé s'appliquant aux fonds d'actions. Suivent, dans l'ordre, les fonds d'obligations, à dividende et du marché monétaire.

Les frais d'administration

Les frais d'administration, ou frais de service, sont habituellement liés aux fonds du marché monétaire. La facture peut s'élever à 25 $ par année.

Les frais des REER

Si vos parts du fonds sont dirigées vers un Régime enregistré d'épargne-retraite, le fiduciaire du régime (généralement autre que les gestionnaires du fonds lui-même) peut vous imputer des frais annuels variant entre 25 $ et 100 $. Ces frais sont attribuables à l'ouverture de votre régime, et non au contenu de votre régime. De plus, comme pour tous les autres types de REER, des frais de fermeture sont parfois exigés au moment de la résiliation de votre régime. Des frais de transfert peuvent également être requis pour passer d'un REER à un autre.

Il est essentiel de tenir compte de cette structure de frais, car ils influent, finalement, sur le rendement de l'investissement dans un fonds commun de placement.

TABLEAU DES DIFFÉRENTES CATÉGORIES DE FONDS

Types de fonds	Titres en portefeuille	Objectifs de placements	Degré de risque	Possibilité de fluctuation
Actions à croissance rapide	Actions ordinaires avec un bon potentiel de croissance Ex. : nouvelle technologie nouvelle industrie	> Gain en capital élevé	Élevé	Supérieure au marché boursier
Actions de compagnies reconnues *blue chips*	> Actions ordinaires de grande qualité (ex. : banque) > Actions privilégiées	> Gain en capital moyen > Revenus de dividendes élevés et stables	Moyen	Suit la tendance du marché boursier
Obligations	> Obligations de gouvernements > Obligations de compagnies de premier ordre	> Protection du capital > Revenus d'intérêt réguliers	Faible à moyen	Fonction du mouvement des taux d'intérêt du marché
Diversifié ou «équilibré»	Répartition en pourcentage d'actions, d'obligations et quelquefois d'hypothèques	> Protection du capital en partie > Gain en capital en partie > Revenus en partie	Moyen	Liée au marché boursier et aux mouvements des taux d'intérêt
Hypothèques	Hypothèques de premier rang en majeure partie sur des propriétés résidentielles et commerciales	> Protection du capital > Revenus d'intérêt supérieurs à un dépôt à terme d'environ 1 % à 1,5 %	Faible	Suit le mouvement des taux hypothécaires
Marché monétaire	> Bons du Trésor > Obligations gouvernementales dont l'échéance est inférieure à trois ans	> Protection du capital > Liquidité des fonds	Faible	Presque inexistante ou faible
Immobilier	Immeubles résidentiels et commerciaux	> Gains en capital modéré > Revenus de loyers	Faible à élevé (dépend de la bonne gestion des immeubles)	Moyenne à élevée (dépend de la qualité des gestionnaires et des frais de gestion)

6.2 LES DROITS ET BONS DE SOUSCRIPTION

Si, dans certaines conditions, les fonds communs de placement sont vus comme un élément permettant d'accéder, sans mise de fonds importante, à une diversification — donc, s'ils s'inscrivent dans une stratégie de portefeuille —, il en va de même des instruments que représentent les droits et bons de souscription.

Revenons aux caractéristiques des droits et bons de souscription. Les droits de souscription (en anglais, *warrant*) sont normalement émis au public investisseur par une entreprise. Les bons de souscription (en anglais, *right*) sont, pour leur part, émis par la compagnie mais strictement à ses actionnaires. Ces derniers peuvent toutefois les négocier en Bourse. Ce faisant, le bon devient identique au droit. Autre différence : au moment de l'émission, l'échéance des droits est généralement plus éloignée que l'échéance des bons.

Un bon comme un droit permet à son détenteur de se procurer (habituellement) une action ordinaire de l'entreprise émettrice pour chaque bon (ou droit) détenu, et ce, pendant une certaine période. Le prix d'achat de cette action est fixé d'avance. Parce qu'il se négocie à une fraction du prix de l'action, le bon (ou le droit) permet de bénéficier du potentiel de croissance de l'action avec une mise de fonds plus petite. Ou encore, pour la même somme d'argent qui aurait été engagée dans l'achat des actions, les bons ou droits de souscription entraînent un effet multiplicateur.

Le cours du bon ou du droit de souscription renferme deux valeurs : la valeur intrinsèque, qui prend la forme de l'écart entre le prix d'exercice et la valeur marchande de l'action, et une prime pour le temps. Plus l'échéance du bon ou du droit est lointaine, plus la prime pour le temps est élevée.

6.2.1 Les méthodes d'évaluation du droit de souscription

La détermination d'une prime raisonnable et, surtout, l'évaluation du prix juste sont toujours arbitraires et sujettes aux attentes de chaque investisseur. Cependant, deux méthodes couramment utilisées et élaborées à partir d'observations passées visent à poser les paramètres de l'évaluation du droit et du bon de souscription. La deuxième de ces méthodes, complémentaire à la première, a été introduite dans le but, cette fois, de faire ressortir les bases spéculatives sous-jacentes et de décortiquer les éléments constituant la prime (valeur temps contre prévisions). Malheureusement, ces approches n'aboutiront jamais à des règles absolues ni ne remplaceront le flair et l'analyse sérieuse de l'action visée par le bon ou le droit de souscription.

Méthode 1

La valeur marchande du bon est égale à 40 % du prix d'exercice :

> + 50 % de l'écart entre le prix d'exercice et le cours boursier de l'action, si ce dernier est plus élevé que le prix d'exercice, le tout étant multiplié par le nombre de mois (divisé par 12) qu'il reste à courir avant l'expiration ;

> − 50 % de l'écart entre le prix d'exercice et le cours boursier de l'action, si ce dernier est inférieur au prix d'exercice, le tout étant multiplié par le nombre de mois (divisé par 12) qu'il reste à courir avant l'expiration.

Cette méthode cherche à déterminer ou à trouver le pourcentage de sous ou de surévaluation du droit (bon) de souscription. Elle tient également compte d'un facteur de pondération, soit le nombre de mois d'ici à l'expiration du bon (droit) divisé par 12 (base annuelle).

Or, cette méthode ne fait aucun cas des particularités propres à chaque émetteur et aboutit à une évaluation ponctuelle, sans égard au prix cible et au potentiel de croissance de l'action sous-jacente. À défaut de pallier cette faiblesse, une autre méthode propose de déterminer une «juste» valeur marchande (valeur intrinsèque et valeur temps) et de dégager ainsi une valeur attribuable aux prévisions. En d'autres mots, il s'agit de répondre à la question suivante : Quel pourcentage du cours du bon (droit) n'est pas justifié par sa valeur fondamentale ? Un ratio élevé (supérieur à 25 %) devrait, selon cette méthode, inciter à la prudence et forcer l'investisseur à s'interroger sur cet écart.

Méthode 2

La prime du bon (droit), sa valeur-temps, ne doit pas excéder 25 % de l'écart entre le prix d'exercice et le cours boursier de l'action, multiplié par le nombre de mois (divisé par 12) qu'il reste à courir avant l'expiration.

Si l'écart (valeur intrinsèque) est négatif, seule la moitié de cet écart est considérée.

Nous reproduisons un tableau qui regroupe plusieurs bons ou droits de souscription. Bien qu'il date quelque peu, ce tableau vise à faire ressortir les résultats de ces deux méthodes qui, répétons-le, sont davantage complémentaires que mutuellement exclusives.

6.3 LES OPTIONS

Les options offrent en gros les mêmes caractéristiques que les droits et bons de souscription. Elles diffèrent de ceux-ci en ce sens qu'elles ne sont pas émises par une compagnie. Les options sont émises par un investisseur et n'apportent aucun capital supplémentaire à l'entreprise. De plus, les bons et droits de souscription ont, au moment de leur émission, une durée de vie généralement plus longue que les options.

L'option n'est ni un titre de créance ni un titre de propriété. Elle est un instrument financier qui se négocie entre investisseurs. Sa durée de vie maximale est de un an. Les options se négocient en Bourse. Il existe différents types d'options :

> Sur actions ordinaires
> Sur obligations
> Sur l'or
> Sur les devises
> Sur les indices boursiers

Ce sont les différentes Bourses qui décident quelles options seront créées (et cotées) et, dans le cas d'options sur actions, quelles compagnies feront l'objet d'options.

Il existe deux types d'options :

> Option d'achat (en anglais, *call*) : Une option d'achat donne au titulaire (l'acheteur) le droit d'acheter (du vendeur de l'option) un certain nombre d'unités à un prix et dans un délai fixés d'avance. Comme l'acheteur reçoit cette option d'un vendeur, ce dernier devra, si le titulaire l'exige, vendre les unités sous options, au prix stipulé, et ce, à tout moment entre la date d'achat et la date fixée sur l'option.

> Option de vente (en anglais, *put*) : Une option de vente donne au titulaire (l'acheteur) le droit de vendre (au vendeur de l'option) les unités sous options à un prix et dans un délai fixés d'avance. Le vendeur de l'option doit, si le titulaire l'exige, acheter les unités sous options, au prix stipulé, et ce, à tout moment entre la date d'achat et la date d'expiration de l'option. Dans le cas d'options sur actions, chacune porte sur 100 actions.

Fondamentalement, lorsque l'investisseur s'intéresse aux options, il mise sur la tendance du cours de la valeur sous option. En d'autres mots, son choix

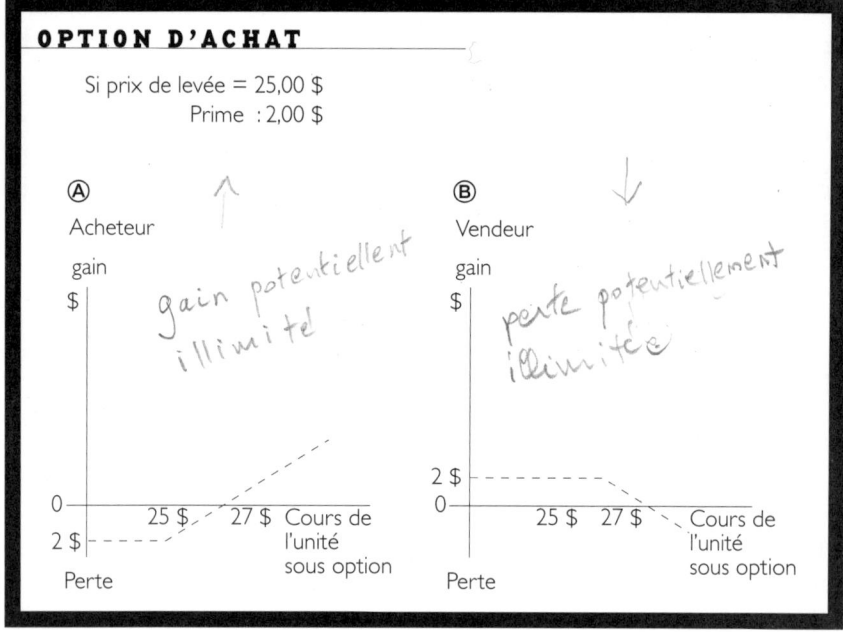

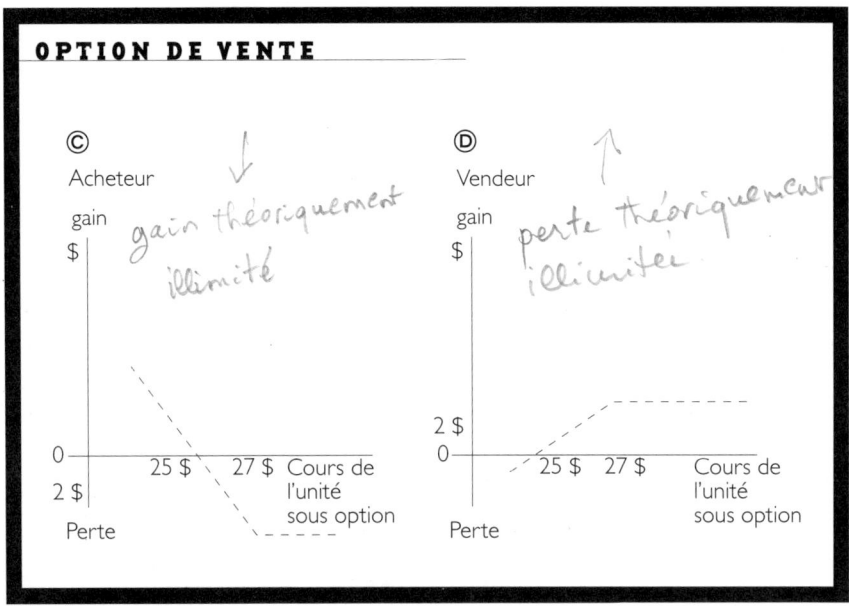

est fait sur la base de ses prévisions quant au cours de la valeur sous option. Les quatre graphiques suivants résument les quatre stratégies de base (acheter ou vendre une option d'achat ou de vente) et permettent d'y voir plus clair.

Situation A

Call

L'acheteur d'une option d'achat croit que le cours de la valeur sous option va augmenter. Il verse une prime au vendeur (ici, 2 $) par nombre d'unités sous options (une option sur actions porte sur 100 actions, un lot régulier, de la compagnie; donc la prime à verser est de 200 $), en contrepartie du droit de lui acheter la valeur sous option en tout temps, pendant la durée de validité de l'option, au prix de levée (ici, 25 $ par action). Ainsi, si le cours de la valeur sous option passe à 35 $, l'acheteur exerce son droit et achète les unités du vendeur à 25 $ pour ensuite les revendre sur le marché à 35 $. Le gain en capital réalisé sera de 8 $ (35 $ - 25 $ - prime versée, soit 2 $), soit 800 $ pour une option. Pour une croissance de 40 % du cours de l'action, l'acheteur de cette option réalise un rendement de 400 % (800 $ divisé par 200 $).

En revanche, si l'action ne dépasse pas le prix de levée de 25 $, le titulaire de l'option n'a pas intérêt à lever son option. Le montant de sa perte se limitera à la prime versée, soit 200 $.

Ainsi, pour l'acheteur d'une option d'achat, le gain est potentiellement illimité et son risque de perte, limité à la prime versée.

Situation B

Le vendeur d'une option d'achat croit que le cours de l'action sous option va baisser. Il vend une option d'achat et reçoit, de l'acheteur, une prime (ici, 2 $ par unité sous option, soit 200 $ dans le cas d'une option sur actions). Toutefois, en tout temps entre la date de vente et la date d'échéance, il peut être forcé de vendre, si l'acheteur l'exige, les actions sous option, au prix fixé sur l'option. Si le cours de l'action sous option passe à 35 $ et que l'acheteur exerce son droit (lève l'option), le vendeur devra vendre les unités à 25 $ chacune. Mais s'il ne les détient pas, il devra à prime abord se les procurer sur le marché à 35 $, réalisant ainsi une perte en capital de 8 $ par unité sous option, soit 800 $ dans le cas d'une option sur actions (25 $ + prime reçue, soit 2 $, - 35 $).

Ainsi, pour le vendeur d'une option d'achat, le gain est limité à la prime reçue, mais sa perte est théoriquement illimitée.

Situation C

L'acheteur d'une option de vente croit que le cours de l'unité sous option va baisser. Il verse une prime au vendeur, en contrepartie du droit de lui vendre les unités sous options en tout temps, pendant la durée de validité de l'option, au prix de levée (ici, 25 $ par unité). Si le cours de l'unité sous option passe à 15 $ et que l'acheteur ne détient pas les unités sous options, il achètera au marché les unités au prix de 15 $ chacune et les revendra au vendeur de l'option à 25 $ chacune, réalisant un gain en capital de 25 $ - 15 $ - prime versée, soit 8 $ (800 $ si option sur actions). Par contre, si le cours de l'unité augmente à 27 $ (prix de levée + prime), l'acheteur ne lèvera pas son option et sa perte se limitera à la prime versée.

Ainsi, pour l'acheteur d'une option de vente, le gain est théoriquement illimité et sa perte, limitée à la prime versée.

Situation D

Le vendeur d'une option de vente croit que le cours de l'unité sous option va augmenter. Il vend une option de vente et reçoit une prime de l'acheteur (ici, 2 $ par unité sous option). Toutefois, en tout temps durant la validité de l'option, il devra acheter, si l'acheteur de l'option l'exige, les unités sous options, au prix de levée. Si le cours de l'unité sous option passe à 15 $ et que l'acheteur exerce son droit, le vendeur devra acheter les unités à 25 $ chacune alors qu'elles ne se négocient plus qu'à 15 $ chacune.

Ainsi, pour le vendeur d'une option de vente, le gain est limité à la prime reçue, mais la perte est théoriquement illimitée.

Tirons quelques conclusions :

> - C'est l'acheteur d'une option qui décide d'exercer ou non son privilège. Par contre, il doit verser une prime au vendeur de l'option.
> - Si un investisseur pense que le cours des unités sous options va augmenter durant la période de validité de l'option, il peut acheter une option d'achat ou vendre une option de vente.
> - Si l'investisseur pense que le cours des unités sous options va baisser durant la période de validité de l'option, il peut vendre une option d'achat ou acheter une option de vente.
> - Un vendeur d'option s'expose à une perte théoriquement illimitée et son gain est limité à la prime reçue.
> - Un acheteur d'option peut, en théorie, réaliser un gain illimité et sa perte possible se résume à la prime versée.

L'investisseur qui veut prendre position sur le marché des options s'intéresse à la tendance du cours des unités sous options, mais aussi au facteur temps. Le cours doit fluctuer comme il le prévoit mais aussi durant la période de validité de l'option. La prime payée au vendeur est un autre élément à considérer.

Le prix de l'option (la prime) est déterminé par :

> le prix au marché des unités sous options par rapport au prix de levée ;
> la volatilité du cours des unités sous options.

Plus le cours des unités sous options fluctue, plus la prime est élevée.

> La valeur-temps
> C'est-à-dire le temps qu'il reste à courir jusqu'à l'expiration de l'option. Plus il est éloigné, plus la prime comporte une valeur-temps importante, car les probabilités de fluctuation du cours des unités sous options sont élevées.
> L'orientation générale du marché
> Si l'optimisme règne sur le marché et que la tendance est à la hausse, les primes des options d'achat, particulièrement celles dont l'expiration est rapprochée, tendent à augmenter et les primes des options de vente tendent à diminuer. Le contraire se produit lorsque la tendance fondamentale du marché est à la baisse.
> Le niveau des taux d'intérêt
> Les options sont des véhicules de placement au même titre que les obligations ou les actions. Pour demeurer concurrentiel lorsque les taux d'intérêt montent, le niveau général des primes a tendance à s'apprécier. L'inverse se produit lorsque les taux d'intérêt baissent.
> L'offre et la demande
> Comme pour toute autre chose, si la demande est plus forte que l'offre sur une unité sous option ou sur une option, le prix aura tendance à augmenter. Par contre, lorsqu'il y a beaucoup de vendeurs et peu d'acheteurs, le prix s'oriente à la baisse.

6.3.1 Pourquoi acheter une option ?

> Le risque est limité à la prime versée, mais le gain est potentiellement illimité. Vous ne pouvez jamais perdre plus que la prime versée (et les frais de commission).
> L'option comporte un effet multiplicateur par rapport à l'achat de l'action en tant que telle, au même titre que les bons et droits de souscription.

- Vous désirez jouer une baisse des cours plutôt que de recourir à la vente à découvert, qui nécessite une mise de fonds plus importante ;
- Vous voulez vous protéger contre une baisse des cours ou protéger une position de vente à découvert.

6.3.2 Pourquoi vendre une option ?

- À titre de vendeur d'une option, vous recevez une prime en contrepartie du droit que vous cédez à l'acheteur.
- Vous pouvez, grâce aux options, jouer la baisse des cours sans recourir nécessairement à la vente à découvert, qui nécessite une mise de fonds plus appréciable.
- Si vous détenez des unités sous options, vous êtes protégé contre une baisse des cours à la valeur du montant de la prime reçue. Il peut également protéger votre position de vente à découvert.

Vous pouvez donc adopter deux attitudes fondamentales face aux options : vous en servir pour spéculer ou pour vous protéger contre des fluctuations de cours allant dans le sens opposé aux positions que vous avez prises. L'option (de vente) peut aussi servir à fixer le prix de vente des unités que vous détenez. Enfin, l'option est utile à l'investisseur qui prévoit une hausse du prix des unités sous options mais qui ne dispose pas au moment voulu des fonds nécessaires à l'achat de ces unités.

6.3.3 Les autres avantages des options

- Comme une option permet de bénéficier de l'évolution du cours des unités sous options avec un investissement moindre, il est plus facile de diversifier votre portefeuille de titres.
- L'option permet de fixer d'avance le prix d'achat ou le prix de vente de l'unité sous option.

6.3.4 D'autres détails techniques sur les options

Une option « en dedans » (en anglais, *in the money*) se dit d'une option d'achat dont le cours au marché des valeurs sous options est supérieur au prix de levée. L'expression est également utilisée pour une option de vente dont le cours au marché des unités sous options est inférieur au prix de levée. Une option « en dedans » est susceptible d'être l'objet d'une levée. Ainsi, seules les options « en dedans » possèdent une valeur intrinsèque. Plus une option possède une bonne valeur intrinsèque et plus la prime à verser est élevée.

Une option « au milieu » (en anglais, *on the money*) se dit d'une option d'achat ou de vente dont le cours au marché des unités sous options se situe au même niveau que le prix de levée.

Une option « en dehors » (en anglais, *out of the money*) se dit d'une option d'achat dont le cours au marché des unités sous options est inférieur au prix de levée; se dit d'une option de vente dont le cours au marché des unités sous options est supérieur au prix de levée.

6.3.5 Au moment de l'achat d'une option

Lorsqu'il effectue l'achat d'une option, l'investisseur peut ensuite la laisser expirer, la lever ou liquider sa position « acheteur » en effectuant ce que l'on appelle une vente liquidative. Une vente liquidative a un effet compensatoire et permet à l'acheteur d'une option de liquider sa position « acheteur » en vendant une option de même série que celle de l'option qu'il avait achetée précédemment. L'investisseur paie des frais de commission et verse une prime lorsqu'il achète l'option et paie aussi des frais de commission lorsqu'il effectue une vente liquidative.

En effectuant une vente liquidative, l'acheteur d'une option perd son droit de lever l'option. Au moment de son achat, il a versé une prime, mais il reçoit une prime au moment de la vente liquidative, prime qui, normalement, est supérieure. La prime peut être inférieure; dans ce cas, il procède à une vente liquidative pour limiter sa perte.

6.3.6 Au moment de la vente d'une option

Lorsqu'il effectue une vente d'option, l'investisseur peut « couvrir » sa position « vendeur » ou bien vendre à découvert. Son option peut faire l'objet d'un avis de levée, mais elle peut ne pas être levée par l'acheteur. Enfin, le vendeur peut liquider sa position en effectuant un achat liquidatif compensateur. L'investisseur paie des frais de commission et reçoit une prime lorsqu'il vend l'option; il paie aussi des frais de commission et verse une prime s'il procède à un achat liquidatif.

En effectuant un achat liquidatif, le vendeur d'une option n'est plus soumis à la possibilité d'un avis de levée. Un achat liquidatif permet au vendeur de liquider sa position «vendeur» en procédant à l'achat d'une option de même série que celle de l'option qu'il avait vendue précédemment. Il faut noter qu'un achat liquidatif ne peut être fait par un vendeur d'option à qui un avis de levée a été assigné sur l'option en question.

Voici donc un bref survol du marché somme toute complexe des options. Si vous désirez recourir à ce véhicule de placement, vous devriez en maîtriser les rouages d'abord. L'Association canadienne des courtiers en valeurs mobilières offre un cours consacré uniquement à la négociation des options. Il existe également sur le sujet d'excellents ouvrages qu'il serait important de consulter avant d'entreprendre la négociation d'options.

6.4 LES CONTRATS BOURSIERS À TERME

Nous avons présenté les options comme étant à la fois des instruments de spéculation et de protection. Ces deux caractéristiques s'appliquent également aux contrats boursiers à terme. Sur le marché boursier à terme, on négocie des contrats qui peuvent donc prendre la forme de police d'assurance ou d'instruments spéculatifs.

On retrouve trois types de contrats :

> Sur actifs financiers (obligations, bons du Trésor);
> Sur marchandises (pétrole, cuivre, or, bois de sciage, mazout, etc.);
> Sur indices boursiers (TSE 300 et XXM, au Canada, S & P 500, Value Line et indice composé de la Bourse de New York, aux États-Unis).

Les marchés boursiers ont poussé plus loin le raffinement en inscrivant à leur cote des options sur contrats boursiers à terme, qui fonctionnent selon les principes énoncés précédemment.

Les contrats sur actifs financiers offrent au gestionnaire de portefeuille un moyen efficace de protection contre les variations des taux d'intérêt. Dans le cadre de ces contrats, le vendeur s'engage à remettre à l'acheteur certains titres financiers à une date et à un prix fixés d'avance. D'une part, l'acheteur se protège contre une baisse des taux d'intérêt et, donc, d'une hausse des cours des titres pendant la période qui s'étend depuis la date d'achat du contrat jusqu'à la date de livraison. D'autre part, le vendeur veut s'assurer d'un quelconque rendement, qui se réalisera quelle que soit l'évolution des taux d'intérêt pendant la période qui précède l'échéance du contrat.

Cette opération est avantageuse tant pour l'acheteur que pour le vendeur. Tous deux se sont prémunis contre le risque d'une variation des taux d'intérêt. Le contrat lui-même est normalisé; les deux parties n'ont donc plus qu'à en négocier le prix. L'importance du contrat, la date de livraison, les titres négociables et même la marge minimum sont tous prescrits par la Bourse. Le parquet de la Bourse est le lieu où se déroulent les opérations. Les contrats boursiers à terme sont négociés sur le parquet et les demandes et offres sont faites de vive voix par des intervenants (négociateurs) reconnus aptes à la négociation.

Les contrats boursiers à terme sur marchandises offrent une protection, tant à l'acheteur qu'au vendeur, contre une fluctuation du prix de la marchandise sous contrat. L'investisseur peut utiliser ces contrats pour spéculer et miser sur une hausse du prix des marchandises. Enfin, les contrats sur indices boursiers apportent une protection (ou permettent de spéculer) contre les aléas du marché boursier.

Il est possible d'acheter, de vendre ou de vendre à découvert un contrat boursier à terme. Il faut toutefois préciser qu'il est rare que les unités sous contrat soient physiquement échangées. Généralement, à l'instar de la négociation d'options, les parties vont liquider leurs positions respectives en prenant simplement la position inverse sur la même série de contrats.

Le marché boursier à terme a pour objectif principal de dissocier les risques de fluctuations de prix des risques de production (ou de gestion financière). Ce marché cherche à garantir, à l'avance et immédiatement, le prix de vente futur. Dans le cas des contrats sur marchandises, cela peut être avantageux à la fois pour le producteur et le consommateur de la marchandise; le producteur fixe d'avance son prix de vente et le consommateur, son prix d'achat. Dans le cas où un spéculateur joue le rôle de contrepartiste dans la transaction, le risque d'une fluctuation de prix est transféré du producteur (ou du gestionnaire financier) au spéculateur.

Les contrats boursiers à terme sont essentiellement des outils de protection pour le producteur et l'acheteur de marchandises ou pour le gestionnaire financier qui détient l'actif sous contrat et celui qui veut le détenir. Ce sont également des outils de spéculation. Dans ce cas, contrairement à l'option où la perte peut être limitée à la prime versée, la perte et le gain sont illimités.

Il faut distinguer le marché à terme (en anglais, *forward market*) du marché boursier à terme (en anglais, *futures market*). Les contrats à terme se négocient dans un marché décentralisé, qui n'est pas régi par un organisme quelconque; les caractéristiques d'un contrat à terme ne sont pas standardisées et peuvent varier d'un accord à un autre; un contrat à terme s'établit entre deux parties tandis qu'un contrat boursier à terme se négocie sur un parquet et est sujet à une procédure de négociation stricte. Un contrat à terme vise essentiellement l'échange des unités faisant l'objet d'un contrat tandis que moins de 2 % des contrats boursiers à terme sont effectivement livrés, les positions étant presque toujours liquidées avant la date de livraison. Les contrats boursiers à terme sont standardisés et portent sur une quantité bien précise des denrées faisant l'objet du contrat.

Le marché boursier à terme est donc un marché à terme normalisé, régularisé, et ce, dans le but d'accroître la négociabilité et de susciter une certaine forme d'intégrité. Mais essentiellement, le contrat à terme — tout comme le contrat boursier à terme — fixe à une date donnée le prix d'achat de diverses denrées (denrées alimentaires, financières, métaux, etc.) qui seront livrées dans l'avenir. Si le prix au comptant de la denrée en question devient supérieur au prix fixé par le contrat, la valeur de celui-ci augmente.

Comme c'est le cas des options, la négociation des contrats boursiers à terme nécessite une connaissance approfondie des particularités de ce marché. L'investisseur désireux d'y investir est invité à consulter des ouvrages spécialisés sur le sujet et à faire affaire avec une firme de courtage également spécialisée dans ce marché. De plus, à l'instar des options, le marché des contrats à terme fluctue rapidement ; il exige un suivi quotidien, voire d'heure en heure. Les courtiers expérimentés offrent ce service à l'investisseur qui ne dispose pas du temps requis.

Autre mise en garde : le marché boursier à terme et, dans une moindre mesure, celui des options, peut vite entraîner des pertes douloureuses. C'est davantage le cas lorsque le marché est nerveux ou lorsqu'il subit des renversements brusques difficilement prévisibles. Ceux qui ont joué la hausse des cours boursiers en misant sur des options le 19 octobre 1987 sont en mesure de réaliser toute la portée de cet avertissement. Ces instruments ne sont destinés qu'aux investisseurs avertis, qui disposent d'importants capitaux et qui sont conscients des risques très élevés qu'ils courent en les utilisant.

6.5 UN PLAN D'ACCUMULATION DE LA RICHESSE

L'une des meilleures façons de se bâtir un capital est certes la mise sur pied d'un plan d'investissement et de réinvestissement des dividendes. En d'autres mots, l'une des métodes d'investissement parmi les plus simples mais des plus efficaces dans une optique de long terme est certainement celle de la moyenne du coût d'achat, une méthode abordée sommairement au début de ce livre. Un investisseur qui achèterait régulièrement un titre de bonne qualité en investissant toujours la même somme d'argent à chaque période, peu importent les fluctuations du cours, serait, à la longue, toujours gagnant.

La méthode du coût moyen d'achat peut s'illustrer de la façon suivante : Quand le cours monte, la somme investie (toujours la même) permet d'acheter moins d'actions. Quand le cours baisse, le nombre d'actions achetées est plus élevé. Voilà donc une méthode qui permet d'acheter de façon intelligente sans que l'investisseur ait besoin d'être expert et, surtout, sans qu'il ait à se préoccuper du *timing*.

Toutefois, il serait ardu d'appliquer cette technique de façon précise et à coût raisonnable sans l'existence des plans d'investissement mis en place par certaines grosses compagnies. Comment pourrions-nous acheter chaque mois ou même chaque trimestre 500 $ de BCE ou d'Alcan ? Impossible à faire avec précision et, surtout, ce serait extrêmement coûteux chez un courtier.

6.5.1 L'exemple de BCE (voir tableaux à la fin du chapitre)

Acheter 500 $ par trimestre de BCE est possible si la transaction est exécutée directement avec BCE à coût nul. Nos achats sont entrés directement dans la mémoire d'un ordinateur qui nous assigne 3,333 actions de BCE. Rien de plus simple. Naturellement, BCE n'est qu'un exemple, cette possibilité étant offerte par de nombreuses autres grandes compagnies.

Mais acheter sans pouvoir réinvestir les dividendes que nos actions produisent ne serait pas suffisant pour obtenir les résultats souhaités par cette forme d'investissement-épargne. La possibilité de réinvestir les dividendes est de loin la meilleure partie de ces plans.

Comme vous pouvez le constater vous-même par l'exemple de BCE, l'investissement régulier accompagné du réinvestissement des dividendes donne des résultats fort intéressants si l'exercice est pratiqué sur une période de temps assez longue.

Dans l'exemple donné, l'analyse porte sur les résultats d'un investissement de 500 $ fait régulièrement chaque trimestre, soit 2 000 $ par année. La période couverte est de 14 ans se terminant au 31 décembre 1989. Le tableau est facile à comprendre : le premier trimestre de 1976, nous avons investi nos premiers 500 $; pour le deuxième trimestre, il faut ajouter à notre contribution régulière des dividendes de 9,75 $. Et ainsi de suite.

Première considération : bien que les dividendes soient modestes, le fait qu'ils soient réinvestis fait doubler notre contribution mensuelle dès le deuxième trimestre de 1983, soit sept ans après notre premier versement. Pour arriver au triple, soit 1 500 $, nous n'avons qu'à attendre jusqu'au quatrième trimestre de 1987, soit quatre ans et demi.

Le réinvestissement des dividendes nous fait investir presque 1 800 $ par trimestre dès la fin de 1989. Ce qui avait commencé comme un jeu devient sérieux après 14 ans de persévérance.

Deuxième considération : notre investissement de 2 000 $ par année nous rapporte après 14 ans 5 183 $ en dividendes. Cela est tout à fait remarquable. De plus, la valeur de notre investissement, à la date du dernier versement, soit le 15 décembre 1989, atteint 92 560 $, et 93 845 $ à la fin de l'année. Un bon résultat si l'on pense que nous avons investi au total 28 000 $ de capital (échelonné sur 14 ans) et 29 541 $ de dividendes. Il ne s'agit pas d'une erreur : notre premier petit dividende de 9,75 $ a grandi pas mal avec le temps.

Comme les résultats sur un titre peuvent être considérés comme peu représentatifs, le deuxième tableau donne les résultats d'un investissement de 2 000 $ par année pendant 14 ans sur 5 titres différents. En moyenne, un investissement total de 140 000 $ en 14 ans sur l'ensemble des 5 titres nous donne une valeur finale de 427 675 $ et un revenu de dividendes de 21 061 $.

6.6 LES GRANDES CONCLUSIONS

Dans un premier temps, le but de cette façon d'investir est surtout de se créer un revenu important. Le gain en capital est un objectif à atteindre, mais la toute première variable est l'obtention d'un revenu. Dans un deuxième temps, cette technique d'investissement appliquée à des titres de toute première qualité et versant un bon dividende permet une planification sans risque excessif. À titre d'exemple, pour se bâtir un capital de 1 million de dollars après 14 ans, il faudrait investir 23 382 $ par année. À la fin de 2003, cet investissement devrait donner un revenu de 49 245 $ en dividendes.

La période de 14 ans est tout à fait arbitraire. Plus nous disposons ou consacrons de temps, plus il est possible de se bâtir un capital important, avec des versements moindres. N'oubliez pas qu'après la première période de 15 ans, si les versements continuent et que les dividendes sont réinvestis, le capital total double tous les cinq ans. Un million de dollars après 15 ans devient 2 millions après 20 ans et 4 millions après 25 ans...

Dans ces calculs, l'impôt sur les dividendes n'est pas pris en considération. Pour les premières années, il n'est pas un facteur important, mais avec le temps, son effet se fait de plus en plus sentir. L'important, c'est de commencer, surtout si vous êtes encore jeune.

PLAN D'INVESTISSEMENT ET DE RÉINVESTISSEMENT DES DIVIDENDES

BELL CANADA 2000.00 PAR ANNÉE 500.00 PAR TRIMESTRE

ANNÉE	TRIM	SOMME À INVESTIR	COURS	ACHAT	ACHAT CUMULATIF	DIVIDENDE TRIMESTRIEL	DIVIDENDE CUMULATIF	TOTAL INVESTI	VALEUR TOTAL	COÛT ACTIONS
1976	1	500.00	15.00	33.33	33.33	0.2925	9.75	500.00	500.00	15.00
	2	509.75	15.50	32.89	66.22	0.2925	19.57	1009.75	1026.42	15.25
	3	519.37	16.75	31.01	97.23	0.2925	28.44	1529.12	1628.56	15.73
	4	528.44	16.00	33.03	130.26	0.2925	38.10	2057.56	2084.08	15.80
1977	1	538.10	16.25	33.11	163.37	0.3375	55.14	2595.66	2654.74	15.89
	2	555.14	17.75	31.28	194.64	0.3375	65.69	3150.80	3454.93	16.19
	3	565.69	17.75	31.87	226.51	0.3375	76.45	3716.49	4020.63	16.41
	4	576.45	18.00	32.02	258.54	0.3375	87.26	4292.94	4653.70	16.60
1978	1	587.26	18.00	32.63	291.16	0.3475	101.18	4880.19	5240.96	16.76
	2	601.18	19.50	30.83	321.99	0.3475	111.89	5481.37	6278.89	17.02
	3	611.89	21.00	29.14	351.13	0.3475	122.02	6093.27	7373.77	17.35
	4	622.02	22.00	28.27	379.41	0.3475	131.84	6715.28	8346.92	17.70
1979	1	631.84	22.00	28.72	408.13	0.2925	119.38	7347.13	8978.76	18.00
	2	619.38	23.00	26.93	435.06	0.2925	127.25	7966.50	10006.27	18.31
	3	627.25	21.00	29.87	464.92	0.2925	135.99	8593.76	9763.41	18.48
	4	635.99	21.00	30.29	495.21	0.2925	144.85	9229.75	10399.40	18.64
1980	1	644.85	18.00	35.82	531.03	0.4200	223.03	9874.60	9558.62	18.60
	2	723.03	21.00	34.43	565.46	0.4200	237.50	10597.63	11874.76	18.74
	3	737.50	19.00	38.82	604.28	0.4200	253.80	11335.13	11481.32	18.76
	4	753.80	20.00	37.69	641.97	0.4200	269.63	12088.92	12859.40	18.83
1981	1	769.63	18.50	41.60	683.57	0.4600	314.44	12858.55	12646.07	18.81
	2	814.44	18.50	44.02	727.60	0.4600	334.69	13672.99	13460.52	18.79
	3	834.69	17.00	49.10	776.70	0.4600	357.28	14507.69	13203.82	18.68
	4	857.28	19.50	43.96	820.66	0.4600	377.50	15364.97	16002.84	18.72
1982	1	877.50	18.00	48.75	869.41	0.4900	426.01	16242.47	15649.35	18.68
	2	926.01	20.00	46.30	915.71	0.4900	448.70	17168.48	18314.18	18.75
	3	948.70	17.00	55.81	971.51	0.4900	476.04	18117.18	16515.75	18.65
	4	976.04	24.00	40.67	1012.18	0.4900	495.97	19093.22	24292.39	18.86
1983	1	995.97	25.00	39.84	1052.02	0.5200	547.05	20089.19	26300.55	19.10
	2	1047.05	27.00	38.78	1090.80	0.5200	567.22	21136.24	29451.64	19.38
	3	1067.22	30.00	35.57	1126.38	0.5200	585.72	22203.46	33791.26	19.71
	4	1085.72	33.00	32.90	1159.28	0.5200	602.82	23289.17	38256.10	20.09
1984	1	1102.82	30.00	36.76	1196.04	0.5450	651.84	24392.00	35881.10	20.39
	2	1151.84	33.00	34.90	1230.94	0.5450	670.86	25543.84	40621.05	20.75
	3	1170.86	34.00	34.44	1265.38	0.5450	689.63	26714.70	43022.85	21.11
	4	1189.63	35.00	33.99	1299.37	0.5450	708.16	27904.33	45477.86	21.48
1985	1	1208.16	38.00	31.79	1331.16	0.5700	758.76	29112.49	50584.12	21.87
	2	1258.76	43.00	29.27	1360.43	0.5700	775.45	30371.25	58498.69	22.32
	3	1275.45	40.00	31.89	1392.32	0.5700	793.62	31646.70	55692.83	22.73
	4	1293.62	42.00	30.80	1423.12	0.5700	811.18	32940.32	59771.10	23.15
1986	1	1311.18	40.00	32.78	1455.90	0.5900	858.98	34251.50	58236.03	23.53
	2	1358.98	38.00	35.76	1491.66	0.5900	880.08	35610.48	56683.21	23.87
	3	1380.08	36.00	38.34	1530.00	0.5900	902.70	36990.56	55079.97	24.18
	4	1402.70	37.00	37.91	1567.91	0.5900	925.07	38393.26	58012.67	24.49
1987	1	1425.07	42.00	33.93	1601.84	0.6000	961.10	39818.33	67277.28	24.86
	2	1461.10	42.00	34.79	1636.63	0.6000	981.98	41279.43	68738.39	25.22
	3	1481.98	38.00	39.00	1675.63	0.6000	1005.38	42761.41	63673.85	25.52
	4	1505.38	37.00	40.69	1716.31	0.6000	1029.79	44266.78	63503.60	25.79
1988	1	1529.79	38.00	40.26	1756.57	0.6200	1089.07	45796.57	66749.70	26.07
	2	1589.07	39.00	40.75	1797.32	0.6200	1114.34	47385.65	70095.35	26.36
	3	1614.34	37.00	43.63	1840.95	0.6200	1141.39	48999.98	68115.05	26.62
	4	1641.39	37.00	44.36	1885.31	0.6200	1168.89	50641.37	69756.44	26.86
1989	1	1668.89	37.00	45.11	1930.41	0.6300	1216.16	52310.26	71425.33	27.10
	2	1716.16	38.50	44.58	1974.99	0.6300	1244.24	54026.42	76037.11	27.36
	3	1744.24	41.00	42.54	2017.53	0.6300	1271.05	55770.67	82718.83	27.64
	4	1771.05	45.00	39.36	2056.89	0.6300	1295.84	57541.71	92560.00	27.98

PLAN D'INVESTISSEMENT ET DE RÉINVESTISSEMENT DES DIVIDENDES

TABLEAU COMPARATIF 5 TITRES   2000 DOLLARS PAR ANNÉE CHACUN
DÉBUT: 1976   PÉRIODE COUVERTE: 14 ANS

TITRE	NOMBRE D'ACTIONS	COÛT MOYEN	COURS	31-12-89 VALEUR	1989 DIVIDENDES	RENDEMENT SUR COÛT	RENDEMENT SUR VALEUR
BCE	2057	27.98	45.63	93845	5183	9.01	5.52
BANQUE ROYALE	2005	26.57	50.00	100235	4410	8.28	4.40
C. PACIFIQUE	3217	13.05	25.75	82828	2959	7.05	3.57
ALCAN	3246	13.98	26.50	86023	4285	9.44	4.98
B.DE MONTREAL	1992	25.86	32.50	64744	4223	8.28	6.52
TOTAL	12517			427675	21061		4.92

>> Chapitre 7 <<
LA FISCALITÉ ET LES ABRIS FISCAUX

7 >> La fiscalité et les abris fiscaux

Dans toute décision de placement ou d'investissement, le seul rendement qui compte est le rendement après impôts. En effet, deux grands ennemis menacent nos épargnes : l'inflation et l'impôt.

La fiscalité est à ce point changeante que ce qui est vrai aujourd'hui risque d'être dépassé demain. Il faut constamment se tenir à jour dans le domaine de la fiscalité. Sans compter que celle-ci se complique d'année en année. Un planificateur financier me disait un jour que lui et son équipe devaient consacrer au moins un avant-midi par semaine dans le seul but de parfaire leur compréhension des différents traitements fiscaux permis et des différentes pratiques existantes. Ce planificateur exagérait probablement quelque peu; néanmoins, la fiscalité est un univers en constante évolution. Le nombre de professionnels en fiscalité va en se multipliant et les fiscalistes se spécialisent. Il y a des fiscalistes spécialisés dans les abris fiscaux, d'autres qui ne se concentrent que sur l'impôt des particuliers et d'autres encore qui ne s'attardent qu'à l'impôt des compagnies. C'est pourquoi il ne faut pas vous inquiéter outre mesure si vous avez plus de questions que de réponses après avoir lu ce chapitre.

Si la complexité de notre système fiscal est reconnue, il ne faudrait pas pour autant en négliger l'importance, car l'impôt ne tient pas compte de l'inflation qui a pour effet de gruger le pouvoir d'achat de l'argent. Il faut donc se préoccuper des questions fiscales et considérer l'impôt comme l'ennemi public numéro un.

7.1 TROIS TYPES DE REVENUS DE PLACEMENT

Lorsque nous plaçons ou que nous investissons notre épargne, nous recherchons un rendement sur l'épargne ainsi utilisée. Ce rendement peut être obtenu de trois façons :

> Par un revenu d'intérêt;
> Par un revenu de dividende;
> Par un gain en capital.

L'impôt est appliqué différemment selon que le rendement provient de l'une ou l'autre de ces formes.

L'intérêt reçu est désormais pleinement imposable. La déduction de 1 000 $ relative à un revenu de placement sous forme d'intérêt ou de dividende a été éliminée à la fin de 1987. Ainsi, supposons que vous avez placé 10 000 $ dans un certificat de dépôt rapportant 10 % par année, que vous ne conservez ce certificat qu'un an et que vous vous situez dans la tranche d'imposition maximale (taux d'imposition combiné de 50 %), votre 1 000 $ d'intérêt ne vaut plus que 500 $ une fois l'impôt pris en considération. Si l'on suppose qu'au cours de cette année le taux d'inflation était à 5 %, vous n'aurez, en fait, réussi à protéger que le pouvoir d'achat de vos 10 000 $. Refaites le même exercice en supposant, cette fois, que les 10 000 $ ont été laissés dans un compte de banque rapportant 5 % ou 6 % d'intérêt par année plutôt que dans un certificat de dépôt.

Certaines règles permettaient jusqu'à la fin de 1990 de différer l'imposition sur les revenus d'intérêt, notamment de ne déclarer le revenu d'intérêt que tous les trois ans, que ce revenu ait été perçu ou non. C'était le cas, entre autres, pour les obligations à intérêt composé, sur lesquelles l'intérêt s'accumule pour n'être versé qu'à l'échéance. Ces règles ne s'appliquent plus à compter de 1990. Désormais, le revenu d'intérêt doit être déclaré annuellement, même s'il n'est pas officiellement encaissé.

Le dividende, quant à lui, reçoit un certain traitement de faveur. Certes, la déduction de 1 000 $ relative à un revenu de placement ne s'applique également plus sur le revenu sous forme de dividende. Mais un crédit d'impôt s'applique sur un revenu de dividende. Le dividende est majoré de 25 % et, au fédéral, un crédit d'impôt correspondant à 13,33 % du montant du dividende reçu (crédit d'impôt de 8,87 % au Québec) est appliqué. Regardons l'exemple suivant, pour un investisseur québécois :

Dividende reçu	1 000 $
Majoration (25 %)	250 $
Total imposable	1 250 $
Crédit d'impôt fédéral (13,33 %)	167 $
Crédit d'impôt provincial (8,87 %)	111 $
Total imposable	972 $

7 >> La fiscalité et les abris fiscaux

Grosso modo, et en supposant un revenu imposable de 50 000 $, sur 1 000 $ de dividende, il restera 663 $ après impôt, comparativement à 518 $ si ce revenu avait été perçu sous forme d'intérêt.

Il est donc préférable de recevoir 1 $ sous forme de dividende que d'intérêt. Il est également légèrement plus avantageux qu'un revenu de placement reçu sous forme de gain en capital. En effet, s'il est vrai que depuis 1990 seuls les trois quarts du gain en capital sont imposables (le quart restant demeurant à l'abri de l'impôt), il est aussi vrai qu'en revanche, l'exemption (à vie) de 100 000 $ sur le gain en capital n'existe plus depuis le 22 février 1994.

Avant cette date, le gain en capital était l'objet d'une exemption à vie de 100 000 $. En d'autres termes, la vie durant, les premiers 100 000 $ de revenu de placement reçus sous forme de gain en capital n'étaient pas imposables. Il faut préciser tout de suite que tout gain découlant de la vente d'une résidence principale n'est pas imposable; donc, elle n'est pas touchée par cette modification à l'exemption.

Ainsi, sur 1 $ de gain en capital, 75 % doit être considéré comme gain en capital imposable. Revenons à l'exemple précédent. Pour un revenu imposable de 50 000 $, un revenu de placement de 1 000 $ équivaut, après impôt, à 518 $ s'il consiste en un revenu d'intérêt, à 663 $ s'il prend plutôt la forme d'un dividende, et à 639 $ s'il consiste en un gain en capital.

Si le gain en capital ne bénéficie plus de l'exemption depuis le 22 février 1994, une mesure transitoire a toutefois été introduite pour ceux qui n'avaient toujours pas profité de cette exemption. Pour eux, il était possible d'effectuer ce que l'on appelle un choix dans le but de mettre à l'abri de l'impôt le gain accumulé (mais non réalisé) sur les biens et actifs détenus avant le 22 février 1994. Ce choix devait être fait dans la déclaration de revenus de 1994, mais des choix tardifs étaient possibles, avec pénalités. Ce choix tardif pouvait être produit jusqu'au 30 avril 1997.

7.1.1 Les pertes en capital

Les pertes en capital admissibles (75 % de ces pertes admissibles, en fait) ne sont déductibles qu'à l'encontre des gains en capital imposables. Ainsi, ces pertes ne peuvent, en fait, qu'annuler un gain en capital, et donc ne peuvent être transformées en récupérations d'impôt proprement dites. De plus, les pertes inutilisées peuvent être reportées aux trois années antérieures ou, indéfiniment, aux années ultérieures. Mais, dans tous les cas, les pertes en capital ne peuvent servir qu'à réduire ou à annuler les gains en capital.

7.2 LES ABRIS FISCAUX

L'impôt est, de loin, notre plus grande dépense de l'année. Il peut amputer entre 36 % et 50 % de nos revenus sous forme de salaire, selon le palier d'imposition où l'on se situe. Il existe des moyens qui permettent de réduire cette facture. On les appelle les abris fiscaux. Le plus connu et le plus populaire des abris fiscaux — qui n'en est pas véritablement un — est le REER, ou Régime enregistré d'épargne-retraite.

7.2.1 Le REER

Le REER n'est pas un abri fiscal mais plutôt un régime d'étalement du revenu imposable. Il n'a pour fonction que de reporter à plus tard, de préférence au moment de la retraite, l'imposition du revenu. La déduction fiscale n'est donc, en définitive, jamais acquise, contrairement à l'abri fiscal.

Le REER vise essentiellement :

> à récupérer de l'impôt, les contributions au régime étant déductibles du revenu imposable ;
> à réaliser des revenus de placement à l'abri de l'impôt, ces revenus de placement n'étant pas imposés tant que le capital ayant servi à les dégager ainsi que ces revenus de placement demeurent à l'intérieur du régime ;
> à se bâtir un patrimoine pour la période de la retraite.

Le système canadien des pensions est en perpétuelle mouvance. À titre de personne contribuant régulièrement à un régime, vous n'avez pas le choix de demeurer constamment informé des modifications qui peuvent y être apportées en tout temps.

Chose certaine, à l'heure actuelle, dans toute planification financière, le REER est sans conteste le véhicule numéro un à privilégier. Du moins, les plus grands spécialistes nous recommandent de penser d'abord au REER avant d'entreprendre toute autre forme de placement à incidence fiscale.

Le REER est en quelque sorte une enveloppe enregistrée auprès de Revenu Canada et de Revenu Québec et déposée entre les mains d'un fiduciaire. On peut y insérer différents éléments d'actifs financiers ou de biens admissibles. Ces biens peuvent être choisis et administrés par un tiers, une institution financière ou par le propriétaire du régime. On distingue alors un REER géré d'un REER autogéré. Les contributions au régime sont versées sur une base volontaire, selon les besoins et la fréquence désirée du titulaire du régime. Tout particulier qui dispose d'un revenu gagné peut contribuer à un REER. Celui-ci prend fin automatiquement le 31 décembre de l'année où le titulaire atteint l'âge de 69 ans. Après cette date, aucune cotisation n'est possible, sauf si le titulaire veut contribuer au REER de son conjoint et que celui-ci n'a pas atteint l'âge de 69 ans.

Le contribuable peut détenir plusieurs REER, auprès d'une même institution financière ou d'institutions financières différentes. Les cotisations faites au régime sont déductibles du revenu du contribuable. Le rendement réalisé sur les avoirs du REER n'est assujetti à aucun impôt; l'impôt sur les cotisations et le rendement obtenu ne s'appliquent qu'au moment où un revenu de retraite est tiré du REER ou que des fonds sont retirés du régime. Il est à noter que les particularités entre les différentes formes de revenu de placement, mentionnées précédemment, ne s'appliquent plus lorsque ce rendement est réalisé à l'intérieur du régime. Enfin, le gouvernement permet au contribuable de déduire de son revenu de l'année courante ou de l'année antérieure les cotisations effectuées dans les 60 premiers jours de l'année.

Les contributions maximales

En 1997, les particuliers qui ne participent à aucun régime de retraite ou régime de participation différée aux bénéfices peuvent verser à leur REER annuellement le moindre de 13 500 $ ou 18 % du revenu gagné de l'année précédente. Cependant, si le particulier participe déjà à un régime de retraite autre que le Régime des pensions du Canada ou le Régime des rentes du Québec, le plafond annuel maximum sera amputé d'un facteur d'équivalence (FE). Ce FE, calculé par l'employeur et inscrit sur le T4 remis en février, tient compte de la valeur des cotisations (ou, le cas échéant, des prestations à recevoir) effectuées dans un régime de pension agréé (RPA) ou un régime de participation différée aux bénéfices (RPDB).

Il est à noter que ces contributions maximales annuelles s'accumulent d'une année à l'autre. Plus précisément, à partir de 1991, les déductions permises non utilisées pourront être reportées indéfiniment, jusqu'à l'année au cours de laquelle le titulaire atteint l'âge de 69 ans. Ainsi, au cours d'une année donnée, le particulier pourra verser une cotisation à l'égard des déductions inutilisées en plus du plafond de l'année en cours.

Les autres particularités

Depuis 1986, il est désormais possible d'effectuer des retraits partiels du REER. Auparavant, tout retrait entraînait automatiquement l'annulation de l'enregistrement au régime. Il ne faut pas perdre de vue cependant que l'émetteur du REER doit retenir immédiatement l'impôt au moment d'un retrait partiel ou total.

De plus, l'intérêt payé sur les capitaux empruntés pour contribuer à un REER n'est pas déductible. Par ailleurs, le REER, du fait qu'il est déposé entre les mains d'un fiduciaire, ne peut servir de collatéral à un emprunt. Parmi les placements admissibles à un REER, on retrouve les suivants :

> La monnaie libellée en dollars canadiens (les pièces d'or ne sont pas admissibles) ;
> Les certificats de placement garanti ;
> Les dépôts à terme ;
> Les obligations, débentures, billets, hypothèques émis par les gouvernements canadien et des provinces ou garantis par eux, y compris les obligations d'épargne du Canada ;
> Les obligations, débentures ou autres d'entreprises dont les actions sont inscrites à la cote d'une Bourse canadienne ;
> Les actions inscrites à la cote d'une Bourse canadienne ;
> Les actions inscrites à la cote de certaines Bourses étrangères ;

- La plupart des bons ou droits de souscription cotés, dans la mesure où ils permettent d'acquérir des placements admissibles;
- Une hypothèque sur un bien immobilier canadien, y compris l'hypothèque sur sa résidence principale;
- Les parts de fonds d'investissement.

Cette liste n'est que partielle.

Les types de REER

Il existe une panoplie intéressante de REER. En fait, il y en a pour tous les goûts. Passons-les brièvement en revue en mentionnant les grandes particularités de chacun.

REER compte d'épargne

À l'instar des comptes d'épargne, le placement effectué demeure très liquide. Son taux d'intérêt fluctue en fonction des conditions du marché. Avantages : grande souplesse, simplicité, et à peu près aucun risque. On peut y déposer des fonds aussi souvent qu'on le désire et à la fréquence voulue. De plus, les fonds peuvent aisément être retirés ou transférés dans un autre régime, et ce, en tout temps. Pas ou peu de frais de gestion. Désavantage : un faible rendement.

REER dépôt à terme

Mêmes caractéristiques qu'un dépôt à terme ou un certificat de placement garanti. Le taux d'intérêt est garanti, fixe, jusqu'à échéance du placement. Avantages : un taux de rendement plus élevé que le précédent mais moins de souplesse. Risque inexistant. Désavantages : les fonds sont généralement gelés jusqu'à l'échéance. Le taux d'intérêt garanti jusqu'à l'échéance offre une bonne protection en cas de repli des taux d'intérêt mais représente un inconvénient en cas de hausse des taux d'intérêt.

REER fonds commun

Il s'adresse à celui qui veut accéder à un portefeuille diversifié, géré par un gestionnaire professionnel. Avantages : des perspectives de rendement plus élevées que les précédents. Désavantages : des frais sont exigés dans la majorité des cas (frais de gestion, à l'entrée ou à la sortie), ce qui peut nuire à la liquidité de l'argent investi. Le rendement n'est pas garanti et fluctue selon les conditions du marché.

Nous reproduisons à la page 352 un tableau résumant les différentes catégories de fonds communs de placement.

REER rentes

Offert par les compagnies d'assurance-vie. Un contrat d'assurance-vie entière est alors enregistré comme REER, quant à sa partie épargne, s'il satisfait certaines conditions.

Pendant la phase de capitalisation (où les versements sont effectués) du contrat, la compagnie d'assurances garantit un taux d'intérêt (taux fixe) ou un taux d'intérêt minimum (taux variable) pendant une période de temps précise. Au moment de la retraite commence la période de décapitalisation : le REER devient une rente. Avantages : généralement protégé des créanciers en cas de faillite du titulaire. Il est à noter que cet aspect d'insaisissabilité est également offert par d'autres institutions financières que les compagnies d'assurance-vie. Désavantages : rendement généralement faible.

REER spécialisé

Il existe une multitude d'autres types de REER, selon les caractéristiques des placements qui y sont effectués. Parmi les plus connus on retrouve : les REER hypothèques, où les cotisations sont investies dans un portefeuille d'hypothèque ou qui comprend l'hypothèque sur la résidence principale du titulaire ; les coupons détachés, qui prennent la forme de coupons d'intérêt détachés d'une obligation à long terme émise ou garantie par le gouvernement ; les placements dans des fonds de métaux précieux, dans des certificats de placement libellés en devises américaines, dans des actions d'entreprises à risque élevé.

REER autogéré

Le REER autogéré est un régime enregistré auprès du gouvernement et pour lequel une société de fiducie assure les fonctions d'administrateur et de dépositaire. Contrairement au REER géré, toutes les décisions de placement relatives au régime autogéré incombent à l'investisseur-titulaire. L'avantage du régime autogéré, c'est la parfaite flexibilité qu'il offre. Son désavantage est qu'il nécessite beaucoup plus d'attention, tant en ce qui concerne la surveillance de l'évolution du capital qu'en ce qui concerne les décisions de placement à prendre et à exécuter. En outre, il y a tous les frais, de courtage, d'administration, etc., à soutenir.

Les avantages d'un REER

Pouvons-nous nous permettre de ne pas contribuer à un REER? Nous savons que l'avantage fiscal d'un REER est double. Tout d'abord, les contributions sont immédiatement déductibles d'impôt; ensuite, les revenus (intérêt, dividende et gain en capital) perçus dans le cadre d'un REER s'accumulent sans être imposés. Il convient à la personne désirant s'assurer d'un revenu à la retraite ou à une personne qui prévoit bénéficier, dans l'avenir, d'un taux d'imposition moindre.

Les exemples suivants illustrent l'importance de contribuer, si possible tôt dans sa vie, à un REER.

Exemple 1

Un investisseur dispose de 2 500 $. Le rendement qu'il peut obtenir est de 10 % et son taux d'imposition (combiné) est de 40 %. L'investisseur décide de mettre cette somme dans un REER.

Contribution au REER	2 500 $
Réduction d'impôt	1 000 $

Revenu de son placement	250 $
Rendement théorique	50 %

Si le 2 500 $ n'avait pas été investi dans un REER, le rendement obtenu après impôt aurait été de 6 %. Il faut également considérer le réinvestissement possible des retours d'impôt successifs. Ainsi, une seule contribution de 2 500 $ permet une contribution totale (si les réductions d'impôt sont réinvesties dans son REER) de 4 167 $ à un taux d'imposition de 40 %.

Exemple 2

Cet exemple permet d'illustrer l'importance de contribuer tôt, dans l'année et dans sa vie, à un REER. Deux individus, A et B, ont 30 ans. Ils contribuent, tous deux, dans une proportion de 2 000 $ par année à leur REER. Le premier commence sa contribution le 1er janvier de l'année où il a 30 ans et le second attend une année de plus. On suppose un rendement annuel de 12 %. À l'âge de 65 ans, le premier aura amassé 116 000 $ de plus que le second.

Comment faire démarrer votre REER rapidement

Âge	A — Contributions faites le 1er janvier	A — Capitalisation à la fin de l'année	B — Contributions faites le 1er janvier	B — Capitalisation à la fin de l'année
30	2 000 $	2 240 $	0 $	0 $
31	2 000	4 749	2 000	2 240
32	2 000	7 559	2 000	4 749
33	2 000	10 706	2 000	7 559
34	2 000	14 230	2 000	10 706
35	2 000	18 178	2 000	14 230
36	2 000	22 599	2 000	18 178
37	2 000	27 551	2 000	22 599
38	2 000	33 097	2 000	27 551
39	2 000	39 309	2 000	33 097
40	2 000	46 266	2 000	39 309
41	2 000	54 058	2 000	46 266
42	2 000	62 785	2 000	54 058
43	2 000	72 559	2 000	62 785
44	2 000	83 507	2 000	72 559
45	2 000	95 767	2 000	83 507
46	2 000	109 499	2 000	95 767
47	2 000	124 879	2 000	109 499
48	2 000	142 105	2 000	124 879
49	2 000	161 397	2 000	142 105
50	2 000	183 005	2 000	161 397
51	2 000	207 206	2 000	183 005
52	2 000	234 310	2 000	207 206
53	2 000	264 668	2 000	234 310
54	2 000	298 668	2 000	264 668
55	2 000	336 748	2 000	298 668
56	2 000	379 398	2 000	336 748
57	2 000	427 166	2 000	379 398
58	2 000	480 665	2 000	427 166
59	2 000	540 585	2 000	480 665
60	2 000	607 695	2 000	540 585
61	2 000	682 859	2 000	607 695
62	2 000	767 042	2 000	682 859
63	2 000	861 327	2 000	767 042
64	2 000	966 926	2 000	861 327
65	0	1 082 957	2 000	966 926
Total des contributions au REER	72 000		72 000	
Capitalisation totale à 65 ans		1 082 957		966 926

Une différence de 116 031 $

RÉER : l'avantage de contribuer le plus tôt possible

Louise contribue annuellement à un RÉER pendant 5 ans dès l'âge de 25 ans, et ce, jusqu'à 30 ans où elle cesse toute contribution. Son ami Claude, aux prises avec d'autres obligations, commence ses contributions à un RÉER à 35 ans. Ses dépôts sont identiques à ceux de Louise mais se poursuivent jusqu'à l'âge de 60 ans. À l'âge de 60 ans, Louise aura accumulé plus d'argent dans son RÉER que Claude, et ce, même si ce dernier a investi un plus gros capital.

Somme accumulée dans un RÉER à 60 ans

Montant des contributions	Louise	Claude
1 500 $	175 775 $	162 273 $
2 000 $	234 367 $	216 364 $
2 500 $	292 958 $	270 454 $
3 000 $	351 550 $	324 545 $
5 000 $	585 917 $	540 909 $

Retraite : quel montant devez-vous économiser chaque année ?

Pour une retraite à :	Pourcentage de votre revenu brut qui doit être économisé tous les ans si vous commencez à :						
	20 ans	25 ans	30 ans	35 ans	40 ans	45 ans	60 ans
60 ans	19	22	25	20	38		
65 ans	14	16	18	21	25	31	
70 ans	10	11	13	15	17	20	25

Note

L'hypothèse suppose que votre salaire augmente annuellement à un taux de 2 % supérieur à l'inflation et que vos économies peuvent être investies dans un fonds de pension ou un RÉER à un taux de 2 % supérieur à l'inflation. Cela permettra d'accumuler un capital qui vous fournira un revenu équivalent à la moitié du salaire de la dernière année travaillée avant la retraite. Cette somme sera versée au même rythme et en suivant l'inflation.

Source : Institut canadien des actuaires.

7.3 LES ABRIS FISCAUX

Les abris fiscaux diffèrent du régime d'épargne-retraite en ce sens que la déduction fiscale obtenue est généralement acquise. Il ne s'agit donc pas d'un système de report de l'imposition mais bien de déductions fiscales réelles. Au cours des dernières années, les gouvernements ont énormément sabré dans les différents abris fiscaux. Ils ont, de plus, modifié à maintes reprises les règles du jeu s'y rattachant. Il n'est pas dit qu'au moment où vous lirez ces lignes, d'autres modifications n'auront pas été apportées. De plus, il faut comprendre que les gouvernements accordent certains avantages fiscaux à des domaines bien précis afin d'en stimuler l'investissement et de canaliser l'épargne vers ces secteurs spécifiques. Si ces avantages visent à développer un secteur en particulier, ils tentent également de contrebalancer le risque inhérent à ce type de placement.

L'investisseur qui aborde le monde des abris fiscaux doit être conscient du risque supplémentaire qu'il absorbe en contrepartie d'un avantage fiscal accru. Faisons un bref tour d'horizon des principaux abris fiscaux qui existent au Québec.

7.3.1 Le REA

Le Régime d'épargne-actions est le plus populaire des abris fiscaux parce qu'il est accessible à un plus grand nombre d'investisseurs. Le REA a été mis sur pied en 1979 afin de stimuler l'éveil des épargnants québécois à l'actionnariat, de diminuer le fardeau fiscal des Québécois et de permettre une meilleure capitalisation des entreprises québécoises, qui croulaient alors sous le poids d'un niveau d'endettement élevé.

Le REA est un contrat conclu avec un courtier en valeurs mobilières en vertu duquel le courtier se voit confier la garde des actions admissibles. On ouvre un compte REA comme n'importe quel compte chez son courtier, moyennant toutefois des frais.

Un résident du Québec peut déduire (au provincial seulement, et non au fédéral) le montant investi dans des titres admissibles au REA au cours de l'année d'acquisition, sans dépasser, toutefois, 10 % de son revenu total.

Pour que la déduction soit acceptée, les titres admissibles doivent avoir été acquis avant la fin de l'année d'imposition et inclus dans le REA avant le 1er février de l'année suivante. Pour que la déduction fiscale soit définitivement acquise, l'investisseur doit conserver ses titres admissibles dans son REA au moins deux ans (deux années civiles suivant l'année d'achat). Les titres admissibles peuvent être vendus entre-temps, mais à ce moment l'investisseur doit veiller à les remplacer afin de conserver le même niveau de déductions.

Seules les distributions primaires d'actions d'entreprises québécoises (émission d'actions du Trésor) sont admissibles à une déduction. Les valeurs de remplacement, quant à elles, peuvent être recrutées au moment d'émissions primaires de titres admissibles ou sélectionnées parmi les actions d'entreprises s'échangeant déjà en Bourse et reconnues comme étant admissibles à titre de valeur de remplacement. La liste de ces actions admissibles en tant que valeur de remplacement est fournie par la Commission des valeurs mobilières du Québec.

Voici les taux de déduction applicables, qui varient selon la taille de l'entreprise :

> Actions souscrites
  par des employés   125 % du coût d'acquisition

> Actions (d'entreprise dont l'actif
  est entre 2 millions et 250 millions $)   100 % du coût d'acquisition

> Titres convertibles
  (à l'achat)   50 %
  (à la conversion)   25 %

Les investisseurs se procurant des actions à droit de vote restreint peuvent être pénalisés par un taux de déduction moindre, généralement inférieur de 25 %. Enfin, les actions incluses dans un REA permettent une déduction supplémentaire de 25 % si elles sont achetées par les employés de l'entreprise émettrice, dans le cadre d'un régime d'actionnariat créé par l'employeur.

Les actions ordinaires acquises en vertu de la conversion d'actions privilégiées ou de débentures convertibles, ou obtenues de l'exercice de droits ou bons de souscription, peuvent être qualifiées de titres admissibles à une déduction REA.

7.3.2 La SPEQ

Le système de la Société de placement dans l'entreprise québécoise (SPEQ) a été mis sur pied afin de stimuler la capitalisation d'entreprises québécoisess privées, non inscrites à la cote d'une Bourse canadienne. Une SPEQ est une entreprise constituée dont l'activité principale consiste à acquérir des actions d'autres entreprises privées admissibles et non liées.

L'achat, par l'investisseur, des actions ordinaires d'une SPEQ lui donne droit à une déduction de 125 % (au Québec seulement) du coût d'achat, dans la mesure où ce coût d'achat correspond à l'engagement financier réel. La déduction réclamée au cours d'une année ne doit pas excéder 30 % du revenu total du contribuable, tout excédant demeurant déductible au cours des cinq années ultérieures. Une déduction supplémentaire de 25 % peut être accordée si la SPEQ investit ses fonds dans une petite entreprise située à l'extérieur des grands centres urbains. Une autre déduction, également de 25 %, peut être allouée si les actions d'une SPEQ sont achetées dans le cadre d'un régime d'actionnariat mis sur pied par l'employeur. Enfin, contrairement au REA, le détenteur d'actions d'une SPEQ n'est pas tenu de conserver ses titres ; il revient plutôt à la SPEQ de respecter cette condition minimale de deux années civiles.

La qualité d'une SPEQ repose sur cinq critères : la valeur comptable de l'entreprise dans laquelle la SPEQ investit, sa valeur marchande, la qualité et le dynamisme de la direction et le potentiel de croissance. Enfin, les déductions liées à une SPEQ ne sont pas touchées par la PNCP (perte nette cumulative sur placements).

7.3.3 Le régime d'investissement coopératif (RIC)

À partir de 1989, un régime de parts permanentes a été mis sur pied afin d'encourager la capitalisation des caisses populaires et des coopératives admissibles. Le contribuable peut déduire de son revenu imposable (au Québec seulement) 100 % du coût d'achat de parts permanentes nouvellement émises par les caisses populaires. Cette déduction permise est limitée à un maximum de 1 000 $ par année. Ces parts sont également soumises à une période minimale de détention de deux années civiles suivant l'année de l'achat, comme c'est le cas pour le REA.

7.3.4 Les actions accréditives

Le financement de travaux liés à l'exploration minière, pétrolière et gazière peuvent donner droit à des déductions. Ainsi, au Québec, l'acquisition d'actions accréditives, directement ou par l'intermédiaire d'une société en commandite, permet de profiter d'allègements fiscaux.

Les travaux d'exploration qui s'inscrivent dans ce programme donnent droit à une déduction de 100 %, et de 125 % si les frais d'exploration sont engagés au Québec. Au provincial, l'exploration de surface effectuée au Québec donne droit à une déduction supplémentaire de 50 %, portant la déduction totale à 175 %. Les entreprises admissibles sont celles qui n'ont pas encore atteint le stade de production.

7.3.5 Le Fonds de solidarité (FTQ) et le Fondaction (CSN)

Le plus populaire des abris fiscaux, les parts offertes par le Fonds de solidarité des travailleurs du Québec (Fonds FTQ) et, depuis peu, par le Fondaction (CSN) donnent droit à un crédit d'impôt de 30 % (15 % au fédéral et 15 % au provincial) et le placement peut être inclus dans un REER, donnant ainsi droit à une déduction additionnelle de 100 %. L'investissement maximum par individu est de 3 500 $ par année.

Nous venons d'effectuer un très bref survol des différents abris fiscaux possibles. Il faut bien comprendre que la fiscalité étant complexe, l'avis d'un conseiller spécialisé est souvent nécessaire. De plus, le choix d'un abri fiscal plutôt que d'un autre est fonction de la situation financière personnelle de l'individu. Toute généralisation devient hasardeuse.

7.4 LES CONSEILS D'USAGE DE LA CVMQ

Les abris fiscaux, par leur caractère spéculatif et parce qu'ils sont essentiellement orientés (et publicisés) vers l'économie d'impôt, ont quelquefois conduit à des abus. Dans tous les cas d'abus, ce sont les « consommateurs » d'abris fiscaux qui ont subi les contrecoups les plus fâcheux. En effet, il faut distinguer l'investisseur — celui qui, nonobstant les économies fiscales, va aborder le véhicule proposé sous l'angle de sa valeur en tant qu'investissement — du consommateur, qui lui ne s'intéresse qu'à l'économie fiscale, au détriment parfois d'un projet de piètre qualité. Par ailleurs, chaque fin d'année est l'objet d'une course folle vers les abris fiscaux, avec toutes les distorsions que cela peut provoquer. La Commission des valeurs mobilières du Québec tient le discours suivant, qui fait office de mise en garde de fin d'année pour ces investisseurs plutôt consommateurs :

> *À l'approche de la fin de l'année, de nombreux épargnants entreprennent une recherche frénétique afin de trouver l'« abri fiscal » miracle qui leur permettra de réduire leurs impôts. Plusieurs contribuables en sont même venus à considérer les abris fiscaux comme une sorte de panacée leur permettant de négliger complètement leur planification fiscale et financière tout au long de l'année. Ils en oublient même toute notion de risque ou de rendement. À la même époque, une vaste campagne de mise en marché offre aux contribuables des abris fiscaux de tous types, souvent fort complexes, qui doivent leur permettre de soustraire leurs dollars durement gagnés aux griffes du fisc.*
>
> *L'expression même d'abri fiscal exerce une certaine fascination en ce qu'elle évoque une sorte de protection*

contre les impôts que plusieurs trouvent bien lourds. Qu'en est-il véritablement ? Qu'est-ce qu'un abri fiscal ?

À la limite, tous les moyens légitimes de réduire les impôts constituent des abris fiscaux. Ainsi, on peut dire qu'un REER est un abri fiscal puisqu'il permet à la fois de réduire son revenu imposable courant tout en accumulant des revenus en franchise d'impôt. Pour la plupart des investisseurs, l'expression « abri fiscal » recouvre toutefois un concept plus restreint, celui des investissements auxquels est rattaché un avantage fiscal. On peut les diviser en deux grandes catégories :

> Ceux qui ont été spécifiquement créés dans notre législation pour favoriser un secteur ou l'autre de notre économie ;
> Ceux qui découlent d'une utilisation habile des règles fiscales.

Obnubilés par les avantages fiscaux qu'on leur promet, plusieurs épargnants ne s'arrêtent même pas à réfléchir sur ce qu'ils achètent véritablement lorsqu'ils investissent dans un abri fiscal. Acheter simplement une déduction fiscale n'a aucun sens. Si le seul attrait d'un abri fiscal repose sur les déductions qu'il permet, il constituera toujours un mauvais achat puisqu'il n'existe aucun abri fiscal légitime qui présente des avantages fiscaux permettant d'en recouvrer le coût.

On doit alors considérer les abris fiscaux qu'on essaie de nous vendre comme des placements qui bénéficient d'un traitement fiscal préférentiel et non comme des déductions fiscales qui ne sont qu'accessoirement des placements.

Même s'ils comportent une dimension fiscale qu'on ne saurait ignorer, les abris fiscaux demeurent avant tout des placements souvent fort risqués. Si les investissements qui forment des abris fiscaux ne comportaient pas une grande part de risque, l'État n'aurait pas cru nécessaire d'accorder aux épargnants les déductions qu'il leur permet pour les amener à y investir. Une première règle s'impose donc à l'égard de tout investissement dans un abri fiscal : ne jamais investir dans un abri fiscal qui ne représente pas un placement valable en dehors de sa dimension fiscale.

La publicité ou l'argument de vente vantant les mérites des abris fiscaux comporte presque toujours des calculs reflétant les avantages fiscaux que permettra l'investissement à un contribuable imposé au taux marginal supérieur. Pour mesurer les avantages fiscaux que vous pourriez retirer, vous devez examiner votre situation fiscale et votre propre taux marginal d'imposition. Avant d'investir dans un abri fiscal, vous devez aussi évaluer s'il existe un marché pour la revente du titre que vous détiendrez une fois que vous aurez épuisé les avantages fiscaux.

Ceux qui participent à des conférences sur les impôts ou qui sont sollicités par des promoteurs d'« abris fiscaux » devraient prendre les mesures suivantes :

> Si le prospectus ou le document d'information ne mentionne pas qu'une décision des autorités fiscales confirme le traitement indiqué, obtenir l'opinion écrite d'un avocat sur les conséquences fiscales de l'investissement proposé ;
> Lorsque le document d'information contient des projections financières, lire attentivement les hypothèses utilisées et ne pas oublier que les résultats estimés ne se réalisent pas toujours ;
> Obtenir tous les renseignements pertinents sur la société et ses représentants, ainsi que sur l'immeuble offert en vente. Demander bien à l'avance le prospectus, la notice d'offre ou le document exposant l'offre

> *de vente, des copies des contrats ainsi que tous les documents afférents ;*
> *Ceux qui veulent faire des investissements ont intérêt à s'adresser à des représentants et à des courtiers en valeurs de bonne renommée. Les épargnants peuvent communiquer avec leur Commission des valeurs mobilières afin de savoir si les représentants ou les courtiers y sont inscrits ;*
> *Consulter son propre conseiller financier et non pas un conseiller associé au promoteur.*

On doit toujours se poser les questions suivantes avant d'investir dans un plan d'abri fiscal :

1. *Depuis quand la société existe-t-elle ?*
2. *Quelles sont les réalisations de la société en matière d'abris fiscaux similaires ?*
3. *A-t-on consulté un fiscaliste et a-t-on obtenu une décision anticipée des autorités fiscales, ou encore son opinion écrite ? Le cas échéant, en demander une copie. Ne rien investir avant d'être en possession du document. Si aucune décision anticipée n'a été rendue, s'informer de la raison de cet état de fait.*
4. *Si le montage prévoit un rachat, quand et comment sera-t-il effectué ? Ne pas oublier que même avec une lettre de garantie bancaire, le rachat doit être fait à la juste valeur marchande. Il se peut donc que le rachat se fasse à un montant inférieur à celui prévu, par exemple si un distributeur ne peut honorer ses obligations.*
5. *L'émetteur du placement proposé a-t-il respecté les obligations de dépôt d'un prospectus ou d'une notice d'offre, ou bénéficie-t-il d'une dispense particulière ? De même, les représentants et le courtier sont-ils dûment inscrits ?*

Le meilleur conseil : Ne vous laissez pas convaincre d'investir à la hâte dans un abri fiscal uniquement en raison des avantages fiscaux ou parce que l'année s'achève. Exigez que l'on vous remette toute la documentation nécessaire et, s'il s'agit d'un domaine avec lequel vous n'êtes pas familier (sic), consultez un fiscaliste indépendant ou un comptable agréé afin d'obtenir une opinion sur la régularité de l'investissement. Appelez le Bureau d'éthique commerciale de votre localité afin d'obtenir un rapport sur la fiabilité de la société ou des promoteurs. Avant tout, il importe de faire preuve de la plus grande prudence.

CONCLUSION

Conclusion

Le monde boursier est complexe, rempli de ramifications de toutes sortes. Les intervenants y sont nombreux, de poids différents et, surtout, de besoins différents. Ne dit-on pas qu'en Bourse, pour chaque vendeur, il y a un acheteur? C'est tout dire du jeu de prévisions qui domine le marché boursier.

Des millionnaires de la Bourse, il y en a, comme il y en a dans l'immobilier, dans le pétrole... Mais il ne sont pas légion. Nous, qui faisons partie de la masse, partons perdants en Bourse. Nous sommes toujours les derniers à recevoir l'information. Nous ne disposons pas des plus récents outils dans le traitement de l'information et l'analyse. Nous n'avons pas une équipe d'analystes et de recherchistes à notre disposition. Or, cela ne veut pas dire qu'il faut abandonner aux autres la chance de faire de l'argent en Bourse.

L'histoire nous enseigne que l'investissement boursier est générateur de richesse, avec ses hauts et ses bas. Aborder la Bourse mieux informé, ne serait-ce qu'en sachant que, très souvent, le petit investisseur peu averti est considéré comme le dernier «poisson» à sauter dans la rivière, c'est déjà presque un gage de succès. Cela ne veut pas dire que tous les coups seront réussis. Tout le monde se trompe un jour ou l'autre.

Nous avons commencé ce livre en rappelant un événement sombre : le krach boursier d'octobre 1987. Or, ceux qui avaient abordé l'investissement boursier bien préparés, conscients des gestes qu'ils avaient faits, ont pu récupérer une bonne partie de leurs pertes. Le krach a fait extrêmement mal à ceux qui avaient investi en s'endettant lourdement, à ceux qui s'étaient lancés corps et âme dans la spéculation et à ceux qui avaient consacré le gros de leur portefeuille à des titres plutôt hybrides, tels les bons de souscription.

Toutefois, il ne faut pas oublier qu'un actif retrouve toujours sa vraie valeur. Seules les imperfections du marché font que cette juste valeur met un temps plus ou moins long à s'établir, ou à se rétablir. Il est donc important que le choix de l'actif financier soit fait de façon judicieuse et que le prix payé reflète toujours sa vraie valeur marchande, non une valeur artificiellement gonflée par des manipulations. Il restera toujours des impondérables, variables importantes, qui viendront brouiller les cartes.

S'il recherche une valeur solide sur une base fondamentale et que son horizon de placement est à long terme, le handicap du petit investisseur face au gros institutionnel disparaît. En revanche, le petit investisseur qui s'adonne à la spéculation doit comprendre les règles du jeu et savoir qu'il part démuni. Mais s'il accepte cela, tous les espoirs sont permis. L'important dans tout cela, c'est d'agir en toute connaissance de cause et de comprendre le contexte dans lequel vous êtes. Plus encore, c'est de viser des objectifs de placement et de ne pas y déroger. J'espère que ce livre vous aura aidé à saisir ces aspects du placement.

Investir, dans quelque actif que ce soit, est un pari sur l'avenir, avec toute l'incertitude que cela comprend. Mais être informé, savoir se protéger et ne pas se placer en position de vulnérabilité permet d'aborder l'avenir mieux préparé, avec moins de crainte. Il ne faut jamais oublier que c'est de notre argent qu'il s'agit. Ce sont nos épargnes que nous investissons, une somme d'argent durement gagnée. Il ne faut pas risquer cette épargne en se lançant aveuglément dans un univers dont nous ne maîtrisons pas les rouages. Le courtier ou tout autre conseiller peut connaître nos objectifs de placement dans leurs grandes lignes mais nous sommes les seuls à connaître véritablement nos limites, tant financières qu'humaines. Alors, la décision finale ne doit jamais nous échapper.

J'ai voulu, dans ce livre, vous offrir un guide dans votre démarche d'investisseur, non pas uniquement d'investisseur boursier, mais d'investisseur tout court. Certaines parties de ce livre sont le fruit des erreurs que j'ai moi-même commises en tant qu'investisseur. J'ai succombé au piège de la cupidité. J'ai fait preuve d'une trop grande confiance en des tuyaux que je croyais étanches. Je me suis lancé aveuglément dans la spéculation. Et je me suis fait prendre par le krach d'octobre 1987. J'ai réalisé de bons coups, j'ai subi des revers, et quelques bons coups se sont transformés en revers. Or, j'ai compris que la très grande majorité de mes revers étaient survenus parce que j'avais bafoué les règles de base de l'investissement, parce que je n'avais pas mis en pratique les grandes lignes directrices de ce livre.

Bons placements !

ANNEXE 5

Nous reproduisons ici un questionnaire élaboré par **Gestion financière Talvest** à l'usage de ses représentants. Cette grille sert à dresser le profil d'investisseur du client, afin de lui soumettre ensuite des propositions d'investissements et d'actifs conformes à ses besoins, à ses capacités et à sa façon de composer avec le risque. Il est reproduit ici avec la permission de Talvest, l'un des plus grands gestionnaires québécois de fonds d'investissement et de caisse de retraite.

L'Analyse Assistée des Actifs
Grille de décision de l'investisseur©

La définition de votre horizon temporel

> **QUESTION 1**
> Il se peut que j'aie besoin des sommes dans ce compte au cours des cinq prochaines années.
> OUI ☐   NON ☐

Si vous répondez OUI
Vous penchez plutôt vers une stratégie d'investissement à court terme, car vous pensez avoir besoin de votre investissement (montant investi initialement + rendements accumulés) au cours des cinq prochaines années.

En répondant OUI, vous dirigez le logiciel vers l'un des **portefeuilles de court terme**. Ces trois portefeuilles ont été conçus afin de créer une combinaison de liquidité importante et d'un risque à la baisse réduit au minimum deux éléments essentiels d'une stratégie de court terme. Par exemple, le fait de planifier l'achat d'une maison dans trois ou quatre ans nécessite généralement un haut degré de liquidité (pour être en mesure de liquider les investissements lorsque viendra le temps de payer le comptant initial). Une protection contre les pertes possibles s'avère donc importante (pour que les sommes épargnées ne diminuent pas, afin de ne pas compromettre les intentions d'achat).

◉ CONTRÔLE
Des stratégies de court terme conviennent mieux si je prévois devoir faire usage de mon capital dans un avenir rapproché.
VRAI ☐   FAUX ☐

Si vous répondez NON

Vous optez plutôt pour un **portefeuille d'investissement de long terme**, vous permettant de bénéficier de rendements plus élevés à long terme de même que des effets bénéfiques de la composition des rendements. Vous augmentez toutefois le niveau de risque à court terme encouru.

Ceci contraste avec un horizon de placement de court terme (ceux qui répondent OUI à la question), dont l'objectif est plus de protéger l'investissement contre une érosion du principal que d'assurer une protection contre l'inflation, à plus long terme.

Avant de répondre NON, assurez-vous que les sommes contenues dans le compte n'auront pas à être employées pour une dépense importante dans les cinq prochaines années, telles que des rénovations domiciliaires importantes, un nouveau véhicule, une résidence secondaire ou les études de vos enfants.

Il est important de s'en assurer, car des stratégies de long terme comportent souvent une, deux, voire trois années consécutives de rendements négatifs; la valeur de votre investissement diminuera alors. Si vous deviez retirer des sommes contenues dans votre portefeuille pendant ou peu de temps après ces périodes de baisse de valeur, vous pourriez perdre une partie de la valeur accumulée dans votre compte.

Une telle situation pourrait bien sûr vous causer des soucis financiers. Ainsi, l'indice boursier canadien TSE 300 a chuté de 14,8 % en 1990. Un investissement de 10 000 $ en actions, fait au 1er janvier 1990, valait 8 520 $ au 31 décembre de la même année. La plupart des investisseurs ayant un horizon de long terme sont en mesure d'assumer une telle diminution, car ils s'attendent à récupérer ces « pertes sur papier » plus tard. Toutefois, un investisseur dont l'horizon de court terme implique qu'il aura des factures à payer bientôt ne peut accepter de telles pertes.

Annexe

- **CONTRÔLE**
  Un portefeuille d'investissement de long terme produira en moyenne des rendements plus importants, si et seulement si je respecte la stratégie élaborée sur la période de temps correspondante.
  VRAI ☐   FAUX ☐

QUESTION SUPPLÉMENTAIRE
Cet investissement doit être en mesure de me procurer un revenu annuel représentant au moins 5 % du capital investi.
OUI ☐   NON ☐

Si vous répondez OUI
Vous cherchez alors à réduire les pertes à court terme, car elles peuvent réduire le montant de revenus de placement que vous touchez. Au pire, ces pertes signifieraient que vous n'êtes pas en mesure de vous procurer tous les biens composant votre budget familial; vous seriez alors forcé d'ajuster votre style de vie en conséquence.

Si vous répondez NON
Le revenu provenant de cette source (par ex. des intérêts sur obligations) ne correspond pas à un besoin important de votre part. Ainsi, vous placez moins d'importance sur la protection contre les pertes à court terme. Votre horizon temporel est vraisemblablement de plus long terme et vous êtes mieux en mesure de composer avec de telles pertes à court terme.

- **CONTRÔLE**
  Si mon investissement doit me procurer des revenus de placement sur une base régulière, je devrais envisager un portefeuille avec un potentiel à la hausse moins important mais avec moins de risque à la baisse.
  VRAI ☐   FAUX ☐

VEUILLEZ MAINTENANT REVOIR LA QUESTION 1 :
Il se peut que j'aie besoin des sommes dans ce compte au cours des cinq prochaines années.
OUI ☐   NON ☐

La définition de votre tolérance au risque à la baisse

QUESTION 2
Si ce compte encourait des pertes sur un an, je continuerais à respecter ma stratégie.
OUI ☐   NON ☐

Si vous répondez OUI
Vous optez pour une **stratégie d'investissement plus risquée, comportant un potentiel plus élevé à long terme.** En répondant OUI, vous prévoyez rester calme et patient(e) durant les périodes de mouvements financiers, en gardant les mauvaises nouvelles financières dans une perspective de long terme.

Cette question s'adresse plus à votre «niveau de confort» qu'à vos besoins financiers. Cette distinction est très importante : le fait de pouvoir demeurer calme dans la tempête, sans dévier de sa trajectoire, est un élément essentiel au succès de toute stratégie de long terme.

Les années récentes ont d'ailleurs été mouvementées, même pour des investissements soi-disant «conservateurs» comme les obligations. Ainsi, la croissance des taux d'intérêt a causé une chute brutale du marché en 1994 : un investissement de 10 000 $ dans des obligations canadiennes de moyen terme en janvier 1994 ne valait plus que 9 500 $ un an plus tard, **incluant tous les paiements d'intérêt.** Vous devez donc vous poser la question suivante : auriez-vous changé vos placements si cela vous était arrivé ?

Autre fait digne de mention, à la fin d'avril 1995, soit quatre mois après la fin de 1994, les 9 500 $ investis en obligations auraient crû à 10 200 $ sous l'effet d'un marché haussier puissant, permettant de récupérer les pertes essuyées en 1994.

Les fluctuations peuvent être plus importantes dans les marchés d'actions. Un investissement de 10 000 $ dans les actions du TSE 300 en janvier 1974 ne valaient plus que 6 600 $ en janvier 1975, suite au plus fort marché baissier en 25 ans. **Posez-vous la question suivante : auriez-vous maintenu vos investissements de long terme suite à de telles pertes, ou les auriez-vous plutôt modifié en faveur d'investissements «plus sûrs»?**

Voici la suite de l'histoire : le TSE 300 a produit un rendement moyen de 12,5 % sur la période de 10 ans débutant en janvier 1974. Le temps a donc compensé pour les pertes décrites ci-dessus et en fait a joué en faveur des investisseurs. Par conséquent, le fait de conserver ses investissements pour le long terme exige parfois des nerfs d'acier, mais les bénéfices de long terme qui en résultent peuvent être substantiels.

- **CONTRÔLE**
  Même si mon portefeuille de long terme subit des baisses importantes à court terme, je devrais demeurer confiant quant à la validité de ma stratégie.
  VRAI ☐   FAUX ☐

Si vous répondez NON

Vous vous dirigez vers une **stratégie d'investissement à plus faible risque**. Vous bénéficiez alors d'une meilleure protection contre les pertes à court terme, ce qui se traduit par la tranquillité d'esprit pour plusieurs investisseurs. Ce sera également le cas pour les investisseurs qui ont besoin de revenus d'investissement pour leurs dépenses courantes.

Quelles sont les conséquences possibles d'une telle réponse ? Des rendements plus faibles à long terme ainsi que la possibilité que l'inflation — de 4,5 % par année en moyenne entre 1950 et 1994 — réduise la valeur du portefeuille. L'effet de l'inflation est sournois mais bien réel. Prenez par exemple le coût de l'affranchissement d'une lettre. Un livret de 10 timbres coûtait 40 ¢ en 1950, chaque timbre coûtant 4 ¢. Aujourd'hui, ce coût est de 4,50 $ plus taxe. De telles hausses s'appliquent d'ailleurs à la plupart des biens que nous consommons.

Il n'y a qu'une façon de se protéger contre les ravages de l'inflation : c'est d'investir dans des placements, tels que les actions, qui à long terme croissent plus rapidement que l'inflation. Si l'on fait une projection sur 45 ans, à un taux d'inflation annuel de 4,5 %, un niveau de vie correspondant à 35 000 $ aujourd'hui requerra des revenus de 253 750 $. De même :

> les frais pour une partie de golf s'élèveront à 290 $ plutôt que 40 $ aujourd'hui ;
> un timbre postal coûtera environ 3,15 $;
> un hamburger coûtera 20 $; et
> une automobile moyenne (à raison d'environ 17 000 $ aujourd'hui) coûtera 125 000 $.

La Bourse >> Investir avec succès

○ CONTRÔLE
Si je réponds NON, c'est parce que je me sentirais mal à l'aise de traverser une courte période durant laquelle je subirais des pertes.
VRAI ☐   FAUX ☐

En répondant NON, vous optez pour moins de volatilité (variabilité) à court terme. Il demeure important de noter que l'ampleur de la volatilité d'un investissement dépend de la période durant laquelle se déroule l'investissement. Dans le graphique 1 ci-dessous, la volatilité du marché boursier dépend de la période considérée. **On voit ainsi comment, avec le temps, les « bonnes années » compensent pour les « mauvaises années » sur le marché boursier (des actions).**

Sur des périodes d'une année, les pertes sur les marchés boursiers peuvent être importantes et les rendements peuvent donc être très volatils. Sur des périodes de cinq ans, la volatilité est déjà beaucoup moindre et les probabilités de pertes sont moindres elles aussi. Sur les 25 dernières années, il n'y a pratiquement aucune période de cinq ans au cours de laquelle les investisseurs aient perdu de l'argent. Sur les 25 dernières années, les actions ont affiché un rendement annuel moyen de 10,3 %.

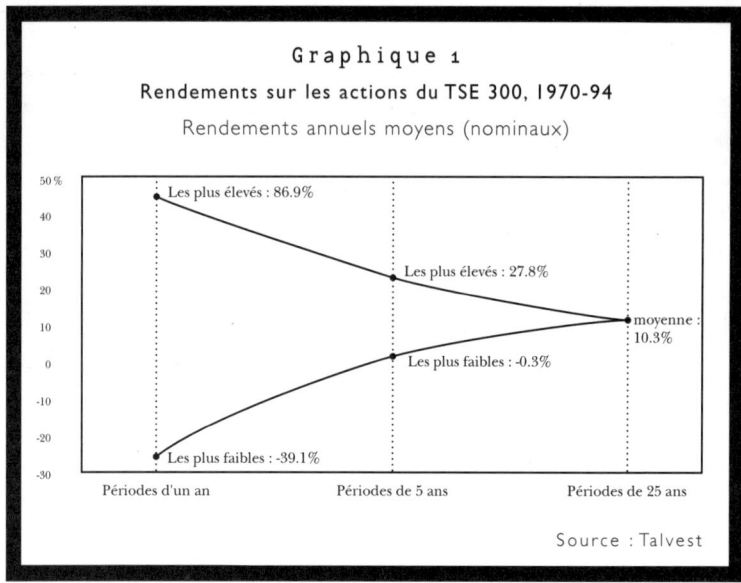

Graphique 1
Rendements sur les actions du TSE 300, 1970-94
Rendements annuels moyens (nominaux)

Source : Talvest

Annexe

VEUILLEZ MAINTENANT REVOIR LA QUESTION 2 :
Si ce compte encourait des pertes sur un an, je continuerais à respecter ma stratégie.
OUI ☐   NON ☐

L'évaluation de vos besoins de revenus

QUESTION 3
Mon budget personnel courant ou mes autres investissements couvrent mes dépenses courantes*; j'utiliserai ce compte pour d'autres fins.
OUI ☐   NON ☐

*AVANT DE RÉPONDRE : Bien que chaque investisseur ait sa propre idée de ce que doit contenir un budget personnel, les dépenses courantes incluent généralement des postes de dépenses tels que : le logement et son entretien, les vêtements, la nourriture, le transport, les assurances, les vacances, les activités familiales, les loisirs, les cadeaux, et ainsi de suite.

Par contre, le comptant initial pour l'achat d'une résidence secondaire et la contribution à l'éducation des enfants ne représentent pas des dépenses courantes. Votre conseiller est en mesure de vous aider à évaluer votre situation.

Si vous répondez OUI
Vous optez pour une stratégie **à plus haut risque, à plus hauts rendements à long terme**. Les investisseurs répondant OUI considèrent qu'ils n'auront pas à changer leurs habitudes de consommation si ce compte subit des pertes à court terme. Une telle situation peut s'appliquer à :

> un professionnel à mi-carrière, dont les revenus d'emploi couvrent l'ensemble des dépenses courantes, et qui ne s'attend pas à toucher à son REER avant sa retraite ;

> des parents qui mettent en place un régime enregistré d'épargne-études pour leur enfant nouveau-né, et qui n'entendent pas y toucher pendant de nombreuses années ;

> une personne qui reçoit un héritage et choisit de l'investir à long terme, les dépenses courantes étant déjà couvertes par d'autres sources de revenu.

- **CONTRÔLE**
  Si je réponds OUI, cela signifie que mon style de vie courant ne repose pas sur les rendements produits par ce portefeuille.
  VRAI ☐   FAUX ☐

Si vous répondez NON
Vous optez pour une stratégie **à plus faible risque et à plus faibles rendements à long terme**. Cette réponse correspondra en particulier à des personnes qui pourraient se retrouver dans une situation financière difficile dans le pire des cas, alors qu'ils essuyeraient des pertes à court terme.

Un exemple d'une telle éventualité pourrait par exemple être le cas d'une personne à la retraite, qui compte sur ses revenus d'investissement (tels que des obligations) pour payer les dépenses courantes. Si son portefeuille s'élevait à 500 000 $, par exemple, il se pourrait que cette personne doive réajuster son style de vie si une baisse de marché en réduisait la valeur à 400 000 $.

- **CONTRÔLE**
  Si je réponds NON, c'est que je compte sur les rendements produits par cet investissement pour maintenir mon style de vie courant.
  VRAI ☐   FAUX ☐

VEUILLEZ MAINTENANT REVOIR LA QUESTION 3 :
Mon budget personnel courant ou mes autres investissements couvrent mes dépenses courantes ; j'utiliserai ce compte pour d'autres fins.
OUI ☐   NON ☐

L'évaluation de votre position dans votre cycle de vie financier

QUESTION 4
J'ai entre 45 et 60 ans d'âge*.
OUI ☐   NON ☐

*AVANT DE RÉPONDRE : Pour certains investisseurs, cette question peut exiger plus de réflexion que normalement applicable à une simple réponse par OUI ou NON. Par exemple, certaines personnes entre 45 et 60 ans pourraient bien répondre NON après avoir lu les renseignements qui suivent.

Si vous répondez OUI

Vous optez pour une stratégie **à plus haut risque, à plus hauts rendements à long terme.** Pour la plupart des investisseurs, il s'agit d'un âge de la vie auquel il est le plus facile d'assumer le risque de pertes à court terme propre aux stratégies d'investissement plus volatiles. Voici pourquoi : les personnes entre 45 et 60 ans sont souvent dans leurs années de revenus d'emploi maximum. Elles ont presque fini de payer leur hypothèque (si ce n'est déjà fait). Elles ont donc peu de dettes, et leurs actifs nets sont à leur plus haut. Les enfants ont probablement quitté le foyer familial, ce qui peut réduire les dépenses.

Les études actuarielles démontrent également que les personnes composant ce groupe d'âge ont en pratique des horizons temporels d'investissement qui sont longs. Ainsi, on sait qu'en moyenne :
> les hommes de 50 ans ont plus de 29 ans à vivre, et 34 ans pour les femmes;
> les hommes de 65 ans ont plus de 16 ans à vivre, et les femmes de 65 ans, 21 ans.

Si en moyenne, une femme de 65 ans peut s'attendre à vivre jusqu'à 86 ans, et un homme jusqu'à 81 ans, il existe donc un réel besoin de protection contre les ravages de l'inflation, au moyen d'investissements en actions, et ce, malgré les risques à court terme.

Les personnes dans ce groupe d'âge, ayant accumulé des portefeuilles importants (égaux ou supérieurs au double de leurs revenus annuels, par exemple), sont en mesure d'accepter un niveau plus élevé de risque. Enfin, ceux qui n'ont pas accumulé de portefeuilles significatifs ont besoin d'investir de façon plus aggressive, afin de produire des rendements plus élevés qui leur permettront d'atteindre leurs objectifs de retraite, ainsi que de protéger leurs avoirs contre les effets de l'inflation.

Il faut également noter qu'il n'est plus nécessaire de convertir les investissements enregistrés en rente à l'âge de 72 ans. Par le passé, le fait de devoir acheter une rente à cet âge réduisait de fait l'horizon temporel de placement pour les investisseurs âgés entre 60 et 65 ans.

En bref, le groupe d'âge 45-60 ans représente possiblement le stade de la vie le plus propice pour mettre en œuvre une stratégie d'investissement plus agressive.

⊙ CONTRÔLE

Si je réponds OUI, c'est que je fais maintenant face à moins d'obligations financières et que je devrais envisager des investissements qui procurent des rendements plus élevés, puisque je devrai m'assurer d'avoir une source de revenus durant une longue période de retraite.

VRAI ☐   FAUX ☐

Si vous répondez NON

Si vous avez moins de 45 ans : Vous optez pour une **stratégie à plus faible risque et à plus faibles rendements à long terme.** Il est vrai que le temps joue en faveur des investisseurs dans leur trentaine ou leur quarantaine, car ils peuvent se permettre d'attendre pour récupérer des pertes à court terme, en plus de tirer avantage de la composition des rendements. Plusieurs d'entre eux détiennent des portefeuilles aggressifs conçus pour produire des rendements élevés à long terme.

Toutefois, les personnes dans ce groupe d'âge sont plus susceptibles de traverser des périodes financières turbulentes que des investisseurs plus âgés. Il importe donc d'apporter un degré de prudence dans ses placements. Ces investisseurs peuvent trouver difficile d'avoir à vendre leurs investissements à un moment imprévu ou inopportun, pour pallier des cas comme les suivants :

> la perte d'un emploi dans un couple à deux revenus peut compromettre le style de vie ou même rendre difficiles les paiements hypothécaires ; ou
> un divorce peut mener à un partage imprévu des actifs communs, tels que la résidence ou d'autres investissements.

Dans sa publication intitulée *Perspectives sur les revenus et l'emploi*, Statistique Canada montre que le taux de chômage de chefs de famille ayant des enfants de moins de 16 ans a augmenté de 5,8 % en 1988 à 9,5 % en 1993, ce qui semble indiquer le fort effet que peut avoir une récession sur cette donnée. D'autre part, le taux de participation des femmes à la population active décroît durant les récessions et s'accroît durant les expansions économiques. Les revenus familiaux (en particulier lorsque le membre féminin du couple travaille) seraient donc sensibles aux cycles économiques.

De plus, entre 1980 et 1990, les revenus réels des couples n'ont augmenté que lorsque les deux conjoints travaillaient contre rémunération.

Dans le cas de familles dans lesquelles l'un des deux conjoints ne travaille pas contre rémunération, les revenus réels ont diminué légèrement, passant de 29 900 $ en 1980 à 29 800 $ en 1990. Enfin, durant la période 1971-1991, la part des femmes dans la croissance de la population active va de 50 % (au Japon) à plus de 100 % au Royaume-Uni (où l'emploi masculin a diminué alors que l'emploi féminin a augmenté), le Canada se situant approximativement à 60 %. Toutes ces données indiquent à la fois l'importance du travail féminin et de la fragilité relative du style de vie des couples à deux revenus au Canada.

Ceci tend donc à illustrer que les personnes plus jeunes, qui paient pour leur hypothèque et possiblement pour les études de leurs enfants, font face à des contraintes financières plus importantes que celles de leurs aînés, qui ont souvent fini d'assumer ces obligations financières. C'est pourquoi plusieurs investisseurs plus jeunes peuvent avoir besoin d'un plus grand niveau de protection contre le risque de baisse à court terme de leurs placements.

Pour s'en convaincre, il suffit de penser à l'impact financier, sur des professionnels dans leur quarantaine, de la perte de leur emploi durant la récession de 1991-93. Ils ont dû puiser dans leurs portefeuilles REER, fortement pondérés en actions dont la valeur avait chuté, afin de maintenir leur style de vie. Il aurait été bien préférable si ces portefeuilles avaient été composés d'une plus grande proportion de titres à revenus fixes, à moindre risque, afin d'amortir l'impact.

- ◉ CONTRÔLE
  Si j'ai moins de 45 ans, je dois me pencher sérieusement sur l'éventualité d'une diminution notable de mes revenus, relativement à mes engagements financiers.
  VRAI ☐   FAUX ☐

Si vous avez plus de 60 ans : Comme votre horizon temporel est plus court, il y a moins de temps pour que votre portefeuille puisse rattraper des périodes de baisse ; il s'agit donc d'exercer une certaine prudence. Si les revenus d'investissement constituent l'une de vos priorités, comme par exemple s'ils contribuent à régler vos dépenses courantes, vous chercherez probablement à réduire votre risque par rapport à une personne dont les dépenses courantes sont réglées à l'aide d'un chèque de paie bimensuel.

◉ CONTRÔLE
Au-delà de 60 ans, il est temps de commencer à réduire la volatilité de mon portefeuille, puisque je commencerai sous peu à faire des retraits de mon compte, afin de régler mes dépenses courantes.
VRAI ☐   FAUX ☐

VEUILLEZ MAINTENANT REVOIR LA QUESTION 4 :
J'ai entre 45 et 60 ans d'âge.
OUI ☐   NON ☐

La taille relative de votre portefeuille d'investissement

QUESTION 5
Ce compte représente moins de 25 % de mes actifs nets*
OUI ☐   NON ☐

* AVANT DE RÉPONDRE : Les actifs nets représentent vos avoirs moins vos dettes. Vos avoirs correspondent à tout ce que vous possédez : vos investissements (y inclus vos REER), votre résidence, les bénéfices de retraite (la valeur courante de votre quote-part), votre résidence secondaire et tout autre actif liquide ; vos dettes incluent les hypothèques, les emprunts de toutes sortes et les soldes de cartes de crédit.

Si vous répondez OUI

Cet investissement représente alors une proportion relativement faible de vos actifs nets; vous pouvez donc opter pour une stratégie **à plus haut risque, à plus hauts rendements à long terme.** Vous avez atteint un stade dans votre évolution financière qui vous permet d'assumer les risques à court terme, dans la mesure où ceux-ci vont de pair avec un potentiel de gains plus intéressants à plus long terme. L'idée maîtresse est que vos autres avoirs peuvent servir de réserve en cas d'imprévus financiers.

En d'autres mots, vous répondrez OUI si ce portefeuille n'est pas une source de liquidités d'urgence ou une réserve qui peut être utilisée si votre situation financière devient difficile (par exemple, si vous perdez votre emploi dans une récession). Ainsi, en répondant OUI, vous affirmez que des fluctuations relativement importantes de la valeur de ce compte n'affectera qu'une proportion assez faible de vos avoirs totaux.

- **CONTRÔLE**
  Je peux me permettre d'assumer plus de risques avec ce compte, qui représente une proportion relativement faible de mes actifs nets.
  VRAI ☐   FAUX ☐

Si vous répondez NON
Plusieurs investisseurs dont les portefeuilles d'investissement représentent plus de 25 % de leurs avoirs nets, préfèrent suivre une stratégie plus stable, produisant des rendements plus faibles à long terme. Dans de tels cas, toute baisse du portefeuille aurait un impact substantiel sur l'ensemble des actifs nets détenus par l'investisseur.

Il importe de noter que si vous avez connu une longue carrière avec un employeur important, la valeur de votre quote-part du régime de retraite peut être suffisamment importante pour modifier votre réponse à la question. Si par exemple, vous avez 55 ans avec 30 ans de service, et que votre salaire est de 50 000 $, la valeur de votre quote-part d'un régime à contributions définies peut être supérieure à 200 000 $. Il vous faut inclure le montant de votre quote-part dans vos actifs nets afin d'obtenir un portrait précis de votre situation financière.

- **CONTRÔLE**
  Je dois éviter de faire subir des fluctuations importantes à un investissement qui représente une proportion relativement importante de mes actifs nets.
  VRAI ☐   FAUX ☐

QUESTION SUPPLÉMENTAIRE
Mes actifs nets représentent plus du double de mes revenus d'emploi annuels.
OUI ☐   NON ☐

Répondre OUI, c'est indiquer que vous avez des ressources d'urgence substantielles et que vous êtes en mesure de tolérer la plus grande volatilité des rendements qu'entraînent des stratégies conçues pour générer des rendements plus élevés à long terme. Ceci vous mène vers une stratégie à plus haut risque, alors que répondre NON indique qu'une stratégie à plus faible risque vous convient mieux.

VEUILLEZ MAINTENANT REVOIR LA QUESTION 5 :
Ce compte représente moins de 25 % de mes actifs nets.
OUI ☐   NON ☐

ANNEXE 6

Quelques sites d'intérêt dans Internet

La Bourse de Montréal
http://www.bdm.org

Voilà un site à l'approche très didactique, où l'on s'est efforcé de rendre l'information accessible à un large public. Il plaira à tous ceux qui veulent mieux comprendre l'activité économique et ce qui peut influer sur celle-ci. Trois façons de visiter le site vous sont proposées : découvrir, explorer et investir. Le choix de navigation que vous emprunterez dépend des connaissances que vous possédez en matière de finances en général et du monde de la Bourse en particulier. La première, découvrir, permet de s'initier au monde complexe de la Bourse. La deuxième, explorer, vous donne la possibilité d'approfondir certaines notions déjà acquises et d'entrer véritablement dans le vif du sujet. La troisième, investir, s'adresse aux personnes qui désirent obtenir des renseignements encore plus pointus.

Le site du Système électronique de données, d'analyse et de recherche (SEDAR)
http://www.sedar.com

Voilà un site fort complet et à jour accessible aux intervenants du secteur des valeurs mobilières et aux petits investisseurs qui veulent obtenir des renseignements sur n'importe quelle société cotée en Bourse au Canada (profil de la société, prospectus, rapport annuel, états financiers, documents relatifs à une offre publique, communiqués de presse, etc.). Le site du SEDAR contient plus de 75 000 documents et plus de 8 000 profils de société et d'organismes de placement collectif. La commission des valeurs mobilières américaines offre un service semblable avec EDGAR (www.sec.gov/cgi-bin/srch-edgar), où l'on trouve toute l'information publique concernant les sociétés ouvertes américaines.

Le Journal sur les fonds (Banque de Montréal)
http://bmo.com/fondsm

Créé par la Banque de Montréal, le Journal sur les fonds vous dira tout ce qu'il faut savoir sur les fonds communs de placement. Que vous ayez

100 $ ou 1 million, vous pouvez vous lancer dans l'investissement. Mais avant de risquer vos sous, prenez le temps de bien vous informer. Ça tombe bien : ce site a été conçu à cette fin!

Qualisteam — Banques et Finances
http://www.qualisteam.com

« L'accès facile à l'essentiel », voilà ce que promet ce site qui nous propose les adresses de la quasi-totalité des sites bancaires (il y en a plus de 1 400), des places boursières de 65 pays et environ 1 800 serveurs financiers. On y offre également plusieurs outils permettant de mener à bien différentes transactions financières (conversion de devises, calculateurs, encyclopédies, glossaires, etc.). Si les milieux bancaire et financier vous intéressent, ce site est l'endroit à visiter!

Canadian Corporate NewsNet
http://www.cdn-news.com/

Ce site peut faire penser à la section économique d'un quotidien, multiplié par 10 sur le plan du lot d'information qu'on y offre! Transactions, acquisitions, nouvelles générales dans les compagnies canadiennes, on vous offre tout ce que vous désirez savoir... et on peut même vous expédier certaines données par courrier électronique pour vous éviter d'avoir à accéder au site! Au fait, n'hésitez pas, si vous faites partie d'une entreprise, vous pouvez très bien y diffuser vos communiqués.